KB195591

뉴 골리앗

THE NEW GOLIATHS

뉴 골리앗

거대 기업은 어떻게 시장을 지배하는가

제임스 베센 지음　장진영 옮김

상상스퀘어

조나스와 미카에게 바친다.

지은이

제임스 베센 James Bessen

보스턴대학교 로스쿨, 기술 및 정책 연구 이니셔티브의 이사다. 《실행에 의한 학습Learning By Doing》의 저자이자, 성공적인 혁신가이며, 소프트웨어 회사의 CEO다.

기술이 사회에 미치는 주요 경제적 영향을 연구하고, 학술 논문, 잡지 기사와 책을 쓰고 있다. 《뉴 골리앗》에서는 주요 기업이 독점 소프트웨어 시스템에 투자해 산업에서 우위를 점하고, 혁신을 둔화시키고, 소득 불평등을 심화시킨다고 주장한다. 그는 마이클 모이러Michael Meurer와 함께 특허에 관한 연구를 진행해 명확히 정의되지 않은 재산권이 사회적 비용을 발생시킨다는 사실을 확인하고, 이를 통해 특허 괴물들이 사회적 피해를 야기한다는 첫 번째 증거를 밝혀냈다. 또한 자동화에 관한 연구에서 자동화가 고용, 기술, 임금 불평등에 미치는 영향을 독창적으로 분석

하며 주목을 받았다. 그의 연구는 언론뿐만 아니라 미국 백악관,
대법원, 유럽 의회, 연방거래위원회에서도 널리 인용되고 있다.

옮긴이

장진영

경북대학교 영어영문학과와 경영학을 복수전공하고, 서울외국어 대학원대학교 통번역대학원 한영번역과를 졸업하였다. 다년간 기업체 번역을 진행하였고, 현재 번역에이전시 엔터스코리아에 서 출판 기획 및 전문 번역가로 활동하고 있다.

주요 역서로는 《클라우드 머니》, 《불황을 이기는 안전한 투자 전략》, 《나를 단단하게 만드는 심리학》, 《노이즈: 생각의 잡 음》, 《더 나은 삶을 위한 경제학》, 《돈의 탄생 돈의 현재 돈의 미 래》, 《아이디어》, 《스타트업 웨이브: 델리에서 상파울루까지》, 《돈 앞에선 이기주의자가 되라》, 《더 클럽》, 《빅데이터, 돈을 읽다》, 《게임 체인저》, 《12주 실천 프로그램》, 《어떤 브랜드가 마음을 파 고드는가》, 《행복한 노후를 사는 88가지 방법》, 《퓨처 스마트》, 《뜨뜻미지근한 내 인생에 빅씽》, 《케인스라면 어떻게 할까?》, 《슬

8

픈 역사 공존의 시작 친칠라》,《더미를 위한 비즈니스 글쓰기》,
《AI가 알려주는 비즈니스 전략》,《목표를 성공으로 이끄는 법》,
《CEO사회》,《세계를 정복한 식물들》,《베스트셀러 작가들의 서
재를 공개합니다》등이 있다.

목차

들어가며

20년 전, 경제계는 '신新경제'에 관한 이야기로 떠들썩했다. 신경제는 정보 기술을 혁신하여 생산성을 지속적으로 높이는 경제를 뜻한다. 신경제와 관련된 정보 기술 전문지 중 하나인 〈패스트컴퍼니〉는 2011년 8월, '민주주의적 자본주의' 운동의 핵심이 '개인의 경제적 기회 확대, 끊임없는 혁신의 와해적인 에너지 그리고 정보 기술과 커뮤니케이션의 변혁적인 힘'이라고 선언했다. 사람들은 저가의 신형 컴퓨터와 네트워킹 기술에 접근할 수 있었고, 유용한 기술을 습득하며 혁신을 일으켰다. 혁신을 바탕으로 새로운 회사를 설립하고, '핵심 역량'에 집중해 빠르게 성장시켰다. 또한 정보 기술이 물리적인 거리를 무의미하게 만들면서 전 세계의 파트너에게 일부 업무를 위탁할 수 있었다. 궁극적으로 옛 경제에 견고하게 버티고 있는 기성 기업을 와해시켰다.

하지만 사람들은 여전히 정보 기술에 회의적이었고, 그 중에서도 특히 경제학자들이 그러했다. 그들은 새로운 정보 기술이 1990년대 생산성을 강력히 성장시키는 데 일조했음을 인정했다. 새로운 정보 기술이 노동자 1인당 생산량을 증가시킨 건 사실이었다. 레이건 행정부의 경제자문위원회 의장이었던 마틴 펠드스타인Martin Feldstein은 새로운 정보 기술이 '미국의 경제 프로세스를 지배하는 이해관계'를 근본적으로 변혁시키진 못했다고 주장했다. 연방준비제도이사회 의장 앨런 그린스펀Alan Greenspan도 여기

들어가며

에 동의했다. 그는 신기술이 기존의 기술을 더 생산적인 기술로 대체하며, 조지프 슘페터Joseph Schumpeter의 '창조적 파괴'•에서 맡은 역할을 계속하고 있을 뿐이라고 주장했다. 그는 실제로 신기술이 뭔가 했다면, 산업혁명 이후의 창조적 파괴를 정보 기술이 가속화했을 것이라고 봤다.

하지만 신경제의 비전과 신경제를 주제로 한 경제학자들의 비판적인 견해는 그다지 오래가지 못했다. 정보 기술은 경제 과정을 근본적으로 변화시키고 있지만 신경제가 예상했던 방식은 아니었다. 신경제 비전은 실패했을 뿐만 아니라, 정보 기술의 효과는 여러 영역에서 예측한 것과 정반대로 나타나고 있다. 정보 기술은 창조적 파괴를 가속화하기보다 오히려 억누르고 있다. 정보 기술은 시장, 혁신, 기업 조직의 본질을 바꾸고, 경제 격차를 심화시키며, 정부 규제를 약화시키고 있다. 실제로 정보 기술은 자본주의의 본질을 바꿔놓고 있다.

이 책의 기원은 내가 소프트웨어 회사를 경영했던 30년 전으로 거슬러 올라간다. 1980년대와 1990년대 저가 컴퓨터의 등장으로 개인과 소규모 기업까지 강력한 컴퓨팅 기술을 이용할

• 경제 성장과 혁신이 기존의 경제 구조를 파괴하면서 새로운 구조를 만들어내는 과정 - 옮긴이

수 있게 되면서 경쟁이 치열해졌다. 바코드 스캐너 덕분에 영세 유통업체는 상품과 재고를 관리하는 최첨단 기술을 사용할 수 있게 됐다. 새로운 기회를 활용하는 신생 기업이 속속들이 등장했고, 때로는 시장에 굳건히 자리한 기업을 와해시킬 만큼 성장하기도 했다.

나 또한 새롭게 설립된 많은 기업 중 하나를 경영하고 있었다. 최초의 데스크톱 컴퓨터용 출판 소프트웨어를 개발했던 스타트업이었다. 이 경험 덕분에 나는 당시에 막 태어난 새로운 트렌드를 알게 됐다. 고객들은 내가 개발한 기술로 개인이나 소수 집단의 요구에 맞춰 출판물을 발행했다. 예를 들어, 식료품 체인점인 A&P는 내가 개발한 출판 소프트웨어로 각각의 대도시에 자리한 수십 개의 쇼핑 구역을 대상으로 주간 광고전단을 제작했다. 그들은 출판 소프트웨어를 이용해 대량으로 수집하던 개인적이고 인구통계학적인 데이터를 활용할 수 있었다. 나는 1993년 〈하버드 비즈니스 리뷰〉에 실린 '마케팅 정보 파도타기'라는 제목의 글에서 이러한 트렌드를 언급했다.

소프트웨어 업계를 떠나 연구원이 됐을 때, 이 트렌드를 좀 더 연구하고 싶었지만 당시에는 정보 기술이 경제에 폭넓은 변화를 야기한다는 주장을 뒷받침하는 증거가 부족했다. 하지만 상황은 곧 변했다. 월마트는 바코드 스캐너가 만들어내는 엄청난

15

데이터를 활용해 매장 납품업체, 물류창고를 연결하는 거대한 물류 및 재고 관리 시스템을 구축했다. 이 시스템은 새로운 비즈니스 모델, 조직 구조와 함께 도입되어 월마트가 매장에서 다양한 상품을 판매하고, 변하는 수요에 더 빠르게 대응하며, 재고량과 거래비용을 줄일 수 있게 했다. 월마트는 기술적 우위를 이용하여 유통업계를 장악하는 기업이 됐다. 다른 업계의 기업도 월마트처럼 거대한 IT시스템을 만들었고, 각자의 업계에서 지배적인 위치에 올랐다. 자동차 제조업체와 비행기 제조업체는 새로운 자동차와 제트기를 설계하기 위해 수조 원짜리 시스템을 구축했다. 그들은 지금도 여전히 소프트웨어에 의존한다. 은행은 위험을 관리하면서 맞춤형 신용카드 서비스로 소비자를 공략하기 위해 금융 데이터를 이용하는 시스템을 개발했다. 구글과 페이스북은 광고로 소비자를 공략하기 위해 온라인 활동에서 얻어낸 데이터를 이용하는 시스템을 개발했다. 이러한 시스템은 독점 소프트웨어에 대한 막대한 투자로 이어졌고, 그 결과 각자 업계를 선도하던 기존 기업은 지배적 위치를 영원히 유지할 수 있게 됐다.

서로 다른 시스템에는 한 가지 공통점이 있다. 기업은 시스템 덕분에 다양하고 빠르게 변하는 고객의 수요를 충족시킬 수 있게 됐다. 그들은 상품과 서비스의 복잡성을 높이기 위해 새로운 기능이나 시스템을 추가로 개발했다. 월마트는 경쟁업체에 비

16

해 매장의 방대한 상품을 효율적으로 관리한다. 정확하게 말하면 경쟁업체보다 훨씬 더 효율적으로 관리하고 있다. 선도적인 자동차와 제트기는 훨씬 더 많은 기능을 탑재한다. 선도적인 은행과 광고사는 훨씬 더 세세하게 고객을 공략한다. 컴퓨터의 경제적 영향을 생각할 때, 사람들은 주로 컴퓨터 가격, 컴퓨터 하드웨어 가격의 급락이나 낮은 소프트웨어 복제 비용에 집중한다. 그런데 여기서 집중해야 할 것은 소프트웨어에서 거의 눈에 띄지 않는 특징이다. 눈에 보이는 시스템과 비교해 소프트웨어에 기능을 하나 추가하는 데는 그리 큰 비용이 들지 않는다. 따라서 규모가 클수록 복잡성을 비용 효율적으로 관리할 수 있다. 그래서 기업들이 복잡성으로 경쟁하는 것이다.

이러한 기술 덕분에 기업들은 성공할 수 있었다. 하지만 역사적 맥락을 생각하기 시작했을 때, 나는 신기술이 경제 프로세스를 근본적으로 바꿨다는 점을 알게 됐다. 신기술이 기본적인 경제 프로세스나 사회적인 관계를 바꾸지는 않는다. 하지만 19세기 후반에는 신기술로 인해 기본적인 경제 프로세스가 달라졌다. 많은 산업 분야의 기업은 대량 생산을 통해 효율성을 대폭 향상시키기 시작했다. 산업의 기반인 철강과 전기는 훨씬 더 저렴해졌고, 새로운 유형의 대기업이 등장해 각자 업계를 지배했다. 그러면서 경쟁, 노동시장, 경제 통합과 혁신 프로세스를 변화시켰

17

다. 막강한 경제력은 정치 부패라는 부작용을 낳았다. 이에 대응하고자 시대가 선택한 방식은 경쟁, 식품과 의약품 안전, 직장 내 갑질, 아동 노동, 정치 부패 등을 국가가 규제해 기업 권력과 균형을 맞추는 것이었다.

　　이러한 기술이 대규모로 작동했기 때문에 새로운 조직과 제도가 필요했고, 경제와 사회가 변했던 것이다. 하지만 새로운 정보 기술에는 한계도 있었다. 대기업은 다양성과 유연성을 희생하는 대신 경제적 효율성을 얻었다. 지나친 다양성과 고도화된 기능을 관리하려면 많은 비용이 들기 때문에 대량생산에서는 표준화가 필수적이다. 하지만 정보 기술을 활용하면 복잡성 관리 비용을 상당히 줄일 수 있다. 오늘날의 소프트웨어는 효율성과 다양성의 절충안을 찾는 논의에 다시 불을 붙였고, 기업이 효율성과 다양성 모두를 어느 정도 확보할 수 있게 만들었다. 그리고 이 절충안은 새로운 유형의 조직과 제도가 수반되기 때문에 경제뿐만 아니라 다른 분야까지 광범위한 영향을 미친다.

　　이 책이 그 증거다. 정보 기술은 더 이상 경쟁의 장을 평등하게 만들지 않는다. 오히려 혁신적인 도전자들은 성장하기 위해 정보 기술의 역풍에 맞서야 한다. 오직 일류기업만이 핵심기술에 접근할 수 있다. 기술을 갖춘 슈퍼스타 기업과 기술이 없는 기업 사이의 노동자 1인당 매출액 격차가 커지면서, 경제 성장이 둔화

18

됐다. 게다가 오직 선택된 노동자만이 신기술에 접근할 수 있고, 소득 수준을 높이는 데 도움이 되는 신기술을 학습할 수 있다. 특히 일부 도시와 업종에서 슈퍼스타 기업은 노동자에게 많은 급여를 지급한다. 얼마나 열심히 일하는지가 아니라 누구를 위해 일하는지에 따라 급여 수준이 달라지면서 소득 불평등은 분노의 정치를 들끓게 했다. 경제적 분열과 소득 불평등이 심화되면서, 사회 통합이 약해지고 과거처럼 대기업과 나머지 사회 구성원 간의 힘의 균형이 무너졌다. 기술이 상품과 서비스의 복잡성을 급격하게 높이면서 정부는 규제 능력을 상실하게 됐다. 예를 들어, 폭스바겐이 소프트웨어를 조작해도 각국 정부는 배기가스 배출량을 규제할 수 없었다. 금융기관이 모기지 위험을 조작해도 규제기관은 시스템적 금융위기를 관리할 수 없었다. 이에 대응하기 위해 규제를 복잡하게 만들었고, 규제기관은 산업 전문가와 로비활동과 기부금으로 촉진된 간접적인 부패의 먹잇감이 됐다.

오늘날 우리 사회는 신기술로 인해 또 다른 문제에 직면했다. 신기술이 새로운 경제, 즉 경제적 역동성, 부의 공정한 분배, 통합적인 사회를 회복할 수 있는 정책을 개발하려면 슈퍼스타 경제 체제를 반드시 이해해야 한다.

19

1

서문

Introduction

1974년 6월 26일 출근한 샤론 뷰캐넌Sharon Buchanan은 여느 때와 달리 사람들이 웅성거리며 모여 있는 것을 발견했다. 뷰캐넌은 데이턴에서 그리 멀지 않은 오하이오주 트로이의 마쉬 슈퍼마켓에서 일했다. 전날 밤 엔지니어와 기술자들이 그녀의 계산대에 설치한 바코드 스캐너가 어떻게 작동하는지 보려고 그렇게 많은 사람이 모인 것이다. 그 무리에는 마쉬 슈퍼마켓과 바코드 스캐너를 개발한 기업의 경영진도 있었다. 마쉬 슈퍼마켓의 임원인 클라이드 도슨Clyde Dawson이 뷰캐넌의 첫 번째 고객이었다. 뷰캐넌은 도슨이 구매한 67센트짜리 껌 한 통을 스캔했다. 이것이 유통업계에서 바코드 스캐너가 상업적으로 가장 처음 사용된 순간이었다.[1] 첫 스캔 이후 바코드 스캐너는 어디에서나 쉽게 접할 수 있는 흔한 기술이 됐다. 매일 50억 개 이상의 바코드가 스캔된다. 바코드 스캐너는 유통업계뿐만 아니라 다른 많은 산업에도 영향을 미쳤다. 뷰캐넌이 스캔한 껌은 지금 워싱턴DC 미국 역사 국립박물관에 전시되어 있다.

여기서 눈에 띄는 점은 마쉬 슈퍼마켓이 전국에 체인점을 둔 대형 유통업체가 아니라, 그리 크지 않은 지역 식료품점이라는 사실이다. 1970년대와 1980년대의 많은 디지털 기술과 마찬가지로 바코드 스캐너는 적당한 가격에 판매됐고, 영세업체들이 상대적으로 덩치가 큰 업체와 경쟁하는 데 도움이 됐다. 이후 디지털 기기 가격이 폭락하면서 훨씬 넓은 시장에서 사용되기 시작했고, 바코드 스캐너는 소규모 기업에 특히 많은 도움이 됐다. 그리하여 많은 새로운 디지털 기술이 '파괴적 혁신'이 됐다.[2]

새로운 디지털 기술이 시장을 뒤집는 데는 그리 오랜 시간이 걸리지 않았다. 당시 마쉬 슈퍼마켓처럼 지역 유통업체에 불과했던 월마트도 일찍이 바코드 스캐너를 도입했다. 월마트는 바코드 스캐너를 기반으로 대형 시스템을 구축해냈고, 결국 유통업계를 장악하는 대형 유통업체로 성장했다. 처음에는 바코드 스캐너를 통해 영세업체와 대형업체가 좀 더 동등한 입장에서 경쟁할 수 있었지만, 반대로 대형업체가 시장을 장악하도록 돕기도 했다. 바코드 스캐너 이야기는 많은 산업과 사회에 영향을 미치는 경제적 변화가 일어나고 있음을 보여주는 사례다.

체인점의 부상

20세기 초반 체인점이 부상하면서 유통업체의 판도는 대형 유통업체 쪽으로 기울어지기 시작했다.[3] 특히 식료품 유통업계에서는 A&P의 존 하트포드John Hartford가 체인점 혁명을 이끌었다. 그는 1912년 현금 결제만 가능하고 배달 서비스를 제공하지 않는 점

24

포를 열었다. 20세기가 시작될 무렵에는 정육점, 제과점, 촛대 제작소처럼 하나의 상품만 전문적으로 판매하는 상점에서 필요한 물품을 구입하는 것이 일반적이었다. 이러한 전문점은 중간 도매 상인과 중개인에게서 소비자에게 팔 물품을 확보하고 외상판매와 배달 서비스를 제공했다. 하트포드는 외상판매와 배달 서비스를 없앴고, A&P 매장을 구성하는 방식과 판매하는 품목을 표준화했다. 중앙에서 통제하는 회계, 관리, 구매 시스템을 도입했고, 자사 트럭을 사용하는 중앙 통제 방식의 물류창고와 유통망을 구축해 중개상을 없앴다. 그뿐만 아니라 A&P는 물품을 대량으로 구매해 생산업체와 가장 좋은 가격에 거래하고, 자사 매장에서 다른 유통업체에 비해 상대적으로 저렴한 가격으로 물건을 판매했다.

혁신적인 비즈니스 모델 덕분에 A&P는 독립 식료품점들보다 여러 가지 이점을 누렸다. 표준화, 규모의 경제, 중앙통제방식의 물류창고와 유통망 덕분에 유통 비용이 절감되었고, 중개인들 때문에 소비자 가격이 인상되는 현상도 사라졌다. 그리고 회계와 재고 관리 개선으로 각 상품의 수요량을 정확하게 예상해 팔릴 만한 상품으로 매장을 채울 수 있었다. A&P 체인점은 다른 유통업체와 비교해 상대적으로 낮은 비용 중 일부마저도 소비자에게 전가했다. 1920년대와 1930년대에 실시된 연구에 따르면,

25

A&P 체인점은 독립 식료품점과 비교해 적게는 4.5퍼센트에서 많게는 14퍼센트까지 저렴한 가격에 상품을 판매했다.

A&P의 비즈니스 모델은 공학적이거나 과학적인 혁신이 아니라 조직을 관리하는 기술인 관료주의적 경영방식에서 일어난 혁신이었다. 역사학자 제임스 베니거James Beniger는 19세기부터 산업 생산이 가속화되면서 늘어나는 생산량과 유통량을 관리하기 위해 정보의 흐름을 통제할 새로운 방식이 필요해졌다고 주장한다.[4] A&P의 하트포드가 도입한 비즈니스 모델에서는 판매량과 재고량을 본사에 전송하면 관리자가 상품의 재고 확보, 배치, 가격을 결정했다. 표준화는 관리해야 할 정보의 양을 제한했다. A&P는 판매하는 상품의 종류와 매장 내부를 표준화했고, 이를 바탕으로 본사에서 의사결정을 내렸다. 이 덕분에 고정비가 많이 들어가는 물류창고와 유통망에 투자하며 수익을 낼 수 있었다. 결과적으로 규모의 경제를 제공하여 비용과 가격을 더 낮출 수 있었다.

이러한 이점 덕분에 A&P 체인점은 빠르게 성장했다. 초반 수십 년 동안 A&P는 평균적으로 3일마다 새로운 체인점을 열었다. 그 결과 1914년 650개였던 체인점이 대공황 무렵에는 1만 5000개 이상으로 증가하면서 미국 식료품 유통업계의 11퍼센트 이상을 차지했다. 크로거Kroger, 아메리칸 스토어American Stores, 세

이프웨이Safeway, 퍼스트 내셔널First National 등 다른 체인점도 빠르게 성장했다. 이들은 A&P와 함께 미국에서 다섯 손가락 안에 들어가는 체인점이었다. 그들은 꾸준히 성장하여 1931년에는 식료품 매출의 29퍼센트 이상을 차지하기에 이르렀다.

체인점의 시장 점유율이 증가하면서 작은 독립 식료품점은 엄청난 타격을 입고 수천 개 업체가 폐업하기에 이르렀다. 일부는 규모의 경제를 이용하기 위해 협동조합을 조직했고 중앙 통제방식의 유통망을 구축했다. 정치적 역풍도 거셌다. 1922년 설립된 전미 식료품소매 협회는 체인점 규제 법안을 강력히 요구했다. 그중에는 체인점 소재지와 판매상품에 세금을 부과하고 정해진 구역 안에서 체인점 수를 제한하는 법도 포함됐다. 대부분 주에서 체인점의 성장을 억제하는 법이 통과됐다. 1936년 미국 의회는 대형 체인점이 생산업체에게 받을 수 있는 가격 할인을 제한해 영세 유통업체를 보호하는 로빈슨-패트만 법을 통과시켰다. 그럼에도 1920년대 이후와 슈퍼마켓과 쇼핑센터의 시대 내내 대형 체인점은 식료품 시장의 상당 부분을 차지했다.

27

신기술의 확산

바코드 스캐너 도입은 중형 식료품 유통업체에 좋은 기회였다. 구체적으로 말하자면, 바코드 스캐너는 그들이 감당할 수 있으면서 상당한 혜택을 제공하는 신기술이었다. 다만 중형 식료품 유통업체는 저렴하게 바코드 스캐너를 도입하여 다양한 혜택을 누리기 전에 해결해야만 하는 문제가 있었다. 바코드 스캐너는 생산업체가 상품 포장에 바코드를 인쇄했을 때 가장 유용했다. 그래서 생산업체가 동참할수록 유통업체가 얻는 혜택이 커졌다. 하지만 생산업체는 바코드를 필요로 하는 유통업체의 수가 충분하다고 판단할 때까지 상품 포장에 바코드를 인쇄하기를 꺼렸다. 게다가 유통업체가 설치한 특정 스캐너가 상품 포장에 찍힌 바코드를 모두 읽을 수 있도록 바코드 표준화 작업도 필요했다.

생산업체와 유통업자를 모두 대변하는 6개 조합이 표준 바코드를 마련하기 위해 위원회를 구성했고, 1973년 공통상품코드Universal Product Code, UPC를 공개했다.[5] 이것이 오늘날 우리가 사용하고 있는 표준 바코드이자, 1974년 6월에 마쉬 슈퍼마켓 트로이점에서 최초로 스캔한 바코드다. 그러나 많은 신기술이 그러하듯이 바코드 스캐너도 더디게 시장에 도입됐다. 이는 초기 기술의 제약과 비용 때문이었고, 한편으로는 겨우 2000개의 식료품

28

생산업체만이 제품 포장에 바코드를 인쇄했기 때문이었다. 하지만 가랑비에 옷 젖듯이 유통업체들은 바코드 스캐너를 매장에 설치했고, 점점 더 많은 생산업체가 상품 포장에 바코드를 인쇄했다. 1984년이 되자 1만 3000개의 생산업체가 상품 포장에 바코드를 인쇄했고, 1985년에는 슈퍼마켓의 29퍼센트가 바코드 스캐너를 사용했다.[6]

바코드 스캐너의 얼리어답터들은 대체로 대형 독립 식료품점이거나 지역 체인점이었다. 실제로 전국 단위의 대형 체인점은 상대적으로 천천히 바코드 스캐너를 도입했다.[7] 하지만 아주 영세한 유통업체는 바코드 스캐너를 설치할 수가 없었다. 그들은 여전히 스캐너의 가격이 비싸다고 느꼈다.

중형 유통업체의 경우 바코드 스캐너의 도입은 경제적으로 합리적인 결정이었다. 바코드 스캐너를 설치하여 실질적인 혜택을 누릴 수 있었기 때문이었다. 예를 들어, 위스콘신주 남부에 위치한 딕스 슈퍼마켓을 살펴보자. 딕스 슈퍼마켓은 1978년 바코드 스캐너를 매장에 설치했다. 당시 딕스 슈퍼마켓은 5개 매장과 325명의 직원을 보유하고 있었다. 딕스 슈퍼마켓 창립자의 아들인 빌 브로드벡Bill Brodbeck은 지역 신문과의 인터뷰에서 "바코드 스캐너는 계산 시간을 줄이고 고객에게 구매 품목과 가격을 확인할 수 있는 영수증을 제공한다."라고 말했다.[8]

29

바코드 스캐너의 가장 큰 장점은 업무를 자동화하여 비용을 절감하는 것이었다. 실제로 얼리어답터들이 바코드 스캐너를 매장에 설치한 주요 이유는 노동력 절감이었다. 바코드 스캐너를 설치하면 고객이 구매한 식료품을 계산하는 데 쓰는 시간을 줄일 수 있었다. 미국 농무부가 실시한 조사에 따르면, 바코드 스캐너는 계산 시간을 18~19퍼센트 절약했다.[9] 게다가 많은 매장에서 물품에 가격표를 부착하는 데 필요한 노동력도 없어졌다. 그리고 바코드 스캐너는 실시간으로 재고량을 기록하는 컴퓨터에 연결되어 있기 때문에, 더 이상 수시로 재고량을 파악할 필요가 없었다. 경제학자 에메크 바스커Emek Basker는 바코드 스캐너가 매출 1달러를 올리는 데 필요한 인건비 4.5퍼센트 줄였다고 추산한다.[10]

바코드 스캐너가 유통업체에 제공하는 더 큰 장점은 더 나은 고객 서비스 제공이었다. 계산 시간이 줄어들고 구매 내역이 기록된 영수증을 받을 수 있다는 것은 고객에게 이득이었다. 바코드 스캐너를 설치한 매장은 고객이 찾는 다양한 상품을 제때 제공할 수 있었다. 딕스 슈퍼마켓 영업 부문 수석 부사장인 데이브 하이머Dave Hymer는 1987년 인터뷰에서 "바코드 스캐너가 제공하는 정보가 없다면 재고를 효율적으로 관리할 수 없을 것이다. 플랫빌Platteville에서 팔리는 상품이 프레리더신Prairie du Chien에서도 팔린다는 보장은 없다. 그래서 우리는 바코드 스캐너로 입력

30

된 데이터를 사용해 매장마다 상품 진열과 배치를 다르게 한다. 이렇게 해서 상품이 진열된 모든 공간에서 최대 매출과 생산성을 얻어낸다."라고 말했다. 매장 관리자는 바코드 스캐너 덕분에 매장의 특성에 맞게 상품을 진열하고 판매하는 것은 물론, 어느 상품이 자리만 차지하는지, 어느 상품이 잘 팔리는지 파악할 수 있었다. 잘 팔리지 않는 상품은 치우고, 빈자리를 신상품으로 채우면서 매장에서 판매하는 제품의 종류가 지속적으로 변했다. 게다가 재고를 효율적으로 관리할 수 있어 잘 팔리는 상품이 떨어지지 않게 재고를 확보하고 더 다양한 상품을 확보할 수 있었다. 하이머는 "우리는 계획 없이 결정을 내리지 않는다."라고 말한다. 매장 관리자에게는 창의력을 발휘해서 판매할 상품을 구비하게 하고, 바코드 스캐너 정보를 활용해 담당 매장의 수익을 높이게 했다.[11]

미국 유통 전문지 〈프로그레시브 그로서Progressive Grocer〉에 따르면, 딕스 슈퍼마켓은 최첨단 기술과 인재의 결합으로 '세상에서 가장 수완 좋은 식품 유통업체'가 됐다. 심지어 전국에 체인점을 둔 유통업체와도 경쟁할 수 있는 업체가 됐다. 1985년 딕스 슈퍼마켓은 인구가 고작 6000명에 불과한 프레리더신에 매장을 열었고, 전국에 체인점을 보유한 피글리 위글리와 경쟁을 벌였다. 하이머는 〈프로그레시브 그로서〉와의 인터뷰에서 "우리의 경쟁

31

업체는 그곳에 자리를 확고히 잡고 있었지만, 우리가 갖춘 다양성이나 스타일은 없었다."라고 말했다.[12]

기술이 개선되면서, 바코드 스캐너는 작은 바코드와 젖거나 훼손된 상표도 읽을 수 있게 됐다. 상품 포장에 바코드를 인쇄하는 생산업체의 수도 급증했다. 무엇보다 디지털 기기 가격이 급격히 하락한 덕분에 영세한 유통업체들이 설치비용에 큰 부담을 느끼지 않고 매장에 바코드 스캐너를 설치할 수 있었다.

파괴적 혁신의 시대

개인용 컴퓨터가 등장하고 연산 비용이 급격히 떨어지면서, 많은 산업에서 새로운 디지털 기술, 즉 소프트웨어를 빠르게 도입했다. 그리고 대부분의 소기업은 새로운 소프트웨어를 통해 대기업과 동등한 위치에서 경쟁하거나, 심지어 변화가 느린 대기업을 대체하기까지 했다. 1995년 미국 경제 전문지 〈Inc.〉에 아래와 같이 저자가 잔뜩 들떠서 쓴 듯한 글이 실렸다.

과연 정보 기술이 다윗을 골리앗처럼 만들 수 있을까? 우리가 이야기를 나눈 경영인들에 따르면, 이 질문에 대한 답은 의심의 여지 없

32

이 '그렇다'이다. 네트워크로 연결된 데이터베이스와 이메일을 사용하고 CD-ROM 구독 서비스가 제공되고 원격 화상 회의가 가능한 지금, 기업의 성공은 크기보다 기술력으로 결정된다. 심지어 직원이 15명이나 20명에 불과한 기업들도 세계 곳곳의 시장 데이터를 모으거나 멀리 떨어진 누군가와 전략적인 파트너십을 맺을 수 있다. 그리고 직원들이 사무실에 가만히 앉아서 인터넷으로 세계 어디서든 광고를 하거나 국제적인 해외 영업 회의를 개최할 수 있다.

정보 기술의 가격이 저렴해진 덕분에, 대기업과의 경쟁이 그 어느 때보다 쉬워졌다. 불과 10년 전만 해도 소기업들은 한 해 영업 이익의 절반을 지급해야 고성능 컴퓨터를 구입할 수 있었다.[13]

처음에 대다수의 새로운 소프트웨어는 값비싼 메인프레임이나 미니컴퓨터용• 소프트웨어의 저렴한 버전에 불과했다. 1950년대부터 메인프레임에 설치한 기본 회계와 급여 소프트웨어는 이제 몇 백 달러만 있으면 데스크톱 컴퓨터에 설치해 사용할 수 있게 됐다. 이는 세금 신고 준비 소프트웨어도 마찬가지였다. 1970년대에는 왕Wang과 같은 기업들이 특정 작업을 위해 개

• 개인용 컴퓨터와 대형컴퓨터의 중간 단계에 있는 컴퓨터로 메인프레임은 대형컴퓨터와 비슷한 역할을 하면서 크기와 성능을 간소화했다. – 옮긴이

33

발된 미니컴퓨터용 워드프로세서 소프트웨어를 제공했다. 그리고 머지않아 개인용 컴퓨터용 경쟁 소프트웨어도 출시됐다.

그리고 틈새시장을 겨냥한 애플리케이션이 개인용 컴퓨터에 설치되면서 가격이 저렴해졌다. 예를 들어, 프리마베라 시스템즈는 1983년에 개인용 컴퓨터용 프로젝트 관리 소프트웨어를 출시했다. 관리자들은 이 소프트웨어로 건설업 등 다양한 분야에서 복잡한 프로젝트를 계획하고, 추진하고, 진행 상황을 세세하게 추적했다. 이전에는 프로젝트 관리 소프트웨어가 너무 비싸서 많은 기업이 사용할 엄두를 내지 못했다. 하지만 이제는 크고 작은 기업이 개인용 컴퓨터용 프로젝트 관리 소프트웨어를 이용하기 시작했다.

많은 애플리케이션이 메인프레임이나 미니컴퓨터용 소프트웨어를 뛰어넘었다. 이는 곧 대화형 프로그램으로 발전했고, 그래픽 유저 인터페이스Graphic User Interface, GUI• 덕분에 쉽게 익힐 수 있었다. 그리고 새롭고 중요한 기능도 추가됐다. 1969년부터 메인프레임에서 배치 모드로 스프레드시트 소프트웨어를 사용할 수 있었다. 하지만 1979년에 비지캘크가 출시되면서 다양한 스

━━━━━━━━━━━━ • 사용자가 아이콘, 메뉴, 버튼 등의 그래픽을 사용해 컴퓨터와 정보를 쉽게 교환하고 상호 작용할 수 있게 하는 시각적 인터페이스 - 옮긴이

34

프레드시트 소프트웨어가 개인용 컴퓨터에서 상호적으로 작동할 수 있게 됐다. 사용법이 훨씬 쉬워지고, 작업 목적에 맞게 실시간으로 조정할 수 있게 됐으며, 기능적인 툴을 이용해 다양한 용도에 맞춰 소프트웨어를 바꿀 수 있게 됐다.

이러한 변화는 소프트웨어 산업을 뒤엎었다. 이뿐만 아니라, 많은 기업이 저렴한 스프레드시트 소프트웨어와 데스크톱 컴퓨터로 각자의 요구에 맞춘 애플리케이션을 개발하기 시작했다. 온갖 종류의 기업들이 새롭게 개발된 소프트웨어를 혁신적으로 사용했다. 앞서 〈Inc.〉에 실린 글에서 언급한 소기업들이 얻게 될 기회는 현실이 되었고, 다양한 산업에서 많은 소기업이 기회를 잡았다.

나는 앞서 〈Inc.〉에 실린 글에서 묻어나는 흥분을 직접 경험했다. 1983년 나는 필라델피아에서 작은 주간지를 발행했다. 필라델피아의 히스패닉 인구를 위해서 2개 국어로 발행하는 최초의 신문이었다. 많은 영세한 출판사가 그렇듯이, 광고는 내게도 골칫거리였다. 대부분의 광고는 마감일에 들어왔다. 그러면 나는 광고를 빠르게 배치하고, 그 주변으로 페이지를 채워야 했다. 까딱해서 실수라도 하면, 돈을 받지 못할 수도 있었다.

최초의 IBM 개인용 컴퓨터가 막 출시된 때였고, 나는 특수한 흑백 그래픽 카드인 허큘리스로 컴퓨터 화면에 텍스트를 시

35

각적으로 구성하도록 프로그래밍하고 시제품 제작기에 출력할 수 있으리라 생각했다. 나는 곧장 컴퓨터 화면에 보이는 대로 출력되는 데스크톱 컴퓨터용 출판 소프트웨어로 광고를 배치하고 페이지를 구성하여 신문을 발행했다.

이 소프트웨어를 만들 때, 나는 같은 기능을 수행하는 미니컴퓨터나 엔지니어링 워크스테이션*으로 만든 고급 소프트웨어가 있다는 것을 어렴풋하게 알고 있었다. 1970년대 대형 신문사들은 아텍스 시스템을 주로 사용했다. 아텍스 시스템은 일간지를 발행할 때 사용하기 위해서 개발된 디지털 미니컴퓨터용 전문 워드프로세서였다. 하지만 아텍스 시스템은 화면에 보이는 대로 출력되는 페이지 구성 기능이 없었다. 화면에 보이는 대로 출력되는 기능을 갖춘 전문 광고 편집 워크스테이션도 있었지만 가격이 약 1억 3900만 원이 넘었기 때문에 영세한 신문사와 잡지사는 구매해서 사용할 엄두도 내지 못했다.

나는 처음에 내가 개발한 프로그램을 조판회사에 팔려고 했다. 하지만 그 회사는 내 제안을 거절하고 독자적으로 비슷한 프로그램을 개발하기로 했다. 결국 나는 직접 프로그램을 팔기로

---
* 기술자용으로 고성능 그래픽 디스플레이 장치와 컴퓨터, 외부기억 장치 등을 조합한 시스템 - 옮긴이

36

결정했다. 1984년 4월에 나는 인쇄와 조판 박람회의 전시관 뒤쪽에 가로, 세로 3미터의 부스를 구매했다. 아내와 함께 부스에서 프로그램을 시연하고 얼마 지나지 않아서 우리의 부스로 사람들이 몰려들었다. 복도 건너편에 자리한 대형 조판업체는 우리 부스를 보고 발을 동동 구르며 분해했을 것이다. 우리는 몰려드는 사람들을 보고 흥분을 감출 수 없었다.

우리와 다른 기업들 덕분에 곧 데스크톱 컴퓨터용 출판 소프트웨어가 널리 사용됐다. 그리고 많은 사람이 폰트, 자간을 조정하는 커닝 등과 같은 조판 용어에 익숙해졌다.[14] 한때 타자기로 작성했던 많은 뉴스레터와 기타 출판물들이 굉장히 맵시 있는 활자로 작성됐다. 그러다가 1985년에는 데스크톱 컴퓨터용 출판 소프트웨어로 만들어진 잡지가 등장했다. 출판사들은 "개인용 컴퓨터를 사용하는 거의 모든 사람이 전문 출판사가 발행한 듯한 문서를 비용 효율적으로 만들 수 있게 됐다."라고 말했다. 그리고 "새로운 출판 방식 덕분에 단 한 번도 출판해본 적 없는 개인용 컴퓨터 사용자들도 책과 뉴스레터를 출간하고, 잡지를 구성하고, 광고 레이아웃을 정하고, 매뉴얼과 홍보물을 제작할 수 있게 됐다."라고 덧붙였다. 그리고 그들은 "언론의 자유는 언론을 소유한 자에게만 보장된다."라고 말한 저널리스트 A. J. 리블링A. J. Liebling의 발언도 인용했다.[15] 리블링은 1960년 미국신문사협회 연례 회의에서 신문업계의 통합이 신문이 대변하는 관점의 폭을 어떻게 제한하는지를 언급하며, 이처럼 발언했다.

데스크톱 컴퓨터용 출판 소프트웨어 덕분에 점점 더 많은 사람이 정말로 언론을 소유하게 됐다. 주간지의 수는 수십 년 동안 줄어들었고, 1939년에 1만 1516개였던 것이 1984년에는 겨우 6798개에 그쳤다. 하지만 그 이후 5년 동안 824개가 넘는 주간지가 더 발행됐고 월간 정기간행물의 수는 349개 더 늘어났다. 심지어 일간지의 수도 1987년 1646개에서 1990년 1788개로 증가했다. 수십 년 동안 대형 신문사와 잡지사를 중심으로 출판업계가 통합되면서 새로운 출판 방식이 등장했고, 그 덕분에 출판업계에 잠시 르네상스가 찾아왔다. 다만 1990년대 인터넷이 빠르게 성장하면서 크고 작은 출판사를 몰아내고 광고 시장을 장악했기 때문에, 르네상스는 오래가지 않았다.

저렴한 컴퓨터와 새로운 소프트웨어가 빠르게 출시되면서, 다른 산업에서도 '산업 역동성'이 전반적으로 강해졌다. 산업 역동성은 그 산업을 지배하던 기업이 얼마나 빨리 교체되는지를 보면 확인할 수 있다. 다시 말해서 산업을 지배하던 기성 기업들이 유망 기업으로 얼마나 자주 교체되는지 살펴보는 것이다. 상위 기업이 떠오르는 신생 기업에 끊임없이 도전받는 산업은 기업이 앞서나가기 위해 혁신을 계속 시도하는 산업이다. 기성 기업

38

이 교체 위협을 받지 않는 산업은 혁신 활동을 장려할 인센티브가 빈약한 산업이다. 경제학자 존 힉스John Hicks가 말했듯이, "독점 기업이 얻는 모든 수익 중에서 단연 최고는 고요한 삶"이기 때문이다.[16] 1970년대의 기성 기업은 상대적으로 조용한 삶을 살았다. 엄밀하게 정의된 모든 산업에서 매출을 기준으로 업계에서 상위 4위 안에 드는 기업이 순위 밖으로 밀려날 가능성은 대략 6퍼센트밖에 되지 않았다. 1990년 후반에 이르러, 기성 기업이 순위 밖으로 밀려날 가능성은 두 배 증가해서 12~13퍼센트가 됐다. 이 수십 년은 파괴적 혁신이 강화되는 시기였다. 혁신적인 기업이 기성 기업을 훌쩍 뛰어넘으며 성장하던 이 시기는 스타트업과 소기업에게 일종의 르네상스와 같았다.

새로운 골리앗의 등장

영세한 출판사가 맞이한 르네상스처럼, 바코드 스캐너가 영세한 유통업체에게 가져다준 르네상스도 오래가지 못했다. 새로운 시스템을 구축할 능력을 갖추고 바코드 기술을 최대한으로 활용하는 조직은 소수에 불과했다. 그들이 성장해서 유통업체도 하위영역을 장악하자 영세한 유통업체도, 대형 유통업체도 그들에게 대

39

적할 수 없었다.

월마트가 가장 극적인 사례다. 다음은 미국 경영지 〈하버드 비즈니스 리뷰〉에 실린 글의 요약본이다.

1979년 케이마트는 할인 유통 산업의 왕좌를 차지하고 있었다. 사실상 케이마트가 할인 유통 산업을 창조했다고 말할 수 있었다. 케이마트는 1891개의 매장을 보유했고 평균적으로 매장당 약 100억 원의 수익을 올렸다. 케이마트는 초대형 유통업체였기에 규모의 경제를 누렸다. 구체적으로 말하면 구매, 유통과 마케팅에서 규모의 경제를 실현했다. 이는 거의 모든 경영 서적에서 성숙한 저성장 산업에서 뒤처지지 않고 성공하는 데 필수적인 요소로 언급된다. 반면 월마트는 남부에 자리한 영세한 유통업체였다. 월마트 매장은 겨우 229개였고, 각 매장의 평균 매출은 케이마트 매장의 절반에 지나지 않았다. 케이마트에게 월마트는 진지하게 대응해야 하는 경쟁 상대가 아니었다.

그런데 겨우 10년 뒤, 월마트는 할인 유통 산업을 완전히 바꿔 놓았다. 월마트의 연간 성장률은 25퍼센트에 달했다. 그리고 할인 유통업체 중에서 1제곱미터당 매출, 재고 회전율, 영업 이익이 가장 높았다. 1989년 월마트의 세전 매출수익률은 8퍼센트였고, 이는 케이마트의 세전 매출수익률의 거의 두 배였다. 오늘날 월마트는 세

40

계에서 가장 크고 가장 많은 수익을 올리는 유통 업체다. (여기서 '오늘날'은 1992년을 말한다.)[17]

1982년 월마트는 미국 종합유통업 매출의 3퍼센트를 차지했고, 30년 뒤에 월마트의 미국 매출은 유통업 매출의 52퍼센트를 차지했다. 반면 케이마트는 2004년 시어스와 합병했지만, 2018년에 기업 회생을 신청한다.

그리고 월마트는 영세한 유통업체에 엄청난 파괴력을 행사했다. 어느 조사에 따르면, 월마트 매장 하나가 들어설 때마다 평균적으로 영세한 유통업체 4.7개가 폐업한다.[18] 여기서 말하는 영세한 유통업체는 직원 수가 100명이 채 안 되는 업체를 말한다. 1977년과 2007년 사이에 월마트는 무려 3000개의 매장을 열었다. 또 다른 조사에 따르면, 1987년과 1997년 사이 미국에서 매장이 단 하나인 유통업체의 수는 줄어들었고 그중에서 절반가량이 월마트의 외연 확장 때문이었다. 이뿐만이 아니었다. 월마트가 어떤 시장에 진입하면, 그 시장에서 활동하고 있던 기존 유통업체들의 절반 이상은 매출이 하락했다. 그래서 그들은 더 이상 매몰비용을 회수할 수 없었다.[19] 쉽게 말하자면, 그들이 다시 시작한다고 해도 월마트가 진입한 시장에는 진입하지 않을 것이다. 왜냐하면 그 시장에서 얻을 수 있는 수익이 지나치게 낮기 때문이다.

41

월마트는 종합 유통 산업에서 바코드 스캐너를 상대적으로 일찍 도입한 얼리어답터였다.[20] 1980년대에는 월마트의 모든 유통센터에 바코드 스캐너가 도입됐다. 바코드 스캐너 덕분에 월마트는 모든 매장의 모든 계산대에서 처리하는 구매 내역을 파악해 정보를 유기적으로 공유할 수 있었다. 대체로 매장은 바코드 스캐너로 얻은 정보를 본사로 전송하고, 본사는 그 정보로 의사결정을 내린다. 하지만 월마트에서 정보는 반대로 흘렀다. 월마트가 정보의 흐름을 바꾼 것이었다. 이는 각 매장의 관리자와 심지어 납품업체가 직접 의사결정을 내릴 수 있도록 돕기 위해서였다. 1970년대 후반이 되자 월마트의 모든 유통센터가 전산망으로 연결됐다.[21] 1897년 월마트는 매장과 본사가 원활하게 소통할 수 있도록 약 333억 원의 위성망을 완성했다. 이는 당시 미국에서 가장 큰 민간 위성 통신 시스템이었다.[22] 1990년 월마트는 '리테일 링크'를 도입했다. 리테일 링크는 매장과 유통센터 그리고 납품업체를 연결하고 자세한 재고 데이터를 제공하는 소프트웨어였다. 리테일 링크 덕분에 매장과 납품업체는 서로 긴밀하게 움직일 수 있었다.[23] 납품업체는 각 매장의 매출 상황을 추적하여 필요한 상품을 빠르게 공급했고, 때로는 컴퓨터가 자동 구매 시스템을 이용해서 새로운 주문을 넣기도 했다.

리테일 링크로 월마트가 얻게 된 가장 큰 혜택을 하나만

꼽아보자면 월마트 매장이 다양한 상품을 판매하여 소비자들에게 원스톱 쇼핑 경험을 제공할 수 있다는 것이다. 월마트는 정보 기술로 의사결정을 분권화했다. 의사결정이 분권화되자, 매장에서 상품 종류를 추가하고 관리하는 데 소비되는 비용이 절감됐다. 그 덕분에 매장은 다양한 제품을 취급할 수 있었다. 월마트는 종합 할인 유통업체로 시작했지만, 정보 기술로 매장에서 취급하는 제품군을 늘려나가면서 다른 점포 유형도 실험하기 시작했다. 1988년 월마트는 슈퍼마켓 점포 유형을 도입했다. 일반 잡화만 판매하는 슈퍼마켓이 아니라 건조식품과 냉동식품, 육류, 가금류, 해산물과 채소 등 다양한 식료품을 팔고, 약국, 안경점, 사진관, 스파, 미용실, 휴대전화 가게, 은행, 패스트푸드점 등 다양한 매장이 입점한 '풀 서비스' 슈퍼마켓이었다. 월마트는 이를 '슈퍼센터'라 부른다.

월마트는 굉장히 다양한 상품과 서비스를 제공하기 때문에 소비자가 원하는 상품이 월마트 매장에 갖춰져 있을 가능성이 크다. 그리고 다양한 상품과 서비스를 쉽게 구매하는 원스톱 쇼핑이 가능하다. 월마트는 고객들이 월마트의 슈퍼센터를 찾는 이유가 바로 원스톱 쇼핑이라고 오랫동안 말해왔다.[24] 물론 소비자들도 이에 동의한다. 월마트의 장점을 묻는 여론조사에서 응답자의 22퍼센트가 폭넓은 제품군과 다양성을 꼽았다.[25] 한 조사에

43

따르면, 소비자들은 이런 편리함 때문에 웃돈을 주더라도 월마트에서 쇼핑한다.[26]

물론 매장에서 판매하는 상품의 수와 종류가 많으면 비용이 많이 발생한다. 하트포드의 체인점 모델은 효과적으로 본사에 의사결정을 내려 각 매장으로 전달하기 위해서 매장에서 판매할 상품의 수와 종류를 제한하고 표준화했다. 하지만 월마트는 정보기술로 이 비즈니스 모델을 보란 듯이 뒤집어서 복잡성을 효율적으로 관리해냈다. 이를 통해 월마트는 다른 경쟁 유통업체와 차별화되는 경쟁 우위를 확보할 수 있었다.

월마트는 각각의 매장에서 많은 상품을 판매했고, 한 지역에서 가장 많은 매장을 보유해 상당한 규모의 경제를 낳았다. 월마트는 전통적인 체인점 물류 모델을 버리고 '크로스 도킹'이라는 물류시스템을 도입했다. 전통적인 물류시스템에서 납품업체가 보낸 상품은 트럭에서 내려져서 물류창고에 보관된다. 이후에 매장에 재고가 부족해 상품이 필요하면, 물류창고 직원들이 상품을 꺼내 트럭에 실어 매장으로 보낸다. 하지만 월마트의 크로스 도킹은 이렇게 작동하지 않는다. 물류창고에서 납품업체가 보낸 트럭에 실린 상품을 내리는 것까지는 같다. 차이점은 상품을 물류창고에서 상품을 보관하지 않고, 곧바로 배송 트럭에 실어 각 매장으로 보낸다는 점이다. 이 방식은 물류 노동비용을 대폭 절

44

감시켰다. 크로스 도킹이 가능하려면, 납품업체의 상품을 실은 트럭이 각 매장에 최종적으로 상품을 배송하는 트럭과 거의 같은 시간에 물류창고에 도착해야 했다. 이를 가능케 한 것이 원활한 데이터 흐름과 정보 기술이다. 어느 조사에서 언급했듯이 "월마트는 크로스 도킹으로 일반적으로 발생하는 재고 보관과 처리 비용을 부담하지 않고 트럭에 가득 실린 상품을 구매할 수 있는 경제적 효과를 누렸다."[27] 식료품을 취급하는 유통업계에서 재고 보관과 처리 비용을 절감한 덕분에 월마트 슈퍼센터는 같은 상품이더라도 전통적인 슈퍼마켓보다 10퍼센트 저렴하게 판매할 수 있었다.[28] 그리고 이렇게 비용을 절감한 덕분에 월마트는 경쟁업체보다 상품과 서비스를 저렴하게 제공해 고객을 끌어들이는 '매일 저가' 전략을 추구할 수 있었다. 또한 빈번한 프로모션 세일 비용을 절감해 매출을 더 정확하게 예측하고, 재고를 효율적으로 관리할 수 있었다.

월마트는 각 매장의 매출 정보를 납품업체와 매장 관리자에게 지속적으로 전달하는 것만으로 이러한 혜택을 누릴 수 있었다. 상품을 물류창고에 보관하지 않고 곧장 매장으로 배송하면서 시간도 절감했다. 시시각각 오르내리는 각 매장의 상품 수요에 납품업체는 더 빠르게 대응할 수 있었다. 이 덕분에 각 매장은 잘 팔리는 상품의 재고를 확보하고 유행이 지나서 상품이 잘 안

45

팔릴 때 과도한 재고를 떠안지 않았다. 월마트는 자체 배송트럭도 보유해 48시간 이내에 물류창고에서 매장으로 상품을 배송할 수 있었다. 일반적인 유통 산업에서는 2주일에 한 번 매장에 상품을 배송했지만, 월마트는 평균적으로 1주일에 두 번 매장에 상품을 배송했다. 마지막으로 이 시스템은 각 매장의 수요에 맞춘 상품 흐름을 가능하게 만들었고, 지역 시장에서 수요가 있는 다양한 상품을 제공할 수 있게 했다.

월마트가 구축한 유통 시스템은 정보 기술만이 전부가 아니었다. 여기서 분명히 짚고 넘어가자면 당시에 많은 대형 유통업체가 기술에 막대한 비용을 투자했다. 월마트만 유통 정보를 관리하기 위해서 기술에 투자했던 것은 아니었다. 시어스도 많은 유통 시스템을 개발하고 도입했다. 시어스는 1980년대에 IBM의 최대 고객이었고 온라인 유통 서비스 '프로디지 시스템Prodigy system'●으로 전자상거래를 개척했다. 하지만 월마트는 정보 기술을 새로운 조직 형태에 접목했다. 이 시도는 하트포드의 체인점 모델을 전환

───────────── ● 1980년대 후반 시작된 초기 온라인 서비스. 사용자가 그래픽 기반의 인터페이스를 통해 이메일, 뉴스, 쇼핑, 게임, 금융 정보 등 다양한 콘텐츠에 접근할 수 있었으나 1990년대 중반 월드와이드웹(WWW)의 등장과 함께 경쟁력을 잃었다. - 옮긴이

시켰고, 정보 기술로 의사결정을 분권화했다. 또한 신속하고 효율적으로 무수한 결정이 내려지도록 했고, 고객의 요구에 더 잘 대응하는 매장을 만들어냈다. 기술과 조직의 결합으로 월마트가 성장한 반면, 시어스와 케이마트를 포함한 수많은 소규모 유통업체는 운영에 어려움을 겪거나 폐업의 길을 걸었다.

정보와 기술

컴퓨팅* 비용이 급격히 하락하면서 소프트웨어 복제 비용이 무시할 수 있을 정도로 낮아졌고, 이로 인해 무료이거나 무료와 다름없는 서비스가 등장했다. 이러한 변화도 중요하지만 여기서는 다른 현상에 집중해보려고 한다. 정보 기술은 경제를 바꾸고 있다. 왜냐하면 정보 기술이 경제 주체가 정보를 사용하는 방법을 바꾸고 있기 때문이다. 정보는 시장과 경제 제도의 본질에 매우 중요한 요소이기 때문에 정보 기술은 경제가 장동하는 방식에 영향을 미친다.

---

* 컴퓨터를 사용해 데이터를 처리하고 계산하는 모든 활동 – 옮긴이

47

실제로 2차 세계대전 이후 경제 분석이 이루어낸 주요 성과 중 하나는 경제 주체가 알고 모르는 모든 정보가 경제의 움직임에 깊은 영향을 미친다는 사실을 깨달은 것이다. 정보는 시장 실패에도 영향을 준다. 정보는 기업들의 경계영역과 조직 구조에 영향을 미친다. 이뿐만이 아니라, 어떻게 계약을 체결할 것인가, 최고의 인센티브를 제공하는 제도를 어떻게 설계할 것인가, 규제를 어떻게 고안할 것인가에도 영향을 준다. 노벨 경제학 수상자 명단을 간단히 살펴보면, 대체로 정보경제학에 이바지한 사람들이 대부분을 차지하고 있다는 것을 알 수 있다.

이 연구 과제는 처음에 루드비히 폰 미제스Ludwig von Mises와 프리드리히 하이에크Friedrich Hayek가 주도한 사회주의 경제 계획에 대한 비판에서 시작되었다.[29] 당시 사회주의자들은 생산과 배분에 자원을 할당하여 경제를 통제했던 중앙기획위원회를 옹호했다. 미제스와 하이에크는 사회주의적 경제 계획을 비판하면서, 경제를 운영하려면 가격 체계가 필요하다고 주장했다. 하이에크는 1945년에 발표한 〈사회에서 지식의 이용The Use of Knowledge in Society〉에서 경제를 어떻게 조직할 것인가를 논의하며, 핵심 문제는 정보 또는 지식이라고 지적했다.

합리적인 경제 질서의 문제는 우리가 활용해야 하는 상황에 대한 지

48

뉴 골리앗

식이 결코 집중되거나 통합된 형태로 존재하지 않으며, 오직 각기 다른 개인들이 가지고 있는 불완전하고 종종 상충하는 조각난 지식으로만 존재한다는 사실에 의해 그 독특한 성격이 결정된다. 사회의 경제 문제는 각 구성원들이 알고 있는 자원을 가장 효율적으로 활용하는 방법에 관한 문제이며, 자원의 상대적 중요성은 오직 개인들만이 알고 있다. 간단히 말해, 이는 그 누구에게도 완전히 제공되지 않은 지식을 활용하는 문제다.[30]

지식을 획득하는 것뿐만 아니라 다양한 경제 주체들이 사회적으로 최적화된 행위를 하도록 유도하는 것도 문제였다.[31] 사회주의적 중앙 계획은 더 공평한 경제를 약속할지도 모른다. 하지만 계획자들은 복잡한 경제에서 다양하게 변화하는 요구를 알 수 없으며, 요구를 해결하기 위해 서로 다른 경제 주체들을 효과적으로 이끌 수 없기 때문에 실패할 것이다.

경제학자들은 이 개념을 더 발전시켰고 정보와 지식 분석을 다른 영역으로 확장시켰다.[32] 경제 지식에 관해 서로 긴밀하게 관련된 두 가지 문제는 하이에크 질문과 관련된다. 첫째, 지식은 대부분 널리 분산되고, 매우 지역적이며, 자주 변한다. 그래서 중앙의 계획자가 완전한 지식을 얻는 것은 어렵거나 불가능하다. 둘째, 대다수 경제 주체는 자신의 지식을 계획자나 다른 경제 주

49

체에게 솔직하게 내보이지 않는다. 예를 들어, 제조업자는 자신이 생산하는 상품의 품질에 대한 정보를 갖고 있다. 하지만 그는 (특히 상품 품질이 좋지 않다면) 그 정보를 잠재 고객에게 공개하길 꺼릴지도 모른다. 이는 한쪽이 다른 쪽보다 더 많은 관련 정보를 가지고 있는 경우로 사적 정보 또는 비대칭 정보라고 하며, 다양한 경제적 상호작용에 영향을 미친다.

이러한 정보 문제는 체인점이 부상하고 뒤이어 월마트가 부상한 이유를 설명해줄 수 있다. 유통업체는 제조업체로부터 최고 품질의 상품을 최저가에 얻으려고 한다. 하지만 그들에게는 여러 제조업체가 제공하는 상품의 품질 정보가 부족하다. 게다가 제조업체의 평판도 각양각색일지도 모른다. 그래서 유통업체들은 경험을 통해서 그들이 제공하는 제품의 품질을 알아내야만 한다.[33] 유통업체들은 제품을 비축하고, 제품이 잘 팔리는지 파악하고, 고객들이 제품을 좋아하는지 아니면 반품하는지 지켜봐야 한다. 이렇게 경험을 통해서 상품의 품질을 파악하는 데는 큰 비용과 시간이 소요된다. 특히나 신상품이 한꺼번에 쏟아질 때는 더 많은 돈과 시간을 투자해야 한다. 따라서 독립 유통업체는 품질이 확실한 한정된 종류의 제품을 선택할지, 품질이 불확실한 다양한 제품을 취급할지 선택해야 한다.

체인점은 표준화를 통해서 규모의 경제를 실현한다. 여

50

기에 덧붙여, 유통비에 영향을 미치는 것처럼 다른 경제적 효과도 실현한다. 이는 체인점이 품질이 보장된 상품을 판매하고 훨씬 더 다양한 상품을 취급할 수 있다는 뜻이다. 물론 의사결정의 중앙집권화에도 단점이 있다. 체인점은 현지 정보를 무시하기 때문에 다양한 취향을 지닌 사람들이 거주하는 지역의 특성에 맞춰서 상품을 제공하는 데 한계가 있다. 그리고 현지의 수요 변화에 신속하게 대응하지 못한다. 체인점 모델은 제품 품질에 대한 정보를 얻는 비용을 줄이기 위해서 현지 정보 수집을 포기한다. 체인점과 다른 대기업은 자본주의에 중앙 계획의 요소를 도입하며, 이로 인해 현지 정보는 여러 개인에게 분산되어 있다는 하이에크가 지적한 문제를 겪게 된다.

월마트의 비즈니스 모델은 매장이 서로 상품 품질 정보를 공유하게 만들어 학습비용도 절감한다. 하지만 의사결정이 분권화되어 있어서, 월마트는 현지 정보에 더 잘 적응할 수 있다. 중요 정보의 분권화로 월마트는 매장 관리자들이 본사의 엄격한 통제 아래서 현지 수요에 대응할 수 있도록 허가한다. 그리고 현지 정보에 맞춰 각 매장에 다양한 상품을 배송하는 복잡한 문제를 처리해낸다. 이와 동시에 월마트는 신상품과 변하는 수요에 대한 정보를 매장끼리 쉽게 공유하도록 돕는다. 그리고 정보 기술을 이용하여 신상품을 신속하고 효율적으로 매장에 배송한다. 이러

51

한 장점들은 월마트가 소비자가 원하는 품질을 지닌 상품을 대량으로 매장에 비용 효율적으로 공급할 수 있다는 뜻이다.

정보 기술은 기본적인 범위의 경제를 허용하기 때문에 현지 정보에 맞춰 판별할 수 있다. 잘 설계된 소프트웨어는 일종의 모듈이다. 구체적으로 말해서, 추가적인 제품이나 기능을 처리하는 코드는 물리적인 시스템과 비교해서 저렴하면서 독립적으로 개발할 수 있다.[34] 이러한 범위의 경제로 정보 기술은 현지 정보에 대한 수요와 표준화로 발생하는 비용 절감의 교착 상태를 무너뜨린다. 정보경제학으로의 변화는 경제 질서를 근본적으로 바꾼다.

월마트가 유일한 사례는 아니다. 다른 산업의 기업도 개인 정보나 현지 정보에 대응하기 위해서 정보 기술을 사용하고 있다. 다른 산업에서도 한 기업이 산업을 장악하고 새로운 정보 기술로 선두 자리를 지키는 사례를 찾아볼 수 있다. 이러한 이야기는 우리가 초경쟁 시대에 살고 있다는 생각과 반대된다. 조지프 슘페터의 창조적 파괴와 클레이튼 크리스텐슨Clayton Christensen의 기업 와해론이 널리 통용되고 있다. 앨런 그린스팬과 같은 전문가는 우리가 창조적 파괴의 시대에 살고 있다고 믿는다.

나는 이 와해에 대한 근거 없는 믿음에 이의를 제기한다. 그리고 앞으로 그것이 왜 '미신'이 됐는지를 탐구할 것이다. 2장에서 선도적 기업의 와해율이 지난 20년 동안 급격하게 하락했다는 증거를 제시할 것이다. 그리고 기업이 독점 소프트웨어에 크게 투자해서 산업을 장악하게 됐다는 사실을 보여줄 것이다. 새로운 소프트웨어는 선도적 기업이 복잡성을 지렛대 삼아서 경쟁할 수 있도록 한다. 다시 말해서, 선도적 기업은 새로운 소프트웨어로 복잡성을 관리하여 다양성, 기능 또는 상품 버전을 극적으로 확대해나갈 수 있다.

하지만 왜 독점 소프트웨어에 투자하는 것이 대기업의 지속적인 산업 지배로 이어질까? 3장에서 복잡성을 무기로 삼은 경쟁이 시장과 산업 구조의 본질을 바꿔놓은 것을 확인하게 될 것이다. 상품과 서비스에서 복잡성이 존재하는 기업은 제품과 서비스의 복잡성은 기업이 경쟁사와 자사의 제품을 차별화할 수 있게 해준다. 존 서튼John Sutton의 주장에 따르면, 이러한 경쟁이 '자연발생적인 과점', 다시 말해서 기술에 투자하고 통달한 기업인 소수의 '슈퍼스타'가 지배하는 산업을 낳는다.[35] 소수의 기업이 한 산업을 지배할 수 있는 이유는 단순히 그들에게 더 유능한 관리자나 직원이 있기 때문이 아니다. 경쟁의 본질이 생산성의 차별화를 확대하고 기업 행위를 변화시키며, 많은 산업에서 변하고 있기 때문이다.

이러한 새로운 종류의 경쟁은 신기술에 대한 지식이 과거만큼 사회를 통해서 빠르게 퍼져나가지 않는다는 것을 암시한

53

다. 4장에서는 어떻게 기업이 신기술을 기반으로 지배적인 위치를 유지하는지 살펴볼 것이다. 과거 주요 신기술에 대한 지식은 경쟁사에 흘러들어갔고, 경쟁을 심화시켰다. 신기술은 공유됐고, 라이선스화됐고, 복제됐고, 독립적으로 개발됐다. 하지만 오늘날에는 이런 현상이 협소하거나 더디게 일어나고 있다. 나는 여기에 두 가지 이유가 있다고 생각한다. 먼저 지배적인 기업에 자신의 신기술을 다른 이가 사용하도록 허용해서 얻을 수 있는 이득이 없다. 그렇게 하면 경쟁사와의 차별성이 줄어들 수 있기 때문이다. 또한 기술의 복잡성 때문에 경쟁사가 신기술을 모방하거나 독자적으로 개발하기가 쉽지 않다. 기술 지식의 확산이 느려지는 것은 슈퍼스타 경제 체제의 영향력에 매우 중요한 일이다. 6, 7, 8장에서 기술 지식이 점점 느리게 확산되는 것이 어떻게 산업 역동성, 스타트업의 성장 잠재력, 생산성 성장, 소득 불평등, 심지어 규제기관의 규제력을 변화시키는지 자세히 살펴볼 것이다.

하지만 그 전에 5장에서 신기술이 업무를 자동화하여 실업을 양성한다는 오해를 바로잡고 싶다. 나는 자동화가 반드시 대량실업으로 이어진다고 생각하지 않는다. 이는 현재도 그러하지 않으며, 향후 20여 년 후에도 그럴 가능성은 매우 낮다. 자동화로 인해서 많은 노동자가 어쩔 수 없이 비용을 치르고 신기술을 요구하는 곳으로 이직해야 하겠지만, 신기술은 다른 곳에 훨씬

54

큰 영향을 미친다.

느려지는 기술 지식의 확산은 산업 구조를 넘어 많은 영역에 영향을 미친다. 슈퍼스타 자본주의의 지문이 오늘날의 경제 여기저기에 묻는다. 6장에서는 산업 역동성과 소형 혁신기업의 운명을 살펴볼 것이다. 소기업은 역풍이 거세지고 있다는 것을 안다. 최첨단 기술에 접근하기 어려워지면서 2000년 이후 생산적인 소기업의 성장률이 둔화됐다. 혁신적인 스타트업 수가 감소한 것은 아니다. 혁신적인 스타트업이 시장에 진입하더라도 이들이 과거처럼 빠르게 성장하지 못하면서 경제 전체의 생산성 증가에 기여하는 정도가 줄어들고, 이로 인해 전체 생산성 성장률이 감소하는 결과를 초래한다.

또한 신기술에 대한 접근성은 제한적이기 때문에, 노동자가 신기술과 관련된 역량을 확보하기 쉽지 않다. 이것은 고용주에게는 역량 격차를, 근로자에게는 임금 불평등을 낳는다. 7장에서는 이런 격차가 기업, 직업, 지역에 따라서 근로자 간 임금 격차를 어떻게 심화시키는지 살펴볼 것이다.

상품과 서비스에 사용된 데이터와 소프트웨어에 대한 접근성이 제한적이면, 정부 규제를 약화시키는 효과가 발생한다. 8장에서는 규제기관의 정보 의존성이 커지는 것이 어떻게 그들의 통치력을 제한하는지 살펴볼 것이다. 규제기관이 정보에 지나

55

치게 의존하면 디젤 배기가스 스캔들, 보잉 737 맥스 참사 그리고 대침체로 이어진 서브프라임 모기지 시장 붕괴와 같은 관리 실패가 나타난다.

기술 지식이 더디게 확산되거나 접근성이 제한되면서, 산업 역동성, 생산성 성장, 불평등, 규제와 관련된 문제가 발생한다. 하지만 이러한 결과가 기술적으로 나타나지는 않는다. 법과 제도를 따르는 기업은 데이터나 소프트웨어 또는 관련된 지식을 라이선스할지 아니면 공유할지 스스로 선택한다. 주된 정책적으로 풀어야 할 과제는 기업이 더 많은 기술 지식을 라이선스하거나 공유하도록 권장하는 것이다. 그렇게 해서 기술 지식이 빠르게 확산되고, 앞서 언급한 문제들이 개선되면, 신기술의 상당한 혜택이 사회를 통해서 공유될 것이다.

9장에서는 특히 반독점법과 관련해 우려의 대상이 되고 있으며, 의회 청문회의 초점이 되어온 디지털 플랫폼 역할을 구체적으로 살펴볼 것이다. 디지털 플랫폼은 반독점 분석을 복잡하게 만들어 경쟁 정책을 관리하는 데 더 어려움을 준다. 빅테크 플랫폼들은 면밀한 반독점 검토를 받아야 하지만 오늘날 지배적인 기업의 문제는 소수의 디지털 플랫폼보다 훨씬 더 우려스럽고, 경쟁 정책으로 통제할 수 있는 범위를 넘어선다. 반독점 집행을 강화하는 것은 좋은 아이디어이지만 슈퍼스타 경제 체제의 문제

56

를 해결하기에는 충분하지 않을 가능성이 크다. 또한 단순히 대기업을 해체하는 것만으로는 기업의 규모 자체보다 기술 지식 접근성과 연관된 문제들을 해결하기 어렵다.

실제로 10장에서 나는 오픈 플랫폼을 권장해야 한다고 주장할 생각이다. 오픈 플랫폼은 슈퍼스타 자본주의가 생산성, 불평등, 안전성 그리고 안정성에 끼친 악영향을 되돌리는 데 필수적이다. IBM이 자사 소프트웨어를, 아마존이 자사 IT 인프라와 웹사이트를 분리했을 때, 오픈 플랫폼이 탄생했다. 오픈 플랫폼은 생산성, 기술, 임금 수준을 향상시킬 기회를 만들어내서 소기업을 위해 경쟁의 장을 평등하게 만들 정도로 역동적인 산업 성장을 촉발했다. 하지만 상당한 정책들, 특히 지적 재산과 관련된 정책들이 지배적 기업이 계열사, 상품이나 서비스를 분리하도록 유인할 인센티브를 축소시킨다.

결론적으로 11장에서 나는 올바른 정책 균형이 갖춰지면 새로운 경제 질서를 만들어나갈 수 있다고 제안한다. 새로운 경제 질서는 다양한 소비자들의 수요를 충족시키는 동시에 노동자와 혁신 기업에 더 좋은 기회를 제공하고, 더욱 공정하고 통합적이며 효율적으로 관리되는 사회를 만들 것이다. 지속 가능한 정보 경제는 단순히 많은 사람들이 정보를 다루는 것이 아니라 새로운 지식이 적극적으로 개발되고 널리 공유되는 경제를 의미한다.

57

2

와해의 소멸

Disruption Lost

영국 경제주간지 〈이코노미스트〉는 2020년 초 세상을 떠난 클레이튼 크리스텐슨을 '당대에 가장 영향력 있는 경영학자'라고 불렀다.[1] 크리스텐슨은 그의 저서 《혁신기업의 딜레마》에서 선도적 기업들의 유능한 관리자들이 처음에는 심각한 위협으로 인식하지 못한 새로운 기술에 의해 '와해될' 수도 있다고 주장한다. 선도 기업들은 자신들에게 최고의 수익을 안겨주는 고객들의 요구에만 매몰되어, 처음에는 저렴하고 열등하나 시간이 흐르면서 점차 개선되는 새로운 기술들을 놓친다. 새로운 기술의 존재를 깨달았을 때는 이미 그러한 기술들을 이용한 기업들이 기존의 선도 기업들을 대체하고 난 뒤일 것이다.

　　'와해'라는 개념은 강력한 호소력을 지닌다. 역사학자이자 저널리스트인 질 르포어Jill Lepore는 미국 시사주간지 〈뉴요커〉에 아래 글을 실었다.

《혁신기업의 딜레마》가 출간된 이후로 모두가 와해하거나 와해되고 있다. 와해 컨설턴트가 등장했고, 와해 콘퍼런스와 와해 세미나가 열린다. 올가을 서던캘리포니아 대학교는 새로운 프로그램을 개설하며, 심지어 '학위과정이 와해되고 있다.'고 선언했다. 벤처캐피털리스트인 조쉬 링크너Josh Linkner는 '와해할 것이냐, 아니면 와해될 것이냐.'라고 경고한다. 그는 신간 《재창조로 가는 길The Road to

61

Reinvention》에서 '변덕스러운 소비자 트렌드, 마찰 없는 시장, 정치적 불안'과 더불어 '눈이 빙빙 돌 정도로 빠른 속도, 기하급수적인 복잡성, 그리고 정신을 마비시키는 기술 발전'이 그 어느 때보다도 패닉에 빠져야 할 시기가 왔다는 것을 의미한다고 주장한다.

이것이 와해의 개념이다. 와해는 극적일 만큼 빠르게 일어나고 있다. 이러한 사고는 기술에 관해 생각할 때 핵심적인 교리나 마찬가지가 됐다. 많은 경제학자와 사업가들은 자본주의가 본질적으로 와해와 관련이 있다는 조지프 슘페터의 견해를 따른다. 자본주의는 "산업적 변이의 과정으로, 끊임없이 내부에서 경제 구조를 혁신하고, 오래된 것을 파괴하며, 새로운 것을 창조해낸다." 이 창조적 파괴 과정이 자본주의의 본질적 사실이며, 자본주의가 구성되는 요소이고 모든 자본주의 기업이 살아가야 하는 환경이라고 주장했다.[3]

그리고 이러한 슘페터의 견해에는 현실적인 요인도 담겨 있다. 크리스텐슨이 《혁신기업의 딜레마》를 발표했을 때만 해도 수십 년 동안 산업을 이끄는 선도적 기업들이 점점 빠르게 와해됐다. 그런데 책이 출간되고 얼마 지나지 않아서 이상한 일이 일어났다. 시장을 주도하는 선도 기업들의 와해 속도가 급격하게 감소한 것이다.

62

오늘날 모든 산업에서 일류기업이 경쟁기업으로 대체될 가능성은 1990년대 후반의 절반 이하로 줄어들었다. 그림 1은 어떤 산업에서 매출을 기준으로 상위 4위 안에 들어가는 기업이 4년 안에 순위 밖으로 밀려날 확률을 보여준다.[4] 여기서 기업이 순위 밖으로 밀려나서 와해될 확률을 '와해율'이라고 하자. 와해율은 1970년대부터 1990년대 후반까지 증가했다. 연구진은 기업이 빠르게 와해되면 그 속도에 맞춰 기업의 수익도 감소했다는 사실에 주목했고, 일부 연구자들은 우리가 '초경쟁'의 시대에 진입했다고 주장하기도 했다.[5] 그러나 2000년경 와해율이 급격히 감소하는 추세로 돌아섰다. 다른 방식으로 와해율이 측정해도 기본적인 패턴은 동일할 것이다. 1990년대 후반 또는 2000년대 초반까지 선도 기업이 경쟁 기업으로 교체되는 일이 빈번했지만, 그 이후로는 점점 드물어졌다.[6]

이런 발견이 놀라울지도 모른다. 기술은 여러모로 우리의 삶을 와해시키거나 적어도 중요한 변화를 일으키고 있기 때문이다. 지금 우리는 인터넷으로 연결된 채 시간을 보내고, 온라인 뉴스를 읽는다. 그리고 게임을 하고 영상을 보면서 즐거운 시간을 보내고, 온라인 쇼핑을 한다. 새로운 기술에 대응해 우리의 행동이 변화하면서, 어떤 면에서는 산업을 붕괴시키기도 한다. 온라인 광고는 신문업계를 와해하고, 전자상거래는 유통업계를 와해한다.

63

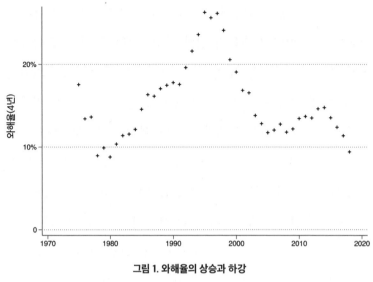

그림 1. 와해율의 상승과 하강

출처: 베센 외, '산업 와해의 감소'

폐업하는 신문사와 유통업체가 일부 생기겠지만, 산업을 주도하는 자들은 건재할 것이다. 월마트는 전자상거래로 고전하지만, 여전히 유통업계를 주름잡는다. 뉴스코프, 개닛과 뉴욕타임스는 여전히 신문업계를 장악하고 있다. 일반적으로 보면, 기술은 여전히 와해적이다. 너도나도 새로운 기술이 기존 산업을 와해할 것이라고 부르짖는다. 하지만 산업을 주도하는 선도 기업들이 새로운 기술로 인해 와해될 가능성은 과거에 비해서 훨씬 더 낮아졌다.

월마트는 변하는 트렌드를 보여주는 하나의 사례다. 월마트는 당시 미국 유통업계를 주름잡던 시어스를 와해시키고,

64

1990년에 매출을 기준으로 미국 최대 유통업체가 됐다. 그 이후로 30년 동안 월마트는 유통업계에서 독보적인 지위를 굳건히 지켜왔다. 그 어떤 유통업체도 월마트의 매출에 맞먹는 매출을 올리지 못했다. 이러한 와해율의 변화가 유통업계와 기술 업계에서만 나타난 것은 아니었다. 도매업계와 금융업계, 제조업계와 운송업계, 광산 업계와 통신업계를 포함해 거의 모든 경제 영역에서 와해율의 변화가 나타났다. 업계 선도 기업의 와해 가능성에 나타난 이 반전은 상당히 큰 변화이며, 경제 전반에서 발생하고 있는 자본주의 경쟁의 본질에 근본적인 변화를 의미한다.

이러한 변화를 이끄는 주요 요인은 무엇일까? 소프트웨어로 무장한 차세대 비즈니스 모델이 기업의 경쟁 방식을 바꿔놨다. 모든 산업에서 새로운 소프트웨어를 탑재한 기업들이 복잡성을 기반으로 경쟁하고 있다. 즉, 그들은 새로운 소프트웨어를 앞세워 더 큰 선택지, 더 많은 기능과 고객 맞춤형 서비스를 제공하고, 고객층을 더 정교하게 공략하면서 소비자의 요구를 더 잘 충족시킬 수 있게 됐다.

소프트웨어 기능 전쟁

독점 소프트웨어를 사용하는 기업의 사례를 살펴보면 경쟁의 성격이 어떻게 변화하는지 이해하는 데 도움이 된다. 전기나 증기 발전과 같은 기술들은 다양한 산업에서 사용할 수 있으므로 범용기술이라고 부른다.[7] 하지만 보통 범용기술은 각기 다른 산업의 특성에 맞게 조정해야 하고, 수십 년이 걸리기 때문에 그 영향은 크지만 점진적이다.[8] 컴퓨터 기술은 수십 년 동안 진화하고 있다. 최근에 나타난 컴퓨터 기술의 발전 덕분에, 다양한 산업에서 활동하는 대기업들이 상대적으로 단기간에 각자 나름의 방식대로 소프트웨어를 활용할 수 있게 됐다.

도대체 무슨 일이 일어나고 있는 것일까. 월마트가 이 의문을 해소할 중요한 단서를 쥐고 있다. 월마트가 다른 유통업체와의 경쟁에서 우위를 점할 수 있었던 것은 소프트웨어로 유통업계의 복잡성을 더 효율적으로 관리했기 때문이다. 월마트 매장들은 소프트웨어 덕분에 다양한 품목을 구비하고, 소비자들에게 원스톱 쇼핑 서비스를 제공할 수 있었다. 또한 수많은 제품이 생산자에게서 매장으로 운송되는 복잡한 물류 흐름을 효율적이고 신속하게 조율할 수 있었다. 이를 통해 비용을 절감하고 변하는 수요에 발빠르게 대응할 수 있었다. 결국 월마트는 복잡한 소

66

프트웨어 덕분에 제품 품질에서도 경쟁업체들을 앞설 수 있었다. 1990년대 다양한 소프트웨어 시스템들이 등장했다. 선도적 기업들은 소프트웨어를 활용해서 다양한 산업에 존재하는 복잡성을 관리하여 경쟁업체보다 질적으로 더 좋은 제품과 서비스를 고객에게 제공할 수 있었다. 소프트웨어는 선도 기업들이 새로운 방식으로 경쟁하도록 만들었고, 결과적으로 선도 기업은 각자의 업계에서 더 지배적인 지위를 차지할 수 있었다.

　　새로운 유형의 경쟁은 개인용 컴퓨터 소프트웨어 산업의 초기 시절에서 엿볼 수 있다. 최초로 크게 성공한 PC용 소프트웨어는 1979년 출시된 스프레드시트 비지캘크VisiCalc로, 신형 애플 컴퓨터에 탑재됐다. 비지캘크는 애플 컴퓨터의 '킬러 앱killer app•' 이었다. 수천 명의 사람이 이 소프트웨어를 사용하기 위해 애플 컴퓨터를 구매했다.9

　　비지캘크의 성공과 빠른 성장은 경쟁자의 시장 진입을 촉진했다. 1982년에 적어도 18개의 PC용 스프레드시트 프로그램이 시중에 판매됐다. PC용 애플리케이션 시장은 빠르게 성장했지만, 그만큼 경쟁도 치열했다. 기업들은 독특하고 새로운 기능으

───────────── • 특정 기기를 구매하게 만드는 매우 유용하고 인기 있는 소프트웨어나 애플리케이션 - 옮긴이

로 차별화된 신제품을 내놓으려 애썼다. 실제로 스프레드시트, 워드프로세서, 기타 PC용 소프트웨어 프로그램 업계의 경쟁은 기능 전쟁의 양상을 띠게 됐다. 기업들은 빠르게 새로운 기능을 추가했다. 새롭게 출시된 차세대 프로그램들은 기능과 통합성을 기준으로 평가를 받았다. 대표적인 사례로, 1987년 10월 27일자 〈PC매거진〉에는 11개의 인기 있는 PC 스프레드시트 프로그램에 대한 리뷰가 실렸다. 이 프로그램들은 무려 60개 이상의 기능들을 기준으로 나란히 비교되고 평가됐다.

기업들은 앞다퉈 시스템을 업그레이드하고 새로운 기능을 추가했다. 때로는 경쟁업체의 제품에 탑재된 기능을 추가하기도 했다. 이것은 '기능 인플레이션' 또는 '기능 팽창'으로 이어졌다. 수백 개의 기능이 추가됐지만, 각 기능이 항상 잘 통합되는 것은 아니었다. 너도나도 기능을 추가하면서 과격한 경쟁이 일어났다. 기업들은 각자 최상의 기능 조합을 찾아냈고, 기능을 잘 통합할 때마다 산업의 선두 주자가 바뀌는 일마저 일어났다. 비지캘크는 초기 선두 주자였지만, 도표와 차트를 생성하는 통합 기능이 부족했다. 로터스 1-2-3은 1983년 통합 그래픽 기능을 도입하며 빠르게 비지캘크를 대체했다. 1988년 로터스의 시장 점유율은 무려 70퍼센트에 이르렀다. 그러나 로터스 1-2-3은 IBM PC에서 작동하는 거의 모든 응용프로그램이 그렇듯 텍스트 기반의 인터페이스를 사용했다. 그러던 중에 애플이 그래픽 유저 인터페이스를 탑재한 매킨토시를 출시했고, 마이크로소프트가 1985년에 매킨토시용 스프레드시트 프로그램 '엑셀'을 출시했다. 매킨토시 판매가 제한적이었기 때문에, 엑셀은 초반에 큰 인기를 끌지 못했다. 하지만 1988년에 그래픽 유저 인터페이스를 갖춘 마이크로소프트 운영프로그램 '윈도우' 덕분에 엑셀은 IBM PC와 호환되는 다양한 디지털 기기에서 구동할 수 있었다. 그 후 1991년, 마이크로소프트는 마이크로소프트 오피스를 공개했다. 워드프로세서 프로그램 '워드'와 프레젠테이션 프로그램 '파워포인트'를 스프레드시트 프로그램과 한데 묶은 일종의 번들 상품이었다. 엑셀은 1933년 스프레드시트 시장의 선두 주자가 됐고, 지금도 여전히 그 자리를 유지하고 있다.

사실상 이 경쟁은 신선한 패턴을 보였다. 여러 산업에서 기업들이 품질과 기능에서 서로 경쟁해온 것은 분명한 일이다. 대표적인 사례가 1920년대 포드와 제너럴 모터스의 경쟁이다. 헨리 포드Herny Ford는 자동차를 높은 수준으로 표준화시키고자 결심했다. 표준화는 다양성을 줄였지만, 효율적인 대량 생산을 가능케 했다. A&P가 비즈니스 모델을 표준화하여 규모의 경제를 발휘했던 것과 유사한 전략이었다. 포드는 '검은색'이기만 하다면, '어떤 색상'이든 가질 수 있다고 말하며, 검은색 자동차만 만들었다. 그

69

는 자동차 가격을 낮추기 위해서 비용을 줄이는 데 집요하게 집중했다. 색상이 다양한 자동차를 생산한다면 마케팅과 제조 과정에서 필요한 설비 개수와 규모, 노동력, 복잡도가 증가하여 생산 비용이 증가할 것은 불 보듯 뻔했다. 그와 달리 제너럴 모터스의 알프레드 슬론Alfred Sloan은 틈새시장을 포착했고, 1923년부터 다양한 색상과 맵시 있는 몸체를 갖춘 자동차를 출시했다. 제너럴 모터스는 매년 새로운 모델을 시장에 내놨다. 소비자들은 다양성을 높이 평가했고, 결국 제너럴 모터스는 포드를 제치고 자동차 산업의 새로운 선두 주자가 됐다.

그러나 소프트웨어 기능 전쟁은 자동차 산업에서 일어나는 경쟁 양상과는 상당한 차이가 있다. 제너럴 모터스가 자동차에 추가한 기능은 몇 개에 불과했다. 그마저도 대체로 미적인 기능이었다. 제너럴 모터스의 자동차 생산 방식은 여전히 꽤 표준화돼 있었다. 이와 대조적으로 소프트웨어 기업들은 특허 대상이 되는 실질적인 기능을 자신들의 제품에 빠르게 추가했다. 이는 소프트웨어 기능이 경제적 차원에서 다르게 움직이기 때문이었다. 첫째, 소프트웨어 코드가 지니는 특징 때문에 소프트웨어 기업들은 새로운 기능을 많이, 빠르게 개발하고 기존 제품에 추가할 수 있다. 그리고 새로운 기능을 개발할 때 큰 비용이 소요되지 않는다. 실제로 댄 브리클린Dan Bricklin과 밥 프랑크스톤Bob Frankston

70

은 다락방에서 겨우 한 달 만에 비지캘크를 뚝딱 개발해냈다. 이는 소프트웨어의 모듈성에서 기인한다. 모듈 시스템이 개발되면, 기본적인 상호작용 방식만 동일하면 나머지 다른 기능과 별개로 새로운 기능을 개발할 수 있다.[11] 반대로 물질의 물리적인 변화가 수반되는 새로운 기능을 개발하는 데는 막대한 시간과 비용이 든다. 둘째, 새로운 소프트웨어 기능을 설계하고, 개발하고, 통합 상품이 테스트를 통과하면, 판매 한 단위 당 추가 비용이 거의 발생하지 않는다.[12] 그러나 물리적 제품의 모든 기능이 이렇지는 않다. 예를 들어, 제너럴 모터스가 차체를 스타일링하려면 추가로 금속을 가공해야 하며 추가 작업 탓에 생산 단가가 높아질 것이다. 이 두 가지가 소프트웨어에 확장성을 부여한다. 다시 말해서, 소프트웨어 기업은 막대한 비용을 들이지 않고도 새로운 기능을 대규모로 추가할 수 있다.

이 확장성이 시장의 성격을 바꾼다. 확장성이 있다는 것은 기업이 빠르게 새로운 기능을 추가할 수 있다는 의미다. 기능을 추가해 제품의 품질을 개선하고, 개별 소비자의 요구를 잘 충족할 수 있다. 그리고 개선된 품질은 기업에게 경쟁 우위를 제공하고, 경쟁업체와의 차별화를 이끌어낸다. 기업은 복잡성을 지렛대 삼아 경쟁력을 높이지만 지금까지 봤던 경쟁과는 양상이 다르다. 우선 복잡성 경쟁은 굉장히 역동적이다. 새로운 제품이 빠르게

71

출시되고, 새로운 제품에 또다시 새로운 기능을 추가하여 품질을 개선한다. 노벨 경제학상 수상자인 에릭 매스킨Eric Maskin과 나는 1988년 최초로 이렇게 순차적으로 일어나는 혁신이 초기 소프트웨어 산업의 수수께끼를 푸는 데 도움 될 것이라 생각했다. 즉, 소프트웨어가 단독으로 특허를 받을 수 없음에도 불구하고 그토록 혁신을 추구하는지 말이다.[13] 많은 경제학자가 혁신을 유도하도록 강하게 동기부여하려면 특허나 그에 상응하는 지적재산 보호 장치가 필요하다고 주장했다. 하지만 소프트웨어 산업은 이런 주장과는 반대로 움직이는 듯했다. 우리는 설령 기술을 모방해서라도 순차적으로 혁신을 거듭해 기능을 개선시킬 수 있다면, 수요가 크게 확대되어 기업이 이득을 얻으리라 생각했고, 이를 증명했다. 모방자가 어느 기업의 제품을 복제하면, 제품을 복제당한 기업의 수익은 줄어들 것이다. 하지만 모방자가 제품을 복제하면서 중요한 기능을 새롭게 추가한다면, 시장 규모가 커질 것이다. 그리고 모방을 당한 기업도 앞으로 출시할 제품에 새로운 기능을 계속 추가해 수익을 얻을 수 있게 된다. 이런 과정이 결국에 모든 시장 참여자들의 수익을 높일 것이다. 실제로 소프트웨어 시장은 스프레드시트 기능 전쟁을 거치면서 극적으로 성장했다. 스프레드시트 프로그램 출하량은 1979년부터 1983년까지 10배 증가했고, 1993년까지 10배 더 증가했다.

72

하지만 복잡성 경쟁에서 경쟁업체가 제품 모방을 통해서 수익을 얻지 못할 만큼 초기 고정비가 매우 높은 기능이 대량으로 추가된다면 얘기가 달라진다. 시장 규모가 커지기는커녕 시장을 선도하는 제품만 복잡해질 것이다. 마이크로소프트는 엑셀 5.0을 출시하고 시장 선도적 기업이 됐다. 그런데 엑셀5.0의 제품 사양 설명서는 무려 1890쪽에 달했다. 그리고 마이크로소프트 오피스에 들어가는 응용프로그램을 개발하고, 테스트하고, 지원하기 위해 수많은 전문가가 필요했다.[14] 즉, 스프레드시트 시장에서 마이크로소프트를 대적할 만한 기업이 존재하기 어렵다는 뜻이었다. 이 과정에서 수십여 개 소프트웨어 기업이 시장을 떠났다. 그 이후로 마이크로소프트는 시장 지배적 지위를 공고히 다져나갔다. 윈도우가 경쟁에서 지렛대 역할을 톡톡히 하는 것은 윈도우 스프레드시트 시장만이 아니었다. 맥 스프레드시트 시장에서도 마찬가지였다. 그러니 마이크로소프트는 좀처럼 와해되지 않을 것이다.

이처럼 최고의 제품을 생산하는 데 막대한 투자가 필요할 수 있다는 점이 시장 경쟁을 제한한다. 하지만 마이크로소프트가 시장 지배적 지위를 유지할 수 있었던 유일한 요인은 아니다. 예를 들어, 일단 사용자가 제품 사용법을 익히면, 익숙함이 주는 편리함 때문에 다른 새로운 제품을 사용하길 꺼린다. 하지만 이러

73

한 전환비용이 로터스가 비지캘크를 대체하거나 엑셀이 로터스를 대체하지 못하게 막지는 못했다.[15] 그러나 최고의 제품을 만드는 데 필요한 막대한 투자는 경쟁업체 입장에서는 방해물이 되고, 산업 구조를 형성하는 데도 주요한 역할을 한다.

복잡성 경쟁

소프트웨어가 주된 제품이 아닌 산업에서는 기업이 대형 소프트웨어 시스템을 구축하여 제품과 서비스 품질을 개선하고 복잡성을 높여서 서로 경쟁한다. 그들은 대형 소프트웨어 시스템을 활용하여 고객과 소비자의 다양한 요구를 만족시키기 위해 제품과 서비스에 기능을 추가할 수 있다. 개인적인 요구에 맞춘 제품과 서비스를 다양한 고객에게 제공하고, 제품과 서비스의 다양성을 높일 수 있다. 아니면 월마트처럼 소비자에게 제공하는 상품의 종류를 확대해 다양한 요구를 만족시킬 수 있다. 고객의 특정한 요구에 맞춰서 제품을 생산하거나 잘 어울리는 제품을 각각의 고객에게 마케팅할 수도 있다. 제품과 서비스의 복잡성, 유통과 마케팅의 복잡성을 소프트웨어 시스템으로 관리할 수도 있다.[16] 그리고 변하는 수요에 맞춰서 소프트웨어 시스템을 활용해 제품

74

과 서비스, 유통과 마케팅을 관리하고 수정할 수도 있다. 기업은 복잡한 소프트웨어 시스템으로 제품과 서비스 품질을 개선시킬 뿐, 제품과 서비스 자체를 더 복잡하게 만들지 않는다. 이것이 고객과 소비자에게 이상적인 부분이다. 물론 사람마다 품질을 매우 중요하게 여길 수도, 품질에 크게 신경 쓰지 않을 수도 있다. 누군가는 제품과 서비스가 다양하지 않지만 많은 사람과 상호작용할 수 있는 오프라인 매장에서 쇼핑하는 것을 선호한다. 그리고 누군가는 기능이 다양하지 않지만 사용하기 쉬운 제품과 서비스를 선호할 수도 있다. 그럼에도 불구하고 복잡한 소프트웨어 시스템은 분명히 기능이 다양한 여러 제품과 서비스를 선호하는 고객과 소비자의 요구를 충족시키는 데 효과적인 경쟁 도구가 될 것이다.

복잡성을 잘 관리하는 기업이 경쟁업체와의 차별화에 성공하고 결국 시장을 지배한다. 월마트는 다양한 제품을 판매하고 물류와 재고의 관리에 뛰어난 유통업체다. 아마존과 같은 전자상거래업계에서도 복잡성을 잘 관리하는 기업이 시장 지배적 지위에 오르게 된다. 그리고 폐기물 처리업체도 물류 관리 시스템으로 쓰레기 수집을 효율화하고, 변하는 고객 수요에 더 빠르게 대응하기 위해서 정보 기술에 막대한 투자를 해왔다.

제조업체도 경쟁 우위를 얻기 위해 복잡성을 이용한다. 자동차 제조업체는 1920년대 색상과 차체 스타일을 두고 경쟁을

75

벌였다. 하지만 그 이후로 경쟁 양상은 훨씬 더 복잡해지고 있다. 30년 전, 자동차 한 대를 만드는 데 부품 1만 개가 들어갔다면 오늘날 자동차 한 대에 들어가는 부품 수는 3만 개에 달한다. 과거와 가장 큰 차이는 소프트웨어 시스템의 등장이다. 오늘날 자동차에는 50개, 100개 또는 그 이상의 컴퓨터가 모두 네트워크로 연결되어 있다. 평균적으로 자동차 모델 하나에 1억 개 이상의 소프트웨어 코드가 사용된다. 비교하자면, 우주왕복선에는 40만 개의 코드가 있으며, 구글 크롬과 보잉 787에는 약 600만 개의 코드가 사용된다.

복잡성을 높이는 것은 단순히 코드의 양이 아니라 다양한 모듈 간의 상호작용이다. 자동차 변속기를 예로 들어보자. 전자 제어가 도입되기 전에는 변속기가 엔진 속도와 회전력에 따라 기어를 조정해야 했다. 그러나 오늘날의 변속기 제어 모듈은 다양한 센서에서 정보를 받아들이며, 주행 성능, 연료 효율, 배기량, 안전성을 최적화하기 위해 다른 모듈과 서로 소통한다. 전형적인 변속 제어 모듈은 차량 속도 센서, 바퀴 속도 센서, 조절판 속도 센서, 터빈 속도 센서, 변속기 유동액 온도 센서, 가속페달 위치 그리고 다양한 유압관의 유압에서 인풋을 얻는다. 이뿐만이 아니라 트랙션 제어 시스템, 자율주행 시스템과 기타 제어 모듈들로부터 입력을 받는다. 차례대로 인풋을 받은 변속 제어 모듈은 변속을 위해 솔레노이드solenoid●에 아웃풋 신호를 보낸다. 그리고 브레이크를 밟지 않았다면 변속 레버를 잠그기 위해서 아웃풋 신호를 보낸다. 이뿐만 아니라 변속 시 작동을 제어하기 위해서 다양한 압력 제어 솔레노이드에 아웃풋 신호를 보내고, 회전력 변환 클러치, 엔진 제어 장치와 기타 제어 장치에 아웃풋 신호를 보낸다. 이 모든 인풋과 아웃풋이 다양한 상호작용을 가능하게 한다. 예를 들어, 엔진 제어 장치가 변속 제어 장치에 조절판이 눌려 있다는 신호를 보내면, 변속 제어 장치는 몇 백만 초 정도로 시동 시간을 지연시킬 수 있다. 이 과정을 통해 변속기에 대한 하중을 줄이고 기어박스를 손상시킬 위험이 있는 조절판이 눌려있는 상태에서도 부드러운 변속이 가능해 순수한 기계적 변속보다 훨씬 더 훌륭한 변속이 가능해진다.

자동차의 모듈 시스템은 수많은 상호작용으로 성능, 안정성과 신뢰성을 개선하지만 뭔가 잘못될 가능성도 높인다. 각각의 모듈 시스템이 다른 모듈 시스템 작동에 영향을 줄 때, 오류를 찾아내 제거하는 디버깅이 문제가 될 수 있다. 복잡한 상호작용 때문에 상황이 이상하고 예측 못 한 방향으로 잘못 흘러갈 수도 있

● 전자기 유도 현상을 이용해 직선 운동을 발생시키는 장치. 주로 전선을 코일 모양으로 감아 만든 전자석과 이것에 의해 움직이는 철심으로 구성된다. - 옮긴이

77

다. 폭스바겐은 에어컨을 작동하면 엔진이 예기치 않게 회전 속도를 높이는 소프트웨어 버그 때문에 파사트Passat와 티구안Tiguan에 리콜 조치를 내렸다. 보도에 따르면 메르세데스 벤츠는 내비게이션 버튼을 누를 때 좌석이 움직이는 문제가 있었다. 소프트웨어 버그와 관련된 자동차 리콜은 점점 증가하는 추세다. IBM은 자동차의 보증 비용의 50퍼센트가 소프트웨어와 전자기기에서 발생한다고 추정한다.

디버깅은 복잡성이 심해지면서 해결하는 데 비용이 많이 소요되는 문제가 됐다. 그리고 신형 자동차를 출시할 때, 디버깅 때문에 디자인 비용도 증가하고 있다. 복잡성 때문에 엔진, 플랫폼 등 기존 주요 부품을 이용해 신형 모델을 디자인하는 데 들어가는 비용은 대략 1조 원부터 시작한다. 그리고 신형 모델 하나를 디자인하는 데 걸리는 시간은 무려 5년이다. 처음부터 신형 모델을 디자인하는 데 7조~8조 원이 소요될 수 있다는 말이다. 소프트웨어 코드 비용만 1조 원에 달할 수도 있다.[17]

자동차 제조업체들은 지금 소비자가 원하는 새로운 기능을 개발하고 새로운 기능 조합을 제공해낼 수 있느냐를 두고 경쟁한다. 여기서 중요한 것은 새로운 기능이 몇 개 추가됐는지가 아니다. 기능을 유연하게 조합하여 다양한 제품이나 버전을 출시할 수 있는지가 중요하다. 예를 들어, "토요타 경영진은 시장에 틈

78

새나 경쟁업체의 스마트한 신상품을 발견하자마자 자사 버전을 재빠르게 투입한다. 그 결과 당혹스럽지만 일본에는 60여 개 모델이 출시되고 유럽과 미국 같은 주요 해외시장에 다른 모델을 대거 수출한다."[18] 토요타는 2년이란 짧은 시간에 저렴하게 신형 모델을 만들어낼 수 있기 때문에 제너럴 모터스를 누르고 세계 최고의 자동차 제조업체 중 하나가 될 수 있었다. 토요타의 '린 생산 방식'을 다룬《세상을 바꾼 기계The Machine That Changed the World》의 저자 제임스 워맥James P. Womack은 토요타가 앞설 수 있었던 이유를 설명한다. "제너럴 모터스와 포드는 미국인이 '토요타를 살 돈'으로 사고 싶은 자동차를 설계할 수 없다. 이것은 제품 콘셉트를 잘못 잡거나 엔지니어가 무능력해서가 아니다. 토요타의 개선된 엔지니어링 시스템 때문이다. 게다가 토요타는 제품에 강한 책임감을 느끼는 최고위급 엔지니어들, 일사분란하게 움직이는 엔지니어링 관행, 수준 높은 지식 획득 방법과 같은 단순한 콘셉트를 사용한다."[19] 물론 토요타가 오랫동안 우월한 제품 디자인과 개발 방식을 보유한 건 사실이다. 다만 자동차의 복잡성이 심화하면서 토요타는 자체 역량을 이용해 경쟁 우위를 점하게 된 것이다.

복잡성이 경쟁 도구로 사용되면서, 제너럴 모터스와 포드는 경쟁에서 불리해졌다. 한편 복잡성 경쟁 탓에 새로운 모델을

79

디자인하고 개발하는 데 드는 비용을 감당할 여력이 없는 소규모 자동차 제조업체는 극단적인 압박에 시달렸다. 그 결과 기업 결합을 도모하는 소규모 자동차 제조업체가 갈수록 증가하고 있다. 합병이 신형 모델을 개발하는 데 드는 비용을 절약하고 시장 진입 속도를 높일 수 있다는 계산에서였다. 예를 들어, 피아트 크라이슬러는 르노와의 합병을 "기업 결합을 통해 폭넓은 분야에서 협업이 가능해져, 자본 효율과 제품 개발 속도가 상당히 개선될 것"이라고 말하며 자신들의 결정을 정당화했다. 이것이 전기차와 자율주행 시스템 같은 신기술을 개발하는 비용을 함께 부담할 파트너를 찾는 기성 자동차 제조업체들 사이에서 일어난 최신 합병 사례다.[20]

다른 제조업계에서도 제품 디자인과 개발 방식이 복잡해지면서 기업 결합을 자주 시도한다. 초대형 여객기의 신형 모델을 개발하는 데 약 32조 5000억~39조 원이 들어간다. 1990년대 중반을 기점으로 초대형 여객기 시장에 남아있는 제조업체는 보잉, 에어버스, 맥도넬 더글라스의 더글라스 에어크래프트 사업부 3개뿐이었다. 에어버스는 신형 여객기를 개발하는 과정에서 유럽 정부의 보조금을 받았다. 하지만 맥도넬 더글라스는 견디지 못했고,[21] 1996년 보잉과 공동으로 신형 여객기를 디자인한 후 1997년 보잉에 인수되었다.

80

서비스업계도 복잡성을 경쟁 도구로 활용하여 경쟁 우위를 확보하는 기업이 많다. 구글과 페이스북은 대량의 데이터와 최첨단 소프트웨어 시스템으로 광고주가 매우 치밀하게 광고 대상을 공략할 수 있게 한다. 광고주는 구글과 페이스북의 도움을 받아 치밀하게 정의된 집단을 대상으로 광고함으로써 광고 효과를 높인다. 그런데 여기서 사용하는 소프트웨어 시스템도 굉장히 복잡하다. 구글은 20년 동안 자사의 검색 알고리즘을 수정해 왔고, 최근 몇 년 동안 매년 1만 건 이상의 실험을 진행하고 있다.[22]

금융기관 역시 복잡성을 이용해서 경쟁하고 있다. 그들은 금융상품과 마케팅을 소비자 요구에 맞춘다. 미국의 4대 은행은 굉장히 세밀하게 정의된 잠재 고객에게 그들의 요구에 맞춘 신용 상품을 제공하여 미국 신용카드 산업을 지배하고 있다. 이 방식으로 금융시장에서 최대한 넓은 영향력을 행사하면서 위험을 관리한다. 이때 사용하는 소프트웨어 시스템도 실적을 최적화하기 위해 끊임없이 변경되는 다량의 데이터를 이용하여 구축한다. 보험 기업도 기술로 개인의 요구에 맞는 보험상품을 개발하고 마케팅한다. 약제의 가격과 사용을 관리하는 약제급여 관리기관은 복잡한 소프트웨어 시스템으로 약제비 상환제도의 복잡성을 처리한다.

여러 산업에서 대기업이 복잡성 경쟁에 효과적으로 대응

81

하기 위해 독점 소프트웨어 시스템에 막대한 투자를 시작했다. 독점 소프트웨어 시스템은 소프트웨어 패키지와 단일 소프트웨어 이외에 대기업이 직접 또는 외부 업체와 계약을 통해 개발한 소프트웨어 시스템이다. 독점 소프트웨어에 대한 민간 투자는 2019년 약 304조 2000억 원으로 증가했으며,[23] 이는 대기업의 순 설비 투자에 맞먹는 규모였다. 대기업은 독점 소프트웨어 시스템에 주도적으로 투자한다. 그리고 거의 모든 주요한 경제 영역에서 독점 소프트웨어 시스템에 대한 투자가 진행되고 있다. 독점 소프트웨어 시스템을 제외하고 이렇게 단기간에 큰 폭으로 투자 규모가 증가한 경제 영역을 찾기 어렵다. 초대형 기업도 집중적으로 독점 소프트웨어 시스템에 투자하고 있다. 그러므로 독점 소프트웨어 시스템 투자가 경쟁의 본질에서 나타나는 변화와 관련이 있는 것으로 보인다.

독점 소프트웨어 시스템 투자는 시스템을 개발하는 데 드는 총비용 중 일부에 지나지 않는다. 대기업은 독점 소프트웨어 시스템을 개발하기 위해 소프트웨어 코드뿐만 아니라 데이터, 노동력, 대안적인 조직 구조 등에도 투자한다. 여러 문헌에서 보완적인 투자가 협소하게 정의된 정보 기술 투자를 성공시키는 데 필수적인 것으로 확인됐다. 그리고 일부 기준에 따르면 소프트웨어 시스템과 관련된 온갖 비용에서 투자는 상당히 적은 비중을 차지한다.**24** 월마트의 독점 소프트웨어 시스템에 크로스도킹 시스템, 매장 관리자와 납품업체 교육 프로그램, 위성통신 시스템 등 다양한 시스템이 파생됐다. 시티뱅크의 독점 소프트웨어 시스템에서 금융상품과 마케팅 프로그램 개발 시스템, 규제 준수 시스템, 대출 집행과 관리 시스템이 나왔다. 대체로 이러한 시스템들은 플랫폼의 형태를 하고 있다. 플랫폼은 9장에서 더 자세히 살펴본다.**9**

그렇다면 왜 '독점' 소프트웨어 시스템이라고 불리는 것일까? 소프트웨어 시스템을 개발한 대기업은 일부 핵심적인 부분에 경쟁업체의 접근을 허락하지 않는다. 그리고 소프트웨어 시스템은 경쟁업체와 차별화를 꾀하는 주요 수단이 된다. 그래서 이러한 소프트웨어 시스템은 독점적이다. 4장에서는 독점 소프트웨어 시스템이 제공하는 경쟁 우위를 유지하기 위해서 대기업이 소프트웨어 시스템에 어떤 식으로 계속 투자하는지 살펴볼 것이다.**4** 그런데 소프트웨어 시스템과 관련된 모든 투자가 반드시 독점일 필요는 없다는 것이 핵심이다. 때때로 중대한 소프트웨어 시스템의 구성요소는 오픈소스로써 누구나 무료로 사용할 수 있도록 공개된다. 하지만 데이터 자체는 기밀로 관리하기도 한다. 예를 들어, 구글은 빅데이터 분석에 사용하는 독점 소프트웨어 시스템 맵리듀스MapReduce를 출시했다. 지금 맵리듀스는 하둡Hadoop 오픈소스 소프트웨어로 이용할 수 있지만, 구글 데이터의 상당량은 여전히 독점적이다. 나는 이 책에서 '독점 소프트웨어 시스템'을 기업에 경쟁 우위를 제공하는 소프트웨어 코드, 데이터, 조직을 의미하는 용어로 유연하게 사용했다. 여기에는 소스 프로그램이 공개된 소프트웨어도 포함된다.

와해율은 왜 감소하나

독점 소프트웨어 시스템이 대기업에 경쟁 우위를 제공하는 것은 확실해보인다. 하지만 독점 소프트웨어 시스템을 보유했다고 늘 시장을 지배할 수 있는 것은 아니다. 예를 들어, 경쟁업체를 인수해 산업을 이끄는 선도 기업이 되는 기업도 있다. 그렇다면 독점 소프트웨어 시스템 투자가 와해 감소의 주된 원인일까? 아니면 다른 요인들이 와해율의 감소 원인으로 작용했을까?

　　실제로 시장 지배적 위치에 오른 대기업이 시장 지배력을 유지하기 위해서 무엇을 하는지 살펴보면, 위 질문의 답에 대한 중요한 단서를 얻을 수 있을 것이다.[25] 그림 2는 매출을 기준으로 상위 4위권에 들어가는 대기업의 자산 유형별 평균 누적 투자액을 보여준다.

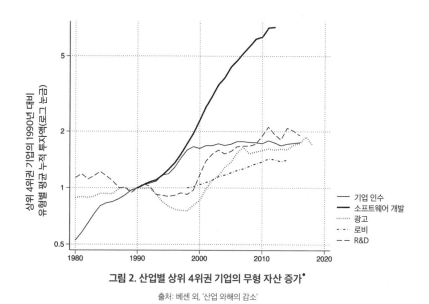

그림 2. 산업별 상위 4위권 기업의 무형 자산 증가*

출처: 베센 외, '산업 와해의 감소'

    그림 2에는 재무제표에서 추출한 R&D, 광고, 마케팅 투
자 규모도 포함되어 있다. 그리고 비표준적으로 측정된 기업 인
수, 로비, 소프트웨어 개발과 관련된 투자 규모도 확인할 수 있다.
소프트웨어 시스템 개발 투자는 기업이 고용한 소프트웨어 개발
자의 수를 근거로 산출했다.[26] 일반적으로 모든 유형의 무형 자
산에 대한 투자가 상당히 증가했다. 이는 다른 연구 문헌에서도

• 각 투자액은 1990년의 투자액을 기준으로 표현됐다. -
  옮긴이

chapter 2 와해의 소멸

확인되는 추세다.[27] 몇몇 분야의 평균 누적 투자액은 1990년 이후로 거의 2배로 증가했다. 상위 4위권 기업들이 소프트웨어 시스템을 자체적으로 개발하기 위해 쓴 평균 누적 투자액은 8배로 증가했고, 나머지 투자액을 훌쩍 뛰어넘었다. 게다가 상위 4위권 기업들의 소프트웨어 시스템 투자는 상위 5위에서 8위에 속한 2군 기업들의 평균 투자액의 2배에 달한다. 이로써 대기업이 자체적으로 개발한 소프트웨어 시스템에 투자를 주도한다는 사실을 확인할 수 있다. 소프트웨어 산업과 소프트웨어를 주요 제품으로 삼는 산업을 제외하더라도, 이런 투자가 여러 산업을 넘나들며 진행된다는 점을 염두에 두어야 한다.

　　상위 4위권 기업들의 면면을 대략 살펴보자. 유형 투자와 무형 투자 덕분에 기업들이 상위 4위권 밖으로 밀려날 가능성이 줄어든다는 사실을 알 수 있을 것이다. 어찌 보면 당연한 일이다. 여기서 소프트웨어 시스템이 가장 중요한 무형 자산으로 보인다. 상위 4위권 기업들이 자체 개발 소프트웨어에 한 투자가 5위부터 8위에 위치한 기업들이 상위 4위권으로 진입할 가능성을 상당히 줄였다.[28] 2000년 이후로 5위부터 8위의 기업들이 상위 4위권으로 진입할 가능성이 줄어들었다. 대부분이 독점 소프트웨어 시스템 투자 때문이었다.

　　사실상 상위권 기업들의 독점 소프트웨어 시스템 투자 증

86

가율은 중위권 기업들의 상대적 성장률을 압도한다. 그리하여 초대형 기업이 도전자보다 더 빠르게 성장하는 것이다. 그리고 경쟁업체가 그들을 뛰어넘어서 산업 내 매출 비중을 큰 폭으로 늘릴 가능성은 줄어든다. 이 상관관계는 그림 3에서 확인할 수 있다. 그림 3은 산업별 상위 4위권 기업의 시장 점유율이 소프트웨어 개발 인력 비중과 함께 증가했다는 것을 보여준다.[29] 그림 3에는 소프트웨어를 제품 일부로 삼은 산업이 제외되어 기업 내부용 소프트웨어의 개발만을 보여준다. 2000년 이후로 상위 4위권 기업들의 시장 점유율이 증가한 이유는 대체로 IT 노동력 비중의 증가로 설명할 수 있다. 그리고 IT 노동력의 비중은 독점 소프트웨어 시스템의 기업 투자 규모를 측정하는 요소 중 하나다. 정보기술 투자가 산업 집중도와 시장 지배력을 강화하는 데 연관된다는 것을 보여주는 조사가 이를 뒷받침한다.[30]

　게다가 다양한 조사가 이뤄짐으로써 소프트웨어와 감소하는 기업 도약 가능성의 연관관계는 물론 증가하는 산업 집중도와의 연관관계가 확인됐다. 상위 기업이 소프트웨어 시스템에 투자하는 비율이 급작스럽게 증가함에 따라 1990년대 후반부터 선도 기업의 와해율이 하락한 것은 우연이 아니다. 소프트웨어 시스템에 활발한 투자가 일어나는 산업에서 지배적 기업의 시장 점유율이 증가했던 것도 우연의 일치가 아니다. 꼼꼼하게 살펴보면,

87

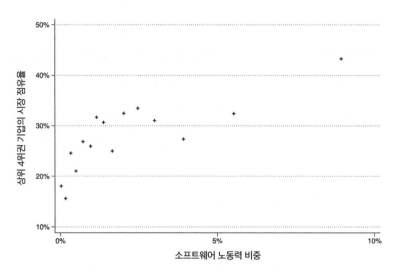

그림 3. IT 집약적 산업에서 상위 기업들이 많은 시장을 점유한다.[*]

출처: 제임스 베센, '정보 기술과 산업 집중' 시카고 대학교 출판사, 〈법학 및 경제학 저널〉 63(3).

소프트웨어 시스템 투자가 실제로 이런 트렌드를 유발했음을 알
수 있을 것이다.[31]

 다른 요인은 어떨까? 한 가지 유력한 관점은 경쟁이 감소
한 이유가 반독점 규제의 약화 때문이라는 주장이다.[32] 1980년대

————————— • 상위 4위권 기업의 시장 점유율은 산업 집중도를 측정
하는 요소 중 하나로 국가 단위로 기록된다. – 옮긴이

로버트 보크Robert Bork와 자유방임을 지지하는 시카고학파의 영향력 아래에 있던 미국 법무부와 연방거래위원회의 반독점법 조직이, 기업의 인수합병 승인 여부를 판단하는 기준을 변경했다. 그 결과 대기업은 경쟁업체를 훨씬 쉽게 인수할 수 있게 됐고, 시장 지배적 위치를 보전하거나 강화할 수 있었다.

일부 증거는 이 견해를 뒷받침한다. 1980년대 이후로 가격과 단위 비용의 비율인 '마크업'이 미국과 유럽에서 상승해왔다.[33] 또한 1980년대 이후로 미국과 유럽의 여러 산업에서 국가 단위로 상위 기업들의 시장 점유율인 산업 집중도 역시 증가해왔다.[34] 일부 경제학자들은 이러한 추세가 경쟁이 감소한 증거라고 본다.

하지만 이 설명과 증거는 산업 선두자의 와해율 하락을 설명할 때 많은 문제를 발생시킨다. 첫째, 1980년 이후로 지배적 기업이 경쟁업체를 인수하는 비율이 증가했다. 하지만 1990년대 후반 이후로는 비율이 감소했다.[35] 기업 인수의 평균 누적 투자액은 2000년 이후로 거의 같은 수준을 유지하고 있다.(그림 2 참조) 앞서 언급한 계량 경제학 분석에서 상위권 기업의 경쟁업체 인수율은 와해율과 도약률 모두와 상관관계가 없었다. 이것이 상위 기업들이 빠르게 경쟁업체를 인수해서 2000년 이후로 와해될 위험을 피했다고 주장하기 어렵게 만든다. 일부 산업에서 일부 기

89

업은 확실히 산업 지배적 지위를 얻거나 유지하기 위해서 기업 인수 전략을 사용했다. 하지만 그것이 와해율의 급격한 하락을 설명할 수는 없다.

둘째, 마크업과 산업 집중도는 큰 폭은 아니지만, 미국뿐만 아니라 유럽에서도 증가했다.[36] 그럼에도 불구하고, 1980년대 미국의 엄격한 반독점 정책 변화만으로 전 세계적인 변화를 설명하기는 어렵다. 이에 덧붙여서 위와 같이 산업 집중도의 증가는 독점 소프트웨어 시스템과 관련된 투자로 설명할 수 있다. 어떤 경우든지 마크업은 상위 기업의 교체를 유발하는 경쟁 유형을잘 나타내는 지표가 아니다.[37] 반독점 규제가 다소 느슨해졌다는 일부 증거가 있긴 하지만 미국의 경쟁 정책 변화만으로 지배 기업의 와해율이 급격히 감소한 이유를 충분히 설명하지는 못한다.[38]

마지막으로 설명의 시점이 맞지 않는다. 1980년대 반독점 정책에서 유의미한 변화가 일어났다. 그때 마크업, 산업 집중도, 기업 인수가 모두 증가하기 시작했다. 하지만 산업 와해율은 1980년대와 1990년대에 상당히 증가했지만 그 이후 급격하게 감소했다. 그러므로 2000년 이후 급격한 감소를 그 이전 20년 동안의 선도적 기업의 와해율 증가에 기여한 요인들로 설명하기는 어렵다.

시점 문제는 다른 설명 요인들에서도 나타난다. 예를 들어, 일부 경제학자들은 대기업의 산업 지배력이 증가하는 것은 장기적인 금리 하락에서 기인한다고 본다.[39] 그들은 저금리 환경이 경제적으로 더 투자할 수 있는 여건을 조성하여 대기업에 유리하다고 주장한다. 하지만 실질적인 장기금리는 1983년 이후로 하락하고 있다. 저금리 기조가 대기업의 산업 지배력에 기여했을 수도 있지만 2000년경에 와해율의 급격한 반전을 쉽게 설명하기는 어렵다. 그리고 그림 2는 단순한 투자 증가가 아니라 소프트웨어로의 투자 전환이 있었음을 분명히 보여준다. 다른 경제학자들은 베이비 붐 세대의 노령화를 대기업의 산업 지배력 강화에 기여한 노동력 성장의 둔화를 야기한 원인으로 본다.[40] 하지만 노동력 성장률도 1980년대부터 둔화되기 시작했기 때문에, 이 요인도 선도적 기업의 와해율 하락을 설명한 결정적인 요인이 될 수 없다.

다른 설명도 제한적으로 몇몇 산업에만 적용되기 때문에 부족하다. 예를 들어, 일부 산업에서 디지털 플랫폼은 '네트워크 효과(9장 참조)'를 발생시켜 승자독식의 산업을 만들어내는 경향이 있다. 하지만 와해율 감소는 모든 산업에서 발생했으며, 이들 중 대부분은 뚜렷한 네트워크 효과를 보이지 않는다. 물밀듯이 들어오는 중국산 수입품으로 촉발된 중국발 경제 충격도 2000년경에 발생했다. 그러나 다시 한 번 말하지만, 와해율은 중국발 경

91

제 충격의 영향을 받지 않은 많은 산업에서도 하락했다.

기업 규모와 와해율의 관계

요약하면 지배적 기업이 독점 소프트웨어 시스템과 연관 시스템을 개발하는 데 막대하게 투자하면서 2000년경부터 산업 와해율이 급격하게 하락했다고 할 수 있다. 기업 인수, 금리 그리고 다른 요인들도 물론 어느 시기에 일부 산업에서 특정 기업의 시장 지배력에 영향을 미쳤을 것이다. 하지만 와해율 역전을 설명하기에는 역부족이다. 소프트웨어 시스템은 여러 산업에서 광범위하게 등장했고 복잡성을 더 잘 관리하는 데 도움이 됐다. 기업이 복잡성을 심화시켜서 제품과 서비스 품질을 개선할 수 있었던 산업에서, 소프트웨어 시스템은 기업에 경쟁 우위를 제공했다. 물론 이 현상은 다른 산업에서 다른 양상으로 일어났다. 소매업체와 도매업체는 소프트웨어 시스템 덕분에 물류와 재고 관리를 간소화하면서 다양한 제품을 고객에게 제공할 수 있었다. 제조업체와 소프트웨어업체는 소프트웨어 시스템 덕분에 더 큰 시장에 어필하면서 제품 기능을 추가할 수 있었다. 그리고 서비스업체와 금융업체는 다양한 고객을 타깃으로 마케팅하고 상품을 판매할 수 있다. 산업에 따라 메커니즘은 다르지만, 이 모든 사례에서 선도적 기업은 소프트웨어 시스템으로 높인 복잡성을 활용하여 더 효과적으로 경쟁했다. 그리고 이를 위해서 선도적 기업은 조직 구조를 개편하고 직원의 기술력을 강화하는 데 막대한 돈을 투자해야 했다.

각각의 사례에서 기업은 소프트웨어 시스템 덕분에 다양한 고객이나 현지인에 관한 정보를 처리하는 비용을 줄일 수 있다. 월마트는 일괄적으로 정해진 상품만을 판매하는 표준화된 체인점 모델을 버리고, 훨씬 다양한 상품을 판매하기 시작했다. 자동차 제조업체는 색상이라고는 검은색뿐인 표준화된 모델을 생산하는 방식을 버리고, 각 모델에 디자인과 기능을 추가하기 시작했다. 은행은 표준화된 주택담보대출 상품 대신 고객마다 다른 요구와 위험 감수도에 맞춰서 다양한 금융상품을 제공하기 시작했고, 광고주들은 구체적인 기준이나 특성에 따라 분류된 고객 그룹에 따라 광고를 맞춤화했다.

물론 일부 IT 시스템은 기업의 다른 요구를 충족시키고, 경쟁 우위를 제공하지 않는다. 이런 종류의 소프트웨어 시스템은 대체로 독립 소프트웨어 개발업체에서 구입할 수 있다. 그러나 다양한 사례에서 볼 수 있듯이 독점적이고 중요한 임무를 수행하는 대형 시스템들은 서로 다른 고객의 요구를 해결하기 위해 더

93

큰 복잡성을 수반하는 것으로 보인다 기업이 자체적으로 개발한 소프트웨어 시스템과 와해율 감소의 상관관계는 독특할뿐만 아니라 과거 기술의 역할과는 차이가 있다. 우리는 기술이 와해를 야기하는 힘이라는 생각에 익숙하다. 하지만 이런 생각과 반대로 오히려 기술이 와해를 억제하고 있을지도 모른다.

복잡성이 심화하더라도 제품이나 서비스 품질이 개선될 수 있다면, 새로운 소프트웨어 시스템은 경쟁 우위를 제공할 수 있다. 처음에 기술을 활용하는 기업이 그렇지 않은 기업을 대체했기 때문에 산업 와해율이 증가함을 뜻했다. 월마트는 시어스와 케이마트를 앞질렀고, 토요타는 제너럴 모터스와 포드를 추월했다. 로터스는 비지캘크를 앞질렀지만, 마이크로소프트에 발목이 잡혔다. 하지만 일단 새로운 선도적 기업이 등장하면, 그들은 쉽게 자리에서 밀려나지 않았다. 결과적으로 산업을 이끄는 선도적 기업의 와해율은 하락하고 있다는 사실이 경쟁의 새로운 양상이다. 이것은 산업 구조뿐만 아니라 생산성 성장, 임금 불평등, 정책에도 시사하는 바가 크다.

하지만 퍼즐은 풀리지 않은 채 남아있다. 정확히 말해 독점 소프트웨어 시스템 투자가 상위 기업이 계속해서 시장 지배적 위치를 유지할 수 있도록 하는 것일까? 정말로 독점 소프트웨어 시스템이 복잡성 관리비를 줄인다면, 더 많은 기업이 소프트웨

94

어 시스템을 구입하거나 개발할 것이다. 그래서 경쟁의 장이 어느 한쪽으로 유리하게 기울어지는 것이 아니라 평등해져야 한다. 시어스와 케이마트, 제너럴 모터스와 포드는 작은 기업이 아니다. 하지만 경제에서 나타난 변화는 그들에게 불리하게 작용했다.

이 퍼즐을 풀 열쇠는 인간 수요의 본질이다. 기술은 생산 효율성의 문제로 여겨지는 경우가 많지만 사실 대체로 공급 측면 문제와 연관되어 있다. 그럼에도 수요는 새로운 기술이 경제에 미치는 궁극적인 영향을 이해하는 열쇠다. 다음 장에서 수요의 범위가 복잡성 경쟁을 할 때 대기업의 시장 지배력에 어떻게 영향을 미치는지 살펴본다.

3

슈퍼스타 경제 체제

The Superstar Economy

1957년 11월 중국 인민 공화국 주석인 마오쩌둥Mao Zedong은 모스크바에서 러시아 혁명 40주년 기념식에 참석했다. 마오쩌둥은 소련 공산당 총리인 니키타 흐루쇼프Nikita Khrushchyov의 연설을 듣고 신이 났다. 흐루쇼프는 소련이 15년 안에 철강 생산에서 미국을 앞지를 것이라고 주장했다. 중국의 산업 개발을 위해 독자적인 계획을 구상하고 있던 마오쩌둥은 서양을 추월한다는 생각에 완전히 매료됐다. 그달에 그는 철강 생산에서 "중국이 영국을 앞지를 것"이라고 선언했고 "서풍이 동풍을 압도할 것"이라고 덧붙였다.[1]

마오쩌둥의 경제정책 설계자들은 고속 성장을 쫓으며 1985년부터 5개년 경제계획에서 철강 생산 목표량을 높였다. 처음에는 1962년까지 철강 1000만 톤을 생산하겠다는 계획을 세웠지만 곧 그들은 목표량을 3000만 톤으로 높였다. 이것은 그 해 영국의 예상 철강 생산량이었다. 의욕이 넘쳤던 중국은 다시 목표량을 3배 늘려서 1962년까지 9000만 톤에 달하는 철강을 생산하겠다고 계획했다. 철강 생산량을 공격적으로 높이려는 노력이 소위 '대약진 운동'의 핵심이었다.

하지만 실제로 중국이 1957년 생산한 철강은 고작 500만 톤이었다. 중국은 몇몇 제철소를 보유하고 있었지만, 생산량을 빠르게 증가시킬 자본이 부족했다. 마오쩌둥은 대기업에 집중적으로 투자하는 소련 방식을 따르기보다 스스로 중국의 최대 강점이라고 생각한 부분으로 시선을 돌렸다. 바로 '혁명적인 인민'이었다. 1958년 말 6000만 명 이상의 소작농에게 철강을 생산할 '뒷마당 용광로'를 만들라는 명령이 내려졌다.

결과는 처참했다. 우선, 수많은 농업 노동자에게 농업 말고 다른 일을 시킨 것은 핵심 경제정책 설계자였던 보이보Bo Yibo의 말을 빌리면, "많은 곡물과 기타 농산물이 수확되지 않은 채 들판에 그대로 남겨지게 된다."는 뜻이었다. 이것은 대기근을 초래했다.[2] 참혹한 사회 비용이 발생했음에도 불구하고, 강철 생산량은 2년 동안 소폭으로 상승한 뒤에 하락했다. 암담한 결과가 발생한 데는 많은 이유가 있었다. 먼저 고품질 강철을 생산하는 데 필요한 전문 지식이 부족했다. 많은 지역에서 석탄이나 코크스를 충분히 확보할 수 없었고 용광로에 불을 지피는 데 나무를 땔감으로 사용해 산을 벌거숭이로 만들었다.

실패의 핵심 요인은 작은 용광로에서 철강을 생산하는 것은 큰 비용이 드는 데다 비효율적이라는 점이었다. 철강 생산은 규모의 경제에 따라 단위 비용이 생산 규모에 비례해 감소하는 특성을 가지고 있다. 이러한 규모의 경제라는 냉혹한 수학적 원리는 대약진 운동의 철강 생산계획을 실패로 이끌었다. 뒷마당 용광로의 비효율성으로 인해 투입 자원이 부족한 시기에 생산 비용이 과도하게 높아졌기 때문이다.

100

큰 규모와 기술

규모의 경제가 작동하면서 미국에서 철강 산업과 기타 산업이 발전했다. 이와 함께 미국에서는 경제의 기본적인 특성들도 규모의 경제에 따라 발달했다. 여기에는 기업의 본질, 현대적 경영 시스템의 역할, 혁신 프로세스, 기업과 정부의 균형이 포함된다. 19세기 후반 새로운 기술은 많은 산업에서 규모의 경제를 발생시켰다. 이것은 산업 구조를 급격하게 바꿨고 최초의 대기업을 등장시켰다.[3] 새롭게 등장한 대기업은 이전과 다르게 조직됐고, 관리 체계도 달랐다. 그리고 그들이 철강 산업과 다른 산업을 지배하기 시작했고, 소기업을 시장에서 몰아냈다. 대기업은 사회에 상당한 영향력을 행사했고, 이는 정치적 우려를 불러일으켰다. 그 결과 현대에 규제 국가가 등장하고, 발전했다.

　　여기에 솔깃해서 최근에 나타난 지배적 기업의 와해율 하락을 규모의 경제로 해석하고 싶을 것이다. 그리고 새로운 소프트웨어 시스템에 투자한 규모가 정말로 중요한 것처럼 보인다. 상대적으로 규모가 작은 자동차 제조업체는 신형 모델을 디자인하고 개발하는 투자비를 감당하기 위해서 합병할 수밖에 없다. 맥도넬 더글라스는 신형 여객기 설계에 필요한 대규모 투자를 감당할 수 없는 지경에 이르자, 울며 겨자 먹기로 보잉과 합병했다.

101

하지만 이미 규모의 경제를 지니고 있었던 산업도 있다. 그렇다면 지금은 무엇이 다를까? 규모의 경제가 산업에서 지금 일어나고 있는 일을 완전히 설명하지는 못한다. 제품 차별화는 선도 기업의 와해율이 감소하고 산업이 더 정체되는 이유를 설명하는 열쇠다. 새로운 소프트웨어 시스템은 거대한 규모의 이점을 비롯해 대량 생산과 고객화가 결합된 생산 방식인 '매스 커스터마이제이션'●의 이점을 결합시킨다. 수요량은 규모의 경제가 산업 수조에 영향을 주는 이유를 설명하는 열쇠다. 하지만 상위 기업들이 최근에 산업 지배적 위치를 유지할 수 있는 이유를 설명하는 열쇠는 수요의 범위다. 새로운 정보 기술은 기업이 복잡성을 지렛대 삼아서 산업 지배적 지위를 강화하게 돕는다. 이것이 새롭고 강력한 IT 슈퍼스타 기업을 탄생시킨다. 이런 유형으로 경쟁한 선도적 기업들은 시장이 급격하게 성장하더라도 산업에서 지배적인 위치를 유지할 수 있다. 그리고 경쟁업체는 강한 역풍을 맞아서 기존 선도적 기업에 도전할 수 있을 정도로 성장하지 못하게 된다.

우리는 규모의 이점이 규모의 경제에서 발생한다고 생각

───────── ● 대량생산Mass Production과 고객화Customization의 합성어로 소비자의 다양한 욕구를 만족시키면서 대량생산하는 것을 의미한다. - 옮긴이

102

하는 경향이 있다. 역사적으로 이것은 사실이었다. 19세기 후반 이후로 규모의 경제는 대기업들이 각자의 산업을 지배하고 상당한 경제적, 사회적, 정치적 힘을 얻게 했다. 하지만 오늘날 산업 구조와 경쟁의 본질은 다르게 변했고, 더 경직된 자본주의를 만들어내고 있다.

정보 기술로 이룩한 경제 성장과 심각해지는 경제 불평등은 슈퍼스타 기업들이 각자의 산업에 좀 더 단단히 자리 잡게 만든다. 그리고 변하는 경쟁의 본질이 기술의 확산, 생산성 성장, 경제적 불평등 등에 영향을 미친다. 먼저, 과거에 기술이 지배적 기업의 등장에 어떻게 영향을 미쳤는지 살펴보자.

규모의 경제

규모의 경제를 일으키는 기술은 산업혁명의 핵심이었다. 그리고 그 기술들이 산업 구조를 급격하게 변화시켰다. 규모의 경제는 철강이나 발전 등 많은 현대 산업의 특징이기도 하다. 하지만 규모가 단순한 경제 구조에서 형성된 산업은 오늘날 대규모 소프트웨어 투자로 경쟁을 벌이는 산업 구조와는 다르다.

철강 산업을 생각해보자. 기본적인 철강 제품들은 일반적

103

으로 3단계를 거쳐 원자재를 가공하여 만든다.[4] 첫 번째 단계에서는 용광로에서 광석을 제련하여 철을 만든다. 두 번째 단계에서는 과도한 탄소와 기타 불순물을 제거하여 철을 철강으로 제련한다. 세 번째 단계에서 강괴를 다듬어서 레일이나 압연기에서 생산되는 강판처럼 고객에게 공급하는 최종 산물이 나온다. 19세기 초반에는 각기 다른 기업이 각각의 단계를 담당했다.[5] 남북전쟁 이전에는 50~100명에 달하는 노동자가 일하는 용광로 기업이 미국에서 가장 큰 기업이었다. 하지만 그런 기업이 많았기 때문에 소수의 제철소가 그 시장을 지배하지는 않았다. 철강은 대체로 노동자가 작은 용광로에서 주철을 휘저어서 서서히 공기를 주철에 주입하고 불순물을 태워 없애는 교련법으로 정제됐다.

남북전쟁 이후, 교련법은 영국의 헨리 베서머Henry Bessemer가 고안한 베서머법이 미국에 도입되면서 극적으로 변화했다. 베서머법에서는 대형 용기에서 대충 제련된 철을 녹이면서 강제로 공기를 주입해서 불순물을 제거한다. 베서머법을 사용하면 대량의 철강을 한꺼번에 생산할 수 있었다. 베서머법으로 철강 제품을 생산하는 미국 기업들은 연이어 혁신 기술을 개발했고, 용광로, 베서머 전로 그리고 압연기를 통합해 공장의 효율성을 높였다. 생산 규모가 얼마나 바뀌었는지 알아보자. 1860년 미국의 총 철강 생산량은 1만 3000톤에 불과했다. 1878년 베서머법을 사용하는 제철소, 즉 베서머 제철소 10개가 65만 톤의 철강을 생산했다. 평균적으로 각각의 베서머 제철소가 불과 18년 전 국가 총생산량의 5배에 해당하는 철강을 생산한 셈이었다.

규모가 크게 증가하면서 기업 조직의 성격을 변화시켰다. 알프레드 챈들러Alfred Chandler가 말했듯이, 처리량의 극적인 증가로 인해 생산의 전체 과정을 시장에 의존해 조정하는 대신 적극적으로 관리해야 했다는 뜻이었다.[6] 제철소는 적절한 품질과 화학 성분을 갖춘 철광석 및 코크스를 정기적으로 확보해야 했다. 그리고 철도 레일과 가공된 철강의 생산을 관리해야 했다. 이를 해내려면 영업과 마케팅이 필요했다. 기업 조직은 내부적으로 여러 단위의 기업으로 나뉘었고, 전문적인 관리자들이 각 기업에서 서로 다른 업무를 세세하게 챙겼다. 중간 관리자가 등장하면서 위계질서가 생겼고, 기업이 수직적으로 통합되는 경우도 있었다. 앤드류 카네기Andrew Carnegie는 철광석과 코크스를 안정적으로 확보하기 위해서 아예 철광석과 코크스를 생산하는 기업을 인수해버렸다.

규모의 경제는 산업 구조도 재편했다. 이를 이해하려면 어느 정도 규모가 효율성을 발생시키는지 살펴보는 것이 도움이 될 것이다. 베서머법이 효율성을 실현했던 것은 제련 과정에서 주철을 수작업으로 다룰 필요가 없어졌고, 더 나아가 이 작업이 자동

chapter 3 슈퍼스타 경제 체제

화되었기 때문이다. 하지만 베서머법도 결정적으로 용광로와 기타 용기에서 나타나는 물리적 속성인 방열의 도움을 받았다.[7] 큰 용광로는 작은 용광로보다 더 효율적으로 가열할 수 있기 때문에, 철강 생산, 전기 및 증기 발전, 여러 화학 공정, 시멘트 생산 등 많은 산업 공정에서 규모의 경제가 나타난다.

　　이러한 특성은 수확 체감의 원리를 내포한다. 즉, 규모가 커질수록 추가적인 크기 증가에 따른 상대적인 수익이 감소하게 된다. 동시에 일반적으로 다른 '규모의 비경제'가 존재한다. 예를 들어, 큰 용광로에 그만큼 많은 양이 들어가야 한다는 의미다. 대규모로 물류와 교통량을 관리하면 '혼잡비용'이 발생한다. 더 많은 투입물을 용광로까지 운반하거나, 대량의 산출물을 처리하는 과정에서도 혼잡비용이 발생한다. 일반적으로 말하면 이것은 기업이 '최소효율규모'에 도달한 뒤에 규모의 경제가 끝난다는 의미다. 설비용량에 걸맞은 수준까지 생산량이 늘어나면 생산 단가의 하락 현상은 멈추게 되는데, 이러한 수준의 생산 규모가 바로 최소효율규모다. 최소효율규모를 넘어서면, 생산 규모가 커진다고 해서 단가가 감소하지 않는다. 오히려 증가하기 시작할지도 모른다. 경제학자들은 규모의 경제가 작용하는 산업에서 공장의 최소효율규모를 계산했다. 예를 들어, 1970년대 제선, 제강, 압연의 세 공정을 모두 갖춘 베서머 제철소의 최소효율규모는 대략

106

연간 600만 톤이었다.[8] 1972년 발전소의 최소효율규모는 대략 시간당 200억 킬로와트였다.[9]

경제학자들은 오랫동안 거대한 공장 규모가 산업 구조에 직접적으로 영향을 미친다고 믿었다. 산업 분석의 개척자인 조 베인Joe Bain은 규모의 경제가 산업 진입을 방해하는 장벽 효과를 일으킬 수 있다고 강조했다.[10] 가령 가장 효율적인 제철소를 짓고 운영하고 관리하는 데 드는 비용이 약 6조 7500억 원이라면, 다른 기업들은 그 작은 시장에 진입하지 않을 것이다. 시장에 진입하면 철강 가격이 하락하여, 초기 진입 비용을 회수하지 못할 테니 말이다. 틈새시장과 지역시장에서 이러한 현상이 나타난다. 예를 들어, 시멘트 공장이나 병원은 운송비 때문에 지리적으로 제한된 지역에서만 서비스를 제공한다. 결과적으로 더 제한되고 인구밀도가 덜한 시장에서는 하나 또는 몇 개 기업이 경쟁을 제한하여 시장을 지배할 수 있다.

하지만 상대적으로 큰 시장에서는 규모의 경제가 저절로 소수 기업의 시장 지배를 촉진하지 않는다. 오늘날 미국 철강 시장의 크기는 최소효율규모에 이른 제철소가 생산하는 철강보다 더 크다.[11] 오늘날에는 소수의 기업이 철강 산업을 지배하고 있지만 규모의 경제 때문이 아니다. 철강 산업을 지배하는 소수의 기업은 최소효율규모에 도달하거나 넘어선 다수의 제철소와 공장

107

을 보유하고 있다. 더 큰 시장에서는 더 많은 기업이 최소효율규모를 확보하여 이익을 얻으면서 그 시장에 진입할 수 있다. 이러한 시장에서 기업들이 경쟁을 완화할 방도를 찾지 못한다면, 경쟁은 치열해질 것이다. 시장 경쟁을 완화하기 위해 기업들이 찾은 방도가 담합이 될 수도 있다. 경제학자들은 일반적으로 큰 시장일수록 소수 기업이 지배할 가능성이 낮다고 말한다.[12] 그러므로 규모의 경제가 작용한다고 해서 반드시 산업 집중도가 상당히 높다는 의미는 아니다.

게다가 시장 규모가 커지면서 상위 기업의 지배력이 약해지는 경향이 있다. 실제로 19세기 미국 철강 산업에서 사례를 찾아볼 수 있다. 처음에 베서머법을 도입한 일관제철소(베서머 제철소)•들이 소규모 제철소를 빠르게 앞질렀다. 그 과정에서 많은 소규모 제철소가 파산했다. 베서머법으로 철강을 생산할 때, 생산 단가가 훨씬 낮았기 때문이었다. 1873년 미국 철강 시장은 고작 7개 베서머 제철소가 지배했다. 하지만 생산 단가의 하락은 철강 가격의 하락을 의미했다. 그리고 이는 철강 시장의 규모가 급격히 성장했다는 의미이기도 했다. 생산 비용이 하락하자, 철강 가

• 철광석을 녹여 쇳물을 만드는 것부터 쇳물로 철강 판이나 철강 막대기 등을 만드는 설비까지 모두 갖춘 제철소. 이하 베서머 제철소로 표기. - 옮긴이

격은 1866년 톤당 약 23만 원에서 1885년 톤당 약 4만 원 이하로 곤두박질쳤다. 1860년 시장에서 철강 11만 1000톤이 생산됐다.[13] 하지만 철강 생산량은 1885년이 되자 10배 이상 증가했고, 1899년에는 100배 증가했다.

철강 시장이 성장하자 더 많은 기업이 시장에 진출했고, 그 결과 시장 경쟁이 과열됐다. 1878년 베서머 제철소는 평균적으로 6만 5000톤의 철강을 생산했다. 그 해에 7개 베서머 제철소가 전체 생산량의 79퍼센트를 생산해냈다는 의미였다. 하지만 시장이 빠르게 성장하자, 더 많은 기업이 시장에 진입하기로 결정했다. 1873년과 1876년 사이에 새로운 베서머 제철소 3개가 철강 생산을 시작했다. 이 시점에 이르자, 베서머 제철소들은 서로가 경쟁상대가 되는 것을 걱정하기 시작했다. 그들은 1875년 카르텔을 형성하려고 시도했다. 카르텔이 각각의 전베서머 제철소에 생산량을 할당하여 전체 생산량을 제한하면 철강 가격을 높게 유지할 수 있을 것이라고 생각했다. 하지만 앤드류 카네기가 함께하기를 거부하면서 카르텔은 해체됐다. 1877년 형성된 또 다른 카르텔은 조금 더 성공적이었지만 새로운 기업의 시장 진입을 막을 수 없었고, 철도 시장 외의 생산자들에게는 도움이 되지 않았다.

궁극적으로 대기업이 철강 산업을 지배할 수 있었던 것은 규모의 경제가 아니라, 재무적 차원의 산업 통합 덕분이었다.[14]

109

성공적인 베서머 제철소는 수직 통합을 시작했다. 그들은 철강 생산 시설에 코크스와 철광 생산 시설과 철강 가공 시설을 통합하고 경쟁업체도 인수했다. 1889년 3개의 베서머 제철소 합병으로 일리노이 스틸 컴퍼니가 설립됐다. 그들은 수직 통합vertical integration●도 시작했고, 부산물 생산업체뿐만 아니라 코크스와 철광 생산업체를 사들였다. 미국의 투자은행가 J.P. 모건J. P. Morgan이 이러한 인수합병 건을 보증했다. 한편 카네기는 피츠버그 인근의 경쟁 제철소를 인수하고 수직적으로 연관 기업들을 사들이기 시작했다. 1901년 자신이 합병한 기업들과 카네기 스틸의 경쟁이 심해질 가능성이 농후하자 모건은 카네기 스틸을 인수했고, 부산물 생산업체뿐만 아니라 일리노이 스틸 컴퍼니와 합병시켰다. 그 결과 세계 최대 산업체인 유나이티드 스테이츠 스틸이 탄생했다. 그곳은 가동에 들어간 첫해에 미국 철강 생산량의 3분의 1을 생산해냈다.

　　규모의 경제는 철강 시장을 지배하는 단일 지배적 기업의 등장을 설명하지 못한다. 합병과 인수도 마찬가지다. 대규모 제철소가 인수의 필요성을 줄이는 데 도움이 되었지만, 이 거대 기업

──────────── ● 기업이 생산과 유통의 여러 단계에 걸쳐 통합 운영하는 전략 - 옮긴이

의 등장은 주로 금융 결합의 결과였다. 유나이티드 스테이츠 스틸의 탄생은 독점의 탄생으로 이어지는 중간 단계에 불과했다. 독점은 석유 기업인 스탠더드 오일이나 설탕 정제기업인 아메리칸 슈가 리파이닝 컴퍼니처럼 각 산업을 지배하는 대형 신탁 설립으로 향하는 더 광범위한 흐름의 일환이었다. 하지만 독점에 대한 반작용이 나타났고, 결과적으로 1890년 셔먼 반독점법과 클레이튼 반독점법이 등장했다. 연방정부는 유나이티드 스테이츠 스틸에 주목했고 1911년 독점 해체 소송을 제기했으나 결과적으로 실패로 돌아갔다. 반독점법은 9장에서 본격적으로 살펴보게 될 것이다.

물론 규모의 경제 덕분에 소수 제철소가 짧은 시간 동안에 철강 산업을 지배할 수 있었다. 정유, 설탕, 도축 등 일부 산업에서도 유사한 패턴이 목격됐다. 하지만 신기술 덕분에 비용이 절감되면서 시장이 급속도로 성장하자 규모의 경제는 더 이상 경쟁을 줄이는 역할을 하지 못했다. 기업은 시장 지배력을 유지하거나 확대하기 위해서 규모의 경제 대신에 금융 통합이나 약탈적인 인수합병에 기댔다. 그런데도 규모의 경제는 경제를 완전히 바꾸는 데 한몫했다. 규모의 경제는 기업 구조의 본질을 바꿨고, 대기업의 초기 시장 지배를 가능하게 했다.

111

과연 지난 20년 동안 산업 와해가 감소한 현상을 규모의 경제로 설명할 수 있을까? 지배적 기업들이 내부 IT 시스템을 구축하는 데 막대한 자금을 쏟은 것은 사실이다. 하지만 이것은 두 가지 이유에서 19세기 규모의 경제 이야기와는 다른 것 같다. 내부 IT 시스템에 대한 투자 규모가 특별히 큰 것도 아니고, 산업이 성장해도 지배적 기업들은 시장 지배적 위치를 유지한다.

첫째, 지배적 기업이 내부 IT 시스템을 구축하기 위해 한 투자는 오늘날 자본 집약적인 산업에서 진행되는 다른 투자 건들과 비교하면 그리 크지 않다. 2018년 10대 IT 기업들은 정보 기술을 개발하는 데 약 8조 9100억~18조 3600억 원을 투자했지만 대형 에너지기업의 설비 투자와 비교하면 규모가 작다. 최근에 대형 에너지기업들의 설비 투자는 약 40조 5000억 원을 초과했다. 제너럴 모터스, 토요타, 인텔의 설비 투자 규모도 이와 비슷했다.[15] 특별히 이미 상당한 규모의 경제가 발휘된 산업에서 산업 와해율이 급격하게 하락한 이유가 규모의 경제 효과가 작아졌기 때문이라고 보기는 어렵다. 내구재, 석유, 전기·수도·가스 등을 생산할 때 규모의 경제가 뚜렷하게 나타난다. 심지어 이런 산업에서도 산업 와해율은 하락했다.[16]

둘째, 철강 산업과 기타 규모 산업의 지배적 기업들과 달리, 오늘날 지배적 기업들은 시장이 성장하더라도 시장 지배적 위치를 잃지 않는다. 대다수가 빠르게 성장하는 시장에서 활동하지만, 그들은 각자의 시장 지배력을 유지해낸다. 인플레이션을 감안해서 시장이 50퍼센트 성장했지만, 월마트는 일반 유통업계의 지배적 위치를 유지했다. 그리고 시장이 20배 성장했지만, 아마존은 여전히 전자상거래 시장을 지배하고 있다. 게다가 2장에서 봤듯이, 이러한 지배적 기업들은 공격적인 합병이나 인수를 통해 성장하지 않았다. 일반적으로 말하면 규모의 경제로 움직이는 산업에서는 산업이 성장하면 산업 집중도가 하락하리라 생각하기 쉽다. 하지만 사실 빠르게 성장하는 산업에서 오히려 산업 집중도가 올라가는 경향이 있다.[17]

도전자들이 기존 지배적 기업을 몰아내고 시장을 지배하기도 한다. 철강 산업에서는 시장에 진입할 때 대규모 투자가 필요하지만, 필요한 자원을 보유하고 있다면 누구나 철강 시장에 진출할 수 있다. 하지만 오늘날에는 대규모 투자를 하기에 충분한 규모를 갖춘 기업들도 경쟁에서 뒤처진다. 시어스는 1980년대 월마트보다 훨씬 큰 대형 유통업체였고, 월마트가 구입할 수 있는 기술이라면 무엇이든지 구입해서 사용할 수 있었다. 그리고 시어스는 정보 기술에 능한 기업이었다. 시어스는 1980년대 IBM의 초대형 고객사였고, 전자상거래를 개척했다. 그럼에도 불구하고 시어스는 월마트와의 경쟁에서 뒤처졌다. 이와 유사하게 마이

113

크로소프트는 너무 작아서 검색 기술에 투자할 수 없는 IT 기업이 아니었고, 기술력이 부족하지도 않았다. 하지만 마이크로소프트는 검색엔진에서 구글에 뒤지고 있다. 시어스와 마이크로소프트는 필요한 정보 기술을 구매할 여력이 있었고 기술적 전문성까지 갖췄음에도 기술 경쟁에서 낙오했다.

오늘날의 지배적 기업과 과거의 지배적 기업의 행동 차이는 경쟁의 본질에서 기인한다. 철강 기업들은 생산 비용을 낮추기 위해 대규모 투자를 단행했다. 그 덕분에 그들은 효과적인 가격 경쟁을 할 수 있었다. 하지만 오늘날의 기업들은 대규모의 이점과 매스 커스터마이제이션의 이점을 결합하는 소프트웨어 시스템에 대규모로 투자한다. 기업들은 이러한 소프트웨어 시스템으로 제품과 서비스 품질을 차별화하여 경쟁한다. 바로 이것이 모든 차이를 만들어낸다. 이 경쟁에서 중요한 것은 투자의 절대적인 규모가 아니라, 경쟁업체와 비교했을 때 상대적으로 얼마나 많이 투자하느냐다. 이 사실이 새롭게 등장한 대기업이 시장 지배적 위치를 영원히 유지하는 이유를 이해하는 데 도움이 될 것이다. 그리고 오늘날 경제의 더 많은 부분을 설명해낼 것이다. 품질의 차별화가 단순한 가격 경쟁과 어떻게 다른지를 살펴보는 것도 도움이 될 것이다.

품질 경쟁과 슈퍼스타 기업

1981년 경제학자 셔윈 로젠Sherwin Rosen은 '슈퍼스타 현상'을 주제로 논문을 발표했다. 그는 '상대적으로 소수의 사람이 어마어마한 돈을 벌고 각자의 영역을 지배하는 것'을 슈퍼스타 현상이라 칭했고, '현대 사회에서 대단히 중요한 것 같다.'라고 결론을 내렸다.[18] 소극장 시대에 활동하는 희극인은 몇 명 되지 않았고, 쥐꼬리만큼 돈을 벌었다. 하지만 일류 희극인, 특히 TV쇼에 출연하는 희극인은 엄청난 돈을 벌었다. 오페라 스타, 스포츠 인사, 뉴스캐스터, 교과서 저자에게서도 유사한 현상이 나타났다. 올림픽 금메달리스트들은 넉넉하게 후원받았지만, 은메달리스트와 동메달리스트에게는 그런 기회가 주어지지 않았다. 1등에게 주어지는 보상은 그들의 경기 성과와 비교하면 과하다 싶을 만큼 엄청났다. 2등과 비교해서 기록이 아주 조금 더 좋았을 뿐인데, 심지어 기록 차이가 몇 백분의 1초밖에 되지 않는데도 1등은 엄청난 보상을 받았다.

　　이런 현상 탓에 성과에 비례해 보상이 주어진다고 생각하는 경제학자들은 당황스러웠을 것이다. 물론 대다수의 시장에서는 그러하다. 직조공들은 그 능력과 노력에 편차가 있어 하루 동안 다른 사람들보다 더 많은 양을 생산하기도 한다. 초기의 방직

115

공장에서는 노동 시간이 아니라 하루 동안 생산한 면직물의 길이를 기준으로 직공에게 급여를 지급했다. 경제학자들은 흔히 경제 전반이 이와 유사하게 작동한다고 가정한다. 그래서 더 많이 생산한 노동자가 더 많은 보상을 받는다고 생각한다.

하지만 분명히 일부에서는 품질의 차이가 막대한 보상 차이로 이어지기도 한다. 로젠은 이런 현상이 나타나는 주된 이유를 밝혀냈다. 양과 질은 이런 현상이 나타나는 경우에 쉽게 맞교환될 수 없었다. "연이어 그저 그런 가수의 노래를 듣는다고 해서 엄청난 공연 하나를 본 것은 아니다. 다른 의사들과 비교해서 수술 성공률이 10퍼센트 더 높은 외과 의사가 있다면, 사람들은 대부분 10퍼센트가 훨씬 넘는 웃돈을 주고서라도 그 의사에게 수술받으려고 할 것이다."[19] 경제 용어로 요약하면 품질이 제일 중요한 '품질 상위 서비스'는 불완전 대체재이다. 소비자들이 이런 식으로 서비스를 차별화한다면, 품질의 절대적 수준은 중요하지 않게 된다. 차선의 서비스를 제공하는 사람과 비교했을 때 품질이 상대적으로 얼마나 좋은지가 중요하다. 그리고 이것은 보상에 불균형적으로 영향을 미친다. 사람들이 대부분 차선의 외과 의사보다 최고 외과 의사를 선호한다면, 그 최고 외과 의사에 대한 시장 수요는 대폭 증가하게 된다.

게다가 이 영향은 시장 규모가 클수록 강하게 나타난다.

116

잠재 환자 수가 증가하면, 최고 외과 의사에게서 의료 서비스를 받기 위한 경쟁은 더욱 치열해질 수밖에 없다. 이런 맥락에서 로젠의 선견지명이 돋보인다. 디지털 기술은 모든 미디어에서 커뮤니케이션과 복제 비용을 낮췄고, 공연 서비스와 관련하여 세계 시장이 형성됐다. 결과적으로 슈퍼스타 효과는 영화배우, 스포츠 스타와 유명 작가에게 급속히 커졌다.[20] 1990년에 최고 몸값을 자랑했던 농구 선수는 뉴욕 닉스의 패트릭 유잉Patrick Ewing이었다. 그의 몸값은 인플레이션을 감안해도 약 11조 3400억 원이었다. 그 이후로 NBA 매출은 거의 10배 증가했다. 현재 최고의 몸값을 받는 스테판 커리Steph Curry는 연간 약 55조 4615억 원을 받는다. 이 현상은 기업 인재에도 적용된다. 넷플릭스 CEO 리드 헤이스팅스Reed Hastings는 직원에게 업계 최고 연봉을 주는지 묻는 말에 다음과 같이 말했다. "위대한 스포츠팀은 대체로 최고의 선수들에게 가장 많은 연봉을 주는 팀이다. 우리는 최고 선수들을 영입하고 싶다. 보상도 그것의 일부분이다. 괜찮은 선수 4명보다 비범한 선수 3명을 선택하겠다."[21] 그래서 상당한 규모의 경제가 작용하는 시장과 달리, 슈퍼스타 시장을 이끄는 선도적 기업의 시장 지배력이 시장의 규모가 커지면서 강해지는 것이다.

희극배우, 오페라 가수, 농구선수는 대기업이 아니다. 그러나 산업 조직에서도 슈퍼스타 현상과 유사한 패턴이 나타난다

117

는 것을 보여주는 경제 연구가 있다. 기업이 제품과 서비스의 품질에서 차별화를 꾀할 때, 시장의 성장이 반드시 기업의 시장 지배력을 약화시키지 않는다. 경제학자 존 서튼은 일부 산업에서 대기업이 시장 규모가 커질 때조차도 지배적인 시장 점유율을 유지한다고 주장한다.[22] 특히 홍보나 R&D에 상당한 투자가 이뤄지는 산업에서 이런 현상이 주로 나타난다. 결정적인 차이점은 이런 산업에서 홍보와 R&D에 고정적으로 투자한 덕분에 기업이 품질 차별화를 해낼 수 있다는 것이다. 그래서 일부 소비자는 더 좋은 품질, 또는 품질이 더 좋은 것처럼 홍보되는 제품에 기꺼이 더 많은 돈을 지불한다.[23]

서튼의 분석에서 이것은 '자연발생적인 과점'을 낳는다. 자연발생적인 과점은 기업들이 규모와 제품 품질에서 모두 다른 시장 구조를 지닌다. 소비자마다 요구하는 품질 수준이 다르기 때문에, 자연발생적인 과점에서 산업 경쟁이 뚜렷하게 나타난다. 기업은 경쟁업체와 제품과 서비스의 품질에서 차별화를 시도하여 시장을 세분화하고 다른 영역에서 활동한다. 그리고 그들은 서로 치열하게 경쟁하지 않기 때문에 모두가 각자의 영역에서 이익을 얻는다. 지배적 기업은 품질에 더 많이 투자하고 좋은 품질에 더 많은 값을 치를 의향이 있는 품질을 중시하는 소비자를 더욱 끌어들인다. 소기업은 품질에 덜 투자하고 품질을 덜 중시하

118

는 소비자들을 공략한다.

컴퓨터를 제조하는 가상의 두 기업이 있다고 생각해보자. 두 기업은 품질이 우수한 컴퓨터를 만들기 위해서 R&D에 투자하기로 결정한다. 예를 들어, 각각 사용자가 사용하기 편리한 컴퓨터를 개발하기로 했다고 치자. A기업은 우선 시장에 진입하고 고품질 컴퓨터를 생산하기 위해 대거 투자했다. B기업은 A기업이 만든 컴퓨터와 품질이 동등한 컴퓨터를 개발하기로 했다. 그리고 A기업이 만든 컴퓨터와 B기업이 개발한 컴퓨터의 차이는 가격뿐이라고 가정하자. 그러면 두 기업은 가격으로 치열하게 경쟁할 것이다. 서로 컴퓨터 가격을 경쟁적으로 인하하고, 그 누구도 이익을 내지 못하는 지점에서 컴퓨터 가격이 형성될 수 있다. 반대로 B기업이 품질에 덜 투자해서, 낮은 가격에 팔 수 있는 품질이 다소 낮은 컴퓨터를 생산한다고 가정하자. 그러면 A기업과 B기업은 서로 다른 소비자 그룹을 공략할 것이다. 어떤 소비자는 품질보다 예산을 중요시하고, 또 어떤 소비자는 예산보다 품질에 더 민감할 것이다. A기업과 B기업은 서로 다른 시장에 품질이 다른 제품을 각자 판매하게 될 것이다. 그리고 두 기업 모두 각자의 컴퓨터를 살짝 높은 가격에 판매해서 이익을 얻을 수 있다. 비싸더라도 각자의 영역에서 소비자에게 최고의 제품을 제공하고 있기 때문이다.

119

게다가 자연발생적인 과점에서 시장 구조는 대체로 안정적이다. 고급 제품과 서비스를 제공하는 기업은 상대적으로 품질이 낮은 제품과 서비스를 제공하는 경쟁업체와는 다른 이유에서 혁신을 시도한다. 그래서 자연발생적인 과점의 시장 구조가 안정적으로 유지되는 경우가 많은 것이다. 위에서 언급한 가상 사례로 되돌아가자. B기업이 컴퓨터 품질을 개선하는 혁신을 이뤄냈다고 가정하자. 이 혁신은 양날의 검이다. B기업은 이 혁신으로 품질을 중시하는 소비자에게 더 매력적으로 다가갈 수 있다. 하지만 가격을 인하하여 A기업과 직접적으로 경쟁해야 한다. 그에 비해서 고급 컴퓨터를 생산하는 A기업은 혁신을 멈출 이유가 없다. 이러한 비대칭적인 상황 때문에 B기업은 혁신에 덜 투자하게 된다. 그래서 결과적으로 B기업이 A기업을 뛰어넘을 수 있는 혁신을 이뤄낼 가능성이 낮아진다. 다시 말해서, 다른 모든 조건이 같다면 자연발생적인 과점에서 와해율은 낮다. 사실상 비지배적 기업은 혁신 때문에 성공의 역풍을 맞는다.

　　차별화된 산업에서는 경쟁이 다르게 이뤄진다. 그래서 대규모 고정 투자의 역할도 다르다. 전통적인 진입 장벽 모델에서 최소효율규모는 거대한 용광로의 방열 물리학과 같은 기업이 통제할 수 없는 요소에 의해 결정된다. 이러한 시장에서 기업들이 가격 경쟁을 벌이면, 최소효율규모에 도달한 기업은 상대적으로

120

크기가 작은 기업보다 더 낮은 가격에 제품을 팔아서 효과적으로 경쟁할 수 있다. 하지만 철강 기업이 최소효율규모에 이르기 위해 필요한 투자 규모는 시장이 성장하더라도 변하지 않는다. 그래서 더 많은 기업이 최소효율규모를 갖춰서 철강 시장에 진입할 수 있고, 최소효율규모의 철강 기업의 시장 점유율은 하락한다.

앞서 말했듯이 자연발생적인 과점에서 기업들은 홍보와 R&D에 대규모 투자를 감행함으로써 차별화를 꾀한다. 여기서 중요한 것은 절대적인 투자 규모가 아니다. 이 경우에 중요한 것은 경쟁업체의 투자 규모와 비교했을 때의 투자 규모다. 기업들은 경쟁업체를 예의주시하며 투자 규모를 결정한다. 품질을 아주 중시하는 소비자에게 제품을 판매하는 기업은 경쟁업체보다 더 많은 투자를 단행한다. 품질을 기준으로 차별화된 시장에서 시장 규모가 커지면, 품질 투자에 대한 보상도 커진다. 그래서 기업들은 홍보와 R&D에 고정적으로 더 많이 투자한다. 서튼과 공동 저자인 아브너 샤케드Avner Shaked가 말했듯이, 항공기나 메인프레임 컴퓨터 시장에 진출하는 기업 수가 제한적인 이유는 '시장 규모와 비교해 지나치게 높은 개발비가 고정적으로 들어서'가 아니다. 그것은 '기술 우위를 지닌 기업이 추가 고정비를 초래하여 더 정교한 고급 제품을 지속적으로 개발할 가능성'이다.[24]

이 경우에 상위 기업들은 시장이 확장되더라도 지배적인

121

위치를 유지한다. 서튼은 연이은 연구에서 상위 기업의 시장 점유율이 시장의 규모가 커져도 높게 유지된다는 것을 증명했다. 그리고 일부는 슈퍼마켓 시장, 은행권, 온라인 서점 업계 그리고 신문 업계에서 이러한 패턴을 찾아냈다.[25]

IT 슈퍼스타 산업

선도적 기업들은 오늘날 소프트웨어 시스템에 선제적으로 대규모 투자를 진행한다. 이것이 홍보와 R&D 투자와 같은 역할을 한다. 소프트웨어 시스템에 투자하는 것은 제품과 서비스의 품질을 개선하는 대규모 고정 투자이고, 이것이 경쟁업체와 기업을 차별화한다.[26] 실제로 경제학자 폴 엘릭슨Paul Ellickson의 슈퍼마켓 산업 연구에서 지배적 기업들이 달성한 품질 차별화의 원천이 밝혀졌다. 바로 월마트가 개척해낸 광스캐너 데이터를 이용하는 물류와 재고 관리 시스템이었다.[27] 독점 소프트웨어 시스템 덕분에 지배적 기업들은 훨씬 더 다양한 제품과 서비스를 제공할 수 있었고, 그렇게 경쟁업체와 자신들을 차별화했다. 엘릭슨은 평균적으로 매장당 판매 제품의 수가 1980년 1만 4145개에서 2004년 3만 개로 증가했다는 사실에 주목한다.

122

매장 차별화의 심화는 소비자 행동의 변화와 부합한다. 틈새시장이 더 중요해지고 있다. 소비자들은 자신들이 선호하는 소수 제품에 더 많이 지출하지만 선호 제품의 종류는 소비자마다 천차만별이다.[28] 이러한 이론에 따르면 슈퍼마켓에서 소비자들은 자신들의 개인 선호와 일치하는 제품의 가격에는 덜 민감하게 반응한다.[29]

규모의 경제가 강하게 나타나는 산업과 품질 차별화가 된 산업에서 산업 구조의 차이는 분명하게 나타난다. 슈퍼마켓 산업과 이미 혼합된 레미콘 산업은 모두 지리적으로 제한된 시장을 갖는다. 이는 운송 비용 때문에 이 시장의 기업들이 특정 지역의 무역을 담당하는 경향이 있기 때문이다. 하지만 각 시장은 인구 밀도에 따라서 크기가 다양하다. 콘크리트 제조업체들은 상당한 규모의 경제를 가지고 있으며, 시장 점유율은 평균적으로 시장 규모가 커지면서 하락한다. 반대로 슈퍼마켓은 차별화되어 있고, 시장 점유율은 그런 식으로 하락하지 않는다. 평균적으로 말해서 각 슈퍼마켓 상권에서 상위 4위권 슈퍼마켓들은 최소 시장과 최대 시장 모두에서 전체 식료품 매출의 60퍼센트 정도를 차지한다. 큰 상권이 작은 상권의 10배에 달하는 경우라도 동일하다.[30] 지리적 상권을 넘어서 서서히 시장이 성장하더라도 규모에 의한 시장 지배와 차별화에 의한 시장 지배의 차이가 적용된다.

123

품질 차별화로 복잡성에서 경쟁할 때 몇몇 기업이 산업을 지배하는 이유를 설명할 수 있다. 1980년대와 1990년대부터 개발된 새로운 소프트웨어 시스템 덕분에 기업들은 기능, 제품 다양성, 타깃팅 등을 강화시켜서 경쟁업체와 자사를 점점 더 차별화할 수 있었다. 이러한 역량 덕분에 기업들은 하이에크 학파의 딜레마를 극복해냈고, 다양한 요구와 수요에 효과적으로 대응해왔다. 품질에서 차별화를 도모하는 산업에서는 복잡성을 가장 잘 관리하는 기업이 산업을 지배했다. 그렇지 못한 기업은 품질이 낮거나 기능이 적고, 다양성이 떨어져서 작은 규모로 유지되었다. 물론 모든 산업이 이런 속성을 지닌 것은 아니다. 모든 산업이 자체 개발한 소프트웨어 시스템에 상응하는 대규모 투자를 하는 것도 아니다. 고용한 소프트웨어 개발자의 수를 기준으로 산업을 분류하여 이러한 현상의 규모를 대략적으로나마 파악할 수 있다. 소프트웨어가 주요한 제품이 되는 산업을 제외하고 5000명 이상의 소프트웨어 개발자가 고용된 산업이나 소프트웨어 개발자가 전체 노동력의 2퍼센트 이상을 차지하는 산업을 살펴보면, 산업의 45퍼센트가 소프트웨어 집약적이란 것이 확인된다. 하지만 이러한 산업은 대체로 대규모고, 매출의 71퍼센트를 차지한다. 말하자면, 소프트웨어 집약적인 산업은 경제의 상당 부분을 차지한다.[31]

124

다른 종류의 산업

어떤 의미에서 대기업은 소비자들의 다양한 요구를 더 잘 맞추기 위해서 새로운 소프트웨어 시스템을 사용하는 데 탁월하므로 시장 지배력을 강화할 수 있었던 것인지도 모른다. 이러한 기업들은 더 많은 기능이 포함된 매스 커스터마이제이션된 제품을 제공하고, 매장을 더 다양한 제품으로 채우고, 고도로 타깃팅된 서비스를 제공한다. 그러니 그들이 성장한 것은 놀랄 일이 아니다. 하지만 이것은 이야기의 한 부분에 지나지 않는다. 물론 새로운 유형의 경쟁에서 작은 혁신 기업들이 성장 역풍을 맞고, 기존의 선도적 기업들을 와해하는 속도가 떨어질 수 있다.

일부 기업이 지속적으로 더 좋은 실적을 내거나 더 많은 이익을 얻는다는 것은 오래전부터 인정된 사실이다.[32] 경제학자 채드 사이버슨Chad Syverson은 기업 간 생산성 차이에 대한 문헌을 검토하고, 실적 차이가 지속되는 현상을 설명할 수 있는 다양한 이유를 찾아냈다. 일부 기업은 더 유능한 관리자를 두고 있었다. 일부 기업은 더 생산적인 노동자나 설비, 기술을 보유하고 있었다. 일부 기업은 보유 역량을 우월하게 사용할 수 있도록 조직됐다. 그리고 일부 기업은 경험을 통해서 귀한 지식을 얻어 더 큰 '조직 자본'을 갖게 됐다.[33] 게다가 더 생산적인 기업이 더 빨리

125

성장한다는 것 역시 오래전부터 알려진 사실이다.[34] 경제학자들은 실적이 우수하고 빠르게 성장하는 기업을 '슈퍼스타'라고 불렀다.[35]

하지만 와해율이 하락하고 지배적 기업이 계속해서 산업을 지배하는 현상이 그저 그들이 상대적으로 유능한 관리자나 고급 인력이나 기타 유사한 이점을 지니고 있기 때문에 나타나는 것은 아니다. 많은 산업에서 2000년 이후로 경쟁의 본질이 변했기 때문이기도 한다. 경쟁의 본질이 변하면서 실적 차이가 확대되고 선도적 기업이 강한 지배력을 행사했다. 여기서 매우 성공한 슈퍼스타 기업들에 관해서 이야기하려는 것이 아니다. 종류가 다른 경쟁, 다시 말해 변종 자본주의의 등장에 대해서 말하려는 것이다. 비평적으로 말하면, 슈퍼스타 경제 체제는 기업 생산성과 기업 성장 사이의 관계를 변화시킨다. 위와 같이 품질로 차별화된 시장에서 소기업의 품질 개선을 유도할 유인책이 약하다. 품질 개선은 대기업과의 차별성이 약해진다는 의미이다. 따라서 소기업과 대기업의 경쟁은 더 치열해지고 소기업의 이익은 줄어들 수 있다. 그리고 대기업이 시스템 품질을 높이고자 대대적 투자하는 것이 혁신적인 소기업의 시장 점유율을 빼앗아서 성장을 저해하는 경향이 있다. 이런 효과들이 어떻게 작동하는지와 얼마나 큰 영향을 미치는지 6장에서 자세히 살펴보자. 하지만 산업 구조

126

에 존재하는 이런 차이는 추종자 기업과, 시어스와 케이마트처럼 대기업이 경쟁하는 데 큰 어려움을 겪게 만든다.

하지만 유나이티드 스테이츠 스틸이 20세기 초 철강 생산에서 나타나는 규모의 경제의 불가피한 결과였던 것처럼, 매스 커스터마이제이션을 가능케 한 새로운 기술들의 내재적 결과물은 아니라는 것을 분명히 언급하고 넘어가야 한다. 그보다 모든 경우에서 대기업의 산업 지배는 구체적인 정책과 기업 선택이 원인이었다. 특히 새로운 기술에 대한 접근성이 제한적이기 때문에 와해율이 하락했다. 오직 선택된 기업만이 기술을 새로운 기술을 개발하고 사용해서 경쟁업체들과의 차별성을 지속적으로 유지한다. 물론 새로운 기술은 보통 지적재산권의 대상이 되고, 새로운 기술이 널리 사용되는 것을 막는 제도와 정책들의 영향을 받는다. 하지만 과거에는 경제 시스템을 통해서 새로운 기술이 더 빠르게 확산되었다. 심지어 특허 상품과 서비스는 보통 라이선스되어 널리 사용됐다. 예를 들어서, 베서머법은 처음에 특허 대상이었지만, 제철소들은 라이선스를 손쉽게 얻을 수 있었다. 오늘날에는 새로운 기술이 과거에 비해서 훨씬 더 더디게 확산된다. 그리고 이러한 발전이 생산성 성장의 둔화, 소득 불균형의 악화 그리고 효과적인 통치의 부재와 관련하여 슈퍼스타 경제 체제에서 나타나는 문제의 배경이 되고 있다. 기업은 이렇게 강력한 새로운 기술들을 어떻게 활

127

용할지 선택할 수 있다. 기술이 널리 확산되면, 사회는 최대의 혜택을 누린다. 기업이 기술에 대한 접근성을 제한하면, 그들은 경쟁업체에 비해 상대적으로 이익을 얻을 수 있지만, 오히려 사회 전체는 더 나쁜 상황에 처할 수도 있다.

4

개방형 자본주의에서
폐쇄형 자본주의로

From Open to
Closed Capitalism

여러 산업에서 지배적 기업들은 독점 기술을 이용해서 지속적인 경쟁 우위와 시장 지배력을 얻어냈다. 월마트와 아마존은 자신들만의 독자적인 물류 및 재고 관리, 풀필먼트 시스템fulfillment systems•을 이용해서 유통업계를 지배해왔다. 주요 제조업체는 특수한 컴퓨터 지원 설계(CAD), 컴퓨터 지원 제조(CAM) 및 기타 설계 기술을 활용해 기능 경쟁에서 승리했다. 대형 은행은 독점 마케팅 기법과 위험 관리 시스템으로 소비자금융을 지배해왔다. 그 외에도 많은 사례가 있다.

그럼에도 불구하고 기존 기업들이 대체되지 않는 이유는 무엇일까? 자본주의는 오랫동안 새로운 기술이 확산되는 개방 시스템이었다. 관련 지식은 새로운 기술을 사용할 수 있는 다른 주체들에게 퍼져나가며, 그 이점을 확산시킨다. 경쟁업체들이 단기간에 새로운 기술을 개선하여 기존의 선도적 기업을 뛰어넘지 못하더라도, 새로운 기술에 접근해서 시장을 이끄는 선도적 기업의 뒤를 바짝 쫓았다.

지금부터 새로운 기술이 어떻게 확산되는지 살펴보자. 이번에 살펴볼 새로운 기술은 자동차의 '자동변속기'다.[1] 제너럴 모

• 물류 전문 기업이 판매자 대신 상품의 준비부터 포장, 배송까지 물류의 전 과정을 담당하는 서비스 - 옮긴이

chapter 4 개방형 자본주의에서 폐쇄형 자본주의로

터스의 얼 톰슨Earl Thompson은 최초로 상업적인 성공을 거둔 자동변속기인 '하이드라매틱Hydramatic'을 개발한 개발팀을 이끌었다. 하이드라매틱은 처음에 올즈모빌 1940형의 옵션으로 등장했고, 그로부터 1년 뒤에 제너럴 모터스의 캐딜락 모델에 전격적으로 도입됐다. 제2차 세계대전으로 자동차 제조공장이 대부분 문을 닫았지만, 자동변속기는 군용 차량과 탱크에도 사용됐다. 제2차 세계대전 이후에 소비자들은 웃돈을 주고서라도 자동변속기가 탑재된 자동차를 구입하기 시작했다. 자동변속기가 없는 모델은 경쟁적으로 불리해질 것이 불 보듯 뻔했다. 자동변속기는 자동차 시장의 규모를 확대했다. 자동변속기 덕분에 수동변속기를 다루기 어려워하거나 번거롭다고 생각하던 사람들도 자동차를 쉽게 운전할 수 있게 됐다. 전쟁이 끝나고 호황기에 접어들자 제너럴 모터스의 다른 자동차 모델에도 하이드라매틱을 도입했다. 그 후 1949년 제너럴 모터스는 하이드라매틱을 포드의 링컨, 허드슨, 나쉬, 카이저, 벤틀리, 롤스로이스 등 다른 자동차 제조업체에도 제공하기 시작했다.

하이드라매틱 변속기는 특허로 보호되어 있어 다른 제조업체들이 제너럴 모터스에서 구매하거나 라이선스를 받지 않고는 이를 직접 모방할 수 없었다. 그러나 하이드라매틱에서 사용된 기본적인 기어와 유압 기술은 널리 알려져 있었다. 다양한 자

뉴 골리앗

동차 제조업체의 엔지니어들은 이러한 기술 및 기타 신기술에 대한 정보를 활발히 교환했다. 자동차 산업 초기부터 엔지니어들은 공통의 설계 문제에 직면해 있음을 인식하고, 기술의 모든 분야에서 공통 기준이 필요하다는 것을 깨달았다. 이에 따라 1905년에 미국자동차기술협회Society of Automobile Engineers가 설립되면서 아이디어를 자유롭게 교환할 수 있게 됐다.[2] 미국자동차기술협회는 빠르게 성장했다. 1920년 회원 수는 5000명을 넘었고 오늘날에는 12만 8000명에 이른다. 기어와 유압 커플링 등 변속기술은 20세기 초부터 개발되고 있었고, 관련 지식이 널리 공유됐다. 결과적으로 다른 자동차 제조업체도 자체적으로 자동변속기를 만들 수 있었다. 정확히 말하면 다른 업체들은 제너럴 모터스의 하이드라매틱 특허를 침해하지 않고, 자신들만의 자동변속기술을 개발했다. 패커드는 1949년 자사만의 자동변속기를 내놨다. 자동차 부품업체인 보그워너는 또 다른 변속장치를 개발했고, 1950년대 초부터 포드, 아메리칸 모터스, 스튜드베이커에 그들의 설계를 라이선스하거나 변속기를 공급했다.

10여 년이 흐른 뒤에는 비슷한 기술이 자동차 산업에서 널리 사용됐다. 제너럴 모터스는 업계에서 몇 년 동안 자동변속기술로 상당한 우위를 누렸다. 하지만 기술이 확산됨에 따라 제너럴 모터스는 더 이상 자동차 산업에 확고히 자리 잡고 지배하

133

지 못하게 됐다. 기술 확산이 가능했던 이유는 일부 경쟁사에서 자사의 기술을 판매하기로 선택했고, 경쟁업체가 대안 기술을 개발할 수 있어서였다.

　　새로운 기술은 다른 방식으로도 확산된다. 실전에서 기술 지식을 습득한 노동자들이 직접 새로운 기업으로 자리를 옮겨 기술을 확산시킬 때도 있었다. 대표적인 사례가 반도체 산업이다. 반도체 산업은 연이은 스핀 아웃*으로 시작됐다. 윌리엄 쇼클리William Shockley는 1940년대 후반과 1950년대 초반에 벨 랩스에서 존 바딘John Bardeen, 월터 브랜튼Walter Brattain과 함께 최초의 트랜지스터를 개발했다. 쇼클리는 1956년 캘리포니아에 쇼클리 반도체 연구소를 설립했다. 하지만 쇼클리는 주요 직원들과 멀어졌고, 그들 중 8명은 쇼클리와 결별하고 1957년 페어차일드 반도체를 설립했다. 페어차일드 반도체는 연이어서 스핀 아웃했고, 인텔 등 새로운 반도체 기업의 설립으로 이어지면서 반도체 산업의 기반을 형성했다. 페어차일드 반도체 출신인 고든 무어Gordon Moore는 인텔의 공동창립자였다. 그는 "우리가 새로운 제품 아이디어를 내놓을 때마다, 스핀오프가 여러 개 생기는 것 같았다. 이 주변에

────────── • 기업이 일부 사업부나 신규 사업부를 분리하여 전문회사를 만드는 경영 방식 - 옮긴이

134

있는 대부분의 기업 계보를 거슬러 올라가면 페어차일드에 이르게 된다. 엔지니어 기업가를 정말로 움직이게 만드는 장소였다." 라고 말했다.[3]

간략하게 말해서 기술 지식은 다양한 채널을 통해서 전파된다. 때때로 새로운 기술은 라이선스된다. 때때로 새로운 기술은 '구현'되어서 제조품으로 팔린다. 새로운 기업으로 자리를 옮기는 노동자가 새로운 기술을 확산시키기도 하고, 업계조직이나 콘퍼런스에서 공유된다. R&D 관리자들을 대상으로 대학 연구에서 나온 정보를 어디서 얻는지 알아보는 조사가 진행됐다.[4] 그들의 대답을 내림차순으로 정리하면, 출판물, 비공식적 교환, 회의와 콘퍼런스, 컨설팅, 위탁연구, 신규 채용, 합자 연구기관, 특허, 라이선스, 개인적 소통 순이었다. 포괄적으로 말하자면 새로운 기술이 확산되는 채널은 크게 두 가지 그룹으로 분류된다. 첫째, 모방과 같이 독립된 창조활동이다. 이 경우에 경쟁업체는 새로운 기술을 실행하기 위해서 기술적 지식과 역량을 개발하거나 획득할 수 있다. 둘째, 자발적인 확산이다. 여기서 기술을 보유한 기업은 기술적 지식을 라이선스하거나 공유한다.

기술 격차

새로운 기술의 확산은 자본주의가 성공하는 데 중심축 역할을 해왔다. 하지만 최근에는 새로운 기술이 예전처럼 쉽게 확산되지 않는 듯하다. 물론 지금도 라이선스 부여와 스핀 아웃은 여전히 발생하지만 속도가 점점 느려지고 있고, 지배적 기업을 몰아내기에는 충분하지 않다. 실제로 OECD 연구진은 '최고의 기업과 나머지 기업'의 생산성 격차가 벌어지고 있음을 처음으로 알아차렸고, 이 격차를 정보 기술의 사용과 관련지었다.[5] 거시경제학자 우푸크 악시깃Ufuk Akcigit과 시나 아테스Sina Ates는 확산의 둔화가 산업 집중 증가와 이익 상승을 포함한 다양한 경제 변화에 기인한다고 설명한다.[6]

상장기업의 직원 1인당 고정달러* 매출을 보면 상위권 기업과 나머지 기업 사이에서 격차가 벌어지고 있음을 확인할 수 있다.[7] 그림 4는 업계 매출을 기준으로 상위 4위권 기업의 평균 매출과 나머지 기업 평균 매출을 보여준다.[8] 1980년대와 1990년대에 선도적 기업과 나머지 기업 사이에는 큰 차이가 없었다. 굳

───────── • 기준 연도의 물가지수로 조정해 인플레이션 부분을 뺀 실질 달러화 가치 – 옮긴이

136

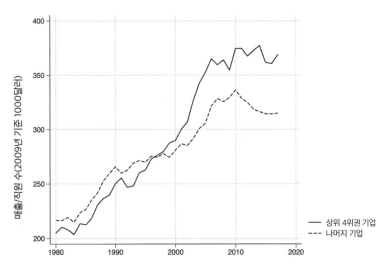

그림 4. 상위 4위권 기업이 직원 1인당 더 높은 수익을 올린다.

이 찾자면 상위 4위권 기업 직원 1인당 매출이 조금 적었다. 하지만 1990년대 후반부터 평균이 분화되기 시작했다. 격차가 벌어진 탓에 오늘날 상위권 기업 직원의 1인당 매출은 나머지 기업보다 높다.

　게다가 분석에 따르면 정보 기술이 이러한 격차가 나타나는 원인을 상당 부분 설명할 수 있다.[9] 2장에서 상위권 기업이 하위권 기업보다 정보 기술에 훨씬 더 많이 투자한다는 것을 확인했다. 대기업은 이러한 기술 투자를 통해서 많은 것을 얻는다. 정보 기술은 상위권 기업과 하위권 기업 모두의 직원 1인당 매출 증

137

가와 관련이 있다. 하지만 정보 기술은 각각의 산업에서 상위 4위권 기업과 훨씬 더 강력한 연관관계를 형성했다.

직원 1인당 매출 격차는 기술 격차를 의미한다. 지배적 기업은 소규모 기업과는 다른 기술을 사용하고, 이는 그들에게 더 큰 이점을 제공하고 있다. 그리고 이런 기술은 과거의 기술만큼 빠르게 확산되지 않는 듯이 보인다. 기술 확산이 과거만큼 빠르게 이뤄졌다면, 기술 격차는 지금보다 줄어들었을 것이다. 지금 기술 격차로 인해서 우려스러운 상황이 전개되고 있다. 이 부분을 좀 더 자세히 살펴보자.

기술 확산이 지배적 기업을 무너뜨리지 못하는 이유

그렇다면 왜 오늘날 지배적 기업의 산업 지배력이 기술 확산으로 느슨해지지 않는 것일까? 왜 도전자는 기술 격차를 줄이기 위해 유사한 기술에 접근하거나 기술을 획득할 수 없었을까? 왜 선도적 기업은 추가 수익을 내기 위해 자신의 기술을 경쟁업체에 라이선스하거나 팔지 않는 것일까? 왜 시어스나 케이마트, 심지어 소규모 유통업체는 월마트와 효과적으로 경쟁하는 데 도움이 될 새로운 기술을 손에 넣을 수 없었을까? 왜 지배적 기업에서 핵심 기술을 담당하는 인력은 기술을 확산시키기 위해 스핀 아웃하지 않는 것일까?

나는 슈퍼스타 경제 체제의 두 가지 특징 때문에 오늘날 기술 확산에 한계가 존재한다고 생각한다. 각각의 특징이 기술을 독립적으로 개발하고 기술이 자발적으로 확산되는 데 영향을 미친다. 첫째, 기술이 그 어느 때보다 복잡해졌다. 기술의 복잡성이 심화된 탓에 독립적인 기술 개발이 어려워졌다. 기술이 복잡해졌기에 경쟁업체가 지배적 기업과 유사한 기술을 독립적으로 개발하기 어려워진 것이다. 그리고 조직을 떠나는 직원들이 유사한 기술을 다시 개발하거나 기술을 라이선스하는 일도 더욱 어려워졌다.

둘째, 지배적 기업들은 자기 기술을 라이선스해서 얻을 거의 이점이 없다. 기술을 라이선스하면 경쟁업체와 차별성이 약화되므로 제품 차별화가 성공에 결정적인 시장에서는 많은 지배적 기업은 자기 기술을 라이선스하거나 공유하길 원하지 않을 것이다.

먼저 기술의 복잡성을 생각해보자. 물론 기술이 점점 복잡해지는 것은 새로운 현상이 아니다. 무심코 둘러보더라도 오늘날의 기술이 산업혁명 당시의 기술보다 더 복잡하다는 것을 알 수 있다. 그리고 산업혁명 시대의 기술은 당연히 그 이전 시대의 기술보다 복잡했다. 게다가 특정 기술은 성숙해질수록 더 복잡해지

139

기도 한다. 예를 들어, 오늘날 비행기에는 라이트 형제가 만든 비행기보다 몇 배 복잡한 기술이 적용되었다. 역사를 살펴보면 기술 성장과 성숙이 기술 확산에 어떤 영향을 미치는지 이해하는 데 도움이 될 것이다.

주요 혁신은 보통 독점 기술로 세상에 나온다. 겨우 한두 기업만이 처음부터 새로운 기술을 구현할 장비와 지식을 갖고 있었다. 신기술이 잘 작동하려면, 새로운 기술력과 새로운 조직 형태가 필요하다. 예를 들어, 1814년 미국에 도입된 전동 직조기가 그런 경우였다. 전동 직조기가 효과적으로 돌아가려면, 직조자, 기계공, 공장 관리자들이 새로운 전문 기술을 배워야했고, 새로운 공장 조직 모델도 필요했다.[10] 공장들은 지역 기계 공장과 긴밀하게 협조해 자신들의 직조기를 만들었고, 직공과 관리자를 직접 훈련시키기도 했다.

기술을 구현할 수 있는 기술과 지식을 가진 사람이 적었기 때문에 기술이 확산되는 데는 시간이 걸렸다. 놀랍게도 많은 초기 기술들은 기업들이 자유롭게 새로운 지식을 공유했기 때문에 중요한 방직 기술을 포함해서 새로운 기술이 널리 퍼져나갈 수 있었다.[11] 기업들은 새로운 지식이 빠르게 발전하면서 이를 교환함으로써 이익을 얻었고, 기술 인력 부족 때문에 경쟁업체를 돕는다고 해서 지배적 기업의 시장 점유율에 큰 영향을 미치지 않았다. 기술은 숙련된 노동자가 다른 지역으로 이주하면서도 퍼져 나갔다. 경제사학자 로슨 톰슨Ross Thomson과 사회학자 데이비드 메이어David Meyer는 어떻게 새로운 기계 산업이 숙련된 기계공의 개인적인 이주에 따라서 성장했는지를 조사했다.[12]

섬유와 기계 산업의 기술 지식과 설비는 점차 표준화됐다. 직접 설비를 만들었던 방적공장은 방적기를 만드는 독립적인 제조업체를 만들고, 관련 기술을 다른 제조업체에 팔았다. 기술 교육도 표준화됐다. 전문직과 관리직을 육성하기 위해서 전문 교육기관이 설립됐다. 업계협회는 방적공장의 표준 공정을 만들기 위해서 서로 힘을 합쳤고, 기술이 표준화되자 지식 확산이 일어났다.

기술이 확산됨에 따라 시장 경쟁은 점점 치열해졌다. 경쟁업체가 시장에 새롭게 진입했고 이에 따라 기존 제품의 가격과 수익이 하락했다. 섬유 산업과 섬유 장비 제조업체 모두 1830년대부터 경쟁이 상당히 치열해졌음을 발견했다. 하지만 다양한 새로운 기술이 널리 확산되면서 또 다른 유익한 효과가 생겨났다. 기초 지식과 도구가 널리 확산되면서, 다양한 사람이 그 기술을 바탕으로 개선된 기술을 만들어내고 발명품을 내놨다. 19세기에 독립적으로 활동했던 발명가들은 신생국가에 새로운 발명품을 널리 확산시켰고, 신생국가를 기술을 선도하는 국가로 성장하는 데 기여했다.

141

독립 발명가의 흥망성쇠

19세기 후반은 미국의 개인 발명가에게 황금기였다. 기계공, 농부, 영세 제조업자 등 미국인들은 발명과 특허에 집착했다. 어느 영국인의 말을 빌리면, "미국인의 진정한 천재성은 독창적이고 기계적 지식이 풍부하다는 것이다. … 그리고 상대적으로 말해서 발명 활동은 나머지 국가들보다 미국에서 더 성행하는 것 같다."[13] 이러한 발명가 중에 루퍼스 포터Rufus W. Porter가 있었다. 그는 뉴잉글랜드를 떠돌아다니며 여관과 가정집 벽에 초상화와 벽화를 그리던 방랑 벽화 화가이면서 다작하는 발명가였다. 그는 개선된 구명조끼, 자동 곡물 무게 측정기, 송풍기, 버터 제조기, 타공기, 시계, 증기기관 등을 발명하고 특허를 등록했다. 또 그는 발명에 대한 시대적 흐름을 인지하고, 1845년 〈사이언티픽 아메리칸〉을 창간했다. 그는 기계공과 제조업자를 대상으로 한 주간지 〈사이언티픽 아메리칸〉을 '이들 계층의 이익을 대변하기 위해서 발간된 미국에서 유일한 출판물'이라고 주장했다. 루퍼스 포터는 주간지에서 특허, 발명과 과학적 진보에 관한 이야기를 주로 다뤘다. 그 결과 〈사이언티픽 아메리칸〉은 빠르게 미국 전역에서 발행되며 성공적으로 자리잡았다. 당시 미국에는 지역신문이든 전국지든 일간지가 300개도 되지 않았다.[14]

142

그 후 수십 년 동안 특허 활동이 급증했다. 1885년에는 미국에서 주민 100만 명당 400개 이상의 특허가 발행됐고, 특허율은 대공황까지 유지되다가 하락했다.[15] 독립 발명가들은 〈사이언티픽 아메리칸〉뿐만 아니라 변리사와 변호사의 도움을 받으면 활동했고[16] 특허가 왕성하게 거래됐다. 1890년대 새롭게 발행된 특허의 29퍼센트가 발명가와 전혀 관계가 없는 제삼자에게 양도됐다.[17] 말하자면 특허권이 판매된 것이었다. 특허를 둘러싸고 거래가 왕성하게 이뤄지는 시장도 존재했다.

경제사학자 나오미 라모로Naomi Lamoreaux, 케네스 소콜로프Kenneth Sokoloff와 조리나 칸Zorina Khan은 특허 시장이 19세기 미국의 빠른 경제 성장에 중추적인 역할을 했다고 본다.[18] 특허는 영국과 같은 다른 나라에 비해 취득 비용이 저렴했고, 그 결과 더 활발하게 거래됐다. 활발한 특허 시장이 구축된 덕분에 새로운 발명품이 쏟아졌다. 발명가는 대개 기계공이나 농부였는데, 자신의 발명을 기계로 만들거나 완전히 상업화하기 어려웠다. 또한 높은 운송비용으로 인해 발명품을 대량으로 생산해낼 자원을 보유한 사람들도 전국적으로 자신들의 발명품을 제공할 수 없었다는 의미였다. 특허 시장을 통한 확산 덕분에 발명품은 이를 활용해 최대의 이익을 얻을 수 있는 사람들에게 전달되었다. 즉, 시장이 거래를 통해 이익을 창출하도록 도운 것이다. 이는 결과적으

143

로 새로운 아이디어 개발과 상업화를 위한 강력한 유인책이 되었고, 기술 시장은 새로운 기술이 발명되는 활동을 지원했으며, 확산을 강력하게 뒷받침했다.

하지만 왕성한 특허 거래는 지속되지 않았다. 대체로 19세기 후반과 20세기 초반에 특허 활동의 중심이 특허 시장을 통해서 자신의 특허를 팔거나 라이선스했던 독립 발명가들에게서 기업에 소속된 발명가들, 즉 기업의 연구개발로 옮겨갔다. 그 결과 특허 시장에서 새로운 기술이 확산되는 현상은 줄어들었다.

이러한 변화는 점진적으로 일어났다.[19] 독립 발명가는 기업에 귀속되어 갔다. 19세기 말에 이르러 전문적인 발명가는 특허의 상당 부분을 대기업에 팔았고, 그 결과 대기업은 많은 특허를 보유하게 됐다.[20] 생산적인 발명가 중에서 대다수가 자신들의 특허를 파는 대신에 직접 상품으로 만들어서 판매하는 사업자가 됐다.[21] 대형 제조업체가 내부적으로 연구개발 활동에 적합한 조직을 세울 때까지 상당한 시간이 소요됐다. 예를 들어, 발명가들이 고용 조건으로 자신들의 특허를 고용주에게 양도하는 관행이 자리 잡기까지 시간이 필요했다. 제너럴 일렉트릭, 듀폰, AT&T 같은 기업들은 직원들이 정규 업무의 일환으로 발명에 동기 부여를 받을 수 있는 조직을 발전시켜나갔다.

이러한 변화에는 여러 요인이 작용했다. 첫째, 운송비가

144

하락하여 국내 시장이 통합되었다. 이전에는 특허가 지역 제조업체에 라이선스됐지만, 이제 전국 제조업체에 라이선스됐다. 그런데 전국적으로 활동하는 제조업체는 소수였다. 즉, 특허가 라이선스되는 사례가 줄어들고, 나아가 특허를 보유한 전국 단위의 제조업체가 큰 교섭력을 지닌다는 의미였다. 그리고 직원의 발명품에 대한 특허를 고용주가 갖기 쉽도록 법률이 개정되었다.[22] 기업은 내부적으로 R&D 활동이 가능하도록 조직을 바꿔나갔다. 하지만 이런 변화의 핵심 요인 중 하나는 기술의 복잡성이 증가했다는 것이었다. 이에 대해서 라모로와 소콜로프는 다음과 같이 설명했다.

> 고용인이 변화에 적응하는 것보다 더 중요한 것이 있다. 기술의 복잡성은 19세기 말, 특히 20세기 초에 올라갔다. 그러자 발명가들이 독립성을 유지하기가 점점 더 어려워졌다. 기술 시장이 성장하면서 특허권자는 일찍이 자신의 권리를 매각하거나 발명을 활용하기 위한 회사를 설립하는 게 수월해졌다. 그럼에도 불구하고 발명가들은 여전히 재정적 불확실성에 직면해 있었다. 특히 인적 자본과 물적 자본 측면에서 발명 비용이 크게 드는 산업에서는 이러한 불확실성이 더욱 커졌다.[23]

145

드레이퍼 일가의 변화를 살펴보자. 드레이퍼 일가는 주도적으로 섬유 설비를 발명해낸 가문으로 드레이퍼스 컴퍼니를 설립했다.[24] 아이라 드레이퍼Ira Draper는 1816년 '자동 직조 템플'의 특허를 받았고, 1829년 성능을 개선하여 특허를 한 번 더 받았다. 자동 직조 템플은 직조기에서 천이 나올 때 가장자리가 일직선이 되도록 하는 단순한 장치로 직조기에 부착할 수 있었다. 드레이퍼 일가는 특허 기술을 라이선스했고, 자동 직조 템플을 제작해서 단돈 2달러에 팔았다. 결과적으로 자동 직조 템플에 사용된 특허 기술이 널리 확산되기 시작했다. 다른 발명가들이 드레이퍼 일가의 자동 직조 템플을 대신할 직조 템플을 개발하지 못하게 막을 장애물도 거의 없었다. 그들도 스스로 발명한 직조 템플 기술을 팔았다.

19세기 내내 드레이퍼 일가는 기존 직조기와 방적기에 추가할 수 있는 섬유기기를 연이어 발명했고, 라이선스하거나 판매했다. 이러한 장치는 점점 더 복잡해졌고, 1895년에는 조지 드레이퍼George Draper와 아들들이 자동 노스롭 직조기를 선보였다. 수십 년 동안 독립 발명가들은 동력 직조기에서 씨실을 자동으로 보충하는 문제를 해결하려고 시도했다. 씨실은 직조기 안에서 앞뒤로 오가는 실패에 감겨 있었지만 실이 다 떨어지면 직공은 빈 실패를 제거하고 방적사가 감겨 있는 실패를 직조기에 보충해야

146

했다. 1880년대 드레이퍼 기업을 이끌던 조지 오티스 드레이퍼 George Otis Draper는 당시 상황을 다음과 같이 묘사했다. "기록에 따르면 수재 수십 명이 이 문제를 해결하려고 애썼지만 실패했다. 과거에 여러 시도가 이뤄졌지만, 그 결과는 절망적이었고, 발명가는 파산했다. 이 분야에서 저명한 영국 발명가 중에서 한 명은 지금 런던 근처의 구빈원에서 지내고 있다. 일부 고집스러운 발명가들은 자신들의 장치로 직조기 한두 대를 작동시키는 데는 성공했지만, 연속 사용 시험을 통과하지 못했다. 물론 대중에게 공개된 사례도 없었다."[25] 하지만 조지 드레이퍼와 아들들은 기업 내부 R&D 역량을 십분 활용했고, 수많은 발명가가 실패했던 기술을 성공적으로 고안해냈다. 그리고 이러한 기술 발명 모델이 직조기 시장과 다른 섬유 기계 시장을 지배하기에 이르렀다.

1888년 윌리엄 드레이퍼 주니어는 로드아일랜드 프로비던스의 어느 발명가가 '자동' 직조기 개발 시도를 하고 있다는 소식을 접했다. 드레이퍼 일가는 발명가의 설계도가 실용적이지 않다고 판단했지만, 기존 기술을 조사한 후 1888년에 대안을 개발하기 위해 약 1300만원의 예산을 책정했다.

조지 오티스 드레이퍼는 1895년 전미 면화제조업자 협회에서 이 획기적인 기술 개발 과정을 설명했다. 알론조 로즈Alonzo Rhoades와 제임스 노스롭James Northrop은 실패를 자동으로 교체하

147

는 방법과 관련해 다른 생각이 있었다. 그들은 1889년 자신의 아이디어를 테스트했고, 실험은 거의 7년 동안 지속됐다. 드레이퍼 일가는 다른 직조기로 19차례 실험했고, 그 내용을 기록했다. 그리고 다음과 같은 말은 남겼다. "이러한 시도는 사실을 왜곡하지 않고 수백 번 반복될 수 있었다. 기계의 특정 부품은 수십 번씩 재발명되었고, 시범용 셔틀만 해도 80개가 넘는다. 이 모든 실험의 결과는 여러 사람의 발명 기술이 집약된 것이다." 그는 600개 이상의 발명이 이 과정에 관여했을 것이라 추측하며, 발명가들이 '제도사, 작업자, 법률 자문, 다양하고 큰 기계 공장의 자원'의 지원을 받았다고 언급했다. 또한 새로운 직조기가 상업적으로 실용화되기 위해서는 개선된 날실 정지 장치 같은 추가 발명품이 필요했는데,[26] 이는 실패 교체 장치가 직조기의 다른 기능들과 상호작용했기 때문이다. 드레이퍼 일가는 이렇게 만들어낸 새로운 직조기를 보호하기 위해 몇 개 특허를 취득하는 데 만족하지 않고, 내부적으로 새로운 기술을 개발하고 시장에서 특허 기술을 구매하여 2000개가 넘는 특허 기술을 축적했다.[27]

기술의 복잡성은 독립 발명가들과 특허 시장의 역할을 여러모로 제한했다. 복잡성이 높아지면서 기술 개발에 필요한 작업량이 대부분의 독립 발명가들이 감당할 수 있는 수준을 넘어섰다. 7년에 걸쳐 많은 인력과 기계 공장, 시험 시설을 활용해 실패

148

할 수도 있는 기술에 투자할 여력이 있는 개인 발명가는 드물었다. 그리고 이렇게 위험성이 큰 사업에 자금을 대줄 은행가도 거의 없었다.

문제는 단순히 만들어야 할 발명과 개선의 수가 많다는 점만이 아니었다. 개발 중인 다양한 기능들이 서로 상호작용한다는 점이 문제였다. 이러한 상호작용이 기술을 진정으로 복잡하게 만들었고, 외부 발명가들이 이를 다루기 어려워졌다. 결과적으로 독립적인 시장 거래 방식은 이 기술을 개발하는 데 비효율적이었다. 첫째, 복잡한 기술을 개발하는 데 일반적으로 상당한 조정비가 수반됐다. 서로 다른 부품을 개발하고 개선하는 사람들은 정기적으로 서로에게서 피드백을 받아야 했다. 그 피드백을 바탕으로 자신들이 개발하는 부품을 수정해야 했고, 수정한 기능은 차례로 다른 부품들에 영향을 줬다. 이러한 작업은 같은 장소에서 함께 일할 때 훨씬 수월했으며, 특히 멀리 떨어진 발명가와 의사소통이 더디고 비용이 많이 들던 시기에는 더욱 그러했다.

둘째, 다수의 외부 발명가들과 계약을 진행하는 일은 어렵고 비효율적이었을 것이다. 복잡한 제품을 두고 계약하고 교섭하는 일은, 직조 템플과 같은 단순한 부품을 두고 계약하고 교섭하는 것보다 더 까다로웠다. 그리고 어떤 발명가의 부품이 궁극적으로 최종 발명품에 사용될지 미리 판단하는 것도 불가능했다.

149

가령 로즈의 셔틀 교환기는 탈락했지만, 노스롭의 설계는 채택됐다. 특정 발명가에게 수익이 어느 정도 할당될지를 미리 알기도 어려웠을 것이다. 핵심 부품을 고안해낸 발명가들은 끝까지 버티면서, 과도한 보상을 요구할 수 있었다. 드레이퍼 일가는 독자적으로 개발된 특허 기술 일부를 인수하기도 했는데, 대다수의 경우에 경쟁 발명품이 시장에 출시되는 것을 막기 위한 것이었다. 이러한 발명품의 엄청난 경제적 가치는 드레이퍼 컴퍼니가 소유하게 되었다.

게다가 외부 발명가들은 자동 직조기가 개발되는 동안에 기술의 핵심 지식에 자유롭게 접근할 수 없었을 것이다. 이 부분이 가장 중요할지도 모르겠다. 드레이퍼 컴퍼니의 기계공과 발명가는 실험 수백 건을 진행함으로써 자동 직조기의 핵심 지식을 자세히 알 수 있었을 것이다. 이 지식의 상당 부분은 명문화되거나 표준화되거나 기록되지 않고 대부분이 암묵적으로 존재했을 것이다. 하지만 그러한 지식은 자동 직조기를 개선하는 데 필수적이었을 가능성이 크다. 이렇듯 기술의 복잡성이 모듈러 설계의 유용성을 제한했다. 많은 외부 발명가가 셔틀을 설계했지만, 진행되는 실험을 이해했던 내부자만이 자동 직조기에 알맞은 새로운 셔틀을 설계할 수 있었다. 기술을 완성하고 개선하기 위해 필요한 구성 요소를 발명하기 위해서는 광범위한 실습 경험이 필수적

150

이었다. 하지만 이러한 지식은 드레이퍼 컴퍼니에만 존재했고, 외부의 발명가들, 특히 멀리 떨어진 발명가들은 쉽게 접근할 수 없었다.

요약하면 자동 직조기의 기술적 복잡성은 기술 확산에 세 가지 방식으로 영향을 미쳤다. 첫째, 개발비와 조정비 때문에 독립 발명가 대부분은 연구 결과에 접근하지 못했고, 이것은 시장을 제한했다(규모). 둘째, 개발 과정에 참여하기 위해서는 경험을 통해 습득한 중요한 암묵적 지식이 필요했다. 다시 말해 개발하는 기술에 대해서 암묵적인 지식을 얻으려면 개발 과정에 직접 참여해야만 했다(조직). 셋째, 지식의 불확실성, 암묵적이고 비공개적인 특성과 다수의 이해관계자 때문에 효율적으로 협상해 독립적인 시장 거래를 성사시키기 어려웠다(시장 거래).

사실상 직조 기술의 복잡성이 커지면서 특허와 실제 기술 간의 격차가 더 벌어졌다. 특허 시장이 원활하게 작동했던 때는 기술이 독립 발명가에 의해 개발될 수 있고, 특허 이전이 곧 완전한 기술의 이전을 의미하며, 발명이 전체 기술에 대한 깊은 노하우나 경험적 지식 없이도 독립적으로 개발할 수 있었던 시기였다. 하지만 기술 시장은 특허 시장과는 다르다.[28] 기술이 복잡해지면, 특허 시장은 더 이상 신기술을 개발하고 확산하는 데 최상의 장소가 아니었다. 게다가 독립 발명가의 역할이 기업의 R&D

151

조직으로 이전됐다.

독립 발명가는 더 이상 쉽게 대체 기술을 개발할 수 없게 되었다. 이 복잡한 기술에는 독립 발명가들이 감당할 수 없는 자원이 필요했기 때문이다. 결과적으로 필요한 기술 지식의 확산도 감소했다. 드레이퍼 컴퍼니는 시장에서 지배적 위치에 올랐고 수십 년 동안 그 자리를 유지했다.[29] 기술의 복잡성은 독립적인 발명 활동의 영역을 제한했고, 그 결과 기술을 주도하는 선도적 기업이 각자의 시장을 지배할 수 있게 됐다. 드레이퍼 일가는 19세기 초반에 직조 템플을 두고 많은 경쟁을 벌여야 했다. 하지만 자동 직조 기술에 대해서는 실질적인 경쟁이 거의 없었다. 독립 발명가가 멸종되진 않았지만, 섬유 산업과 많은 산업의 혁신에서 그들의 중요성은 급격하게 감소했다.

전례 없는 복잡성

기술 시장은 여전히 존재한다. 오늘날에도 기업들 사이에서 기술 라이선스가 활발하게 이뤄지고 있다.[30] 경제학자 아쉬쉬 아로라Ashish Arora와 알폰소 감바르델라Alfonso Gambardella는 최근 몇 년 동안 기술 시장이 다시 부상하는 것을 목격했다. 이것은 대학교

152

에 소속된 과학자들이 기본적인 과학지식을 개발하고 상업화할 수 있는 기업에 판매하는 '혁신 노동의 분업'으로 이어졌다.[31] 아로라와 감바르델라는 이런 현상이 나타나는 세 가지 이유를 꼽았다. 첫째, 경험에 기반한 혁신과 대비되는 과학에 기반한 기술이 등장했다. 둘째, 컴퓨터 기술의 발달로 훨씬 더 복잡한 물리적 현상을 구현하고 조작하는 일이 가능해졌다. 셋째, 특허와 같은 지식 재산권 제도가 더 강해졌다.

1980년 바이돌법이 통과된 이후 대학 기술이전 전담 조직이 성장했고, 대학 기술이전 전담 조직의 성장에서 라이선스 시장의 부활을 뒷받침하는 증거가 확인됐다. 바이돌법은 대학 기술이전 전담 조직 연방 정부의 재정지원으로 진행한 연구 결과를 기술상용화 기업에 라이선스하도록 권장했다. 여기에는 미국국립보건원이 후원한 의료 연구도 포함된다.

그렇다면 기술 시장의 부활이 경쟁을 치열하게 만들 독립적인 기술 개발의 부활을 알리는 신호였을까? 안타깝게도 대학교에서 개발한 기술이 이전되는 과정을 살펴보면 기술의 복잡성이 독립적인 기술 개발을 억제했음을 확인할 수 있다. 바이돌법이 제정된 이후에 수십 개의 대학교가 기술이전을 전담하는 조직을 만들었다. 그리고 대학 연구를 지원할 새로운 자금을 확보할 수 있으리란 기대를 안고 대학 연구 결과에 대한 특허를 획득

153

하고 라이선스하는 것을 장려하기 위해 교직원 연구 규정을 마련했다. 하지만 조사 결과는 그리 고무적이지 않았다.[32] 대학 연구는 기술이전을 전담하는 조직 없이도 오랫동안 상업화됐다. 보통 대학 연구를 진행한 교직원이 연구 결과를 갖고 직접 스타트업을 세웠다. 그리고 바이돌법 덕분에 대학 연구가 상업화될 가능성이 이전보다 증가했다는 뚜렷한 증거는 없다. 실제로 소수의 대학 기술이전 프로그램이 수익을 냈고, 87퍼센트에 이르는 대부분 프로그램이 적자 상태로 운영됐다.[33] 그리고 대학의 기술이전 전담 조직은 대다수의 특허를 라이선스하는 데 애를 먹었다.[34] 몇몇 사례를 제외하고 바이돌법으로 인해서 독립적인 기술 개발이 극적으로 확대되지 못하고 있다.

대학에서 개발한 아이디어가 시장에 출시되기까지는 많은 어려움이 있다. 1세기 전 자동 직조기를 개발하려는 사람들이 마주했던 문제와 유사하다. 대다수 아이디어는 시제품의 형태로 존재한다. 그래서 완전품으로 시장에 출시되기까지 막대한 투자, 상호보완적인 기술의 개발, 기술의 개선과 성능 테스트 등의 활동이 더 필요하다. 자동 직조기를 개발하는 것처럼, 연구진의 암묵적 지식은 대학에서 개발된 기술을 성공적으로 상업화하는 데 필수적이다. 다시 말해, 단순한 특허 기술의 라이선스만으로 충분하지 않다.[35] 지난 수십 년의 대학 연구 활동을 검토하고 쓴 논

154

문에서 아로라는 공동저자인 샤론 벨렌존Sharon Belenzon, 안드레아 파타코니Andrea Patacconi 그리고 서정규Jungkyu Suh와 함께 대학과 기업 연구소의 분업을 전반적으로 재평가했다. 그리고 다음과 같이 결론지었다. "보통 대학이 생산한 지식은 쉽게 이해하고 새로운 제품과 서비스로 전환될 수 있는 형태가 아니다. 소기업과 대학의 기술이전 전담 조직은 기업 연구소를 완전히 대체할 수 없다. 기업 연구소는 중대한 기술적 문제를 해소하는 데 필요한 다양한 학문적 지식을 대규모로 통합해낸다. 그러므로 혁신 활동이 대학과 기업 사이에서 분리되면서, 대학에서 과학연구 활동이 활발하게 진행됐는지도 모른다. 대학 내 활발한 과학연구 활동이 새로운 지식을 만들어냈지만, 그 지식이 새로운 제품과 제조공정으로 이어지는 속도는 느려졌다."[36]

혁신의 전 과정이 복잡해지면서, 기술 시장은 19세기 말만큼이나 제약을 받았다. 물론 라이선싱은 여전히 이루어지지만 주로 구성 요소에 국한된다. 관련된 복잡성 때문에 대학 연구자나 소규모 바이오테크 기업, 독립 발명가들은 많은 현대 기술을 완전히 개발할 수 없다. 이로 인해 독립적인 경쟁 기술의 등장이 제한된다.

하지만 오늘날의 주요 기업들이 사용하는 대형 독점 소프트웨어 시스템에서는 이러한 도전이 훨씬 더 어려운 작업이

155

다. 일부 측정 기준에 따르면 이러한 시스템은 신약 개발보다 훨씬 더 복잡하며, 훨씬 더 많은 데이터가 사용된다. 게다가 슈퍼스타 기업은 자사의 독특한 조직구조에 맞춰서 독점 소프트웨어 시스템을 개발한다. 예를 들어, 월마트의 시스템은 월마트가 납품업체, 매장 관리자와 본부장을 조직화하는 방식과 관련 있다.

결론적으로 경쟁업체는 시장 지배적 기업의 독점 소프트웨어 시스템에 맞설 수 있는 자체 시스템을 개발하는 데 급격한 어려움에 부딪힌다. 자동변속기는 혁신적인 기술이었다. 시장 거래와 지식 공유가 1940년대와 1950년대에 자동변속기술을 빠르게 확산시켰다. 오늘날에도 변속장치와 변속을 제어하는 변속 통제 모듈을 중심으로 연구개발 활동이 활발하게 진행되고 있다. 이것은 기존의 부품 기술을 개선하고 새로운 부품 기술을 개발하여 기술 확산을 촉진한다. 하지만 진정 중요한 것은 온전하게 통합된 기술이다. 기술 통합에서 기술 복잡성이 문제가 된다. 물론 소형 자동차 제조업체는 변속 통제 모듈을 라이선스할 수 있다. 토요타와 달리, 소형 자동차 제조업체는 최근에 개발된 자동차 부품을 조립하고 통합하는 데 애를 먹는다. 그래서 토요타와 같은 대형 자동차 제조업체는 독립적으로 개발된 기술을 상당한 위협으로 받아들이지 않는다.

156

슈퍼스타 기업은 기술 라이선스를 원하는가?

슈퍼스타 기업은 독립적으로 개발된 기술로부터 위협을 느낀다. 그럼에도 불구하고 슈퍼스타 기업은 기술 공유나 라이선스를 통해 자사 기술을 자발적으로 확산시킨다. 예를 들어, 제너럴 모터스가 자동변속기를 다른 기업에 라이선스해준 사례를 생각해보자. 제너럴 모터스가 기술을 라이선스해준 기업 중에는 제너럴 모터스의 캐딜락과 직접 경쟁하는 포드 링컨과 같은 모델도 있었다. 앞에서 언급했듯이 기업은 때때로 경쟁업체와 자유롭게 새로운 기술을 공유한다. 과거 섬유공장도 경쟁업체와 자유롭게 새로운 기술을 공유했고, 오늘날의 오픈소프트웨어 개발업체도 경쟁업체와 신기술을 거리낌 없이 공유한다.

그런데 기업은 구체적으로 이해득실을 면밀히 살펴보고 신기술을 경쟁업체와 공유할지 결정한다. 시장을 지배하는 슈퍼스타 기업은 지극히 단순한 이유로 자사 기술을 라이선스하거나 공유하길 원하지 않을 것이다. 새로운 기술은 선도적 기업을 경쟁업체와 차별화한다. 경쟁업체에게 신기술을 라이선스하는 것은 자칫 차별화 효과를 없앨 수 있다. 그래서 슈퍼스타 기업은 경쟁업체에 기술을 라이선스해주는 것이 바람직하지 않다고 결론 내릴 수 있다.

157

제너럴 모터스는 확실한 경제적 논리에 따라 포드에게 자동변속기를 라이선스하기로 결정했다. 지금부터 그 경제적 논리를 생각해보자. 자동변속기가 자동차 시장을 크게 성장시킬 수 있다는 것이 제너럴 모터스가 기술 라이선스를 결정한 경제적 논리의 핵심이다. 자동변속기술을 경쟁업체에 라이선스함으로써, 새로운 고객이 시장에 유입되어 경제적 용어로 '거래 이익'을 얻을 기회가 제너럴 모터스에게 생길 수 있다. 우선 포드가 자동변속기를 사용하게 되면서, 제너럴 모터스와 포드는 치열한 경쟁을 벌일 것이다. 제너럴 모터스의 수익은 경쟁이 치열해진 만큼 줄어들 수 있다. 제너럴 모터스가 포드에게 기술을 라이선스해주면 기술 사용료를 받지만, 자동차 시장이 커지지 않는다면 기술 사용료는 제너럴 모터스가 기술 라이선스로 입게 된 손실을 상쇄하지 못할 것이다. 가격 경쟁이 심화되면서 두 기업의 공동 이익이 감소할 것이기 때문이다. 설령 제너럴 모터스가 포드가 자동변속기로부터 얻는 모든 수익을 빼앗는다고 할지라도, 시장이 커지지 않는다면 제너럴 모터스의 전체 수익은 감소할 것이다.

하지만 자동변속기는 자동차 시장을 확장했다. 자동변속기 덕분에 수동변속기 조작을 어려워하거나 수동변속이 번거롭다고 생각하는 수많은 사람에게도 자동차를 팔 수 있을 것이다. 시장이 커졌다는 것은 제너럴 모터스와 포드가 나눠가질 공동 이익이 커졌다는 의미다. 자동변속기를 라이선스하면 제너럴 모터스에게 돌아가는 몫은 줄어들었지만 전체 파이가 그만큼 커졌기 때문에 제너럴 모터스는 여전히 더 큰 이익을 얻을 수 있다. 그것이 바로 제너럴 모터스가 포드에 자동변속기를 라이선스한 이유다.

그러나 오늘날 슈퍼스타 기업이 사용하는 기술들은 주로 자신들이 더 큰 몫을 차지하게 할 뿐 시장의 크기를 키우는 데에는 기여하지 않는다. 이러한 기술들이 활용되는 방식은 시장 성장을 촉진하기보다 '사업을 빼앗는' 성격이 더 강하다.[37] 월마트가 A지역에 슈퍼센터를 열면, 지역 소비자들이 월마트 슈퍼센터에서 다양한 식료품과 제품을 구입하면서 월마트의 매출은 증가한다. 하지만 월마트 매출 증가분의 대부분은 A지역의 다른 유통업체의 것을 빼앗아 가져온 것이다. 토요타가 새로운 모델을 출시하면 전체 판매 대수는 증가할지 모른다. 하지만 토요타 매출의 대부분은 다른 제조업체나 토요타의 다른 모델에서 가져온다. 기업은 복잡성을 관리하는 소프트웨어 시스템을 사용해서 경쟁업체와의 차별화에 성공하고 경쟁 우위를 확보한다. 하지만 이 과정이 항상 시장의 전체 크기를 키우는 결과로 이어지는 것은 아니다. 이러한 이유로 슈퍼스타 기업들은 경쟁사와 기술을 라이선스하거나 공유할 이유가 거의 없는 경우가 많다.

기술 라이선스를 통해 얻게 되는 인센티브가 줄어들고 시

159

스템이 복잡해 복제하기가 어려워지면서, 새로운 기술에 대한 접근성이 제한된다. 신기술에 대한 접근성이 제한된다는 것은 경쟁업체가 지배적 기업에 도전하거나 뛰어넘기가 더 어려워진다는 의미다. 다른 요소가 이러한 현상을 강화한다. 지적재산권법과 고용법의 변화는 유능한 기술자와 관리자의 이동성을 줄이는 경향이 있어 경쟁업체가 지배적 기업과 경쟁하기 위해 필요한 인재를 확보하기 더 어렵게 만든다. 그리고 품질 경쟁은 혁신 기업의 성장을 둔화시킬 수 있다. 이 부분은 이후 장에서 다룬다.

제한된 신기술 접근성

과연 지배적 기업이 더 커지고 시장 지배적 위치를 유지해온 것이 문제일까? 왜 우려할 만한 추세로 여겨지는 것일까? 지배적 기업은 소비자에게 더 큰 가치를 제공하면서 성장하고 시장 지배력을 유지해왔다. 지배적 기업은 다양한 제품과 서비스를 취급한다. 기능이 더 많은 제품을 팔거나, 고객 요구에 맞춰 신용, 보험, 기타 서비스를 제공한다. 새로운 소프트웨어 시스템을 이용해 상위권 기업은 제품과 서비스를 매스 커스터마이제이션해서 개인적인 소비자 요구를 전례 없는 수준까지 충족시킨다. 게다가 이러한 과정에서 지배적 기업은 많은 일자리를 만들어냈고, 임금 수준도 높였다.

슈퍼스타 경제 체제의 우려스러운 부분은 지금까지 새로운 기술에 대한 접근성이 제한됐고, 기술 격차가 존재하고, 기술 확산이 더디게 일어난다는 것이다. 기술을 독점적으로 유지하는 것이 슈퍼스타 기업들의 이익에는 최선일 수 있지만 사회에는 아무런 도움이 안 된다. 더 많은 유통업체가 월마트의 물류와 재고 관리 그리고 배송 역량에 준하는 능력을 갖추어 더 다양한 선택지, 수요 변화에 대한 신속한 대응, 낮은 비용을 제공할 수 있다면 소비자들에게 더 이익이 되는 상황이 될 것이다. 또한 다른 자동차 제조사들이 토요타 수준의 품질과 기능을 가진 자동차를 생산할 수 있다면 소비자들에게 더 나은 혜택이 돌아갈 것이다. 기술의 확산은 소비자에게 직접적인 이득을 제공할 뿐만 아니라, 경쟁을 치열하게 만들어서 혁신 활동을 촉진하는 장기적인 이득도 제공한다. 반대로 기술에 접근할 기회가 제한되면 많은 문제가 야기될 수 있다.

실제로 슈퍼스타 경제 체제가 발전해온 방식에는 부정적인 측면이 존재한다. 기술 접근이 제한된다는 것은 혁신적인 신생 기업들이 성장에 어려움을 겪어 전체 생산성 성장률이 둔화된다는 것을 의미한다. 이는 또한 특정한 근로자들만이 새로운 핵

161

심 기술을 습득하고 이를 통해 더 높은 임금을 받을 수 있다. 특정 기업에 소속된 근로자만이 소위 '몸값'을 높일 기회를 얻게 되어 소득 불평등이 심각해지게 된다. 무엇보다 이는 정부 규제 당국이 기업활동을 규제하기 어려워진다는 것을 의미하기도 한다.

하지만 매스 커스터마이제이션을 이끄는 정보 기술이 본질적으로 접근을 제한하는 것은 아니다. 물론 이러한 시스템들은 규모가 크며, 이를 운영하기 위해서는 대규모 조직이 필요하다. 이러한 시스템은 복잡하기에 복제하기 어려운 것도 사실이다. 하지만 신기술 접근성을 키울 수 있는 정책이 있으며, 기업들이 더 많은 접근을 허용하기 위해 취할 수 있는 조치들도 있다. 실제로 일부 기업은 자사 기술을 분산시키는 것이 굉장히 수익성이 높다는 사실을 발견했다. 정책의 과제는 매스 커스터마이제이션의 혜택을 유지하면서 기술에 대한 접근을 개방하는 것이다. 정책은 매스 커스터마이제이션이 가능하게 만드는 첨단기술을 사용하는 기업들이 경제적 파이에서 더 큰 몫을 차지하려는 데 주력하는지, 아니면 사회 전체에 더 큰 혜택을 주기 위해 파이의 크기를 확장하는 데 기여하는지에 영향을 미칠 수 있다.

5

자동화의 역설

The Automation Paradox

2016년 제프리 힌턴Geoffrey Hinton은 "명확한 몇 가지 사실에 대해서 먼저 말해보겠다."라고 선언했다. "당신이 방사선 전문의라면, 당신은 이미 벼랑 끝을 넘어서 공중에 떠 있지만, 아래를 내려다보지 않아 발밑에 땅이 없다는 사실을 미처 알지 못하는 만화 속 코요테와 같은 신세다. 이제 더 이상 새로운 방사선 전문의를 육성해서는 안 된다. 5년 이내에 딥러닝이 방사선 전문의보다 방사선 진단을 훨씬 더 잘 해낼 것임이 너무나도 자명하다. 딥러닝은 훨씬 더 많은 경험을 하게 될 것이기 때문이다."[1] 힌턴은 토론토 대학과 구글에 소속된 컴퓨터 과학자다. 그는 인공지능 기술 중 하나인 딥러닝을 포함해 새로운 머신러닝 기법을 고안해낸 선구자다. 그는 다른 저명한 과학자들과 함께 기계가 일부 작업을 인간보다 훨씬 더 잘 처리할 수 있게 되고, 그 결과 인간의 일자리가 급감할 것이라고 예상했다. 그러나 그들의 예측은 틀렸다. 칼 마르크스Karl Marx부터 존 메이너드 케인스John Maynard Keynes까지 저명한 전문가들은 산업혁명 이후부터 계속해서 경고해왔다. 새로운 인공지능 시스템이 엑스레이 이미지를 판독하고 자동차를 몰고, 고객 서비스 업무를 처리할 수 있다는 것이 확인되자 언론은 '노동의 종말'이 임박했다는 경고성 보도를 쏟아냈다. 컨설턴트들은 자동화 때문에 일자리가 사라질 것이라는 보고서를 최근에만 해도 18건 이상 발표했다.[2] 자동화가 대량실업으로 이어진다는

165

이론과 자동화의 실증적 영향을 밝히려는 경제학 논문도 수십여 건 이상 발표됐다.[3]

하지만 모두가 잘못된 문제에 집중하고 있다. 새로운 기술이 경제를 완전히 바꾸고 있지만, 기계로 인간을 대체하지 않을 것이다. 오히려 인간 노동력을 고양시키고 있다. 이 덕분에 노동자는 더 많은 일을 처리하고, 품질이 더 좋은 제품과 서비스를 제공하며 새로운 일을 할 수 있게 됐다. 인공지능과 새로운 정보 기술이 사회의 다른 영역에 미치는 영향이 앞으로 수십 년 동안 고용시장에 미치는 영향보다 훨씬 더 중요할 것이다.

자동화가 대량실업을 초래할 것이라는 두려움은 만연하게 퍼져 있다. 이번 장에서는 자동화가 노동시장에 미치는 영향을 살펴보기 위해 잠시 다른 곳으로 눈을 돌리고자 한다. 자동화는 과거 수십 년 그리고 수 세기 동안 그랬던 것처럼, 앞으로 수십 년 동안 많은 직업군에 영향을 미칠 것이다. 하지만 자동화가 당장 대량 실업을 초래하지는 않을 것이다. 자동화가 새로운 직업도 창출하고 있기 때문이다. 직업은 사라지지 않는다. 그저 변할 뿐이다. 그런데 직업의 변화는 상당한 사회적 문제를 초래한다. 직업이 변하면 노동자는 새로운 기술을 익혀야 하고, 대다수의 경우에 직업과 직장을 바꿔야 한다. 새로운 기술은 여러모로 경제를 완전히 바꾸고 있다. 이것은 대기업의 시장 지배력을 높이고, 소득 불평등을 심화시키며 생산성 성장을 둔화시킨다.

비관론자들은 수요가 중요하다는 것을 깨닫지 못하고 지난 200년 동안 이 부분을 계속 놓쳤다. 기술은 그저 공급 차원에서만 사회에 영향을 미치지 않는다. 3장에서 다뤘듯이, 수요의 범위는 소수의 대기업이 복잡성을 경쟁 수단으로 이용하면서 산업을 지배하게 됐다는 의미다. 그리고 수요의 깊이는 자동화가 한 단위의 제품을 생산하기 위해 필요한 노동의 양을 줄이면 산업은 고용 규모를 높이게 된다는 의미다. 그리고 인간 욕구 덕분에 자동화에도 불구하고 일자리는 사라지지 않는다. 하지만 인간 욕구 때문에 지금까지와는 전혀 다른 경제 시스템이 생겨나고 있는 것은 자명한 사실이다.

자동화는 노동을 대체할까, 강화할까?

내가 이 책을 쓰던 시기는 힌턴이 방사선 전문의가 사라질 것이라고 예언한 지 거의 5년이 지났을 때였지만 그때도 방사선 전문의는 건재했다. 엑스레이 분석 작업은 대체로 인도에서 처리하고 있고, 전 세계적으로 방사선 전문의는 여전히 부족하다.[4] 그렇다고 머신러닝과 같은 인공지능이 방사선 전문의를 대체할 것이라

167

는 예측을 뒷받침하는 연구 결과가 전혀 없는 것은 아니다. 예를 들어, 폐렴 징후가 있는 흉부 엑스레이 이미지로 알고리즘을 학습시킨 연구가 진행됐다. 이 연구에서 알고리즘은 폐렴 진단에서 4명의 방사선 전문의보다 다소 높은 정확도를 보였다.[5] 이런 연구가 많이 진행됐고, 수십 개 스타트업이 머신러닝을 방사선학에 적용하려고 시도하고 있다.

물론 이 시연은 인상적이지만, 기계가 방사선 전문의를 완전히 대체하기까지는 아직 갈 길이 멀다. 우선 표본이 너무 작다. 겨우 방사선 전문의 4명이 실험에 참여했을 뿐이고, 많은 연구 결과가 재현되거나 동료평가저널에 게재되거나 실제 임상 현장에서 진행되지 않았다. 실제 임상에서는 통제된 실험실 환경보다 훨씬 더 어려운 문제가 발생할 수 있다. 실제로 최근 어느 논문에서는 머신러닝 모델 2212개로 엑스레이 이미지를 보고 코로나바이러스를 진단하는 실험이 검토됐다. 그 논문은 "방법론적 오류나 근본적인 편향 때문에 그 어떤 모델도 임상에서 사용될 가능성은 없다."라고 결론지었다.[6]

더 중요한 것은 방사선 전문의가 엑스레이를 통해 단순히 폐렴만을 진단하는 것이 아니며, 엑스레이 판독은 방사선과 전문의가 하는 일의 일부일 뿐이라는 점이다. 게리 마커스Gary Marcus와 맥스 리틀Max Little은 다음과 같이 말했다.

168

엑스레이 사진을 분석하고 진단하는 것이 방사선학의 전부는 아니다. 딥러닝 시스템은 엑스레이 이미지를 분류하는 데 뛰어나다. 하지만 방사선 전문의와 병리학자 같은 다른 전문의는 이미지에서 확인한 것과 환자 이력, 현재 유행하는 질병 등에 관한 지식을 통합해서 진단을 내려야 한다. 아난드 프라바카드Anand Prabhakar 박사는 매사추세츠 종합병원의 응급 방사선 전문의. 그는 "방사선 전문의가 영상 패턴 인식의 전문가이지만, 업무는 대부분 질병의 병리학적 특성을 이해하고 이미지를 정확하게 해석해내는 일이다. 예를 들어서 흉부 엑스레이 이미지 상의 폐렴은 암을 포함해서 다양한 질병과 같은 양상을 보일 수 있다. 일반적인 방사선 전문의는 전자의무기록에서 얻은 발열, 연령, 성별, 흡연 이력이나 혈액검사 등 임상적 징후를 바탕으로 진단을 내릴 것이다."[7]

아직 인공지능 시스템은 방사선 임상에서 널리 사용되지는 않는다. 하지만 임상적으로 시험한 스캔 알고리즘은 앞으로 몇 년 뒤에 방사선 임상에서 사용될 것이다. 그런데 엑스레이 이미지로 질병을 진단하는 것은 방사선 전문의가 하는 수많은 업무 중 하나에 불과하다. 엑스레이 이미지로 질병을 진단하는 데 방사선 전문의의 지식과 노하우가 필요할 것이다. 결국 인공지능 시스템이 방사선 전문의를 대체하지 못할 것이란 의미다. 그 대

169

신에 인공지능 시스템은 방사선 전문의의 업무 처리 역량을 고양시키는 도구가 될 것이다. 방사선 전문의는 인공지능 시스템을 이용해서 더 정확한 진단을 내리고 더 빠르게 치료 방안을 제시할 수 있을 것이다.

기술은 대체로 특정 작업을 자동화한다. 하지만 한 직업에서 수행하는 모든 작업을 자동화하는 경우는 드물다. 나는 1950년 인구 통계에 등장하는 직업 271개가 2010년에 어떤 변화를 맞이했는지 조사했다.[8] 많은 직업이 다양한 이유로 사라졌고 대부분 기숙사 관리인처럼 해당 직업이 제공하는 서비스에 대한 수요 감소가 이유였다. 전신 기사처럼 기술이 노후한 탓에 직업에 대한 수요가 하락한 사례도 일부 있었다. 그러나 이것은 자동화와는 다르다. 자동화로 인해서 직업 수요가 줄어들고, 결국에 직업이 사라진 하나의 사례가 바로 승강기 운전원이다. 지난 60년 동안 자동화가 광범위하게 진행됐지만, 거의 대부분이 부분 자동화였다. 앞으로 수십 년 동안 인공지능 기술이 이끄는 자동화도 이와 동일한 현상이 나타날 가능성이 크다. 어느 하나의 직업에서 수행하는 모든 작업의 자동화를 목표로 개발된 인공지능 프로그램은 거의 존재하지 않는다. 왜냐하면 일반적으로 하나의 직업에서 다양한 작업을 수행하고, 대다수가 자동화할 수 없는 작업이기 때문이다.[9] 트럭 운전사 같은 소수의 직업은 기계로 대

170

체될지도 모른다. 하지만 인공지능과 기술은 일반적으로 인력을 대체하는 것보다 인력을 고양시키는 데 초점을 맞춘다.

　이 차이는 신기술의 영향을 이해하는 데 필수다. 1장에서 나는 바코드 스캐너가 계산원의 노동량을 18~19퍼센트 줄였고 매장의 인건비를 4.5퍼센트 줄였다고 말했다. 하지만 계산원의 시각에서 바코드 스캐너의 가장 혁명적인 효과는 자신의 직업에 영향을 준 게 아니었다. 주된 영향은 바코드 스캐너와 연관 기술이 월마트에 제공한 고양된 역량에서 나왔다. 이것은 월마트가 제공하는 서비스의 본질을 바꾼 동시에 경쟁, 산업 그리고 사회에 지대한 영향을 미쳤다. 그러므로 신기술로 일자리가 대거 사라질 것이라는 주제에 집중하는 것은 잘못된 본질적인 문제에서 벗어난 것이다.

자동화의 역설

사실상 바코드 스캐너는 초기 예상과 달리 계산원이란 직업을 완전히 없애지 않았다. 1974년 최초로 바코드 스캐너를 식료품점에 도입한 이후 바코드 스캐너는 식료품업계에 서서히 확산됐고, 1980년대에 들어서 가속화되었다. 1985년 슈퍼마켓 중 29퍼

171

센트가 스캐너를 사용했지만 정규직 계산원의 수는 1980년대와 1990년대에 꾸준히 증가했다.[10]

자동화에도 불구하고 직업이 성장하는 것은 이례적인 현상이 아니다. 자동 현금 지급기가 처음 도입될 때, 사람들은 은행원 수가 급감할 것이라고 예상했다. 1995년부터 2005년까지 미국 은행에 수십만 대의 자동 현금 지급기가 설치됐지만, 정규직 은행원 수는 오히려 증가했다. 인공지능을 기반으로 한 전자문서 검색 소프트웨어가 미국 로펌에서 널리 사용되면서 역설적이게도 법무사의 일자리가 증가했다. 이러한 현상을 '자동화의 역설'이라고 하며, 기계가 사람의 일을 대신하기 시작할 때 오히려 사람에 대한 수요가 늘어나는 경우가 많다는 것을 의미한다.[11]

물론 항상 그런 것은 아니다. 사람들은 자동화를 생각할 때 주로 제조업을 떠올린다. 제조업에서 자동화는 급격한 일자리 상실과 연관된다. 예를 들어, 미국 섬유 산업은 1940년대 40만 명이 넘는 노동력을 보유했지만 오늘날 그 수는 2만 명 미만으로 감소했다. 노동력 감소의 주된 이유는 자동화라고 할 수 있다. 세계화는 지난 20년 동안 섬유 산업에 타격을 입혔지만, 최소 반세기 동안은 수입의 위협 없이도 고용이 감소했다. 그러나 제조업에서도 자동화의 역설이 목격된다. 1940년이 되기 전 100년 동안, 자동화가 섬유 산업을 극적으로 바꿔놨지만 고용 규모는 자동화와 함께

172

증가했다.

자동화의 역설을 이해하는 열쇠는 소비자 수요다. 자동화는 1센티미터의 섬유를 생산하는 데 필요한 노동력을 줄였다. 하지만 경쟁적인 섬유시장에서 이것은 가격 하락으로 이어졌고 가격 하락은 섬유 수요를 증가시켰다. 실제로 19세기 초반 섬유 산업에는 거대한 '억눌린 수요'가 존재했다. 옷감이 매우 비쌌기 때문에 일반적으로 성인이 갖고 있는 옷은 한 벌에 불과했다. 섬유 가격이 하락하자, 소비자들은 추가로 옷을 만들기 위해 더 많은 옷감을 구입했다. 다른 목적으로 천을 구입하기도 했다. 사실상 그들은 과거에 비해 훨씬 더 많은 섬유를 소비했고 섬유 수요가 극적으로 증가하면서 단위당 섬유 생산 노동력이 감소했음에도 불구하고 섬유 산업의 전체 고용 규모는 증가했다. 자동화가 탄력적인 수요를 만들어낸 것이었다.

20세기 중반이 되자 미국에서 섬유 수요를 충족시키고도 남을 정도로 많은 섬유가 생산됐다. 사람들은 옷으로 가득 찬 옷장, 천을 씌운 가구, 휘장 등 섬유 제품을 잔뜩 갖게 됐다. 자동화는 계속해서 비슷한 비율로 노동자 1인당 섬유 생산성을 증가시켰다. 하지만 수요가 비탄력적으로 반응하기 시작했다. 수요 증가가 더 이상 자동화의 노동력 절감 효과를 상쇄시키지 못했기 때문이었다. 그러자 섬유 산업의 고용 규모는 줄어들기 시작했다.

173

이 패턴이 섬유 산업에서만 목격되는 것은 아니다. 철강 산업과 자동차 산업, 말하자면 지속적으로 생산성이 빠르게 성장해온 산업에서도 비슷한 패턴이 나타난다. 산업들은 오랜 기간 고용이 증가하다가 결국 정체되거나 감소하는 '역 U자' 형태의 고용 변화를 겪었다. 더욱이 이러한 '역 U자' 형태가 다른 산업에도 일반적으로 적용될 수 있다는 근거가 몇 가지 있다.[12]

자동화가 고용 시장에 영향을 미친다는 증거

다른 산업의 고용 패턴에서도 역전된 U자 형태가 나타날 것이라는 분석은 고용에 대한 자동화의 영향이 오랫동안 산업에서 다양하게 나타나고, 언제든지 산업마다 그 영향이 다르게 나타날 수 있다는 것을 시사한다. 오늘날의 산업은 어떨까? 인공지능을 포함해 새로운 정보 기술은 어떨까?

네덜란드는 가장 방대한 자동화 데이터를 보유한 국가다. 네덜란드의 통계청은 개별 기업이 매년 자동화 프로젝트에 얼마를 쓰는지 조사하고 정보를 수집해왔다. 이 데이터는 기업과 개별 노동자의 행정 데이터와 연결된다. 네덜란드 통계청이 수집한 데이터를 제외하고 기업적 차원에서 모든 유형의 자동화 데이터를 얻을 수 있는 출처는 거의 없다. 그리고 자동화의 영향을 살펴보기 위해 필요한 기업과 노동자에 대한 광범위한 데이터와 연결된 데이터를 얻을 수 있는 곳도 네덜란드 통계청이 거의 유일하다. 이것은 2000년부터 2016년까지 매년 비금융권 기업 3만 6490개에 종사하는 약 50만 명의 노동자를 대상으로 수집된 데이터다.

나는 공동저자인 마틴 구스Maarten Goos, 앨런 매닝Alan Manning과 빌랸 반 덴 베르게Wiljan van den Berge와 함께, 이 데이터로 자동화가 노동자에게 어떤 영향을 미치는지 조사했다.[13] 첫째, 자동화는 로봇 산업이나 제조업 문제만이 아니었다. 자동화는 거의 모든 산업에 영향을 주고, 일부 산업은 제조업보다 훨씬 더 자동화의 영향을 받았다.[14] 실제로 로봇은 노동력의 극히 일부분에만 영향을 미쳤다. 우리가 표본으로 살펴본 많은 노동자가 자동화의 영향을 받았다. 근속연수가 3년 이상인 현직자의 약 9퍼센트가 매년 자동화 프로젝트에 대대적으로 투자하는 기업에서 일했다. 우리는 자동화에 대대적으로 투자하는 기업을 중심으로 조사를 진행했다. 그 결과 기업이 자동화 프로젝트에 별개로 '뭉텅이 투자'를 하는 경향이 있다는 것을 알게 됐다. 말하자면 기업은 매년 조금씩 점진적으로 자동화 투자를 하는 것이 아니라, 목돈을 자동화 프로젝트에 투자하고 있었다. 이를 통해서 자동화가 노동자에게 미치는 영향을 확인할 수 있었다. 구체적으로 같은 시기에

175

자동화 프로젝트에 막대하게 투자하지 않은 유사한 기업과 비교해서 자동화 프로젝트에 목돈을 투자한 기업이 자동화 이후에 어떻게 성장했는지 분석했다.

데이터는 매우 분명했다. 고용은 자동화에 대대적으로 투자한 기업에서 상당히 빠르게 증가했다. 다른 조사에서도 이 현상이 확인됐다. 자동화가 직접적으로 대량실업을 초래하는 만큼 단순히 노동자를 대체하지 않는다는 뜻이었다.

그럼에도 불구하고 자동화가 여러 가지 이유로 고용을 감소시킨다는 것은 사실인지도 모른다. 그 이유를 차례대로 살펴보자. 첫째, 자동화에 투자하는 기업은 자동화 투자를 진행하기 전부터 비자동화 기업보다 더 빠르게 성장하는 경향이 있다. 기업이 더 빠르게 성장하는 조직을 관리하는 하나의 방법으로 자동화를 선택할 수 있기 때문에 이해가 된다. 하지만 이것은 기업이 자동화하지 않기로 선택했더라도, 고용이 훨씬 더 빠르게 증가했을 가능성도 있다는 것을 의미한다. 즉, 자동화가 잠재적 일자리를 없앴을 수 있다. 물론 기업이 자동화에 전혀 투자하지 않는 경우에 얼마나 많은 일자리가 창출됐을지 알기는 쉽지 않다. 네덜란드 통계를 포함해서 여러 연구에서 다른 계량 경제 기법을 이용해서 혼란변수를 통제하고 자동화가 기업의 고용에 미치는 영향을 추정하려는 시도가 있었다. 전반적으로 이 연구는 자동화가

176

자동화에 투자하는 기업에서 고용에 중립적이거나 긍정적인 영향을 미친다고 결론짓는다.[15]

둘째, 자동화하는 기업들이 고용을 늘릴 동안에 다른 기업에서 일자리가 사라질지도 모른다. 예를 들어, 자동화되지 않은 산업의 기업은 자동화된 산업의 기업보다 생산성이 낮을 수 있다. 결과적으로 이러한 기업은 경쟁력이 떨어지고 매출과 고용이 감소할 수 있다.[16] 또한 어떤 산업 안에서 발생한 변화가 다른 산업에 영향을 미칠 수도 있다. 여러 논문에서 총체적인 고용이나 산업 차원의 고용에 자동화가 어떤 영향을 끼치는지 살펴봤다. 단 한 가지 예외를 제외하고, 대부분의 논문에서 기술이 고용의 총체적 감소로 이어지지 않는다는 사실이 확인됐다.[17]

마지막으로 순고용이 크게 변하지 않더라도 많은 일자리가 사라지면서 새로운 일자리 기회가 생길 수도 있다. 즉, 일자리의 총수는 변하지 않을 수 있지만 노동 시장에서의 변동성이 커지는 것이다. 이는 자동화가 대규모 실업을 일으키지 않더라도 여전히 노동자들에게 큰 부담을 줄 수 있음을 의미한다. 노동자는 일시적으로 실직 상태가 될 수도 있다. 그리고 새로운 기술을 습득해야 하거나 직업이나 산업을 바꾸거나 심지어 이주해야 할지도 모른다.

177

자동화의 부담

네덜란드 통계자료를 이용한 연구에서 이러한 전환 부담의 규모를 추정했다. 자동화가 기존 근로자들에게 미치는 영향을 연구했는데, 이때 기존 근로자란 자동화 도입 이전에 해당 기업에서 3년 이상 근무한 사람을 말한다. 자동화 이후에 5년 동안 그들은 평균적으로 연봉의 11퍼센트 또는 절대적 수치로 약 565만 원의 손실을 입었다.

이러한 손실은 주로 실직 기간에 발생했다. 일급은 직장에 남아있건, 이직을 했건 변함없었다. 하지만 자동화 때문에 직장을 떠나는 경우도 분명히 있었다. 대조군에 비해 약 2퍼센트 더 많은 기존 근로자들이 해고되거나 자발적으로 퇴사했다. 5년 동안 누적 이탈률은 13퍼센트에 조금 못 미쳤다. 전체적으로 자동화된 기업의 노동자는 퇴사자와 이직자 모두 5년 동안 평균 18일의 근로 손실을 경험했다.

또한 이러한 손실은 네덜란드 사회안전망의 혜택으로 일부만 보전되었다. 전반적으로 근속자들은 실업수당, 장애급여과 복지수당을 통해서 자동화로 입은 손실의 13퍼센트 정도를 회복했다. 이러한 결과는 다른 근로자 퇴직 사례와 비슷하며 일반적으로 사회보장제도로는 부정적인 영향의 일부분만 보상되는 경

178

우가 많다.[18] 자동화의 영향을 받은 근로자가 이후에 자동화를 도입한 기업의 근로자보다 다른 산업으로 이직할 가능성이 더 높았다. 종사하는 산업을 바꾸는 것 외에, 노동자의 평균 임금이나 중간 임금, 기업 규모 또는 기업의 자동화에 대한 투자 측면에서 경제적으로 또는 통계적으로 의미 있는 변화는 확인되지 않았다. 영향을 받은 근로자들은 조기 은퇴를 하거나 자영업을 시작할 가능성도 다소 높았다.

그렇다면 누가 영향을 받을까? 위와 같이 우리가 표본으로 삼은 근속자의 약 9퍼센트가 자동화 프로젝트를 진행한 기업에 종사했다. 각각의 자동화 프로젝트를 진행했던 기업의 모든 노동자가 영향을 받지는 않았다. 자동화를 진행하는 대기업에는 많은 노동자가 일하고 있기 때문이었다. 그들은 조사했던 모든 영역에서 활동하고 있었다. 대기업은 소기업보다 평균적으로 노동자 1인당 자동화 투자비용이 높았다. 하지만 많은 소기업도 상당한 금액을 지출했다.

우리는 노동자의 특성도 살폈다. 그러나 자동화의 영향이 성별에 따라서 다르게 작용하지는 않았다. 노동자 연령을 통제한 뒤에 살펴본 임금 수준에서도 이렇다 할 만한 차이는 확인되지 않았다. 즉, 일반적인 생각과 달리 자동화가 주로 영향을 주는 것은 저임금 노동자들이 아니었다. 같은 회사에서 임금 수준이 다

179

른 노동자들과 비교했을 때 오히려 고임금 노동자들이 상대적으로 더 큰 소득 손실을 경험했다. 하지만 그 차이가 통계적으로 의미 있는 수준은 아니었다. 마지막으로 우리는 고령 노동자가 자동화로부터 더 심각하게 영향을 받는다는 것을 확인했다. 50세 이상의 노동자는 실직 기간이 더 길었기 때문에 더 큰 소득 손실을 경험했고, 새로운 일자리를 찾는 데 어려움을 겪는 경우가 많았다.

결과적으로 자동화는 실제로 노동자에게 상당히 부정적인 영향을 준다. 이것은 자동화가 일자리를 영원히 없애기 때문이 아니다. 자동화로 인해서 새로운 일자리를 구해야 하고, 그 과정에서 상당한 비용이 발생해 노동자에게 부담을 주기 때문이다. 사람들은 자동화가 노동자에게 미치는 영향을 이해하기 위해 그동안 잘못된 문제에 집중해왔다. 핵심은 대규모 실업이 아니라 일자리 전환이다.

이직 부담은 얼마나 클까? 자동화와 대량 해고를 비교해 보면, 이직 부담이 어느 정도인지 대략 이해할 수 있을 것이다. 경제학자들은 기업이 파산, 수요 변화, 기술 노후 그리고 다양한 이유로 폐업하거나 대량 해고한 뒤에 노동자에게 무슨 일이 일어나는지 조사했다. 자동화는 앞서 열거한 원인과 비교해서 소수의 노동자에게만 영향을 줬다. 그리고 자동화 이후에 노동자는 점진

180

적으로 기업을 떠났다. 대량 해고 연구에서는 전체 직원의 30퍼센트 이상이 해고되는 사례를 다루지만 자동화로 인한 이직은 첫해에 기존 근로자의 2퍼센트가 추가로 회사를 떠나고, 이후에는 소수만 점진적으로 이직하는 수준이다. 또한 대량 해고•는 임금이 영구적으로 낮아지는 경향이 있지만 자동화에 영향을 받은 근로자들에게서는 이런 임금 감소가 나타나지 않았다. 대략 계산해 보면 매년 자동화에 대규모로 투자한 기업에서 기존 근로자의 약 1퍼센트가 기업을 떠난다는 것이 확인된다. 이와 대조적으로 미국과 네덜란드에서는 기업의 재정 상황이 악화되어 매년 약 4퍼센트의 노동자가 대량 해고로 직장을 잃고 있다.[19]

그러므로 자동화는 일부 노동자에게 상당한 손실을 초래한다고 할 수 있다. 하지만 자동화가 노동자에게 미치는 부정적인 영향은 경제난으로 인해서 발생한 대량 해고와 공장폐업이 노동자에게 미치는 부정적인 영향보다는 훨씬 작은 것으로 보인다.

———————— • 노동력의 30퍼센트 이상을 해고하는 경우 – 옮긴이

181

잘못된 질문

자동화에만 집중하는 것은 잘못된 접근이다. 많은 사람들이 기술은 노동을 없애기 위한 것이라는 편견을 가지고 있다. 이런 생각은 자동화된 존재에 대한 인류의 오랜 환상에서 비롯된 것일 수 있다. 그리스 신화에서 헤파이토스는 자기 일을 대신 해주는 자동 기기를 만든다. 유대인의 중세 설화에서는 진흙으로 만든 자동으로 움직이는 골룸이 등장한다. 19세기에 메리 셸리Mary Shelley의 《프랑켄슈타인》에서 새로운 생명체가 탄생한다. 사람들이 이런 이야기에 매료되는 이유는 그 이야기들이 우리와 기계를 다르게 만드는 것이 무엇인지 생각하게 만들기 때문이거나 그렇게 탄생한 발명품이 우리에게 해가 될지도 모른다는 두려움에서 비롯된 것일지도 모른다.

인공지능 기술을 옹호하는 사람들이 인간의 공포심을 이용한다는 것도 사실이다. 힌턴이 인공지능 기술을 대대적으로 선전하는 최초의 인공지능 연구자라고 할 수는 없다. 인공지능 기술을 최초로 개발해낸 개척자들은 1950년대와 1960년대에 지나치게 낙관적인 예측을 내놨다. 1957년 미래의 노벨상 수상자인 허버트 사이먼Herbert Simon은 10년 안에 컴퓨터가 세계 챔피언이 된다고 예견했지만, 그의 예견은 40년이나 빗나갔다. 그리고 그

182

는 컴퓨터가 "중요한 수학 정리를 발견하고 증명할 것"이라고 예견했지만, 아직 실현되지 않았다. '인공지능'이란 단어를 만들어낸 뒤에 존 맥카시John McCarthy는 1963년 '10년 안에 완전한 인공지능을 탑재한 기계를 만들어내는 것'을 목표로 삼아 스탠포드 인공지능 프로젝트를 설립했다. 1967년 인공지능의 또 다른 선구자인 마빈 민스키Marvin Minsky는 "한 세대 안에 … 지적 활동의 일부만이 기계의 영역 밖에 남게 될 것이다. '인공지능' 문제가 상당히 해소될 것이다."라고 주장했다. 인공지능에 대한 선전은 연구 자금과 유능한 엔지니어를 끌어들이는 데 효과적이다. 그리고 최고의 선전은 인간의 공포심을 공략하는 것이다.[20]

　　하지만 경제학자도 인공지능과 같은 신기술의 여러 특성 대신에 노동력을 절감하는 자동화의 효과에 집중하는 경향이 있다.[21] 로봇을 주제로 작성한 경제학 문헌을 살펴보면, 경제학자가 무엇에 집중하는지 명확하게 알 수 있다. 로봇은 노동력을 절감하는 자동화의 극적인 사례다. 하지만 로봇 투자는 기술 투자에 비하면 매우 적다. 미국 인구통계에 따르면 로봇 설비 투자는 2018년 약 8조 9722억 원이었다.[22] 같은 해에 정보 처리 시설과 소프트웨어에 대한 기업의 투자는 무려 약 1074조 7327억 원이었다.[23] 게다가 로봇은 주로 자동차 산업과 같은 몇몇 제조업에서만 사용된다.

183

광범위한 기술 투자가 고용에 어떤 영향을 미칠까? 네덜란드 통계 데이터를 활용한 연구에서 우리는 기업이 자동화 비용의 영향을 평가할 때 사용한 방법론으로 기업이 컴퓨터에 대규모 투자를 할 때 무슨 일이 일어나는지도 살폈다.[24] 주요 컴퓨터 투자가 노동자 일탈을 증가시키거나 일시적인 실업 상태에 빠지는 현직자를 증가시키지 않았다. 나는 체사레 리기Cesare Righi와 함께 나는 미국 기업이 자체 소프트웨어 시스템 개발에 대대적으로 투자할 때 무슨 일이 일어나는지를 살폈다.[25] 비IT 노동자 고용은 소프트웨어 개발 투자가 진행된 1년 뒤에 약 7퍼센트 증가한 데 반해 기업 매출은 11퍼센트 증가했다.

독점 소프트웨어 시스템에 대한 대규모 투자는 경제에 영향을 준다. 하지만 그것은 노동자를 로봇으로 대체하는 것과는 관련이 없다. 이러한 시스템은 기업이 매출과 시장 점유율을 높이는 데 도움이 되며, 오히려 고용 창출을 일으키는 역할을 한다. 우리가 기술 투자에서 나타나는 이러한 큰 변화의 변혁적인 효과를 이해하려면 그저 자동화 기술의 노동력 절감 효과나 첨단 로봇 기술에만 집중해서는 안 된다.

184

미래 자동화

비관론자들은 '이번에는 다를 것'이라고 경고한다. 그들은 과거에는 블루칼라 직종이 화이트칼라 직종으로 대체됐지만, 이번에는 화이트칼라 직종이 자동화 영향을 받을 것이라고 주장한다. 그들은 다가오는 변화가 경제에 전반적으로 영향을 미칠 것이고 이러한 변화가 경제가 적응할 수 있는 속도보다 더 빠르게 올 것이라고 주장한다.

이번에는 확실히 다르다. 하지만 다가오는 변화로 인해서 앞으로 수십 년 동안 대량실업이 초래될 것이란 뜻은 아니다. 물론 화이트칼라 직종이 영향을 받겠지만, 위에 살펴봤듯이 새로운 화이트칼라 직종도 창출될 것이다. 그리고 이번에도 경제가 전반적으로 영향을 받겠지만, 과거 농업이 기계화됐을 때도 그러했다.

게다가 미래에 도입될 인공지능 기술은 인류를 대체하기보다 인류의 역량을 고양시킬 것이다. 어느 조사에서 인공지능 스타트업에 고객에게 어떤 혜택을 제공하려는지 물었다.**26** 응답자의 거의 대부분이 자사 제품이 고객이 예측이나 의사결정을 내리고, 데이터를 관리하고 이해하며, 새롭고 개선된 상품과 서비스를 생산하는 역량을 강화시킬 것이라고 강력하게 주장했다. 응답자 가운데 오직 절반만이 자사 제품이 고객에게 제공할 혜택으로

185

인건비 절감이나 업무 자동화를 꼽았다. 그리고 방사선 전문의나 은행원의 사례에서처럼 노동을 자동화하는 기술도 노동자의 역량을 높이고 고용을 증가시킬 수 있다.

변화의 속도가 가속화될 가능성도 있다. 하지만 이것이 영속적인 대량실업을 시사하지 않는다. 그 이유는 이번에도 수요다. 자동화와 고용의 관계에 대해 앞서 살펴본 사례를 통해 수요는 오늘날 자동화의 영향을 받는 직업과 산업에서 대개 탄력적으로 반응한다는 것을 확인했다. 말하자면 자동화의 노동력 절감 효과는 자동화에 수반되는 수요의 증가로 상쇄되고, 이는 일자리 증가로 이어진다. 만약 자동화 속도가 빨라지고 수요가 탄력적이라면, 일자리 또한 빠른 속도로 증가할 것이다. 이것은 자동화로 인해서 일자리 변화가 더 빠르게 일어나고 노동자들이 새로운 일자리로 더 빨리 이직해야 할 필요가 생길 수는 있지만 이는 자동화가 대량실업이나 영구적인 일자리 상실로 이어진다는 뜻은 아니다.

그리고 오늘날 자동화의 영향을 받는 산업에서 수요가 탄력적이라면, 그 수요는 앞으로 수십 년 동안 탄력적으로 남아있을 것이라고 예상할 충분한 이유가 있다. 수요의 본질은 서서히 변한다는 역사적 증거가 명확하다. 소비자들이 옷에 대해 거대한 억눌린 수요를 갖고 있다면, 그들은 몇 년 동안 과거보다 더 많은 옷을 구입한 뒤에도 추가로 옷을 더 구입할 의사가 있을 것이

186

다. 실제로 소비자 1인당 섬유 소비가 20배 증가하는 데 100년이 걸렸고, 그 뒤에 섬유에 대한 수요가 완전히 충족됐다. 오늘날에 헬스케어, 엔터테인먼트, 각종 서비스와 금융에 대한 수요는 매우 탄력적이다. 앞으로 10년이나 20년 동안 이 수요가 계속해서 탄력적으로 존재하리라 생각할 이유는 충분하다. 그리고 이것은 자동화가 일반적으로 오늘날 자동화의 영향을 받는 산업에서 일자리를 없애지 않을 것이란 뜻이다.

물론 50년이나 100년 뒤의 미래를 살펴본다면, 한두 가지 이유로 예측은 훨씬 더 불확실해진다. 첫째, 탄력적인 서비스 수요가 50년이나 100년 뒤에 완전히 충족될지도 모른다. 그리고 기술이 더 많은 직업을 완전히 자동화로 대체할 수 있을지도 모른다. 하지만 50년이나 100년 뒤에 노동이 사라질 것인지는 불확실하다. 그러나 많은 것이 수요의 본질적인 특성에 달려 있다.

자동화가 경제적 차원에서 어떤 결과를 초래할지 이해하려면, 인간의 본질적 욕구가 무엇인지 생각해봐야 한다. 인간과 인간의 상호작용을 바탕으로 돌아가는 서비스 분야에서 우리는 무엇을 기대하고 바랄까? 사람들이 로봇을 인간처럼 여기고 대하긴 하지만 우리 안에는 기계가 대신할 수 없는 실제 사람과의 교류를 필요로 하는 부분이 있다. 그리고 절대 충족되지 않는 수요가 있을 수 있다. 수명과 삶의 질을 모두 개선하는 헬스케어 서비

187

스를 차고 넘칠 정도로 누릴 수 있을까? 경제학자들이 '지위재'라 부르는 재화와 서비스가 기본적으로 필요할까? 지위재는 자신과 이웃을 구분하거나 자신만의 정체성을 나타내는 수단이 되는 재화와 서비스를 뜻한다. 그렇다면 이러한 재화와 서비스에 대한 수요는 결코 충족되지 않을 것이다.

우리는 겸손한 자세로 1세기 뒤에 수요의 본질이 어떻게 될지 추정해야 한다. 과거에 몇몇의 똑똑한 사람들이 자동화와 고용에 대해 예측을 내놨다. 그리고 그들은 인간 수요의 깊이를 일관성 있게 과소평가했다. 1930년 케인스는 생산성이 계속 성장하리라 예측했고, 100년 뒤에 자신의 손자와 손녀는 일주일에 15시간 일하게 될 것이라고 예견했다.[27] 그가 이러한 예측을 한 지 거의 100년이 됐다. OECD 국가의 평균 주간 노동시간은 34시간이다. 주간 노동시간에 대한 케인스의 예측은 빗나갔지만, 그의 예측대로 생산성은 계속 성장하고 있다. 1977년 미국의 노동자는 1930년의 노동자가 평균 일주일 생산성에 맞먹는 생산성을 15시간의 노동으로 달성해냈다. 케인스가 이해하지 못했던 것은 인간의 욕망과 욕구의 깊이였다. 말하자면 그는 소비자 수요의 깊이를 이해하지 못했다. 우리가 주 15시간만 일하기를 선택하지 않은 이유는 일에서 의미를 찾거나 기술 덕분에 저렴해지고 품질이 좋아진 상품과 서비스를 더 많이 원하기 때문이다.[28] 케인스처럼 수요를 과소평가해서 자동화가 대량실업을 초래할 것이라는 틀린 예측이 나온 것이라 할 수 있다.

그러므로 수요는 효과적으로 사회에 대한 기술의 영향력을 조정한다. 자동화의 영향을 누그러뜨리는 것은 수요의 깊이이며, 개개인의 선호와 지불 의사에 따른 차이인 수요의 범위는 새로운 대규모 소프트웨어 시스템 세대가 활용하는 요소다. 기업은 이러한 대형 소프트웨어 시스템을 이용해 소비자의 광범위한 요구를 충족시켜서 경쟁업체와 차별화하고 산업에서 지배적 위치에 오르게 된다. 이러한 다양한 요구를 충족함으로써 소프트웨어 시스템들은 사회적 혜택을 제공한다. 하지만 기술에 대한 접근이 제한되어 있어 이 시스템의 사용은 동시에 중요한 사회적 문제를 초래한다.

189

6

생산성 격차

The Productivity Gap

성장 역풍

2005년 스캔소프트ScanSoft와 뉘앙스 커뮤니케이션즈Nuance Communications가 합병했다. 이 두 기업은 음성인식 시스템을 개발하는 스타트업으로 급속한 성장을 위해 합병을 선택했다. 뉘앙스 커뮤니케이션즈의 새로운 CEO 폴 리치Paul Ricci는 합병을 알리는 보도자료에서 "음성인식 시스템은 사람들이 디지털 기기를 사용하고 정보 시스템에 접속하는 방식을 완전히 바꿔놓았다."라고 말했다.[1] 뉘앙스 커뮤니케이션즈는 일찍이 음성이 사람과 컴퓨터의 핵심적인 의사소통 방식이 될 것임을 인식했다. 애플의 시리, 아마존의 알렉사, 구글 어시스턴트를 생각해보라. 뉘앙스 커뮤니케이션즈는 1994년 SRI로부터 분사해 시작된 회사로, 미국 정부를 위해 음성 인식 기술을 개발한 스탠포드 연구소다.

　　합병 이후 뉘앙스 커뮤니케이션즈는 거의 10년 동안 빠르게 성장했다. 연매출이 27퍼센트에 달했지만, 2014년경에 갑자기 성장이 멈췄다. 2019년 매출은 2013년 매출과 비슷했다. 뉘앙스 커뮤니케이션즈는 아마존, 구글, 애플과 같은 지배적인 컴퓨터 기업들과 강력한 경쟁에 직면하게 되었다. 무슨 일이 일어났는지를 이해하고자 뉘앙스 커뮤니케이션즈의 부사장이자 총괄 관리자였던 댄 포크너Dan Faulkner와 이야기를 나눴다. 댄은 엔지니어

193

로 경력을 쌓기 시작했다. 그는 맨체스터대학에서 언어학을, 에딘버러대학에서 발화와 언어 처리를 공부했고, 2001년 스피치웍스에서 일하기 위해 미국으로 건너왔다. 스피치웍스는 MIT의 분사였고 얼마 지나지 않아서 스캔소프트에 인수됐다. 댄이 합류했을 때, 스피치웍스에는 직원 50명이 근무했지만 회사를 떠날 무렵에는 1만 4000명에 달하는 직원이 근무하고 있었다. 이후에 스캔소프트와 뉘앙스 커뮤니케이션즈는 당시에는 흔치 않았던 인재를 한데 모으기 시작했고, 그들은 발화와 언어 기술에 관해 수준 높은 기술력을 보유한 데이터 과학자, 소프트웨어 개발자, 관리자, 서비스 전문가였다. 인재를 직접 고용하는 한편 스피치웍스와 같은 인재가 풍부한 스타트업을 인수해 성공적으로 통합하기도 했다.[2] 뉘앙스 커뮤니케이션즈는 2005년 이후에도 50개의 기업을 더 인수했다.

1990년대와 2000년대 초반에는 당시 사용되던 컴퓨터의 처리 능력이 제한적이어서 음성인식 기술도 한정된 어휘만을 인식할 수 있었다. 그래서 당시의 음성인식 시스템은 오직 제한된 어휘만을 인식했다. 그럼에도 불구하고 의료 기록을 텍스트로 변환하거나 전화 고객지원센터처럼 소수의 어휘로 처리할 수 있는 중요한 상업적 응용 분야가 있었다. 그리고 문의 전화의 대부분은 잔액 조회처럼 자동화가 가능한 단순한 요청이었다. 기존의 전화응

194

답 시스템에서는 은행 고객들은 터치톤 방식의 전화 시스템을 사용해서 여러 가지 메뉴를 선택해 자신들의 업무를 처리했다. 그러나 음성인식 시스템이 도입되면서 고객들은 전화기에 대고 문의 사항을 말하기만 하면 됐다. 문의 사항이 단순하다면, 음성인식 시스템은 사람의 개입 없이 고객의 문의 사항을 처리할 수 있었다. 복잡한 경우에는 담당 상담원에게 전화를 연결했다. 이러한 시스템 덕분에 은행은 상당한 비용을 절감하는 동시에 고객 서비스도 개선할 수 있었다. 이러한 제한된 응용 분야를 바탕으로 뉘앙스 커뮤니케이션즈는 2005년 합병에 이어서 안정적으로 성장했다.

2000년 후반이 되자 상황이 변화했다. 뉘앙스 커뮤니케이션즈는 '대량 어휘 지속 음성인식 기술'을 개발해냈다. 포크너에 따르면, "갑자기 모든 주제에 대해 이야기할 수 있고 정확하게 인식해낼 수 있게 된 것이다. 헬스케어 산업의 잠재력을 해방시킨 기술이었다." 뉘앙스 커뮤니케이션즈는 아이폰의 새로운 애플리케이션 '드래곤 딕테이션'에 해당 기술을 사용했다. "모든 사람이 불평하는 끔찍한 키보드가 달린 투명 전화기에서 실시간으로 발화를 정확하게 인식해내는 기술을 우리가 유일하게 개발해낸 것이다. 그 기술은 놀라울 만큼 정확했고, 빨랐다. 억양은 중요하지 않았다. 뉘앙스 커뮤니케이션즈는 이 문제를 해결해낼 수 있는 유일한 기업이었다." 애플은 2009 세계 개발자 회의에서 아이폰

195

3GS를 소개했고, 드래곤 딕테이션을 시연했다. 애플이 기술의 성능을 입증했고, 삼성과 다른 스마트폰 제조업체가 기술을 원했다. 구글, 아마존, 마이크로소프트도 마찬가지였다. 뉘앙스 커뮤니케이션즈는 대기업뿐만 아니라 아이폰 애플리케이션을 구매한 수백만 명의 개인 고객과 판매 계약을 체결했다. 뉘앙스 커뮤니케이션즈의 애플리케이션은 아이튠즈 스토어에서 최고의 기업 생산성 애플리케이션으로 이름을 올렸다.[3] 그로부터 2년 뒤에 애플은 시리를 출시했다. 시리는 뉘앙스 커뮤니케이션즈의 음성인식 기술을 바탕으로 개발된 프로그램이었다. 뉘앙스 커뮤니케이션즈의 매출은 2013년 약 2조 3623억 원으로 성장했다.

하지만 이 성장세는 오래 지속되지 않았다. 뉘앙스 커뮤니케이션즈가 성공하자, 빅테크 기업들은 음성이 인간과 컴퓨터, 클라우드 서비스 간의 주요 소통 채널로 떠오르고 있음을 깨닫게 되었다. 음성인식의 핵심은 더 이상 명령어 인식이 아니었다. 정보 검색, 온라인 쇼핑, 음악이나 영상물 선택, 가전제품 제어 등 다양한 용도로 확장되었다. 키보드나 마우스와 비교해서 음성인식은 손을 쓸 필요가 없고, 훨씬 더 빠르고, 타이핑 기술을 익힐 필요가 없었다. 무엇보다 인간에게 훨씬 더 자연스러운 의사소통 방식이었다.

빅테크 기업들은 음성인식 기술에 막대하게 투자하고 인

196

재를 대거 투입하기 시작했다. 예를 들어, 아마존은 알렉사 제품을 개발하는 데 1만 명 이상의 엔지니어를 투입한다. 뉘앙스 커뮤니케이션즈가 최고 전성기일 때 보유하고 있던 연구개발 인력의 10배가 넘는 규모다.[4] 아마존의 음성인식 기술에 대한 연구개발비는 뉘앙스 커뮤니케이션즈의 매출을 초과할 정도였다. 빅테크 기업들은 뉘앙스 커뮤니케이션즈의 핵심 인재를 성공적으로 영입했다. 구글, 애플, 마이크로소프트와 바이두도 음성인식 기술에 막대하게 투자하고 관련 인재를 공격적으로 영입하고 있다.

빅테크가 음성인식 기술에 막대하게 투자하게 된 이유는 명령 기능 때문만이 아니었다. 빅테크 기업들은 음성인식 기술을 활용해 다양한 상호작용을 처리하고 있으며, 기존 제품 및 고객 기반 덕분에 뉘앙스 커뮤니케이션즈에 비해 뚜렷한 우위를 갖고 있다. 아마존의 알렉사는 처음에 음악부터 쇼핑까지 다양한 작업을 처리하도록 설계됐지만 아마존은 다른 개발자가 추가적인 기술을 개발할 수 있는 생태계도 구축했다. 오늘날 이렇게 개발된 기술이 10만 개가 넘고, 음성인식 엔진이 이를 모두 처리한다.[5] 또한 아마존은 식기 세척기, 세탁기와 건조기, 진공청소기를 통제하도록 알렉사 원거리 기술을 가전제품 제조업체에 라이선스했다. 애플의 아이폰과 구글의 안드로이드 폰은 이제 자체 개발한 음성인식 프로그램을 사용하여 다양한 작업을 수행한다. 애플

197

은 시리에 뉘앙스 커뮤니케이션즈가 개발한 음성인식 엔진을 사용했지만 이후 자체 시스템을 개발해냈다. 드래곤 딕테이션은 안드로이드 폰에서 널리 사용되지만, 구글은 2014년 휴대전화 제조업체에게 구글 애플리케이션을 자신들의 휴대전화에 전부 설치하든지 아니면 단 하나도 설치하지 않든지 양자택일할 것을 공격적으로 요구했다. 맞춤형 기능을 제공하고자 하는 제조업체는 이제 모든 구글 애플리케이션의 요구 사항에 대안을 강구해야 했으며, 이는 극소수의 제조업체만이 가능했다.[6] 이로 인해 드래곤 딕테이션 제품은 마이크를 사용하는 작업에서 구글 애플리케이션에 제어권을 넘겨야 했고, 여러 작업을 처리하는 데 제한을 받았다. 그 결과 많은 경우 제조업체는 더 이상 드래곤 딕테이션을 사전에 설치하지 않게 되었다.

그 결과 뉘앙스 커뮤니케이션즈의 음성인식 프로그램은 빅테크 기업의 음성인식 프로그램보다 훨씬 더 협소한 영역의 작업이나 상호작용을 처리하는 데 사용됐다. 이것은 대단히 중요한 일이었다. 음성인식 기술은 여러 분야에 사용되면서 개선되기 때문이다. 구체적으로 말하면 음성인식 기술에는 머신러닝이 사용되면, 음성인식 시스템이 더 다양한 작업을 처리하면서 더 많은 데이터를 얻고, 그 결과 작업 수행 능력이 향상된다. 빅테크 기업들이 사용하는 다양한 애플리케이션과 그것들을 사용하는 대규모 사용자 수는 음성인식 시스템에 거대한 데이터 우위를 제공한다. 가전기기에 설치된 알렉스 기기는 30만 개에 이른다. 구글은 매일 평균 56억 건에 달하는 검색을 처리하고, 구글 이용자의 절반이 검색에서 음성을 사용한다고 응답했다.[7]

뉘앙스 커뮤니케이션즈가 맞닥뜨린 역풍은 슈퍼스타 기업에서 시작되었다. 그들은 뉘앙스 커뮤니케이션즈가 자신들의 휴대전화 플랫폼에 접근하지 못하도록 했다. 그리고 자신들의 음성인식 기술의 수준을 높이기 위해서 대규모로 투자했고, 다양한 상호작용을 처리하는 범용 애플리케이션에 사용될 최고의 음성인식 시스템을 개발하는 데 필요한 데이터 원천을 확보했다. 이것은 복잡성을 심화시켰다. 슈퍼스타 기술기업들은 자신들의 휴대전화 플랫폼에서 음성인식 시스템의 품질을 두고 경쟁하기 시작했고, 뉘앙스 커뮤니케이션즈는 더 이상 이 경쟁에 참여할 수 없었다. 2018년 뉘앙스 커뮤니케이션즈는 결국 헬스케어와 같은 특정 산업 시장에 집중하기 위해 다수의 소비자 직접 대상 제품 지원을 중단한다고 발표했다. 헬스케어 같은 특정 산업 애플리케이션에서는 뉘앙스 커뮤니케이션즈가 여전히 필요한 데이터를 확보해 수준 높은 어휘를 개발할 수 있으며, 이 애플리케이션 특화 우위 기술은 상당했다. 이렇게 틈새시장에 집중하는 전략은 뉘앙스 커뮤니케이션즈의 수익을 개선했고, 투자자의 호응을 얻

199

었다. 그 결과 뉘앙스 커뮤니케이션즈의 주가가 사상 최대치로 올랐다.

하지만 뉘앙스 커뮤니케이션즈는 사실상 소비자의 일반적인 요구를 충족시키는 데 맞춘 음성인식 시스템을 개발하는 시장에서 퇴출됐다. 슈퍼스타 기술기업이 엄청나게 투자하면서 자신들의 사업 영역을 지렛대 삼아 최고의 소비자 음성인식 프로그램을 개발했고, 결과적으로 해당 시장의 통제권을 뉘앙스 커뮤니케이션즈에게서 강탈했다. 현재 음성인식 시장은 자연스럽게 과점을 형성하고 있다. 뉘앙스 커뮤니케이션즈는 틈새시장에서 승승장구할 수 있지만 스캔소프트와 합병한 이후 십여 년간 보여주었던 만큼의 빠른 성장은 이제 기대하기 어려워 보인다. 그러나 뉘앙스 커뮤니케이션즈의 틈새시장 전략은 유효했다. 2021년 4월에 마이크로소프트는 헬스케어 시장의 점유율을 확대하기 위해 뉘앙스 커뮤니케이션즈를 약 22조 원에 인수한다고 발표했다.[8]

뉘앙스 커뮤니케이션즈의 성장을 억제한 사례는 지배적 기업의 와해율이 감소한 결과라고 할 수 있다. 3장에서 봤듯이 지배적 기업의 막대한 투자는 경쟁자인 소기업의 성장을 둔화시킬 수 있다. 슈퍼스타 시장의 부상은 산업의 역학구조를 바꿨다. 그렇다면 지금부터 소기업의 성장률이 왜 중요한지, 그들의 성장률

뉴 골리앗

이 어떻게 변했는지 그리고 생산성에서 어떤 의미를 지니는지 살펴보자.

2005년 이후 생산성의 성장률이 급격하게 둔화되면서 생산성은 경제학자들의 주요 관심사가 됐다. 비농업 기업의 연간 노동생산성 성장률은 2000년부터 2007년까지 2.7퍼센트에서 1.4퍼센트로 하락했다.[9] 노동생산성은 노동자 1인당 생산량을 뜻한다. 노동생산성은 사회가 노동자 1인당 얼마의 수익을 창출했는지 나타내는 중요한 지표다.[10] 이 모든 수익이 노동자에게 돌아가는 것은 아니지만, 사람들이 말하는 경제 파이의 크기를 나타낸다. 경제 파이가 커질수록, 평균적으로 사람들의 경제 사정은 좋아진다. 지난 2세기 동안 생산성은 꾸준히 성장하면서 일반인의 부의 증가로 이어졌다. 하지만 이제 생산성 성장이 둔화되면서 많은 사람들의 경제적 전망이 더 이상 개선되지 않고 있다.

《미국의 성장은 끝났는가》의 저자 로버트 고든Robert Gordon과 같은 일부 사람들은 노동생산성 성장 둔화는 정보 기술이 더 이상 생산성을 상당히 높이지 못하기 때문이라고 주장한다.[11] 이것은 독점 소프트웨어 시스템에 막대하게 투자하는 대기업의 결정과는 모순되는 듯하다. 나는 혁신의 둔화가 아니라 슈퍼스타 기업의 역학 구조가 생산성 성장 둔화의 많은 부분을 설명할 수 있다고 주장한다. 게다가 나는 슈퍼스타 경제 체제가 경제학자들

201

이 노동생산성을 측정하는 방법을 약화시킨다고 생각한다.

우선 두어 개의 사례를 간략하게 살펴보는 것이 도움이 될 것이다. 뉘앙스 커뮤니케이션즈와 같은 가치가 1조에 달하는 기업이 강한 역풍과 마주하면, 소기업과 스타트업에는 무슨 일이 일어날까? 그들은 어디서 필요한 데이터를 얻을까? 그들은 자신들의 고객에게서 필요한 데이터를 확보하거나 제삼자에게 돈을 주고 데이터를 확보한다. 웹사이트에서 데이터를 마구잡이로 긁어모아서 확보하기도 하지만 이런 경우에는 소송을 피할 수 없을 것이다.[12] 또한 일부 스타트업은 어느 정도 데이터를 조합할 수 있도록 허용하는 새로운 기법을 사용한다. 하지만 뉘앙스 커뮤니케이션즈의 임원이었던 포크너는 "데이터 열위가 핵심적인 사업 문제가 해결되기도 전에, 데이터 수집과 데이터 값을 처리하는 방법 등 부차적인 문제를 해결하는 혁신을 요구한다."는 의미라고 주장했다.[13] 게다가 데이터 확보는 규제에 대한 부담을 수반한다. 유럽연합에서 데이터를 판매하는 기업과 고객은 자신들이 데이터를 처리하고 저장하는 방식이 개인정보 보호규정을 준수한다는 것을 증명해야 한다. 그 외의 기업은 미국 표준기술연구소의 사이버보안 프레임워크를 준수한다는 것을 증명해야 한다. 이러한 규제는 스타트업에게 상당한 부담이 된다. 스타트업을 대상으로 진행된 조사에서 유럽에서 데이터를 취급하는 응답자의

202

69퍼센트가 유럽연합의 개인정보 보호규정을 준수하기 위해 관련 업무를 전담할 사람을 채용해야 한다고 대답했다.[14]

혹자는 빅테크에 비해서 대단히 불리한 위치에 서게 되기 때문에 음성인식 시장에 진출하기로 선택하는 스타트업은 거의 없을 거라고 생각할지도 모른다. 몇몇은 음성인식 시장을 소위 '킬존'이라고 봤다. 그곳은 빅테크가 지배하는 시장이다. 그래서 스타트업은 음성인식 시장에 진출하려 들지 않고, 벤처캐피탈리스트들은 음성인식 기술을 개발하는 스타트업에 자금을 투자하지 않을 것이라고 생각한다. 실제로 이 분야에서는 스타트업 진입률과 벤처캐피털 투자율이 증가했다. 스타트업을 포함해서 다양한 기업에 대한 정보를 제공하는 데이터베이스인 크런치베이스crunchbase•를 살펴보면, 음성인식과 자연어 처리 관련 기술을 개발하는 소프트웨어 스타트업의 비율이 2005년 이후로 4배 증가했고, 이들 스타트업의 55퍼센트가 벤처 자금을 투자받았다.[15]

왜 스타트업과 벤처캐피탈리스트는 성장 역풍에도 불구하고 이러한 기술 분야에서 여전히 활발하게 활동하는 것일까? 뉘앙스 커뮤니케이션즈가 헬스케어 분야에 집중했던 것처럼, 몇

───────── • 스타트업과 기업에 대한 정보를 제공하는 데이터베이스 플랫폼 - 옮긴이

몇은 지배적 기업은 얻을 수 없는 전문적인 우위를 확보할 수 있는 수직적 틈새시장을 집중적으로 공략했다. 이와 달리 지배적 기업에 인수되기를 바라며 일반적인 기술을 개발하는 스타트업도 있었다. 시리를 개발한 개발자들은 인공지능 기반 퍼스널 어시스턴트 분야에서 '시리보다 확장성 있고 강력한 소프트웨어'를 개발하려고 2012년 스타트업 '비브'를 설립했다.[16] 삼성은 2016년 비브를 인수했다. 2012년 더블린에 설립된 보이시스는 유통업을 대상으로 독립적인 음성 플랫폼을 개발했다.[17] 애플은 2020년 보이시스를 인수했다. 시맨틱 머신즈는 2014년 '차세대 대화형 인공지능'을 개발하기 위해 설립된 스타트업이다. 마이크로소프트는 2018년 시맨틱 머신즈를 인수했다.[18]

스타트업은 강한 성장 역풍을 맞으면서도 기술 시장과 혁신에 계속해서 도전한다. 그리고 벤처캐피탈리스트도 여전히 기술 스타트업에 투자한다. 하지만 기술 스타트업들은 뉘앙스 커뮤니케이션즈만큼 빠르게 또는 크게 성장하지 못할 것이다. 기술 스타트업은 틈새시장을 공략하지만, 그들의 성장 잠재력은 줄어들고 있다. 지배적 기업에 인수되는 것을 목표로 시장에 진출하는 스타트업은 대체로 충분히 성장하기도 전에 지배적 기업에 인수된다. 대체로 지배적 기업의 부상은 스타트업의 성장을 둔화시킨다.

204

그럼에도 불구하고, 스타트업이 여전히 새로운 기술을 개발해 산업을 선도하려는 꿈은 여전히 살아있다. 유아이패스는 밸류에이션●이 약 14조 원이 넘는 유럽 최초의 '유니콘'으로, 14조 원 이상의 가치를 가진 스타트업으로 빠르게 성장했다. 유아이패스는 대기업이 회계, 자원 계획과 고객 관계 관 등에 사용하는 소프트웨어 시스템을 위한 기업용 소프트웨어 시장에서 이를 이루었으며, 이 시장은 마이크로소프트, SAP, 오라클과 같은 대기업이 이 시장을 지배하는 약 6871조 1500억 원 규모의 시장이다. 나는 유아이패스의 창립자이자 CEO인 다니엘 다인스Daniel Dines에게 유아이패스가 대기업이 지배하는 시장에서 어떻게 빨리 성장할 수 있었는지 물었다. 다인스는 전사적 소프트웨어 시스템 세계를 소프트웨어 엔지니어의 시각에서 바라봤다. 그는 내게 다음의 이야기를 들려줬다. "5년 전만 해도 루마니아 부쿠레티슈의 작은 사무실에 10~15명이 근무했다. 나는 유능한 비즈니스맨도 아니고, 영어가 유창하거나 조리 있게 말하지도 못하다. 하지만 우리는 세계를 완전히 바꿀 … 기술과 비전을 갖고 있었고, 투자도 받았다." 오늘날 유아이패스의 직원 수는 3000명에 달하고, 전 세계에

───────────── ● 애널리스트가 현재 기업의 가치를 판단해 적정 주가를 산정해내는 기업 가치 평가 – 옮긴이

205

3만 명의 개발자와 분석가로 구성된 거대한 글로벌 커뮤니티를 보유하고 있다.

유아이패스는 로봇 처리 자동화Robotic Process Automation, RPA 시스템을 개발한다. RPA 시스템이라고만 하면, 어떤 시스템인지 이해하기 어려울 것이다. 간단하게 말하면 RPA 시스템은 다른 소프트웨어 프로그램에서 실행하는 작업을 모방하여 자동으로 처리하면서 개별 시스템들을 통합하는 시스템이다. 예를 들어, 기업 A는 고객과 영업팀 그리고 고객지원부서의 상호작용을 추적하는 고객 관계 관리 시스템을 이용하고 있다. 기업 A는 기업 B가 개발한 회계 관리 시스템도 사용하고 있다. 기업A는 고객C의 특성을 전반적으로 파악하기 위해서, 고객 관계 관리 시스템에서 고객 C의 거래 내역을 획득하여 고객 ID를 파악한다. 그리고 회계 시스템에서 여러 메뉴를 거쳐서 고객 ID를 입력할 정확한 메뉴를 찾는다. 이렇게 여러 과정을 거친 뒤에서 기업 A는 고객 C에 대한 원하는 데이터를 얻을 수 있다. 기업 A는 고객 D에 관한 데이터를 얻기 위해서 이 과정을 똑같이 반복해야 한다. 하지만 유아이패스의 RPA는 이 모든 단계에서 수행되는 작업을 모방하고 자동으로 처리한다. 기업 A는 고객명을 RPA 시스템에 입력하기만 하면, 고객 관계 관리 시스템과 회계 시스템에 저장된 그 고객에 대한 정보가 모두 포함된 보고서를 얻을 수 있다.

RPA 시스템은 작업의 반복성을 제거하고, 무엇보다 개별 시스템을 쉽게 통합한다. 전사적 소프트웨어 시스템을 개발하는 기업은 자사 시스템에 접속할 인터페이스를 제공하고 소프트웨어 개발자가 그 인터페이스를 통해서 자사 시스템에 접속하여 원하는 데이터를 얻고 보고서를 작성할 수 있도록 돕는다. 여기서 전사적 소프트웨어 시스템에 접근할 수 있도록 개발된 인터페이스는 애플리케이션 프로그래밍 인터페이스Application Programming Interface, API라고 불린다. 유아이패스는 반복적인 작업 처리 과정을 자동화하고 API보다 더 빠르고, 저렴하며, 단순한 그래픽 도구를 인터페이스로 제공한다. RPA 시스템의 기반이 되는 소프트웨어 프로그램이 업데이트되어 변경이 발생할 수 있다. 이런 경우를 대비해 유아이패스는 유저 인터페이스 해독력을 유지하면서 기반 소프트웨어 프로그램이 업데이트되어도 재프로그래밍 작업이 많이 필요하지 않도록 한다.

RPA 시스템은 대기업이 복잡한 소프트웨어 시스템을 손쉽게 통합할 수 있도록 돕는다. RPA 시스템은 슈퍼스타 기업이 구축한 독점 소프트웨어 시스템의 핵심 요소로 주목받기 시작했다. 그래서 유아이패스의 주요 고객에 월마트, 토요타, 페이스북, 구글이 있는 것이다. RPA 시스템 시장은 대략 연간 60퍼센트 성장했고, 시장 규모는 2019년 약 1조 9462억 원에 이르렀다. RPA

207

시스템 시장에서 유아이패스는 2017년 6배 성장한 뒤에 2018년 가장 많은 매출을 기록한 기업으로 급성장했다.[19]

전사적 소프트웨어 시스템을 개발하는 대기업이 유아이패스의 급성장을 눈치채지 못했을 리 없다. 3대 전사적 소프트웨어 시스템 기업에는 오라클, SAP, 마이크로소프트가 있다. 우선 오라클은 유아이패스와 제휴를 맺었다. SAP는 유아이패스 RPA 시스템에 맞서기 위해서 자체적으로 RPA 시스템을 개발하기로 결정했고, 2018년 프랑스 RPA 시스템 개발기업을 인수했다. 그리고 마이크로소프트도 부분적으로 영국 RPA 시스템을 개발하는 스타트업인 소프토모티브가 개발한 소프트웨어를 바탕으로 자체적으로 RPA 시스템을 개발하여 출시했다.[20]

나는 다인스에게 SAP와 같은 지배적 기업을 와해할 수 있는지 또는 유아이패스가 시장을 지배하는 지배적 기업으로 성장하게 될지를 물었다. "우리는 그들을 대체하지 않을 것이다. 나에게 SAP는 그저 인프라에 불과하다. … 나는 완전히 수평적인 시스템을 구축하지 않을 것이다. … 다른 기업도 SAP 기술을 완전히 받아들인다면, 이 시장에 진출할 수 있다. … 물론 누구나 이 시장에 진출할 수 있지만, 그렇다고 이 시장에서 모든 기업이 성공하는 것은 아니다." 그는 유아이패스가 이용하는 모방 기법은 이전에도 여러 번 사용되었다고 말했다. 예를 들어, 마이크로소프

208

트는 오랫동안 모방 기법을 이용해서 그래픽 유저 인터페이스가 탑재된 프로그램을 테스트했다. 그는 "인터페이스가 풍부한 세계에서 새로운 인터페이스를 구축하는 것은 훨씬 어렵다."라고 말한다. 게다가 '인프라'로서 지배적인 전사적 소프트웨어 시스템 개발기업은 보유한 데이터나 기존 소프트웨어 시스템을 지렛대 삼아서 RPA 시스템 시장에서 지배적 위치에 오를 수 없다. 실제로 RPA 시스템의 본질적인 특징은 대기업의 설치 기반 시스템과 협업한다는 것이다. 이것은 대기업이 특별히 기술적 우위나 데이터 우위를 보유하고 있지 않다는 뜻이고, 유아이패스가 기술적 전문성에서 훨씬 더 유리한 위치에 있다는 뜻이다.[21]

　　나는 다인스에게 유아이패스가 왜 지배적 기업에 인수되지 않았는지도 물었다. 그는 두 가지 이유를 제시했다. 첫째, 고속 성장은 가치 평가를 매우 어렵게 만든다. 유아이패스가 급격하게 성장하자, 투자자들은 유아이패스의 가치를 충분히 높게 평가할 수 없었다. 물론 왓츠앱과 인스타그램을 인수한 페이스북처럼 높은 가치를 지불해서라도 급성장하는 신생 기업을 인수하려는 지배적 기업이 가끔 등장하기도 한다. 하지만 유아이패스의 경우는 그렇지 않았다. 둘째, 유아이패스는 벤처 자금으로 약 1조 3000억원이라는 놀라운 액수를 유치했다. 유아이패스가 이 정도의 벤처 자금을 끌어들일 수 있었던 것은, 당시에 다른 금융상품

209

의 투자 수익률이 거의 제로에 가까웠기 때문이었다. 그래서 유아이패스에 자금을 투자한 투자자들의 '회수' 시기를 연장할 수 있었다.[22]

유아이패스는 스타트업은 산업 지배적 위치에 있는 경쟁 업체와 치열하게 경쟁하면서 충분히 빠르게 성장할 수 있음을 입증했다. 하지만 유아이패스의 상황은 예외적이었다. 유아이패스 RPA 시스템은 모방하기 어려웠고, 지배적 기업이 자신의 데이터나 기술을 이용하는 데 한계가 있었다. 막대한 벤처자금을 투자받았고 투자 자금을 지나치게 빨리 현금화하는 데 관심이 없는 창립자가 여전히 유아이패스를 통제했다. 하지만 전반적으로 대기업의 시장 지배적 위치가 강화되면 소기업, 특히 혁신적인 스타트업의 성장은 둔화될 수밖에 없다.

성장 역풍의 크기

산업 지배적 위치에 있는 대기업 때문에 스타트업이 성장 역풍을 맞는다는 것을 수량적으로 입증하는 증거가 있다. 벤처 자금을 투자받은 스타트업의 경우를 살펴보자. 스타트업이 설립되고 벤처 자금이 투입되기까지의 시간이 상당히 증가했다. 스타트업의

210

설립부터 시드머니를 확보하기까지의 중위 시간은 2008년 0.9년에서 2020년 2.5년으로 증가했다.[23] 같은 기간 동안에 마지막 단계의 벤처투자를 받기까지의 중위 시간이 6.8년에서 8.1년으로 증가했다. 첫 번째 자금조달부터 자금을 회수하기까지의 중위 시간도 증가했다. 지배적 기업이 인수한 스타트업의 경우에 첫 번째 자금조달부터 지배적 기업에 인수되기까지의 평균 시간은 2000년에 2년이 조금 더 걸렸지만, 3배 증가해서 2018년에 6.3년이 됐다.[24] 기업공개한 기업의 경우에도 비슷하게 시간이 증가했다. 연구진은 2005년 이후로 클라우드 기술이 사용되는 산업의 스타트업은 후속 투자를 받을 가능성이 적고 실패할 가능성이 크다는 것을 확인했다.[25] 또 다른 조사에서 수준 높은 기술 스타트업이 2000년 이후로 높은 가치로 인수되거나 기업공개하기에 충분히 성장할 가능성이 적다는 것이 확인됐다.[26]

하지만 지배적 기업이 스타트업의 성장을 억제한다는 것을 보여주는 가장 명확한 증거는 가장 기본적인 것이기도 하다. 성장세는 생산성에 반응하여 점점 둔화되는 경향이 있었다. 혁신은 때때로 측정하기 어렵다.[27] 대다수의 경우에 생산성은 합리적인 수준으로 잘 측정되기 때문에 많은 조사에서 혁신의 성공을 측정하는 데 생산성을 사용한다. 나는 혁신의 성공 여부를 판단하기 위해서 소위 '다인자 생산성'을 사용한다. 이것은 노동력, 실

211

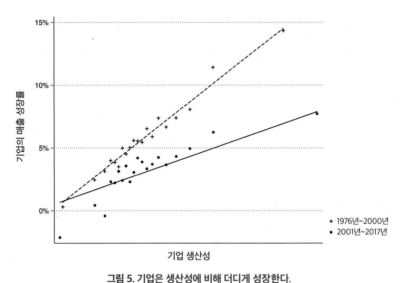

그림 5. 기업은 생산성에 비해 더디게 성장한다.

출처: 베센과 덴크, '생산성부터 기업성장까지'

물 자본, 기업의 무형 투자 등 여러 가지 인풋을 고려하여 측정된 생산성이다.[28]

'생산적인 기업일수록 생산성인 떨어지는 기업보다 더 빨리 성장하고, 결국 생산성이 낮은 산업을 지배하는 선도적 기업을 대체한다'는 것이 슘페터의 창조적 파괴 이론의 핵심이다. 생산성이 높은 기업은 더 좋은 제품을 만들어내거나 생산 비용을 절감하거나, 더 좋은 사업 모델을 보유하는 기업이다. 생산성과 성장의 관계는 그림 5에서 확인할 수 있다. 그림 5에서 기업의 성장률은 매출을 기준으로 측정되고, 기업의 성장률은 기업의 생산성과 비례하여 증가한다.[29] 하지만 그림 5에서 이 관계가 2000년 이후에 급격히 변했다는 것도 확인할 수 있다. 생산성에 반응하여 성장률이 급격하게 하락했다. 평균적으로 특정 수준의 생산성을 지닌 기업은 1980년대와 1990년대와 비교해서 2000년 이후에 절반의 비율로 성장할 것으로 예상할 수 있다. 이러한 성장률의 하락은 2장에서 논의한 와해율의 하락과 비교해볼 수 있다. 생산적인 기업이 더디게 성장할 때, 산업을 지배하는 선도적 기업을 뛰어넘고 대체할 가능성은 줄어든다. 그리고 많은 요인이 생산성에 반응하여 성장률이 하락하는 것과 연관된다. 성장률의 하락은 무형자산에 대한 대규모 투자, 산업 집중도의 증가, 기업 간 생산성 격차의 심화로 설명된다.[30] 4장에서 살펴본 기술 격차는 생산적인 기업의 성장률 둔화와 직접적으로 관련이 있는 것으로 보인다. 이런 원인에도 불구하고, 그림 5는 산업 역동성이 감소했다는 부인할 수 없는 증거를 제공한다. 그런데 이러한 사실이 왜 중요할까?

213

스타트업과 소기업에 관심을 가져야 하는 이유

스타트업과 소기업의 성장은 우리의 경제적 웰빙, 구체적으로 혁신과 생산성 향상에 중요하다. 그 이유는 크게 세 가지로 정리된다. 첫째, 소기업이 대기업보다 더 혁신적이다. 대기업이 지배하는 시장은 대체로 다른 모든 조건이 동일하다고 할 때 덜 혁신적이다. 실제로 대중은 대기업보다 소기업이 더욱 혁신적이라고 인식한다.[31] 많은 사람이 창조적 파괴를 혁신적인 소기업이 성장해서 산업을 지배하는 대기업을 와해하는 과정이라고 본다.

하지만 슘페터는 오래전에 직접적으로 이 주장에 이의를 제기했다. 그는 일시적으로라도 시장 지배력이 기업이 혁신하도록 동기를 부여할 것이라고 주장했다.[32] 게다가 대기업은 광범위한 분야에서 새로운 기술을 연구하고 개발할 자원을 갖고 있다. 굉장히 경쟁적인 시장에서 기업이 상당한 수준의 수익을 얻기란 어렵다. 경쟁적인 시장은 기업에게 연구개발에 투자할 인센티브를 거의 제공하지 못한다.

슘페터의 가설과 대기업과 소기업 중에서 어느 하나가 혁신에 더 유능하다는 생각은 논란의 여지가 있다. 그럼에도 불구하고 이를 바탕으로 방대한 연구가 진행됐고 실증 문헌이 쌓여갔다. 혁신 경제학자 웨슬리 코헨Wesley Cohen은 50년의 방대한 실증 문헌을 검토했고, 대기업과 소기업 모두 혁신에 중요하다는 일반적인 결론을 내렸다.[33] 연구개발과 혁신의 노력은 모두 기업 규모와 함께 커졌다. 비록 혁신 활동의 횟수가 기업 규모에 비례해 증가하지는 않지만, 기업 규모가 커질수록 더 점진적인 혁신과 프로세스 혁신을 중심으로 연구개발 투자가 이뤄졌다.[34] 다시 말해서 소기업과 대기업 모두 혁신 활동에 투자한다. 하지만 소기업은 제품 혁신에 더 집중하고, 대기업은 프로세스 혁신과 점진적인 혁신에 더 집중하는 경향이 있다.[35]

음성인식 소프트웨어 시스템 시장을 살펴보면, 뉘앙스 커뮤니케이션즈와 시맨틱 머신즈가 혁신을 위해 노력한다는 것을 분명히 알 수 있다. 그리고 아마존과 구글도 혁신을 위해서 대대적으로 투자한다는 것도 분명히 확인된다. 실제로 아마존은 알렉사를 개발하기 위해서 작은 스타트업은 감히 상상조차 할 수 없는 막대한 투자를 했다.

혹자는 지배적 기업이 소기업을 인수하는 것은 혁신을 제한한다고 주장한다. 실제로 이른바 '킬러 인수'를 뒷받침하는 증거도 있다. 킬러 인수는 대기업이 소기업을 폐업시키거나 잠재적인 경쟁자를 제거하기 위해 소기업을 인수하는 경우를 뜻한다.[36] 하지만 킬러 인수의 증거는 꽤나 제한적이다. 지금까지 킬러 인수는 특허 취득이 잘 정립된 제약 산업에만 제한적으로 이뤄졌

215

다. 제약 산업에서는 구체적인 내용의 특허가 없으면 경쟁업체의 일련의 연구 활동을 막는 것이 어렵기 때문에 특허가 중요하다.[37] 킬러 인수는 제약 산업에서 진행된 기업 인수 중에서 소수의 몇 몇 사례에만 해당한다. 비율로 따지면 5~7퍼센트 정도일 것이다. 게다가 기업 인수가 소기업을 포함해서 인수되는 기업의 혁신을 높이는 데 도움이 된 사례도 여러 개 존재한다. 실제로 뉘앙스 커뮤니케이션즈는 50개가 넘는 기업을 인수해서 혁신 역량을 크게 키워나갔다.

요약하면 대기업과 소기업 모두 혁신에 중요한 역할을 한다. 그리고 대기업의 역할이 커질수록 자동적으로 혁신이 줄어든다는 결론을 뒷받침할 증거는 없다.

둘째, 소기업과의 경쟁은 대기업을 더 혁신적으로 바꾼다. 경제학자 존 힉스는 "독점 기업이 얻는 모든 수익 중에서 최고는 고요한 삶이다."라는 말을 한 것으로 유명하다.[38] 하지만 경쟁은 고요한 삶을 방해하고, 지배적 기업이 혁신하도록 강요한다.

실제로 경쟁이 혁신을 촉진하는지 확인하기 위해 많은 연구가 진행됐다. 반독점 경제학자 칼 샤피로Carl Shapiro는 경쟁과 혁신의 관계를 조사한 연구 문헌을 검토하고, "경쟁이 치열해질수록, 다시 말해서 매출의 경합성이 커질수록 기업은 더 효율적으로 변하고 연구개발에 더 많이 투자한다는 일반적인 명제를 뒷받

216

침하는 경험적 증거가 상당히 존재한다."라고 결론을 내렸다.[39] 예를 들어서 생산성 경제학자 채드 사이버슨Chad Syverson은 콘크리트 산업을 조사하고, 콘크리트 제조업체들이 한 곳에 집중적으로 분포하고 고객 확보 경쟁이 더 치열해질 때, 생산성이 향상한다는 것을 확인했다.[40] 이러한 결과에는 두 가지 원인이 존재한다. 현지 경쟁이 치열해질수록 콘크리트 제조업체들은 자신들의 생산 기법을 개선하려고 시도하고, 생산성이 낮은 콘크리트 제조업체들은 시장에서 퇴출된다.

경쟁이 생산성 개선과 혁신을 촉진하지만, 구체적으로 소기업과의 경쟁이라고 단정할 수는 없다. 이것은 산업 조직의 경제학을 개척해낸 조 베인Joe Bain이 1956년에 한 주장이다.[41] 그는 일부 산업에는 규모의 경제와 같은 소기업이 산업에 진출하지 못하도록 막는 진입 장벽이 존재한다고 주장했다. 그의 주장에 따르면, 경쟁이 줄어들면 혁신과 생산성 개선이 감소한다는 뜻이었다. 이런 분석은 구조-실행-성과 분석모델로 불렸고, 수십 년 동안 반독점 규제기관에게 중요한 지침이 됐다. 하지만 1980년대에 경제학자들은 이 분석모델의 경험적 토대에 의문을 제기하기 시작했다.[42] 그들은 인과관계가 바뀔 수 있다는 것을 깨달았다. 유능한 혁신가이기 때문에 효과적으로 경쟁하는 기업은 더 크게 성장하고, 작고 덜 효과적으로 경쟁하는 기업을 시장에서 몰아낼지

217

도 모른다.[43] 이 경우에 대기업이 지배하는 산업이 때때로 더 생산적이고 혁신적이었다. 중요한 것은 시장의 경합성이었다. 소수의 대기업이 지배하는 시장에서는 대기업이 서로 치열하게 경쟁한다.[44] 예를 들어, 일반적인 음성인식 기술 시장은 아마존, 구글, 애플, 바이두가 지배한다. 하지만 그들은 경쟁 우위를 선점하기 위해 연구개발에 대규모로 투자하고 서로 치열하게 경쟁한다. 이 사실에는 의심의 여지가 거의 없다. 물론 경쟁이 혁신의 중요한 촉매제이지만, 그렇다고 소기업이 산업을 지배할 때 혁신이 증가한다는 뜻은 아니다.

셋째, 빠르게 성장하고 생산성이 높은 기업은 총생산성 성장의 열쇠다. 이것은 꽤 논리적인 주장이다. 이 주장은 경제학자 리처드 넬슨Richard Nelson과 시드니 윈터Sidney Winter가 제시한 산업의 진화론적 관점과, 경제학자 마이클 고트Michael Gort와 스티븐 클레퍼Steven Klepper가 진행한 산업 생애 주기 연구를 바탕으로 한다.[45] 이 관점에서 더 생산적인 기업은 다른 기업보다 더 저렴한 가격이나 더 높은 품질의 제품과 서비스를 제공할 수 있기 때문에 성장한다. 동시에 덜 생산적인 기업은 경쟁에서 밀려서 축소되거나 시장에서 퇴출된다. 이러한 다윈의 진화론적 과정은 총생산성을 높이는 데 도움이 된다. 그리고 경쟁은 이 과정의 중요한 부분이다. 경쟁이 생산성이 낮은 기업을 제거한다. 생산성 성장을

218

진화론적 관점에서 설명하면, 생산성이 높은 신생 기업은 핵심적인 역할을 한다. 하지만 중요한 것은 성장률이지 한 산업에서 대기업과 소기업이 얼마나 분포하느냐가 아니다.

　　이러한 관점에서 그림 5에서 본 것처럼 생산성과 기업 성장의 관계가 변하는 것은 우려스럽다. 미국 통계국의 마이크로데이터로 개별기업과 기성 기업을 조사한 연구진은 연이은 논문에서 이 변화의 경험적 중요성을 보여줬다.[46] 총생산성 성장은 두 부분으로 분해될 수 있었다. 기존 기업은 더 생산적으로 변하고, 더 생산적인 기업은 덜 생산적인 기업이 축소되거나 시장을 떠나는 동안에 더 빠르게 성장할 수 있다. 기존 기업의 생산성 증가는 '기업 내 생산성 성장'이고, 덜 생산적인 기업이 시장을 떠나는 것은 '기업 이전'이다. 연구진은 미국 기업의 실제 성장 패턴을 자세히 들여다봤다. 그들은 기업 이전이 2000년경에 급격히 둔화했다는 것을 확인했고, 그림 5의 하락세와 상응한다. 그리고 기업 이전의 급격한 둔화는 총생산성 성장이 대폭 하락한 이유였다. 비평적으로 말해서 이러한 효과는 스타트업의 성장률이 평균적으로 하락하고 고성장하는 스타트업의 수가 줄어들기 때문에 나타났다는 것이 확인됐다. 진화하는 산업에서 생산적인 신생 기업의 성장은 총생산성을 높이는 데 필수적이다. 이것은 지배적 기업이 어린 기업의 성장을 억제하면 총생산성 성장이 둔화된다는 것을

219

시사한다. 실제로 슈퍼스타 자본주의에서 산업 역동성에 대해 우려할 만한 이유가 존재한다.

간략하게 말해서 산업 역동성과 스타트업 경제의 활력은 정말로 중요하다. 고성장하는 스타트업은 생산성 성장에 필수적이다. 하지만 스타트업의 성장은 2000년 이후로 둔화됐고, 스타트업의 성장 둔화는 지난 20년의 생산성 성장 둔화의 주요 원인이다. 일반적으로 대기업의 무형자산 투자, 특히 소프트웨어 시스템 투자는 생산성 성장 둔화와 밀접하게 관련된다. 성장 역풍은 실제로 총생산성에 영향을 준다. 물론 다른 요인들도 생산성 성장 둔화에 기여할 수 있지만 슈퍼스타 기업들로 인한 산업의 역동성 감소가 주요 요인 중 하나다.

기업가 정신은 쇠퇴하고 있는가?

미국 통계국의 마이크로데이터를 바탕으로 연구를 진행한 연구진은 생산성 성장이 둔화하는 원인으로 생산성 높은 기업의 성장 둔화를 꼽았다. 하지만 많은 사람이 혁신이 쇠퇴해서 생산성 성장이 둔화되고, 기업이 혁신에 덜 투자해 생산성이 덜 성장하는 것이라고 생각한다. 그러나 연구진은 이런 생각을 반박하는 증거

220

를 제시했다. 연구진은 2000년 이후로 기업 차원의 생산성 범위가 확대됐다는 사실을 확인했고, 생산성을 향상시키는 혁신이 둔화되지 않았다는 사실을 뒷받침한다고 주장했다. 상대적으로 생산성이 더 높은 기업은 많이 있다. 이것은 아마도 기업 혁신이 강화됐다는 의미인지도 모른다.

그럼에도 불구하고 새로운 첨단기술 스타트업의 시장 진출이 급격히 감소했기 때문에 혁신이 줄어들었다는 믿음이 널리 퍼져있는 것 같다. 예를 들어, 의회 조사관들은 독점과 빅테크를 조사했다. (9장 참조) 그들은 스타트업 설립이 둔화됐고 빅테크가 둔화의 원인이라고 결론을 내렸다.

최근 몇 십 년 동안 신생 법인의 설립뿐만 아니라 초기 단계의 스타트업 투자가 급감했다. 디지털 경제에서 새로운 기술기업 수가 감소하는 동시에 창업률도 상당히 하락했다. 창업률은 전반적으로 하나의 산업에서 스타트업과 신생 기업이 차지하는 비중이다. 그리고 기술 스타트업에 대한 초기 단계 자금 투자도 급격히 감소했다는 것은 놀랍지도 않다. …

온라인 플랫폼이 디지털 경제를 지배하면서 미국 경제에서 혁신과 기업가 정신이 상당히 약해졌다는 것을 보여주는 증거가 계속 나오고 있다. 예를 들어, 일부 벤처캐피털리스트들은 되도록 창업가

221

와 디지털 경제에서 지배기업과 직접적으로 경쟁하는 기업에 자금을 지원하지 않으려고 한다고 보고했다. 이른바 혁신 '킬존'이라 불리는 이 현상이 단순히 벤처캐피털리스트들이 새로운 시장 진입자를 좋은 투자 대상으로 보지 않기 때문에 산업을 지배하는 대기업을 경쟁 압박으로부터 보호하는지도 모른다.[47]

하지만 창업과 스타트업에 대한 초기 단계 투자가 감소하고 있다는 주장은 완전히 틀렸다. 그림 6은 종합적인 인구통계 데이터를 바탕으로 얻어낸 미국에서 설립된 지 5년 미만인 신생 기업의 수를 천 단위로 보여준다.[48] 실선은 신생 기술기업 수(왼쪽 축)를 보여주고 회색 점선은 모든 신생 기업 총 수(오른쪽 축)를 의미한다.[49] 창업률은 주기적으로 소소하게 변동했으나 40년 동안 거의 변하지 않았음을 확인할 수 있다. 하지만 신생 법인에는 새로연 식당, 상점 그리고 그 누구도 혁신을 바탕으로 설립됐다고 기대하지 않는 수많은 기업이 포함된다. 신생 기술기업을 나타내는 선은 기술시장 진입률이 1990년 후반의 버블닷컴 시기에 가장 높았음을 보여준다. 하지만 진입률은 이때 정점을 찍은 뒤에 아주 소폭으로 하락했고, 버블닷컴 이전이 1980년대 초반 진입률의 2배 수준을 유지했다. 그러므로 의회 조사관들이 어떻게 '창업률이 급감했다.'라고 결론을 내릴 수 있었는지 이해하기는 어렵다.

222

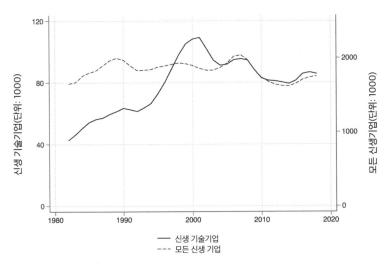

그림 6. 신생 기업 수는 감소하지 않았다.

출처: 미국 통계국, 'BDS 데이터 표'

그리고 초기 단계 스타트업에 대한 벤처투자도 줄어들지 않았다. 그림 7의 2개 데이터 세트는 미국에서 초기 단계 스타트업에 투자된 벤처 자금의 전체 규모를 보여준다.[50] 글로벌 시장조사업체인 피치북의 데이터가 더 완전하다. 피치북 데이터는 2006년 이후로 초기 단계 스타트업에 대한 투자 규모가 4배 증가했다는 것을 보여준다. 미국 데이터 분석기관인 CB인사이트가 많은 거래 데이터를 보유하고 있지는 않지만, 1995년부터 거래 데이터를 보유하고 있다. 그래서 장기적으로 초기 단계 스타트업

223

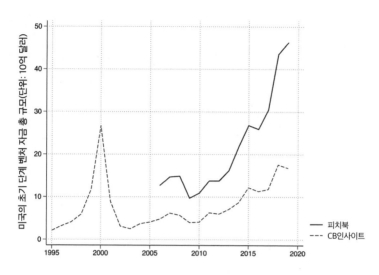

그림 7. 미국의 초기 단계 벤처 자금 총 규모는 하락하지 않았다.

에 대한 벤처투자가 어떻게 변해왔는지를 비교하는 데 유용하다. 초기 단계 스타트업에 대한 투자 규모는 닷컴버블과 함께 정점을 찍는다. 하지만 초기 단계 벤처 자금은 닷컴버블이 붕괴한 이후에도 탄탄하게 증가했고, 그 규모는 1995년 초기 단계 벤처 자금의 약 8배가 됐다. 게다가 초기단계 스타트업에 벤처 자금이 투자된 사례는 피치북 데이터와 CB인사이트 데이터에서 모두 증가했다.[51] 오히려 초기 단계 스타트업뿐만 아니라 엔젤 및 시드 단계, 특히 후기 단계 거래를 위한 벤처 자금으로 넘쳐나고 있다. 약 1조 원이 투자된 유아이패스처럼 대형 거래가 가능했던 것은 바

224

로 홍수처럼 밀려 들어오는 벤처 자금 덕분이었다.

닷컴버블 이후로 전체 기업 수 대비 신생 기업 수가 상당히 감소한 것은 사실이다. 이 비율은 여전히 1980년대와 1990년대 초반보다 훨씬 높다. 다소 오해의 소지가 있지만 '전체 기업 수 대비 신생 기업 수의 비율'은 창업률이다. 하지만 이것은 실제로 기업 연령을 나타내는 하나의 지표다. 실제 신규 진입 비율이 줄어들지 않았음을 고려하면, 창업률의 하락은 시장에 새롭게 진출한 기업이 더 오래 생존한다는 의미다. 이것이 반드시 나쁜 것은 아니며, 경제의 혁신성을 단독으로 평가할 수 있는 지표도 아니다. 사실 이러한 추세는 일시적인 어려움을 겪는 기업들을 지속적으로 지원할 수 있는 저비용 자금이 더 많이 공급된 결과일 수도 있다.

어떤 시장 영역에서 빅테크의 스타트업 인수가 벤처캐피탈리스트가 킬존을 만들어내며 그 시장 영역으로 투자되는 벤처 자금을 감소시키는 것일 수 있다는 증거도 있다. 예를 들어, 어느 조사에서 구글과 페이스북이 진행한 기업 인수 건 9개를 살펴봤다. 구글과 페이스북이 진행한 기업 인수 건을 종합하면 300건이 넘는다. 구글과 페이스북이 기업 인수를 진행했던 시장 영역에서 벤처 자금의 투자 규모가 줄어들었다는 것이 확인됐다.[52] 반면에 또 다른 조사에서는 기업 합병과 인수가 활발하게 진행되는 산업에서 R&D투자가 더 많다는 것이 확인됐다.[53] 실제로도 기업 인

225

수는 음성인식 기술 영역에서 기업 진출과 벤처 투자를 촉진하는 듯하다. 어쨌든 빅테크 인수가 미치는 영향과 관계없이 벤처 자금은 꾸준히 크게 증가해왔다.

혹자는 스타트업의 비율은 감소하진 않았지만, 스타트업의 질은 하락했을지도 모른다고 주장한다. 혁신적인 스타트업이나, 위워크처럼 기술 스타트업으로 가장한 마케팅 기업은 줄어들고 있는지도 모른다. 경제학자 호르헤 구즈만Jorge Guzman과 스캇 스턴Scott Stern은 기업이 성공할 확률과 상관관계가 있는 기업 특성을 찾아냈고, 이를 바탕으로 품질 조정 기업가 정신 지표를 개발했다.[54] 그들은 높은 가치로 인수되거나 주식시장에 상장될 가능성을 보여주는 기업 특성을 살펴봤다. 그들이 살핀 기업 특성에는 기업이 특허를 출원했는지 여부도 포함됐다. 그들은 품질 조정 기업가 정신 지표는 닷컴버블 동안에 최고치를 기록했다는 것을 확인했다. 그 이후로도 품질 조정 기업가 정신 지표는 1990년대 초반의 수준에 2배에 달하는 수준으로 계속 높게 유지됐다는 것을 확인했다. 다시 말해서 품질 조정 기업가 정신 지표는 품질 비조정 기술기업의 시장 진입률과 동일한 양상으로 움직였다.

기본적으로 생산적인 기업이 덜 설립돼서가 아니라 스타트업이 다른 기업만큼 빠르게 성장하지 않기 때문에 생산성 성장

226

이 둔화되는 것이다. 여기서 문제는 성장의 역풍이다. 이 역풍은 지배적 기업의 소프트웨어 시스템 투자로부터 불어온다.

생산성 측정의 오류

폴 크루그먼은 "생산성이 전부는 아니지만, 장기적으로 보면 생산성이 전부라고 할 수 있다."라는 명언을 남겼다.[55] 경제학자와 경제 전문지는 대체로 노동자 1인당 아웃풋과 GDP를 기준으로 측정하는 생산성에 집착한다. 경제학자 다이앤 코일Diane Coyle이 저서 《GDP》에서 말했듯이, 각국의 통계기관은 경제가 얼마나 회복했는지를 판단하고자 제2차 세계대전 이후에 GDP를 측정하는 지표를 개발했다.[56] 오늘날 우리는 이 지표를 이용해서 경제가 얼마나 잘 돌아가고 있는지 이해한다.

코일은 GDP가 경제적 후생을 차치하더라도, 경제적 활동을 측정하지 못하는 세 가지 이유를 제시했다. 첫째, 경제적 활동이 서비스와 무형자산으로 전환되어 측정하기 어렵다. 둘째, 경제가 더욱 복잡해졌다. 셋째, 지속 가능성과 연관된 자원이 고갈됐다. 서비스와 무형자산으로의 전환과 경제의 복잡성 심화는 슈퍼스타 자본주의로 전환됨으로써 그 현상이 악화됐다. 코일은 저서

227

에 "경제를 구성하는 물질적 요소가 점점 줄어들고 있다."라고 썼다. "공장에서 생산되는 자동차, 냉장고, 못이나 간편식의 수를 계산하면 경제적 아웃풋은 상대적으로 쉽게 측정된다. 하지만 간호사, 회계사, 정원 설계자, 음악가, 소프트웨어 개발자, 요양보호사 등과 같은 직업인의 아웃풋은 어떻게 측정할까? 유일한 방법은 그들이 몇 명이고 '고객' 몇 명에게 서비스를 제공하는지 살피는 것이다. 하지만 이 방법에는 그들이 제공하는 서비스 품질을 완전히 간과한다는 단점이 있다. 서비스 품질은 이런 직업인의 아웃풋을 측정하는 데 중요한 기준이 되는데도 말이다."[57]

기업이 제품이나 서비스의 품질을 빠르게 개선하면서 품질 경쟁을 벌이면, 아이러니하게도 갈수록 품질 개선이 어려워진다. 통계기관은 기업이 제공하는 제품과 서비스 품질이 얼마나 좋은지 측정하기 위해서 제품이나 서비스 가격을 기본 특성과 연관 지었다. 제너럴 모터스는 품질이 다양한 모델을 더 많이 생산해서 포드와 경쟁했다. 1930년대에 자동차 경제학자 앤드류 코트Andrew Court는 자동차의 품질을 기준으로 조정된 자동차 아웃풋 지표를 만들어내려고 시도했다.[58] 그는 자동차 모델의 가격을 무게, 길이, 마력과 연결하기 위해서 통계 기법인 회귀분석을 이용했다. 이렇게 해서 그는 이 세 가지 매개변수를 바탕으로 품질 지수를 계산할 수 있었다. 이 '쾌락적인' 가격책정법은 이후에 즈비

228

그릴리치스Zvi Griliches에 의해 주류 경제학에 도입됐으며, 현재 통계 기관들은 컴퓨터처럼 빠르게 변화하는 제품의 품질을 측정하기 위해 이 기법을 사용하고 있다.[59]

슈퍼스타 경제 체제에서 이 기법에는 두 가지 문제가 있다. 첫째, 자동차에 소프트웨어 코드 수백만 개를 입력하면, 지나치게 다양한 기능이 자동차 품질에 영향을 미치고, 핸들링과 운전성 따위에 영향을 준다. 따라서 모든 근본적인 매개변수 측정이 불가능해지고, 가격과 연결할 수도 없다. 둘째, 기업이 품질 차별화를 추구하면, 가격은 더 이상 제품이나 서비스의 절대적인 품질과 일치하지 않는다. 그 대신에 가격도 상대적인 차이를 보여준다. 동급에서 제너럴 모터스 모델과 비교해서 토요타 모델의 가격은 토요타 모델의 품질이 상대적으로 우월함을 보여준다. 그래서 여기서 가격으로 품질 수준을 직접 측정할 수 없다.

코일이 강조한 두 번째 문제는 새로운 제품이나 기존 제품의 새로운 버전이 다양하고 급격하게 생산된다는 것이다.[60] 제품의 범위와 다양성은 모든 통계 대상에서 증가하고 있다. 자동차 모델부터 슈퍼마켓 제품, 영화와 책, 음악과 신용카드 서비스까지 모든 통계 분야에서 제품 범위와 다양성이 증가했다. 오늘날에는 자동차 모델이 훨씬 증가했을 뿐만 아니라, 자동차 제조업체는 이제 소비자들이 매스 커스터마이제이션을 이용해 자동

229

차 모델을 자신들의 취향에 맞게 직접 설계할 수 있도록 한다. 심지어 제품 다양성이 연간 1퍼센트 증가한다는 추정도 있다. 그리고 1990년대 이후로 제품 다양성이 급격하게 성장했다. 하지만 통계기관은 이 성장세의 원인을 찾는 데 애를 먹고 있다. 코일은 "GDP는 경제에서 제품 범위가 확대되는 것을 완전히 담아내지 못해서 경제 성장을 실제보다 작게 측정한다."라고 주장한다.[61]

기업이 기능 경쟁을 할 때, 새로운 제품이나 기존 제품과 서비스의 새로운 버전이 더 많이 출시된다. 그리고 기능을 경쟁하는 기업은 복잡한 방식으로 제품과 서비스 품질을 개선한다. 여기서 제품이나 서비스 가격은 전혀 품질을 반영하지 못한다. 이런 이유로 슈퍼스타 자본주의는 경제 활동의 지표로서 GDP와 생산성 지표를 훼손한다.

사이버슨은 GDP와 관련해서 사람들 대다수가 제대로 이해하고 있는 생산성 측정기법에 몇몇 문제가 있음을 인정했다. 하지만 그 문제가 급격히 심각해졌다거나 정보 기술과 직간접적으로 관련이 있다는 증거는 존재하지 않는다고 주장했다.[62] 그는 생산성 성장세가 모든 선진국에서 둔화됐지만, 국가가 IT 기술이나 고속 데이터 통신망에 얼마나 투자했느냐와 생산성 성장세가 얼마나 둔화했느냐는 상관이 없다고 주장했다. 하지만 생산성 측정기법은 슈퍼스타 기업 투자가 생산성 성장에 어떤 영향을 주었는지 설명하지는 못한다. 월마트가 칠레 시장에 진출하면, 칠레 유통업체는 성장이 당연히 둔화될 수밖에 없을 것이다. 하지만 월마트가 칠레 시장에 진출해서 칠레 유통업체의 생산성에 미치는 영향은 아칸소 벤턴빌의 월마트 본사에서 얼마나 많은 소프트웨어 개발자들이 일하고 있는지, 스페인에 통신설비 투자를 얼마나 했는지와 더 관련 있다. 추정이지만 지배적 기업이 독점 소프트웨어 시스템에 지속적으로 투자하는 것이 생산성 성장뿐만 아니라 그것을 측정하는 기법에 미치는 영향은 갈수록 커질 것이다.

마지막으로 생산성은 기업이 경쟁업체와 차별화되기 위해 활용하는 기술 때문에 감소한다. 경쟁업체와 차별화되기 위해 사용하는 기술은 기업의 수익성을 높이는 데 도움이 되지만 경쟁업체 사업에 방해가 될 수 있다. 그러므로 기업이 새로운 기술을 이용해서 경쟁업체와 차별화를 이루는 데 성공하고 수익을 본다고 해서, 총생산성이 반드시 개선되는 것은 아니다. 그리고 기업이 제품 차별화를 위해서 기술을 사용하더라도 생산성이 향상되지 않을 수도 있다.

231

역풍과 기술 격차

지배적 기업은 확산되지 않은 핵심 기술을 사용할 수 있다. 경쟁업체가 이 기술에 접근할 수 없기에 지배적 기업은 오랫동안 와해되지 않고 시장 지배적 위치를 유지해올 수 있었던 것이다. 하지만 역으로 이러한 기술 격차는 혁신적인 중소기업의 성장을 제한한다. 뉘앙스 커뮤니케이션즈의 운명은 2014년에 결정됐다. 당시에 구글은 안드로이드 스마트폰 제조업체에게 구글 애플리케이션만 설치할 것을 강요했다. 이것은 사실상 구글 애플리케이션이 음성채팅 시장에 첫발을 내딛는 결정이었고, 결과적으로 뉘앙스 커뮤니케이션즈에 디지털 플랫폼에서 부수적 역할을 강요하는 셈이었다. 이에 앞서서 애플은 시리를 조직 내부에서 개발하면서, 사실상 뉘앙스 커뮤니케이션즈를 아이폰의 음성채팅 사업 대부분에서 배제했다. 구글과 애플이 보인 행보 탓에 뉘앙스 커뮤니케이션즈는 스마트폰 사용자와의 다목적용 상호작용 데이터와 그 과정에서 생성된 방대한 기타 데이터에 접근할 수 없게 되었다. 반면 유아이패스의 데이터 접근성은 제약받지 않았고 그 덕분에 유아이패스는 계속 성장할 수 있었다. 유아이패스 시스템 사용을 제한할 수 있는 지배적인 전사적 소프트웨어 개발업체가 없었기 때문이다. 이것은 유아이패스가 시스템과 인간 사용자가

232

상호작용할 수 있도록 전사적 소프트웨어 시스템 개발업체가 제공하는 인터페이스를 영리하게 사용한 덕분이었다.

4장에서 살펴본 기술 격차는 이번 장에서 관측한 생산적인 기업의 성장 둔화와 직접적으로 관련된다. 그리고 기업 성장률 감소는 차례대로 총생산성 성장의 둔화와도 직접 관련된다. 하지만 정정확히 말하자면 새로운 기술의 등장으로 발생한 불가피한 결과는 아니다. 새로운 기술이 등장하면 기업의 선택과 정부 정책에 따라서 완전히 다른 결과를 낳는다. 예를 들어서 반독점 규제기관은 뉘앙스 커뮤니케이션즈가 안드로이드 스마트폰 사용자에게 접근하지 못하게 한 구글의 행보에 제동을 걸었을 것이다.

핵심 기술에 접근을 제한하는 행위는 총생산성 성장뿐만 아니라 더 많은 것에 직간접적으로 영향을 미친다. 핵심 기술에 접근을 제한하는 것은 노동시장에도 강력한 영향을 미친다. 노동자는 핵심 기술로 업무를 처리하고 경험을 쌓으면서 새로운 역량을 학습한다. 핵심 기술을 접해본 적 없는 노동자는 자신의 역량을 개선할 수 없다. 최첨단 기술을 사용하면서 갈고닦은 역량을 보유한 노동자는 노동시장에서 더 귀한 대접을 받는다. 지배적 기업과 나머지 기업에서 임금 격차가 나타나고, 그 격차가 점점 벌어지는 이유가 바로 이 때문이다. 즉, 최첨단 기술을 이용할 수 있는 역량을 갖춘 인재를 영입하기 위해 기업은 소위 '인재 전쟁'을 벌인다.

233

7

분열된 사회

Divided Society

1990년대 경제학자들은 미국의 소득 불균형이 1980년 이후로 심해지고 있음을 깨달았다. 다양한 지표를 기준으로 고소득자와 저소득자의 임금 격차가 증가했다. 이러한 추세의 본질과 원인을 이해하기 위해 다양한 조사가 진행됐고, 방대한 연구 문헌이 생산됐다. 소득 불균형이 심화되는 주된 원인은 대학을 졸업한 노동자와 고등학교만 졸업한 노동자의 임금 격차가 커지는 것이었다.[1] 1970년대 대학 졸업자의 상대적 임금 수준이 하락했지만, 1980년대와 1990년대에 고등학교 졸업자에 비해 대학교 졸업자의 임금 수준은 꾸준히 증가했다. 많은 경제학자가 이런 변화의 주범으로 기술, 특히 컴퓨터 기술을 꼽았다. 1980년대부터 컴퓨터가 저렴한 가격으로 널리 보급된 덕분에 컴퓨터를 다룰 수 있는 대학 졸업자의 몸값이 상승했다. 관리직과 전문직에 종사하는 대학 학위를 지닌 노동자는 컴퓨터로 더 많은 업무를 더 빠르고 더 잘 처리할 수 있게 되어 그들의 가치는 상승했고, 소득도 증가했다. 말하자면 컴퓨터가 대학 교육을 받은 노동자에게 상호 보완적 요소가 됐던 것이다. 이것은 '숙련 편향적 기술 진화' 가설로 알려지게 된다.[2]

여기서 눈에 띄는 점이 있다. 이 가설에 따르면 임금 격차는 노동자의 개별 특징, 주로 교육 수준 때문에 증가한다. 컴퓨터를 다루는 능력은 노동자의 임금 격차를 극대화해서 소위 교육에

237

대한 투자 수익을 높였다. 일부 경제학자는 이것을 '교육과 기술 간 경쟁'이라고 칭했다.[3] 그렇다면 대학 졸업생을 더 많이 배출한 다면 소득 불평등이 줄어들까? 이것은 매우 능력주의적인 관점 으로 노동자들이 개인의 노력과 교육에 대한 투자에 따라 보상을 받는다는 것이다. 불평등이 노력과 투자 차이에서 비롯된다면 사 회적으로 더 수용 가능할 수 있다는 점도 포함된다.

하지만 실제로 소득이 더 불공평해지는 이유가 단순히 개 인이 교육에 투자해서 큰 보상을 받기 때문은 아니다. 최근 조사 에 따르면, 최근 몇 십 년 동안 소득 불균형은 대체로 교육 같은 개인 특징과 그들이 일하는 기업 특징이 결합되면서 더욱 심해 졌다. 임금 격차는 기업 내 직원 개인보다 기업 사이에서 크게 벌 어졌다. 연구진은 노동자 개개인과 그들이 일하는 기업을 오랫동 안 추적 관찰하면서 방대한 데이터베이스를 구축한 덕분에 이 사 실을 확인했다. 한 연구에서는 서독에서 이러한 결과를 확인했으 며, 다른 연구에서는 미국 국세청의 데이터를 사용해 1978년부터 2013년까지 미국 전체 노동 시장에 대해 같은 결과를 발견했다.[4] 노동자 개개인의 특성은 임금 수준을 결정하는 데 여전히 중요하 다. 하지만 이 차이는 기업 간의 차이에 의해 조정되는 경향이 있 는 것으로 보인다.

독점 소프트웨어 시스템은 기업 간 임금 격차를 높이는 데

238

주요한 역할을 한다. 게다가 정보 기술은 기업의 임금 수준 차이 뿐만 아니라, 심각해지는 사회 분열에도 영향을 미치고 있다. 정보 기술은 직장과 주거지에서 개개인을 분리시킨다. 이러한 경제적 불평등과 사회적 분열은 경제적 불평등에 대한 능력주의적 정당성을 약화시키며, 경제적·사회적·정치적 양극화, 엘리트에 대한 반감, 그리고 깊은 대중의 불만을 증폭시키고 있다. 지금부터 이에 대해서 좀 더 깊이 살펴보도록 하자.

능력 중심주의적 거짓말

우리는 왜 소득 불평등을 걱정해야 할까?[5] 혹자는 소득 불평등이 전반적으로 사회의 장기적인 부를 감소시켜 경제 성장을 둔화시킨다고 주장한다. 경제 불평등이 빈곤국처럼 특정 상황에서 국가 경제 성장을 둔화시킨다는 증거가 있지만 선진국에서도 경제 성장을 둔화시킨다는 증거는 명확하지 않다.[6]

　　또 다른 우려할 사안은 공정성에 대한 것이다. 몇몇 사람이 불공평한 이점 때문에 돈을 더 많이 번다면, 소득 불평등은 부당하며 사회 화합에 해롭다. 예를 들어, 미국 대호황 시대 벼락부자는 부당하게 부를 얻었다고 여겨졌고, 대중은 그들에게 분노했다. 그러나 능력 중심주의는 경제적 불평등을 설명하고 합리화하는 데 도움이 된다. 몇몇 사람이 더 열심히 일하거나 수준 높은 교육을 받아 더 많은 돈을 번다면, 소득 불평등은 공정한 결과인지도 모른다. 능력 중심주의로 불평등을 정당화하는 사람들은 최소한 경제적 기회의 평등을 누린다면 사회는 공정하다는 입장을 지지한다. 실제로 이러한 관점에 따르면 소득 불평등이 개인의 노력과 교육 수준의 차이에 대한 정당한 보상을 의미한다면, 소득 불평등은 좋은 것이다. 일하고 교육에 투자할 강력한 인센티브가 있는 사회는 굉장히 불공평한 결과가 나타나는 사회가 될 것이다. 게다가 능력 중심주의적 보상은 불평등에 대응할 수 있다. 기회가 정말로 공평하게 주어진다면, 성과를 바탕으로 한 보상에는 인종차별이나 성차별이 존재하지 않는다.

하지만 능력 중심주의에는 약점이 있다. 마이클 샌델 Michael Sandel은 저서 《공정하다는 착각》에서 능력 중심주의의 약점을 강조했다. 샌델은 능력 중심주의가 단순한 경제적 합의가 아니라고 주장한다. 능력 중심주의에서는 개인의 책임이 상당히 중요하다. "능력 중심주의는 자유의지를 지지한다. 우리의 운명은 우리의 손안에 있고, 성공은 우리가 통제할 수 없는 힘에 의해 좌우되지 않고, 모든 것이 우리 자신에게 달려 있다. 우리는 주어진 상황의 희생자가 아니라 운명의 주인이다. 우리가 노력하고

240

재능을 갖고 있고 꿈을 꾸는 한, 자유롭게 저 멀리 높은 곳까지 올라갈 수 있다. … 우리는 응당 누려야 할 것을 얻게 될 것이다."[7]

그런데 이러한 시각에는 결함이 있다. 좋은 성과를 얻은 사람은 사회에서 그에 합당한 보상을 받는다. 하지만 경제적 성공은 운, 사회적으로 인정된 공공재, 가정환경, 인종 성별뿐만 아니라 개인의 성과와 관련 없는 요인으로 결정되기도 한다. 예를 들어 부자 동네에서 성장한 사람은 다른 모든 조건이 동일한 경우 더 좋은 경제적 성과를 낼 것이다.[8] 소득 불균형의 원인을 무시하고 소득 불균형은 당연한 사회적 결과라고 생각하면, 포퓰리즘적 분노를 초래하여 사회 화합을 훼손하는 사회 분열이 발생한다. 능력 중심주의는 우리가 공동 운명체란 사실을 간과하게 만든다. 그리고 능력 중심주의는 재능과 부는 우연히 얻게 된 것이라고 생각할 때 생길 수 있는 사회적 연대를 약화시킨다.[9] 예를 들어, 샌델은 트럼프 지지자들이 시장이 주도하는 세계화를 옹호하고, 세계화의 이익을 누리며, 노동자를 대외 경쟁으로 몰아넣고, 동료 시민보다 세계 엘리트층에게 더 동질감을 느끼는 것처럼 보이는 능력 중심주의적 엘리트층, 전문가, 전문직 종사자에게 심하게 분개했다는 증거를 제시한다.[10]

경제적 성공은 개인적인 노력보다 다른 요인으로 결정되기도 한다. 이는 능력 중심주의가 거짓임을 확인시켜줬다. 독점

241

소프트웨어 시스템에 대규모로 투자하는 것은 경제적 불평등을 악화시킨다. 오직 일부 기업만이 새로운 기술을 사용할 수 있기 때문에, 새로운 기술과 관련된 역량을 익힐 수 있는 노동자 또한 일부에 지나지 않는다. 내가 항상 어디에서나 주장하는 것이 있다. 노동자는 새로운 기술과 관련된 역량 중 상당 부분을 직장에서 경험을 통해서 얻는다.[11] 이것은 기업 간 기술 격차를 낳고, 노동자에게는 불공평하게 경제적 기회를 제공한다. 역량의 차이는 소득 차이와 직접 관련된다. 소득 수준은 얼마나 열심히 일하는지 또는 교육을 얼마나 많이 받았는지보다 누구를 위해서 일하는지에 따라 결정된다. 그리고 기업의 채용 양상이 사회적 분열을 심화시키고 있다. 사람들은 교육 수준과 경력이 비슷한 사람과 함께 일할 가능성이 크다. 그리고 비슷한 배경을 지닌 사람과 가까이서 살아갈 가능성도 크다. 이런 추세는 능력 중심주의의 논거를 약화시키고, 분노의 정치에 기름을 붓는다. 이 추세를 이해하기 위해 기술부터 살펴보자.

노동자 간 역량 격차

매년 맨파워그룹은 고용주를 대상으로 설문조사를 한다. 설문조

242

사에는 '인재 부족에 시달리고 있는가?'라는 문항이 항상 포함된다.[12] 2019년 응답자 가운데 54퍼센트가 인재 채용과 숙련된 노동자 고용을 유지하는 데 어려움을 겪고 있다고 응답했다. 불과 10년 전만 해도 이렇게 응답한 응답자는 30퍼센트에 불과했다. 다른 수많은 설문조사에서도 이른바 '역량의 격차'가 확인됐다.

　　노동자 간에 역량 격차가 존재한다는 생각은 널리 비난받아왔다. 노동 경제학자 피터 카펠리Peter Cappelli는 이러한 설문조사 결과가 그저 '고용주의 불평'에 불과한 것은 아닌지 의문을 제기한다.[13] 폴 크루그먼은 역량 격차를 두고 '증거에 의해서 소멸됐어야 했지만, 끈질기게 소멸되길 거부하는 … 좀비 같은 생각'이라고 평했다.[14] 매튜 이글레시아스Matthew Yglesias는 블로그 '복스'에서 노동자 간 역량 격차를 '거짓말'이라고 불렀다.[15] 〈뉴욕타임스〉 편집국은 역량 격차는 '대체로 사리사욕을 추구하고 정부 데이터를 오도한 기업이 만들어낸 허구'라고 주장했다. 〈타임〉에 따르면, 설문조사 결과는 '정부가 직원 교육비에서 더 많은 부분을 부담하게 만들려는' 임원의 노력이다.[16]

　　과연 이것이 사실일까? 노동자 간에 역량 격차가 존재한다는 주장을 그저 기업 관리자 수천 명이 여론을 조작하기 위해 전 세계적으로 사용되는 술수로 치부하는 것은 논리적 비약이다. 여기서는 간단한 설명이 더 도움이 될 듯하다. 많은 기업이 실제

243

로 숙련된 노동자를 고용하는 데 어려움을 경험하는지도 모른다. 엄밀히 말하면, 충분한 증거를 제시하지 않고 역량 격차가 실업의 원인인지도 모른다고 추측하는 사람들이 문제다.[17] 그러나 이 추측이 사실인지 아닌지는 중요하지 않다. 실제로 기업은 주요한 역량을 갖춘 노동자를 채용하는 데 고생하고 있다.

이러한 논란이 있는 이유는 뭘까? 기업이 요구하는 역량과 이를 갖춘 노동자를 공급하는 방법에서 약간의 혼란이 있는 것 같다. 노동자 간 역량의 격차를 비난하는 몇몇 사람은 기업이 인재를 채용하는 데 어려움을 겪는다면 임금 수준을 높이면 그만이라고 주장한다. 〈타임〉 편집자들은 '기업이 노동자가 정말 필요하다면, 그를 고용하기 위해 임금 수준을 높일 것.'이라고 주장한다. 기업이 필요로 하는 역량을 갖춘 실업자가 많고, 기업이 임금 수준을 높여서 그들을 영입할 수 있다면, 이 주장은 일리가 있다. 예를 들어 기업이 요구하는 역량이 4년제 대학 졸업장이라면, 아직 노동시장에 참여하지 않은 수많은 대학 졸업자가 있으니 기업은 걱정할 것 없다. 그런데 기업이 원하는 핵심적인 역량은 단순히 4년제 대학 졸업장이 아니다. 안타깝게도 너무나 많은 사람이 기업이 요구하는 역량을 4년제 대학 교육과 동일시한다. 오늘날 새로운 기술을 사용하는 데 필요한 역량을 갖추려면, 새로운 기술을 비롯해 이와 관련된 비즈니스 모델을 경험해야 한다. 하지만 이를 경험할

244

수 있는 노동자가 드문 탓에 기업이 원하는 역량을 갖춘 노동자는 희소할 수밖에 없다. 단순히 높은 임금을 지급한다고 기업이 요구하는 역량을 보유한 노동자가 마법같이 생겨나지는 않을 것이다. 한편으로 기업이 찾는 핵심적인 역량은 슈퍼스타 기업이 사용하는 새로운 비즈니스 모델에 새로운 기술을 적용함으로써 습득할 수 있다. 다른 한편으로 기업이 요구하는 수많은 역량은 '하이브리드'다. 서로 다른 영역의 전문성이 결합된 것이고, 결과적으로 대학 강의실에선 가르칠 수 없는 것이다.

월마트의 기술이 의사결정 프로세스를 분권화한 과정을 살펴보자. 매장 관리자는 데이터에 접근하고 해석할 역량을 갖춰야 한다. 그리고 그들은 구매 결정을 내리기 위해서 현지 시장을 이해하는 동시에 현지 시장에서 잘 팔릴 제품을 구비할 수 있는 능력도 갖춰야 한다. 이처럼 여러 직업군에서 여러 전문성이 결합된 역량이 필요하다. 채용공고에서 데이터를 수집하는 버닝글래스는 다음 보고서를 발표했다.

> 마케팅과 홍보 분야에서 데이터 애널리틱스를 요구하는 새로운 업종이 생겼다. 마케팅 관리직, 디지털 마케팅 관리직 등이 여기에 해당한다. 이런 업종에서 성공하려면, 종합적으로 창의적인 디자인을 위해서 우뇌를 사용하고, 애널리틱스와 데이터 분석을 위해서 좌뇌

245

를 사용해야 한다. 오늘날 홍보 관리자는 창의적인 디자이너와 분석가를 한데 합친 사람이다.

그리고 컴퓨터 과학과 데이터 애널리틱스 분야에서는 정반대 현상이 나타났다. 한때 굉장히 기술적이라고 간주됐던 업종이 이제 작문 능력, 문제 해결 능력, 창의력과 연구력, 팀워크와 협동력을 요구한다. 그리고 이제 데이터를 분석하는 마케팅 관리자처럼, 소프트웨어 엔지니어나 데이터 과학자는 이제 사업가이자, 디자이너이자, 팀원이다.[18]

데이터 과학과 애널리틱스는 슈퍼스타 기업의 IT 시스템과 관련된 핵심 분야다. 이 분야에서 새로운 직종이 폭발적으로 생겨났고, 그 수는 200만 개가 넘는다. 대다수가 다양한 전문성이 결합된 역량과 경험에 기반한 역량을 요구한다.[19] 예를 들어 애널리틱스 관리자는 인적자원이나 마케팅처럼 자신의 핵심 업무와는 기능적으로 분리되는 영역에 대한 지식도 반드시 갖춰야 한다. 그리고 애널리틱스, 프로젝트 관리, 재무 계획과 예산 수립을 처리할 수 있는 역량도 보유해야 한다. 노동자가 이런 역할을 맡을 수 있도록 준비시키는 일은 쉽지가 않다. 이러한 직무를 처리하는 데 요구되는 역량은 기능적으로 다양한 영역을 아우르기 때문이다. 예를 들어, 마케팅 애널리틱스 관리자는 데이터베이스에 접근하기 위해 사용되는 구조화된 질의 언어인 SQL, 빅데이터, 예측 모델링을 다룰 수 있어야 한다. 이와 함께 기업의 사업 영역에 맞게 마케팅, 상품 관리, 마케팅 전략에 대한 전문성도 갖춰야 한다.

기업은 이런 직무를 맡은 인재를 채용하기 어렵다고 호소한다. 최고 정보 책임자를 대상으로 매년 진행되는 설문조사에서 응답자 가운데 46퍼센트가 빅데이터, 애널리틱스와 관련된 업무를 맡을 인재를 채용하고 유지하는 일이 어렵다고 응답했다. 이 업무를 맡은 인력을 채용하는 것이 가장 어려운 일임이 확인됐다.[20] 역량의 격차는 좀 더 객관적인 지표에서도 확인됐다. 데이터 과학과 애널리틱스 업무를 맡은 직원을 채용하는 데는 더 오랜 시간이 걸렸다. 일반적인 업무를 담당할 직원을 채용하는 데 40일 정도 소요된다면, 애널리틱스와 데이터를 책임질 직원을 채용하는 데는 무려 73일이 소요됐다.[21] 게다가 설문조사 결과를 면밀히 분석한 결과, 데이터 과학과 애널리틱스 업무를 처리한 인력에 대한 수요가 공급을 넘어섰다.[22] 고용주가 높은 임금을 지급했을 때도 수요와 공급의 불균형이 나타났다. 실제로 데이터 과학과 애널리틱스 업무를 맡은 사람은 학력은 비슷하지만 다른 업무를 맡은 사람보다 연간 약 1250만원을 더 벌었다.

고용주가 원하는 역량을 갖춘 인재를 확보하기란 분명 어렵다. 그리고 단순히 과학, 기술, 공학, 수학 분야의 학위를 보유한

247

표 1. IT 집약적 기업이 채용공고에서 IT와 관련 없는 업무를 처리하는 능력이 우수한 인재를 찾는다.

	중간값	IT 집약도가 높은 기업과 IT 집약도가 낮은 기업의 격차
필수 역량 개수	11.0	2.1
필수 IT 역량 비중	21.9%	20.1%
필수 AI 역량 비중	0.1%	0.2%
필수 소프트웨어 역량 비중	66.7%	6.8%
경력(연)	2.9	1.0
교육(연)	12.5	1.5

졸업생을 많이 배출한다고 해결될 문제가 아니다. 과학, 기술, 공학과 수학을 전공한 사람은 관리 능력, 팀워크를 비롯해 사회적 역량을 갖춰야 한다. 교육 경제학자 데이비드 데밍David Deming과 카딤 노레이Kadeem Noray는 과학, 기술, 공학, 수학 분야 학위를 보유한 대학 졸업생이 처음에는 이 분야 외의 학위를 지닌 졸업생보다 더 높은 연봉을 받는다는 것을 확인했다. 하지만 그들이 보유한 역량은 더 빨리 구식 취급을 받고, 장기적으로 기업에서 승승장구하는 사람은 관리직이나 다른 직업으로 이직한 사람이라는 것도 확인했다.[23] 다른 연구에서 데밍은 사회적 역량의 중요성이 전반적으로 커졌다는 것도 강조했다. 그는 정보 기술이 업무의 가변성을 높이고 팀 단위로 업무를 처리할 것을 요구하면서, 노동구조를 바

248

꾸기 때문에 이런 현상이 나타난다고 주장했다.[24]

반면 정보 기술로 인해서 과학, 기술, 공학, 수학과 관련 없는 직업인 이른바 '문과 직업'에서 요구되는 기술 역량도 바뀌고 있다. 온라인 구인 광고를 살펴보면, 새로운 정보 기술로 인해서 문과 직업의 기술 역량 수요가 어떻게 변하는지 이해할 수 있다. 이번 장에서는 버닝글래스 테크놀로지가 수집한 방대한 구인 광고 데이터베이스에서 추출한 통계치를 살펴봤다.[25] 표 1은 IT 분야와 관련 없는 모든 직업에서 기업이 노동자에게 요구하는 역량을 목록으로 나타낸 것이다. 첫 번째 열은 이러한 역량이 요구되는 수준의 중간값을 보여준다. 평균적으로 구인 공고에서 요구하는 역량 개수는 11개였다. 구인 공고 가운데 22퍼센트에서 마이크로소프트 오피스를 제외하고 적어도 1개의 IT 역량이 요구됐다. 0.1퍼센트에서 구체적인 AI 역량이 요구됐고, 67퍼센트에서 소프트웨어 역량이 요구됐다.[26] 평균적으로 구인 공고에서는 최소한 2.9년에 달하는 경력과 12.5년의 교육 기간이 요구됐다.

하지만 IT 집약적인 기업에서 업무는 수준이 상당히 높은 IT, AI 그리고 소프트웨어 역량이 요구됐다. 표 1의 두 번째 열은 IT 집약도가 높은 기업(상위 25퍼센트)의 구인 공고와 그와 반대인 기업(하위 25퍼센트)의 유사한 일자리 구인 공고 간 기술 요구 차이를 보여준다.[27] 두 번째 열은 모든 역량에서 IT 집약적인

249

기업이 IT 집약적이지 않은 기업보다 더 높은 수준의 IT, AI와 소프트웨어 역량을 요구한다는 것을 보여준다. IT와 관련 없는 업무에도 더 수준 높은 IT 역량을 요구했다. AI, 소프트웨어 역량도 요구했으며, 평균적으로 요구하는 경력이 1년 더 길었다. 마지막으로 요구하는 교육 기간도 평균적으로 1년 6개월 더 길었다. 기업이 독점 IT 시스템에 막대하게 투자하면, IT와 관련되지 않은 직무에서도 여러모로 수준 높은 IT 역량을 요구했다. 일부 예상과는 달리 IT 집약도가 높은 기업들은 사회적 기술이 뛰어난 인력을 필요로 하며, 새로운 기술을 도입하는 조직에서는 팀워크의 가치가 더욱 중요해진다. IT 집약적인 기업은 특히 IT와 관련 없는 직무에서 IT 역량과 IT 업무와 관련 없는 역량이 결합된 하이브리드 기술을 요구하는 경향이 있다.

하이브리드 역량은 획득하기가 더욱 어렵다. 하이브리드 역량은 대학 교과과정에서 쉽게 찾을 수 없는 다양한 분야의 전문성이 결합된 것이다. 그래서 하이브리드 역량을 보유한 노동자의 공급량은 수요량에 빠르게 뒤처지고 있다. 졸업한 뒤에 새로운 역량을 습득해야 하는 필요성이 커지면서 대학 온라인 교육 프로그램을 비롯해 코세라, 유데미, 칸 아카데미 등 온라인 교육 플랫폼이 성장했다. 하지만 이러한 대안에도 불구하고, 노동자 간 역량 격차는 계속 커지고 있다. 핵심 기술을 다루는 역량은 새로

250

운 공학 기술을 경험하며 습득할 수 있기에 노동자 간 역량 격차가 커지고 있는 것이다. 오직 선택된 소수 기업만이 새로운 기술에 투자하기 때문에, 이 소수의 기업을 위해서 일하는 노동자만이 현장에서 새로운 공학 기술을 다루면서 해당 직무를 처리하는 데 필요한 새로운 역량을 익힐 수 있다. 이처럼 새로운 역량을 익힐 기회는 제한적으로 제공된다. 실제로 한 조사에 따르면, 노동자는 신기술을 경험할 귀중한 기회를 얻을 수 있다면 어떤 희생도 마다하지 않는다.[28] 희망 연봉에 관한 정보를 보유한 온라인 채용 사이트에서 추출한 데이터를 살펴보면, 노동자는 신기술에 투자하는 기업에서 일할 기회를 얻을 수 있다면 낮은 연봉도 마다하지 않았다. 구체적으로 말해서, 그들은 핵심적인 빅데이터 기술인 하둡에 투자한 기업과 그렇지 않은 기업을 비교했다. 노동자는 낮은 연봉을 받으면서 신기술을 경험할 기회에 기꺼이 투자했다. 그리고 연구진은 노동자가 새로운 기술을 습득한 뒤에 더 높은 연봉을 주는 기업으로 이직해서 투자 비용을 회수한다는 것을 확인했다.

결과적으로 오늘날 독점 정보 기술이 거의 확산되지 않으면서, 노동자가 현장에서 신기술을 다루고 새로운 역량을 개발할 기회는 제한되어 있다. 이와 동시에 새로운 기술을 바탕으로 구성된 새로운 비즈니스 모델이 습득하기 더 어려운 새로운 하이브

251

리드 역량을 요구한다. 이 요소들이 서로 결합하면서, 기업이 이러한 새로운 하이브리드 역량을 갖춘 노동자를 고용하고 유지하기가 더 어려워지고 있다. 이는 결국 노동자 간 역량 격차를 벌어지게 만든다. 이러한 역량 격차는 앞 장에서 살펴봤듯이, 새로운 생산적인 기업의 성장세를 둔화시킨다. 사실상 인재 전쟁이 지배적 기업이 독점 신기술에 접근하는 것을 제한함으로써 얻은 경쟁 우위를 강화시킨다.

하지만 새로운 기술에 접근성을 제한하면 또 다른 효과가 나타난다. 소득 불균형 심화다. 2015년에 발표한 저서《실행에 의한 학습Learning by Doing》에서 나는 신기술과 관련된 역량은 직장 경험을 통해서 확산되고, 이것은 과거 신기술의 경제적 이익을 널리 공유하는 데 필수였다고 말했다. 하지만 오늘날 새로운 기술에 대한 제한된 접근성은 공유된 부의 성장을 제한한다.

기업과 임금

위와 같이 새로운 기술에 대한 접근성이 기업에 따라 달라지면서 임금 격차가 갈수록 벌어지기 시작했다. 정말로 기업 간 기술 격차가 기업 간 임금 격차를 심화시키는 데 주된 역할을 했을까? 컴

252

퓨터 기술이 기성 기업 간 임금 격차와 관련 있음을 보여주는 증거는 오래전부터 존재했다.[29] 그리고 독점 정보 시스템에 투자하는 기업이 신입 사원에게 더 수준 높은 IT 역량을 요구한다는 것을 확인했다.

사실 정보 기술은 기업 간 임금 격차에 지대한 영향을 주는 요인이다. 구인 공고에 적힌 연봉 수준을 보면, 기업의 임금 효과 규모를 알 수 있다.[30] 구인 공고에 표시된 연봉이 실제 받는 것과 정확히 일치하지는 않지만 이를 통해 기업 간 임금 격차를 분석하기가 쉬워진다. 독점적인 기술에 많이 투자하는 기업(IT 직무 비율 상위 25퍼센트)은 IT 집약도가 낮은 기업(하위 25퍼센트)보다 구인 광고에서 평균적으로 36.1퍼센트 더 높은 급여를 제시한다.[31] 이것은 기업이 지급하는 연봉과 기업의 직무 구성 차이를 보여주는 중간값에서도 큰 차이를 만들어낸다. 기업 연봉 격차를 두 가지로 나눠 살펴보면 이해하는 데 도움이 될 것이다. 첫째, 기업의 임금 효과는 존재한다. 역량이 비슷한 노동자에게 다른 기업보다 더 많은 연봉을 주는 기업이 있다. 둘째, 연봉을 많이 주는 기업은 다른 기업보다 더 수준 높은 노동자를 채용할 수 있으며, 이를 기업 간 노동자 분류라고 한다. 먼저 독점 정보 기술과 기업 임금 효과의 관계를 살펴보자.

253

기업 임금 효과

노동 경제학에 오랫동안 풀리지 않은 퍼즐이 있다. 같은 직종에서 능력이 비슷한 노동자에게 지급하는 임금이 기업마다 매우 상이하다는 사실이다.[32] 대체로 대기업이 임금을 많이 준다. 예를 들어, 관측할 수 있는 특징과 관측할 수 없는 노동자 개개인의 특징들을 통제한 뒤에, 직원 수가 1000명이 넘는 기업의 비서가 직원이 100명 이하인 기업에서 비슷한 업무를 하는 비서보다 7퍼센트 더 많은 급여를 받는 것으로 나타났다. 직원이 1000명이 넘는 기업의 경비원이 100명 이하의 기업에서 일하는 경비원보다 10퍼센트 더 많은 돈을 번다. 그리고 대기업 트럭 운전사가 중소기업 트럭 운전사보다 6퍼센트 더 많은 돈을 받는다.[33]

왜 일부 기업은 겉보기에는 동등한 노동자에게 더 많은 급여를 지급할까? 이는 완전 경쟁이라는 정통 경제학의 관점에서 보면 확실히 수수께끼다. 그 세계에서는 노동이 일종의 상품으로 특정 특성에 따라 동일한 가격으로 거래된다. 하지만 노동시장은 여러 이유로 인해 이상적인 세계와 다르다. 경제학자들은 완전 경쟁에 관하여 여러 이론을 수립하고 발전시켜왔다. 완전 경쟁에서 기업은 수준이 비슷한 노동자에게 임금을 더 또는 덜 지급한다. 완전 경쟁 이론을 뒷받침하는 증거는 많다.[34] 완전 경쟁 모델

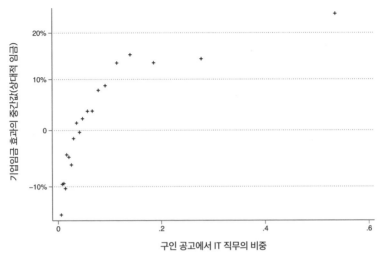

그림 8. IT 집약적인 기업이 유사한 근로자에게 평균적으로 더 많은 급여를 지급한다.

출처: 베센, 덴크, 멩, '기업 차이: 기술 분류와 소프트웨어'

의 공통된 특징은 기업이 큰 수익을 낼수록 직원에게 많은 임금을 지급한다는 점이다. 많은 연구에서 다양한 방식으로 측정된 기업의 수익성과 기업의 급여 수준 간에 견고한 관계가 있음을 보여준다.[35]

　물론 독점 정보 기술은 기업의 수익원 중에 하나다. 그래서 IT 집약적인 기업이 비슷한 수준의 노동자에게 더 많은 임금을 지급하는 것은 어느 정도 일리가 있다. 다양한 직업적 특성을 통제하고 서로 다른 기업이 낸 구인 공고에 제시된 임금 수준을 비교하면, 기업임금 효과를 계산할 수 있다.[36] 그림 8에서 봤듯

255

이 기업 임금 효과는 기업의 IT 집약도와 관련이 있다.[37] 기업임금 효과의 중간값은 구인 공고에서 IT 직무의 비중과 함께 급격히 증가하다가, IT 집약도가 최고치일 때 안정화된다. 이를 좀 더 구체적으로 설명하면, IT 집약도에서 최상 사분위수에 속하는 기업은 최저 사분위수에 해당하는 기업보다 비슷한 직무를 처리하는 자리에 17.4퍼센트 더 높은 임금을 제공한다. 이는 상당한 차이다.

17퍼센트 차이는 비슷한 자격 요건을 요구하는 직업에 기업이 지급하는 임금 수준의 차이다. 하지만 2장에서 정보 기술에 기업이 투자한 규모는 1990년대 이후로 8배 증가했다는 것을 확인했다. (그림 2 참조) 이것은 대략적으로 IT 집약도의 증가로 기업 간 임금 격차가 벌어지는 현상을 설명할 수 있음을 시사한다.

노동자 역량에 따른 분류

기업마다 임금 수준에서 차이를 보이는 이유가 몇몇 기업이 다른 기업과 비교해 비슷한 직무에 더 많은 임금을 지급해서만은 아니다. 몇몇 기업이 다른 기업보다 더 수준 높은 인력을 채용해서이기도 하다. 송재Jae Song와 그의 동료는 임금 수준이 높은 기업이 대체로 더 좋은 실적을 내므로 더 많은 임금을 주고 노동자를 채용한다는 사실을 확인했다. 일종의 '끼리끼리 현상'이다. 그들은 최근 수십 년 동안 나타난 소득 불평등 심화가 역량을 기준으로 노동자를 분류하고 채용하는 현상이 심화됐기 때문이라고 봤다.[38]

앞서 IT 집약도가 구인 공고에서 요구하는 역량과 강력한 상관관계를 맺고 있다는 것을 확인했다. IT 집약도는 기업임금 효과와도 강한 연관성을 지니기 때문에 IT 집약도가 숙련 노동자가 임금 수준이 높은 기업에서 일하는 이유가 되리라고 예상할 수 있다. 정보 기술은 역량 수준으로 노동자를 분류하고 채용하는 이유가 된다. 첫째, 표 1에서 나온 역량 지표는 소프트웨어 역량을 제외하고 기업 임금 효과와 유의미한 상관관계를 보인다.[39] 그러나 이들 상관관계의 상당 부분(46~92퍼센트)은 IT 집약도와 기술 간의 상관관계에 의해 설명된다.[40] 즉, 숙련된 노동자가 고임금 기업 취업률이 증가하는 현상은 IT 집약도가 상승했기 때문이라고 할 수 있다.

기업 전반에 걸쳐서 나타나는 숙련도가 높은 노동자가 주로 임금 수준이 높은 기업에서 일하는 현상이 나타난다. 직무가 이 현상의 또 다른 요인이 된다. 기업의 IT 집약도에 따라서, 기업이 주로 노동자를 채용하는 직무를 맡은 노동자와 다른 직무를

257

맡은 노동자에게 지급하는 임금 수준에서 나타나는 차이는 천차
만별이다. 표 2는 구인 공고에서 직무에 따른 임금 차이를 보여준
다.[41] 첫 번째 2개 열은 IT 집약도가 높은 기업이 IT 집약도가 낮
은 기업과 비교해 관리직, 전문직 그리고 행정지원직을 훨씬 더
많이 채용하고, 그 외의 직무를 덜 채용한다는 사실을 알 수 있다.
외주가 산업별 직무 비중을 왜곡시킬 수 있기 때문에, 외주 직무
는 이 표에서 제외됐다. 3열은 IT 집약도가 높은 기업이 여러 직
무에 지급하는 임금 수준과 차이를 보여준다. 여기서 구체적인
직무, 산업, 교육 수준, 경력, 지역, 연도는 통제됐다. 관리직과 전

**표 2. IT 집약도가 높은 상위 25퍼센트 기업들은 특정 직종에서 더 많은 직원을 채용하고
더 많은 임금을 지급한다.**

	직업별 직무 비율		
	IT 집약도가 낮은 기업	IT 집약도가 높은 기업	임금 프리미엄
관리직	8.5%	19.7%	22%
전문직	10.2%	35.1%	20%
의료직	17.1%	6.3%	-3%
비즈니스 서비스직	5.1%	2.3%	12%
영업직	25.9%	10.1%	5%
행정지원직	8.1%	15.1%	10%
건설 및 생산직	9.0%	8.6%	11%
수송 및 운송직	16.1%	2.8.%	-34%

258

문직은 IT 집약도가 높은 기업에서 훨씬 더 많은 임금을 받았지만, 트럭 운전기사와 다른 운송 노동자들은 훨씬 적은 임금을 받았다.

관리직과 전문직에는 임금 프리미엄이 존재한다. 이것은 역량에 바탕을 둔 기술적 변화가 임금 수준에 영향을 미친다는 가설과 일맥상통하게, 독점 IT 시스템이 관리직과 전문직을 보완하는 경향이 있음을 시사한다. 하지만 트럭 운전기사의 경우 상황이 좀 더 복잡하다. 정보 기술 덕분에 외주를 통해서 수송과 운송 업무를 처리할 트럭 운전기사를 확보하는 일이 쉬워지면서 트럭 운전기사의 임금 수준은 하락했다.[42]

이것은 IT 집약적인 기업이 더 높은 급여 수준으로 숙련된 역량을 요구하는 직무를 처리할 수 있는 노동자를 더 많이 채용한다는 것을 보여준다. 기업이 정보 기술과 관련된 역량을 갖춘 노동력을 확보하기 위해 높은 급여를 제시하면서 기업 임금 효과가 발휘된다. 이런 상황을 고려하면 독점 정보 기술에 대규모로 투자하는 기업이 소득 불균형에 상당한 영향을 미친다고 할 수 있다. 물론 이것이 소득 불균형에 영향을 주는 유일한 요인은 아니지만, 주된 요인임은 틀림없다.

259

사회 분열

정보 기술은 능력 중심주의로 소득 불균형을 정당화하는 논거를 약화시킨다. IT 집약도가 높은 기업 노동자는 비슷한 교육을 받고 경력을 쌓았지만 IT 집약도가 낮은 기업에서 일하는 노동자보다 평균 17퍼센트 더 많은 임금을 받는다. 여기서 임금 격차를 정당하다고 주장하기 어렵다. 그런데 슈퍼스타 기업이 사회 결속력을 훼손시키는 또 다른 방법이 있다. 슈퍼스타 기업은 경제적 분리를 심화시킨다. 훗날 각자 노벨경제학상을 수상하게 되는 경제학자 마이클 크레이머Michael Kremer와 에릭 매스킨은 1990년대에 역량 수준에 따라서 노동 분열 현상이 심화했다는 사실을 발견했다. "경제적 활동의 중심축이 제너럴 모터스처럼 고숙련 노동자와 저숙련 노동자를 모두 채용하는 기업에서 마이크로소프트와 맥도날드처럼 훨씬 더 균질적인 노동력을 이용하는 기업으로 이동했다."[43] 노동자의 숙련도를 측정하는 다양한 방법을 통해서 이는 대개 사실로 드러났고 이 현상은 여러 선진국에서 나타났다.

슈퍼스타 기업은 노동 분열 현상에 일조한다. 그들은 관리직과 전문직 노동자를 훨씬 더 많이 채용한다. 관리직과 전문직 노동자는 서로 같은 조직에서 근무할 가능성이 크다. 반면 그들이 생산직 노동자나 트럭 운전기사, 영업직 노동자와 함께 일할 가능성은 작다. 슈퍼스타 기업은 대개 신기술과 관련된 역량을 포함해서 구체적으로 특정 역량을 보유한 노동자를 많이 채용한다. IT 집약도가 높은 기업은 시장을 지배하므로, 지배적 기업에서 일하는 노동자와 피지배적 기업에서 일하는 노동자 간 분열이 심화된다. 링크드인 데이터를 분석하여 노동자의 직업 변화를 살폈다. 구체적으로 각자의 시장에서 상위 4위권에 들어가는 기업에서 일한 경험이 있는 노동자의 이직 행태를 살폈다. 이외의 다양한 요인은 모두 통제했다. 그 결과 상위 4위권 기업에서 또 다른 상위 4위권 기업으로 이직한 노동자 비율은 5~6퍼센트였다.[44] 이그제큐콤프Execucomp 데이터를 분석한 결과, 상위 4위권 기업에서 일했던 임원이 또 다른 상위 4위권 기업으로 이직할 가능성은 13퍼센트 더 높았다.[45] 이것은 노동력의 계층화가 압도적이진 않지만 상당히 진행됐음을 시사한다.

독점 정보 기술은 지리적 분열에도 일조하고 있다. 슈퍼스타 기업은 대체로 대도시에서 상당히 많은 노동자를 채용한다. IT 집약도가 낮은 기업이 진행하는 채용 가운데 22퍼센트가 10대 대도시권에서 진행된 반면, IT 집약도가 높은 기업이 실시한 채용 중 32퍼센트가 10대 대도시권에서 이뤄졌다.[46] IT 노동력 규모로 도시의 순위를 매긴다면, IT 집약도가 낮은 기업은 채용의 21퍼센트를 상위 10위권 도시에서 진행했다. 반면에 IT 집약도

261

가 높은 기업은 전체 채용 가운데 36퍼센트를 IT 노동력을 기준으로 상위 10위권 도시에서 추진했다.[47] 결과적으로 정보 기술이 소득과 교육 수준이 높은 숙련된 도시 엘리트층을 형성하는 데 기여한 것이다. 이들은 주로 해안 도시에 분포한다. 이 사실은 파비안 에커트Fabian Eckert, 사라트 가나파티Sharat Ganapati 그리고 코너 월쉬Conor Walsh가 진행한 연구 결과와 일치했다. 그들은 지식 집약적 직업이 소득 불균형을 심화시킨다는 점을 설명해냈고, 지식 집약적 직업은 대체로 대도시에 집중되어 있음을 확인했다.[48]

요약하면 독점 정보 기술이 경제적, 사회적 분열을 악화시키고 있다. 독점 정보 기술로 기업 간, 직업 간, 역량 수준에 따른 임금 격차가 벌어지고 있다. 이것은 기업과 도시에 걸쳐서 역량 수준에 따른 노동 분열을 심화시킨다. 슈퍼스타 자본주의가 소득 불균형에 영향을 주는 유일한 요인은 아니다. 노동조합이 감소하고 노동자 교섭력이 약화되는 현상도 소득 불균형을 심화시켰다. 경제에서 교육의 역할이 변하는 것도 마찬가지다. 그러나 현재 연구에 따르면, 임금은 단지 교육 수준과 열심히 일하는 정도만이 아니라 고용주가 누구인지에도 영향을 받는다. 그리고 슈퍼스타 자본주의가 부상하면서 나타나는 기업 간 임금 격차를 설명할 수 있다. 더욱이 단순히 불평등이 증가한 것이 아니라 기업 간 차이에 기반한 불평등은 능력주의 이상을 더욱 약화시킨다. 따라

262

서 경제적 승자가 경제적 혜택을 더 많이 누리는 것이 반드시 당연하지는 않다는 생각이 점점 강해지고 있다. 이는 엘리트에 대한 반감과 포퓰리즘 정치에 불을 지피고 있다. 물론 독점 소프트웨어 시스템은 사회 양극화를 조장한 유일한 요인은 아니다. 소셜미디어와 함께 세계화는 사회를 양극화하는 데 일조해왔다. 하지만 커져가는 부당한 경제적 불평등과 분리가 확실히 문제를 더욱 악화시키고 있다.

263

8

규제 복잡성

Regulating Complexity

청정 디젤

마틴 빈터코른Martin Winterkorn의 경력이 무너지기 시작한 때는 대학원생 두서너 명이 자동차를 운전해 로스앤젤레스에서 시애틀까지 갔던 2014년 봄이었다.[1] 빈터코른은 폭스바겐 최고경영자였다. 대학원생들은 웨스트버지니아 대학교의 댄 카더Dan Carder가 진행한 저예산 연구에 참여했다. 카더가 연구를 진행한 이유는 디젤 자동차가 질소 산화물 배출량을 엄격히 제한하는 규제를 준수할 수 있음을 증명하기 위해서였다. 그들이 로스앤젤레스에서 시애틀까지 타고 갔던 차의 모델은 폭스바겐 파사트였다. 이 모델에는 질소 산화물 배출량을 줄이기 위해서 개발된 촉매 환원 기술이 탑재되어 있었다. 연구진은 이 기술로 질소 산화물 배출량을 낮추는 방법을 찾을 것이라고 기대했다.

파사트는 폭스바겐이 출시한 이른바 '청정 디젤' 모델에 속했다. 폭스바겐은 파사트가 휘발유 자동차보다 친환경 면에서 우월하다며 공격적으로 홍보했다. 실제로 디젤 엔진은 성능이 비슷한 휘발유 엔진보다 이산화탄소를 덜 배출한다. 이런 이유로 유럽 정책 입안자들은 교토 의정서에서 정한 온실가스 감축 목표치를 달성하려 노력하면서, '디젤로의 질주' 프로젝트를 진행했다. 그러면서 디젤 자동차에 세금을 감면하고 다른 인센티브를

267

제공해서 유럽인에게 디젤 자동차를 구입하라고 권장했다.[2] 디젤 엔진은 독일 자동차 기업이 원천기술을 보유하고 있었고 적극적으로 밀고 있는 기술이었기에, 손해 볼 일이 전혀 없었다. 하지만 디젤 엔진도 유해한 오염물질인 질소 산화물과 많은 미세먼지를 배출한다. 질소 산화물은 폐기종, 기관지염 등 호흡기 질환을 일으키는 원인으로 알려져 있다.

연구진은 실험에서 사용한 파사트에 임시방편으로 만든 휴대용 배기가스 계량기를 설치했다. 대부분의 배기가스 테스트는 표준 테스트 프로토콜을 이용해서 조성된 실험실에서 실시됐다. 규제기관이 실시하는 배기가스 테스트도 통제된 환경에서 진행됐다. 휴대용 배기가스 계량기 덕분에 연구진은 실제 주행 환경에서 자동차 배기가스 배출량을 측정할 수 있었다. 하지만 계량기를 자동차에 설치하는 데 문제가 있었다. 시중 장비의 배터리 수명은 짧았기 때문에 연구진은 휴대용 휘발유 발전기를 테스트 차량 후면에 장착해야 했다. 이런 구조는 소음을 많이 발생시켰고, 자주 고장이 났다. 연구진은 오리건 포틀랜드의 어느 쇼핑몰 주차장에서 한밤중에 장비를 수리해야 했다. 하지만 이 장비 덕분에 연구진은 자동차의 질소 산화물 배기량을 일관성 있게 측정할 수 있었다. 놀랍게도 측정치는 테스트 시설에서 측정된 배기량보다 20배나 높았고, 미국 환경보호국 허용치를 훨씬 웃돌았다.

연구진은 당혹스러웠다. 그들은 이 차이가 설계상 오류나 기술적 결함 때문에 나타났다고 추측했다. 연구에 참여한 대학원생 중 한 명이었던 마르크 베슈Marc Besch는 연구 결과를 2014년 초 샌디에이고에서 개최된 산업 콘퍼런스에서 발표했다. 그곳에는 배기량 기준을 마련하는 국가기관인 캘리포니아 대기자원위원회 관계자들이 있었다. 베슈의 발표를 들은 캘리포니아 대기자원위원회의 조사관들은 의구심을 품었다. 그래서 그들은 자체적으로 배기량 테스트를 진행했고, 배기량 국가 기준을 마련하는 미국 환경보호국에도 연락했다. 캘리포니아 대기자원위원회 연구진은 고속도로와 유사한 조건에서 자동차가 주행할 때 배기량이 훨씬 더 높다는 사실을 그 즉시 확인할 수 있었다. 이 테스트 결과를 받게 된 폭스바겐은 파사트 모델의 배기량이 높게 나온 이유는 다양한 기술적 문제와 실제 주행할 때 나타나는 예기치 못한 환경 때문일 수 있다고 대응했다. 대기오염 규제기관은 폭스바겐에 명확한 해결책을 내놓을 것을 집요하게 요구했다. 2014년 12월에 폭스바겐은 자신들이 주장하는 기술 문제를 해결하기 위해 리콜 조치를 내렸다. 미국 환경보호국이 폭스바겐에 보낸 위반 사항 통지를 보면, 리콜 조치 이후에 어떤 일이 일어났는지 알 수 있다.

269

미국 환경보호국과 공조해서 캘리포니아 대기자원위원회는 실험실 환경과 실제 주행 환경에서 이 모델을 대상으로 후속 테스트를 진행했다. 목적은 리콜 조치의 효과성을 확인하는 것이었다. 테스트 결과는 리콜 조치가 배기량을 줄이는 데 거의 효과가 없었음을 보여줬다. 캘리포니아 대기자원위원회는 테스트 대상을 확대했다. 이는 테스트 차량이 안전 테스트를 통과하지 못한 정확한 기술적 원인을 찾아내고, 차량에 탑재된 진단 시스템이 증가한 배기량을 감지하지 못한 이유를 조사하기 위해서였다. 폭스바겐이 언급했던 잠재적 기술 문제 중에서 그 무엇도 캘리포니아 대기자원위원회의 테스트에서 지속적으로 배기량이 왜 높게 측정됐는지 설명하지 못했다. 캘리포니아 대기자원위원회와 미국 환경보호국은, 폭스바겐이 이례적인 배기량 수치에 대해서 충분한 설명을 내놓고 2016년 모델에 이와 유사한 문제가 나타나지 않을 것이라고 보장할 때까지, 폭스바겐의 2016년 모델에 제품 품질 확인서를 발행해주지 않았다. 그제야 폭스바겐은 차량에 배기가스 임의조작 장치를 설치했다고 인정했다. 폭스바겐은 자동차가 배기량 테스트를 받고 있을 때를 감지해내는 정교한 소프트웨어 알고리즘을 차량에 입력했던 것이었다.[3]

배기가스 임의조작 장치는 배기량 테스트를 통과하기 위해 자동차를 임의로 조작하는 소프트웨어다. 이후 연구진은 폭스바겐의 배기가스 임의조작 장치가 엔진 제어 장치의 수천 개 컴퓨터 코드 안에 숨겨져 있다는 것을 알아차렸다. 엔진 제어 장치는 다양한 자동차 센서에서 자동차에 대한 정보를 입수하는 컴퓨터다. 엔진 제어 장치는 이 정보로 엔진의 다양한 부품을 관리하고 통제한다. 구체적으로 말해서 엔진 제어 장치는 연료 소비, 배기량, 엔진의 회전력과 가속도를 조절한다. 일반적으로 자동차의 주행 성능이 최고일 때 배기가스가 과도하게 배출된다. 반면에 배기량이 최적일 때 자동차의 주행 성능은 감소한다. 폭스바겐의 배기가스 임의조작 장치는 자동차가 배기량 테스트를 받고 있다는 것을 감지하면 자동으로 작동했다. 시동이 걸리면 엔진 제어 장치는 자동차가 배기량 테스트를 받고 있는 것처럼 작동했다. 엔진 제어 장치는 배기량을 최소화하기 위해 연료 주입 시점이나 배기가스의 재순환 등 엔진 작동을 다양한 방식으로 통제했다.[4] 자동차가 주행할 때 엔진 제어 장치에 은밀하게 삽입된 컴퓨터 코드는 배기량 테스트 상태인지 아닌지를 열 번이나 확인했다. 미국 환경보호국은 배기량 테스트를 진행할 때 자동차를 31분 동안 약 18킬로미터를 주행시킨다. 일부 모델에서는 바퀴가 20도 이상 돌아가는지를 확인했다. 엔진 제어 장치에 삽입된 배기가스 임의조작 장치는 자동차가 배기량 테스트 상태가 아니라고 감지하면, 회전력과 가속도를 높이기 위해 매개변수를 바꿨다. 그러자 자동차 주행 성능

271

이 높아졌고 질소 산화물 배기량도 증가했다.

폭스바겐의 배기가스 임의조작 장치가 최초의 배기가스 임의조작 장치라고 하기는 어려웠다. 1995년 제너럴 모터스는 냉난방 시스템이 작동하면 캐딜락의 연료-공기 혼합물 농도가 올라가는 문제로 캐딜락 4만대를 리콜했다. 에어컨과 히터가 꺼진 상태에서 배기량 테스트를 실시했기 때문에 이 기능이 배기가스 임의조작 장치와 같은 역할을 했다. 캐딜락의 에어컨과 히터가 배기가스 임의조작 장치로 설계됐던 것은 아니었다. 하지만 연료-공기 혼합물의 농도를 높이지 않고 에어컨이나 히터가 작동하면, 캐딜락이 갑자기 멈췄다. 이렇게 캐딜락은 의도치 않게 냉난방 시스템으로 배기량 규제를 피했다. 하지만 폭스바겐의 배기가스 임의조작 장치는 차원이 다르다. 캘리포니아-샌디에이고대학교 컴퓨터 과학자인 키릴 레브첸코Kirill Levchenko는 폭스바겐의 배기가스 임의조작 장치는 '단연코 자동차 역사에서 가장 복잡한 시스템'이라고 말했다.[5]

폭스바겐의 배기가스 임의조작 장치는 발견하기가 더욱 어려웠다. 캐딜락의 배기가스 임의조작 장치는 찾기 쉬운 편이었다. 에어컨이 작동되면 배기량이 올라갔기 때문이었다. 하지만 폭스바겐은 훨씬 더 미묘하게 배기량을 조작했다. 실제로 웨스트버지니아대학교 연구진은 폭스바겐이 고의로 배기량을 조작했으리

272

라 의심조차 하지 않았다. 캘리포니아 대기자원위원회와 미국 환경보호국이 배기가스 임의조작 장치를 의심했지만, 그들도 장치의 존재를 명확하게 증명할 수 없었다. 장치의 존재를 증명하려면, 배기량을 임의로 조작하는 컴퓨터 코드를 찾아야 했다. 게다가 미국 저작권법 때문에 제조업체가 아닌 그 누구도 자동차 코드에 직접 접근할 수 없다. 자동차 제조사가 아닌 다른 누군가가 자동차 코드에 접근하는 것은 불법이다. 디지털 밀레니엄 저작권법 1201절에 따라서 자동차 제조업체는 이유가 아무리 합법적이라도 각 자동차의 펌웨어를 보호하는 법을 위반하고 자동차 코드에 접근할 경우 법적 조치를 취할 수 있다. 여기서 자동차 소유자도 예외는 아니다. 그래서 전자 개척자 재단은 자동차 제조업체의 반대를 무릅쓰고 연구진이 합법적으로 자동차 코드를 확인할 수 있도록 의회 사서에 간청해야 했다.[6] 그 덕분에 연구진은 자동차를 통제하는 기계적 차원의 설명인 펌웨어 코드에 접근했지만, 문서화하지 않고 코드를 해석하는 데 애를 먹었다. 다행히도 전자 개척자 재단이 펌웨어 코드를 이해하고 배기가스 조작 방법을 찾아내는 데 도움이 될 이미 유출된 문서를 충분히 모았다. 마침내 소송이 제기됐고, 소환장에는 폭스바겐이 고의로 배기량을 조작했다는 사실을 증명하는 메일이 담기게 됐다.

그러나 이 새로운 배기가스 임의조작 장치는 훨씬 더 광범

273

위하게 발견됐다. 엔진 조작 장치의 소프트웨어를 쉽게 변경할 수 있기에 여러 모델에 걸쳐서 배기가스 임의조작 장치가 쉽게 사용되었다. 폭스바겐의 배기량 조작 스캔들에 10명 미만의 엔지니어가 관여했을 것으로 추정됐다.[7] 1995년에는 50만 대가 안 되는 캐딜락이 리콜됐지만, 이번에는 1100만 대가 넘는 폭스바겐이 리콜됐다. 게다가 다른 자동차 제조업체도 비슷한 코드를 엔진 조작 장치에 삽입했다는 것이 밝혀졌다. 보쉬는 폭스바겐에 엔진 조작 장치를 공급했고 대다수 자동차 제조업체도 보쉬의 장치를 사용했다. 그리고 그들 모두가 수년 동안 배기량을 임의로 조작해왔다. 볼보, 르노, 지프, 현대, 시트로앵, 닛산, 메르세데스벤츠, 포르쉐, 아우디, 피아트 등을 상대로 배기량 임의조작 주장이 제기됐다.[8]

미국 환경보호국이 위반 사항 통지를 보내자, 폭스바겐과 빈터코른의 세상이 빠르게 무너져 내리기 시작했다. 빈터코른은 그로부터 5일 뒤에 폭스바겐 CEO직에서 내려왔고, "나는 지난 며칠 동안 일어난 사태에 충격을 받았다. 무엇보다 나는 폭스바겐 그룹에서 이렇게 대규모로 위법 행위가 자행됐다는 사실에 너무나 놀랐다."라고 말했다. 그럼에도 불구하고 그는 "나는 이런 잘못이 일어나고 있는지는 전혀 알지 못했다."라고 주장했다.[9] 빈터코른은 2018년 5월 3일에 미국에서 사기와 공모 혐의로 기소됐고, 2019년에 독일에서 기소됐다. 이날부로 폭스바겐 임직원

274

13명이 기소됐다. 2명은 미국에서 유죄를 인정했고, 감옥에 수감
됐다. 폭스바겐은 이 사태로 벌금, 추징금, 합의금, 역거래비 등으
로 약 45조 9500억 원에 달하는 손해를 봤다.[10] 이 사태는 점점
많은 국가와 제조업체에 영향을 줬고, 산업계와 정계에서도 파장
이 일었다. 이 사태의 희생자는 디젤 기술을 옹호하던 유럽인지
도 모른다. 유럽연합과 회원국의 규제기관은 디젤의 배기가스 배
출량이 허용치를 웃돈다는 것을 십여 년 동안 알고 있었지만, 그
어떤 조치도 취하지 않았다.[11] 전 세계 국가와 도시는 디젤 사용
을 단속하고 배기량을 줄이기 위해 노력하고 있다. 파리, 마드리
드, 멕시코시티, 아테네는 2025년까지 디젤을 사용하는 교통수단
을 금지할 것이라고 선언했다.[12] 물론 진짜 희생자는 배기가스로
건강이나 목숨을 잃은 수많은 사람일 것이다.

이는 소수의 나쁜 사업자나 부패한 규제기관에 대한 이야
기가 아니다. 여기에는 시스템 문제가 존재한다. 소프트웨어 시스
템 덕분에 자동차 제조업체는 복잡성 경쟁을 할 수 있게 됐다. 그
결과 그들이 만들어낸 복잡한 소프트웨어 시스템을 규제하는 것
이 점점 어려워졌다. 규제기관은 더 정교한 배기량 테스트 프로
토콜을 도입해야 했고, 실행하기 위해 움직이기 시작했다. 자동차
제조업체는 강화된 배기량 테스트를 통과하기 위해 얼마 동안은
상당한 애를 먹게 될 것이다. 복잡한 소프트웨어 시스템 때문에

275

규제기관이 산업을 관리하는 데 고전하는 분야는 자동차 산업 말고도 많다. 그리고 배기량 테스트에서도 몇몇 자동차 제조업체가 더 정교한 배기가스 임의조작 장치를 고안해내는 일은 시간문제일지도 모른다. 이것은 일종의 군비 경쟁이다. 소프트웨어 코드에 접근이 쉽지 않고 그것을 해석해낼 자원과 역량이 부족한 규제기관은 규제 대상과의 군비 경쟁에서 압도될 것이다.

소프트웨어 복잡성은 기업의 행동뿐만 아니라 정부가 그들을 규제하는 능력에까지 영향을 미쳤다. 《안티프래질》을 쓴 나심 니콜라스 탈레브Nassim Nicholas Taleb, 《멜트다운》의 공동 저자 크리스 클리어필드Chris Clearfield와 안드라스 틸시크András Tilcsik가 저서에서 언급했듯이 복잡한 시스템을 통제하는 일반적인 어려움에 대해 여러 사람들이 논의해왔다.[13] 하지만 복잡한 소프트웨어 시스템은 정보 이용과 관련된 규제 행위에 영향을 준다. 그리고 기업 정보는 정부가 펼치는 규제 활동의 핵심이다. 독점 소프트웨어 시스템이 정부 규제에 제기하는 도전에 대응하기 위해서 법과 정책이 구체적으로 변해야 한다.

폭스바겐 사례에서 질소산화물의 배기량을 측정하려고 했던 규제기관은 복잡한 소프트웨어 시스템에 패배했다. 폭스바겐의 배기가스 임의조작 장치가 테스트 결과를 혼란스럽게 만들었다. 하지만 이 외에도 복잡한 소프트웨어 시스템이 규제기관을

276

당혹스럽게 만드는 방법이 있다. 경제 전반에 걸쳐서 복잡한 소프트웨어 시스템이 널리 사용되고 있는 현실을 감안해, 폭스바겐의 배기량 조작 사태와 유사한 사태가 일어날 산업은 많이 존재한다. 그리고 복잡한 소프트웨어 시스템으로 인한 규제 실패는 때때로 극적으로 사회 전반에 영향을 미칠 것이다.

보잉 737 맥스

보잉 737 맥스에 탑재된 소프트웨어 시스템이 항공기 안전성을 점검하려던 규제기관을 좌절시킨 사건이 있었다.[14] 2011년 보잉은 노후화된 737 여객기에 더 강력한 엔진과 새로운 기능을 탑재하는 업그레이드 프로젝트에 착수했다. 최대 고객사인 아메리칸 항공을 최대 경쟁사인 에어버스에 뺏기지 않기 위한 노력의 일환이었다. 보잉은 더 큰 엔진을 여객기에 탑재하기 위해 엔진을 전진 배치했다. 하지만 엔진이 재배치되면서, 여객기의 공기 역학적 움직임이 바뀌었다. 특히 와인드업 턴으로 알려진 동작에서 여객기의 공기 역학적 움직임에 상당한 영향을 미쳤다. 와인드업 턴

277

은 항공기가 비스듬하게 급속도로 상승하여 실속* 지점에까지 이르게 하는 가파른 나선형 비행이며, 이는 연방항공청(FAA)에서 요구하는 안전 테스트다. 일반적으로 항공기가 실속에 접근할 때 조종사는 조종간**에 힘이 가해지는 것을 느끼고, 이를 신호로 받아들여 기체의 앞부분을 내리면서 실속을 방지한다. 하지만 업그레이드된 보잉 737 맥스는 새로운 엔진 구성과 배치 때문에 실속에 도달할 때 조종간이 오히려 느슨해졌다.

이것 하나로 안전 문제가 일어나지는 않을 것이다. 하지만 이 방식을 유지하면 미국 연방항공국에서 조종사에게 시뮬레이션 훈련을 추가하라고 요구할 게 뻔했다. 시뮬레이션 훈련을 하는 데는 비용과 시간이 많이 소요됐다. 그래서 보잉은 소프트웨어 조정장치를 설치하는 쪽을 선택했다. 엔지니어들은 급격한 상승각을 감지하기 위해 항공기에 센서를 추가했다. 각도가 지나치게 가팔라지면, 실속 위험이 발생했다. 그래서 소프트웨어 조정장치는 항공기 앞부분을 하강시키기 위해 자동적으로 꼬리 안정판을 조작했다. 업그레이드된 보잉 737 맥스는 이 덕분에 미국 연방

---

* 공기 흐름의 분리가 생겨 항공기가 하강하려는 현상 - 옮긴이
** 항공기의 고도, 진행 방향, 자세 등을 제어하기 위하여 보조 날개 및 승강타昇降舵를 조작하는 막대 - 옮긴이

항공국의 안전성 테스트를 통과했다. 보잉은 이것이 사소한 조작일 뿐 일반적인 비행 조건에서는 발생하지 않을 상황이라고 여겼다. 그래서 보잉은 조종사 매뉴얼에 이 사실을 언급하지 않았다. 첫 번째 센서가 오작동을 일으키는 경우를 대비하여 두 번째 센서를 추가로 설치하지도 않았다. 그리고 이런 변경 사항을 미국 연방항공국에 완전히 알리지도 않았다.

그 결과는 끔찍했다. 2018년 10월 29일, 자카르타에서 승객 181명이 탑승한 보잉 737 맥스가 자카르타에서 이륙했다. 항공기가 이륙한 지 3분쯤 됐을 때, 각도 센서가 오작동을 일으켰다. 그러자 소프트웨어 조정장치는 고도가 낮고 실속에 도달하지 않았음에도 불구하고 자동적으로 항공기를 하강시켰다. 조종사들은 헐레벌떡 항공기 앞부분을 끌어올리려고 안간힘을 썼다. 그들은 반복적으로 자동 조작과 반대로 조종간을 당겼다. 조종사들은 9분 동안 비행기를 바로잡기 위해 사투를 벌였지만, 항공기는 그대로 바다로 추락했다. 소프트웨어 조정장치 때문에 규제기관은 이 문제를 알지 못했다. 그리고 보잉 경영진도 이 사실을 몰랐던 것 같다. 그들은 사고가 나자 곧바로 제대로 훈련되지 않은 조종사들에게 사고 책임을 돌렸다. 보잉 737 맥스는 이듬해 3월에 에티오피아에서 157명의 사망자를 낸 추락사고가 일어날 때까지 계속 비행했다. 하지만 끔찍한 사고가 또 한 번 일어나고 전 세계

279

적으로 상당한 정치적 압박을 받고 나서야, 보잉은 항공기 운항을 중단했다.[15] 그리고 추가 테스트를 거친 후에 사고의 진짜 원인이 밝혀졌다.

서브프라임 모기지

2008년 글로벌 금융 위기에서는 복잡한 소프트웨어가 다른 방식으로 규제 당국을 잘못된 방향으로 이끌었다. 소프트웨어 모델과 소프트웨어로 활성화된 금융 상품들이 주요 은행의 재정 상태와 시스템적 위험의 규모를 불투명하게 만든 것이다. 2007년 7월 19일에 주택 가격이 떨어지면서 많은 서브프라임 모기지 대출상품이 채무불이행 상태로 빠지던 시기에, 당시 연방준비은행 회장이었던 벤 버냉키Ben Bernanke는 청문회에서 시장에서 발생한 손실이 약 137조 9640억 원을 넘지 않을 것이라고 증언했다. 2009년 11월이 되자, 국제통화기금은 미국과 유럽 주요 은행들이 불량 자산과 악성 대출로 약 1379조 6400억 원이 넘는 손실을 보았다고 추산했다. 손실액은 약 3862조 9200억 원에 육박할 것으로 예측했다. 서브프라임 모기지 거품의 붕괴가 대침체의 주된 배후 요인이었다. 금융규제기관은 어떻게 이렇게 될 때까지 아무것도 몰랐을까?

280

서브프라임 모기지는 단순한 모기지 대출상품이 아니었다. 서브프라임 모기지 대출이란 모기지 대출상품을 기초자산으로 한 복잡한 금융 수단이었다. 모기지는 주택 소유자가 주택 가치를 담보로 받는 주택담보대출이다. 모기지에는 고정이율이나 변동이율이 있다. 그런데 모기지는 2순위 모기지일 수 있다. 말하자면 주택 가치를 담보로 한 1순위 모기지의 가치를 담보로 제공되는 모기지일 수 있다는 것이다. 프레디맥Freddie Mac, 패니 메이Fannie Mae, 지니매Ginnie Mae 등과 같은 연방정부기관은 주택 소유자가 채무불이행 상태에 빠질 경우를 대비해 많은 모기지 대출상품에 보증을 서준다. 하지만 일부 대출상품은 정부 보험의 보증을 받을 수 있는 신용 기준에 못 미친다. 이런 대출상품이 이른바 '서브프라임 대출상품'이다. 서브프라임 대출상품은 평균적으로 채무불이행 위험도가 높아 일반적으로 서브프라임 대출상품의 이율이 매우 높다. 그 결과 위험을 기꺼이 감수하려는 투자자는 서브프라임 대출상품을 매력적인 투자 대상으로 여긴다.

월가는 단순한 모기지 대출상품을 기초자산으로 다양한 금융 수단을 고안했다. 첫째, 모기지 대출상품을 한데 모은 담보부사채가 있다. 이렇게 모기지 대출상품을 한데 모으면, 위험도를 낮출 수 있다는 장점이 있다. 단일의 서브프라임 모기지는 채무불이행 위험도가 높다. 반면에 모기지 대출상품을 한데 모아놓

281

은 담보부사채에서는 모든 모기지 대출상품이 아닌 일부만 채무불이행 상태에 빠질 위험이 있다. 이것은 담보부사채를 구성하는 모기지 대출상품 대부분이 한꺼번에 채무불이행 상태에 빠지는 사건이 일어나지 않는 한 사실이다. 담보부사채를 구성하는 일부 모기지 대출상품이 채무불이행 상태가 될 수 있다는 가능성을 고려하여 담보부사채의 이율이 계산됐고, 그 덕분에 담보부사채는 일반적인 상황에서 개별적인 모기지 대출상품보다 채무불이행 위험도가 낮았다.

담보부사채와 같은 금융수단을 개발하는 데는 소프트웨어 시스템이 필수였다. 예를 들어, 종합 이율을 계산하고 개별 모기지 대출상품의 채무불이행을 처리할 방안을 찾는 데 소프트웨어 시스템이 반드시 필요했다. 하지만 소프트웨어 시스템이 더 필요한 과정은 바로 채무불이행 위험도를 평가할 때였다. 담보부사채 투자자들은 기초자산이 되는 모기지 대출상품을 자세히 알지 못했다. 그 대신에 그들은 무디스Moody's Investors Service, S&P와 같은 금융수단의 등급을 매기는 신용평가기관에 의지했다. 신용평가기관은 담보부사채 상품에서 평균적으로 나타나는 특징을 바탕으로 위험 등급을 평가하는 독점 소프트웨어 모델을 개발했다. 예를 들어, 모기지 대출상품의 평균 신용점수나 고정 금리 대출상품과 변동 금리 대출상품의 비율 등을 바탕으로 위험도를 평가해내는 것이었다.[16] 하지만 이 방식에는 여러 가지 문제가 있었다. 신용평가 기관은 개별 모기지 대출상품이나 현지 시장 조건을 분석하지 않았다. 그저 많은 모기지 대출상품으로 구성된 담보부사채의 평균적인 특징만을 살폈다. 이것은 신용평가기관이 주택가격 하락과 사기 같은 채무불이행으로 이어질 수 있는 조건을 쉽게 파악하지 못한다는 뜻이었다. 또한 신용평가 시스템이 편법으로 이용될 수 있다는 의미였다. 월가의 금융회사는 실제로 상당히 위험한 대출 상품을 한데 묶어 위험도를 낮춰서 금융수단을 만들어냈다. 그리고 마지막으로 이러한 신용평가 모델은 주택 가격이 하락하지 않을 것이라고 낙관적인 추정을 했다. 실제로 많은 서브프라임 대출 상품은 주택 가격이 하락하거나 금리가 상승하자 채무불이행 위험도가 올라갔다. 2006년 이 사태가 벌어졌다. 간단히 말해 위험 등급을 매기기 위해 사용된 소프트웨어 모델은 금융수단의 실제 위험도를 금융규제기관의 눈에 잘 띄지 않게 만든 셈이다.

무디스와 S&P는 담보부사채에 우호적으로 위험 등급을 매겼다. 그 덕분에 금융회사는 온갖 의심스러운 대출상품을 판매할 수 있게 됐다. 미심쩍은 서브프라임 모기지 대출상품으로 돈이 홍수처럼 흘러들었다. 작가인 마이클 루이스Michael Lewis는 딸기를 수확해서 연간 약 1931만 4960원을 버는 멕시코인이 캘리포니아에 약 9억 9885원의 주택을 구매하기 위해 계약금 없는 대

283

출을 받은 이야기를 들려줬다. 역상각된 대출상품이 쏟아졌다. 이 상품을 구매한 대출자들은 이자를 거의 또는 전혀 내지 않고 그저 빚만 계속 지게 되는 꼴이었다. 3년 뒤에 오르는 낮은 담보할인율이 처음에 부과되는 대출상품이 정말 흔했다. 이 모든 것은 대출자가 갑자기 할부금을 더 이상 갚을 수 없거나 주택 가치가 부채 수준 이하로 하락하면 채무불이행 위험도가 증가한다는 것을 시사했다. 주택 가치가 대출금보다 떨어지면 대출자는 대출금 갚기를 포기했다. 하지만 신용평가기관은 이러한 위험을 임시방편으로 가리기에 급급했다.

게다가 이 혼란스러운 상황은 담보부사채를 기초자산으로 하는 금융수단이 널리 거래되면서 더 복잡해졌다. 금융회사는 담보부사채를 한데 모아서 종합 증권을 만들었다. 바로 부채담보부증권이었다. 부채담보부증권은 채무불이행 위험을 더욱 분산시켰고, 많은 투자자가 부채담보부증권에 대거 투자했다. 게다가 부채담보부증권 소유자들은 신용부도스와프를 구입해 자신의 위험도를 '표면적으로' 낮출 수 있었다. 이것은 사실상 담보부사채나 부채담보부증권 같은 금융수단이 채무불이행 상태에 빠지지 않을 것이라는 기대에 베팅하는 거나 다름없었다. 만약 채무불이행 상태에 빠지더라도, 신용부도스와프 덕분에 담보부사채나 부채담보부증권의 원금은 받을 수 있었다. 신용부도스와프는 보험과

284

비슷해보였지만, 보험과는 차이가 있었다. 신용부도스와프를 구입하기 위해서, 다시 말해서 금융수단이 채무불이행되지 않으리라는 기대에 베팅하기 위해서 굳이 담보부사채나 부채담보부증권을 실제로 소유할 필요가 없었다. 같은 금융수단은 수차례 채무불이행에 대한 보증을 받을 수 있었다. 그리하여 서브프라임 담보부사채에 대한 신용부도스와프는 약 1379조 6400원 시장으로 성장했다.[17] 이 거대한 투자시장은 신용평가기관의 위험도 평가 모델이 위험도를 정확하게 평가하고 있다는 잘못된 믿음 아래에서 형성됐다. 게다가 모든 자산이 은행으로 흘러들었고, 은행은 독점 소프트웨어 모델로 위험도를 평가하고 금융규제기관에 보고서를 제출했다. 금융규제기관은 이 데이터와 모델을 이용해서 은행이 여러 가지 시나리오에서 얼마나 높은 위험에 노출되는지 평가했다. 은행이 위험에 너무 많이 노출됐으면, 규제기관은 대출 부실에 대비해서 자산을 제공하고 은행에 대출 대비 자본을 더 많이 보유하라고 권고했다. 중앙은행은 시스템적 위험을 이런 방식으로 관리한다. 하지만 데이터와 모델이 잘못되면, 필요 자본량이 너무 낮고 금융 시스템이 위험할 정도로 위태로워질 수 있었다.

그리고 이런 일이 실제로 일어났다. 주택 가격이 더 이상 오르지 않자, 채무불이행 금융 수단이 쏟아졌다. 연방준비은행과 금융규제기관만 이 상황에 놀란 것은 아니었다. 은행과 그 금융수

285

단이 세상 물정 모르는 사람들을 타깃으로 개발됐다는 사실을 잊은 월가의 금융회사도 놀랐다. 담보부사채와 부채담보부증권에 대해 신용부도스와프를 갖고 있던 AIC처럼 베어스터스, 리먼 브러더스, 메릴린치가 파산했다. 담보부사채와 부채담보부증권이 대거 채무불이행에 빠지자, 대출자 수백만 명이 경제적으로 궁핍해졌고 도산했다. 그리고 뱅킹 시스템이 붕괴되면서 경제는 심각한 침체에 빠졌다.

소프트웨어 시스템이 최근 몇 년 동안에 터진 대형 규제 실패 사태에 개입된 것은 우연이 아니다. 소프트웨어 시스템이 관리하는 정보가 최근 수십 년 동안 규제 관행에 점점 중요해지고 있다. 그리고 규제기관은 이런 종류의 정보에 갈수록 의존하고 있다. 규제의 본질이 어떻게 변화했고 그 이유는 무엇인지 이해하는 것이 중요하다.

규제에서 일어난 정보 혁명

미국에서 연방 규제 국가가 등장했다. 자본주의자들이 힘을 키우도록 도운 거대한 신기술에 대응하기 위한 장치였다.[18] 대형 철도회사, 정육업체, 철강회사, 정유회사는 농부와 노동자, 소비자와

286

중소기업에 전례 없는 새로운 방식으로 영향을 미쳤다. 이에 정계가 반발하고 일어났다. 19세기 후반의 포퓰리즘 운동부터 개혁 시대와 뉴딜을 경험하면서 연방 정부는 새로운 시대가 낳은 사회악에 맞설 힘을 키워나갔다.

　　민간영역을 규제하는 새로운 힘을 얻게 된 최초의 연방 규제기관은 1884년에 미국 농무부에 세워진 동물관리국이었다.[19] 동물관리국은 철도와 고기 포장 센터를 통해 전역으로 빠르게 확산되는 광우병을 잡기 위해서 가축을 검역하고 살처분하고, 건물을 소각하고, 관련 규정을 위반하는 자를 주에 상관없이 체포할 수 있었다. 철도는 독점적인 지역 철도회사의 영향을 받는 농부들의 목표물도 됐다. 농부들은 정계에 압력을 행사하여 1887년에 주간통상법과 1890년에 셔먼 반독점법을 제정하는 데 일조했다. 이 법은 철도 가격을 규제했다. 이후 수십 년 동안 노동 규제, 식약품 안전, 소비자 보호를 위해서 새로운 규제기관이 설립됐다. 정부가 특히 막대한 힘을 새롭게 얻은 강력한 대기업의 반대편에 서서 균형을 잡아주는 균형추로 떠올랐다. 1933년에 국가회복법이 제정됐고, 이 법에 따라서 임금과 가격이 결정했다. 하지만 대법원은 이 법이 위헌이라고 판단했고, 국가회복법은 폐지됐다. 아마도 단명했던 국가회복법이야말로 민간영역에 가장 깊이 침범했을 것이다.

　　새로운 규제기관은 처음부터 딜레마에 빠졌다. 기업은 항

287

상 사회의 최고 이익을 위해서 행동하지는 않았다. 그리고 규제 기관에는 기업이 똑바로 행동하도록 방향을 제대로 잡아주는 데 필요한 정보가 너무나도 부족했다. 애덤 스미스Adam Smith는 사적인 이익을 위해서 행동하는 민간이 효과적으로 경제적 가치를 생산해내고, 이를 통해서 사회 선이 확대될 것이라고 주장했다. 그런데 대호황 시대에 대기업은 힘을 남용했고, 애덤 스미스의 논리가 불완전하다는 것이 확실해졌다. 예를 들어서 제철소 소유주들은 사사로운 이익을 추구하며 철강을 가장 효율적으로 생산하는 방법을 찾고자 했다. 그들이 찾은 최선의 방법 때문에 제철소 인근 대기와 수질이 오염됐지만 제철소 소유주들이 오염으로 야기된 비용을 부담하지 않았다. 결국 그들은 제철소의 운영 방식을 결정할 때 대기와 수질을 오염시킬 수 있다는 점을 고려하지 않은 셈이다. 1920년 경제학자 아서 세실 피구Arthur Cecil Pigou는 이 문제를 알아차렸고, '외부 효과'라고 칭했다.[20] 규제기관은 오염을 줄이면서 저렴하게 철강을 생산하도록 제철소 소유주들을 독려해야 했다. 대개 이런 목표는 서로 양립할 수 없다. 그래서 그 사이에서 트레이드오프*가 일어난다. 규제기관은 오염 문제를 알

---

* 두 개의 정책목표 가운데 하나를 달성하려고 하면 다른 목표의 달성이 늦어지거나 희생되는 경우 – 옮긴이

288

아챘지만, 트레이드오프를 최적화하기 위해 제철소를 어떻게 운영해야 하는지는 잘 몰랐다.

이것은 1장에 등장했던 하이에크의 경제 조직 딜레마를 보여주는 사례다. 중앙집권화된 사회주의적 계획경제를 추구하는 이들과 같이, 규제기관에게는 많은 공장장이 갖고 있는 제철소 관리에 필요한 정보가 없었다. 게다가 공장장은 자신이 알고 있는 정보를 규제기관에 솔직하게 털어놓을 이유가 없다. 자신들이 알고 있는 모든 것을 규제기관과 공유했을 때 제철소 수익에 영향을 끼칠 수 있기 때문이었다. 이것은 사적 정보 또는 비대칭 정보의 문제다.

하이에크에 이어서, 경제학자들은 정보 경제학에 대해서 방대한 실증 문헌을 형성해냈다. 정보 경제학은 규제를 분석할 뿐만 아니라 규제를 이행하는 수단을 완전히 바꿔놓았고, 기업 활동을 규제하는 데 상당한 영향력을 발휘했다. 하지만 결과를 측정하고 정식으로 개발된 평가 지표를 기준으로 기업 활동이 규제된다는 뜻은 아니다. 이렇게 되면 어떤 경우에 규제기관이 소프트웨어 시스템을 잘못 사용할 위험이 커질 수 있다. 지금부터 규제기관이 사적 정보 문제에 대응하기 위해 개발한 몇 가지 중요한 전략을 살펴보자.

289

테크노크라시*

규제기관이 규제 대상 기업에 대한 지식을 얻는 원초적이고 가장 단순한 방법은 해당 업계 전문가를 고용하는 것이다. 철도 가격을 규제하는 주간통상위원회가 여기에 해당한다.[21] 초대 위원장은 수년 동안 철도업계를 대변했던 토마스 쿨리Thomas Cooley였다.[22] 많은 전문가가 미국 식약청부터 미국 환경보호국과 연방준비은행까지 여러 규제기관에 채용됐다.

그런데 업계 전문가에게 의존하는 규제기관은 업계 친화적인 조직이 될 수 있다. 이것은 오랫동안 인정된 테크노크라시의 위험이었다. 말하자면 규제기관이 업계 출신 전문가에게 '포획'될지도 모른다.[23] 구체적으로 말해서 규제기관이 이른바 '문화적 포획'을 당할 수도 있다. 문화적 포획은 규제기관이 업계 출신 전문가에게 영향을 받아 업계의 관심과 세계관을 반영하는 시각을 갖게 되는 현상이다. 문화적 포획이 아니라면, 규제기관은 업계 편을 들어준 대가로 보상을 기대하며 규제 대상에 포획될 수도 있다. 가령 규제기관 관계자가 은퇴한 뒤에 규제 대상 기관에서 일하면서 돈을 많이 벌 수 있으리라 기대하는 것이다. 사람들

————————— • 기술이나 과학적 지식의 소유로 사회와 조직의 사상 결정에 중요한 영향력을 행사할 수 있는 권력의 형태 - 옮긴이

은 일찍부터 주간통상위원회처럼 업계 출신 전문가에 의존하는 규제기관에 이런 문제가 생길 위험이 있음을 알았다. 밀턴 프리드먼은 주간통상위원회가 설립되고 몇 년 뒤에 그로버 클리블랜드Grover Cleveland 행정부의 법무장관인 리처드 올니Richard J. Olney가 시카고, 벌링턴 앤드 퀸시 레일로드의 사장인 찰스 퍼킨스Charles E. Perkins에게 보낸 편지를 인용했다.

> 위원회는 … 철도업계에 매우 유용하거나, 유용할 수 있다. 위원회는 정부가 철도산업을 감독하라는 대중의 요구를 잠재우지만, 그것은 거의 명목상의 감독 행위이기도 하다. 게다가 주간통상위원회와 같은 위원회는 오래될수록, 업계의 시각에서 상황을 바라보고 판단하게 될 것이다. 그러므로 위원회는 철도회사와 사람들 사이에 세워진 일종의 장벽이고, 철도업계의 이익에 적대적인 성급하게 마련된 조악한 법안으로부터 업계를 보호하는 보호막이 될 것이다. … 그러니 주간통상위원회를 해체하지 않고 활용하는 것이 지혜롭다.[24]

제도 설계

피구부터 시작해서 경제학자들은 업계 출신 전문가에게 덜 의존적인 규제 정책을 설계했다. 기업 행위를 구체적으로 지시하거나 직접 가격을 설정하는 대신에, 이 정책은 기업 인센티브 제

291

도를 바꿔서 기업이 수익을 극대화하기 위해 노력하면서 사회 목표를 고려하게 만드는 것을 목표로 한다. 대기와 수질을 오염시키는 제철소의 사례로 되돌아가자. 피구는 제철소가 배출하는 오염물질 양에 따라서 세금을 부과할 것을 제안했다. 이렇게 하면 제철소 소유자들은 오염물질 배출량을 줄이면서 철강을 생산하기 위해 생산 방식을 조정할 것이다. 그리고 오염물질을 최소한으로 배출하면서 철강을 효율적으로 생산하는 새로운 기법을 개발해낼지도 모른다. 온실가스 배출량을 감축하기 위해 도입된 탄소세가 '피구세'의 또 다른 사례다. 탄소세는 운전과 같이 온실가스를 배출하는 활동을 하는 데 드는 비용이 증가할수록 사람들이 더 현명하게 행동하게 될 것이라는 생각에서 나왔다. 여기서 핵심은 정보와 관련해서 정책 입안자들이 제철소를 운영하는 방식이나 온실가스를 배출하는 수많은 활동을 모두 이해하고 알 필요가 없다는 것이다.

경제학자들은 이 간단한 개념을 발전시켜 다양한 규제 상황에 적용했다. 레오니트 후르비치Leonid Hurwicz, 에릭 매스킨Eric Maskin, 로저 마이어슨Roger Myerson은 이런 종류의 정책을 설계하는 것을 두고 '제도 설계'라고 불렀다.[25] 그들은 이 공로로 노벨 경제학상을 수상했다. 장 티롤Jean Tirole은 장자크 라퐁Jean-Jacques Laffont과 함께 공공요금이나 원가 기반의 정부 조달 계약 가격을 규제하는 방법을 개발했는데, 이는 규제 당국이 공공요금이나 계약업체의 실제 원가 구조를 알지 못해도 작동하는 방식이다.[26] 제도 설계의 또 다른 사례는 미국 연방통신위원회가 전자기파 스펙트럼을 할당할 때 사용하는 경매 방식이다. 경제학자들은 메커니즘 설계 도구를 사용해 이 경매의 세부 요소들을 결정했다.[27] 같은 맥락에서 혁신적인 정책 접근의 또 다른 사례가 있다. 규제기관이 기업의 오염물질 배출량의 상한선을 설정하는 '배출권 거래제'다.[28] 규제기관은 배출량 상한선을 설정한 뒤에 정해진 양의 오염물질을 배출해도 좋다는 허가증을 발급하며, 총 허가량은 최대 한도와 같다. 기업들은 필요한 양을 확보하기 위해 허가증을 서로 거래할 수 있으며, 이 과정에서 허가증의 시장 가격이 형성된다.

강제 공시

기업이 규제기관에 직접 제공하는 정보보다 소비자와 노동자에게 제공하는 사적 정보와 관련된 규제 정책도 있다. 기업은 제품 품질에 대한 중요한 정보를 소비자에게 전부 공개하지 않을 것이다. 그리고 노동자에게 노동 질에 대한 중요한 정보를 온전히 제공하지 않을 것이다. 좋은 결정을 내리기 위해 자동차 구매자는 다양한 모델의 연비를 알아야 한다. 대출자들은 대출을 받으면 실제로 매달 얼마를 갚아야 하는지 알아야 한다. 노동자는 작업장에서 건강과 안전을 위협하는 위험요인이 무엇인지 알

293

아야 한다. 하지만 기업은 공정한 거래를 위해 필요한 이러한 정보를 소비자와 노동자에게 제공하지 않는다. 설상가상으로 기업은 오해 소지가 큰 정보를 제공할 수도 있다. 기업은 소비자와 노동자의 인지적 한계를 이용할지도 모른다. 개인은 항상 사적인 이익을 위해 행동하지는 않는다. 자기 행동이 외부에 미칠 수 있는 영향을 온전히 이해하지 못하거나 해롭거나 위험한 선택으로 이어질 수 있는 인지적 편향을 갖고 있다고 인식하지 못하기 때문이다. 현대 행동 경제학이 중요한 인지적 편향을 증명했다.

'강제 공시'는 지난 반세기 동안 이런 문제를 해소하기 위해 선호된 정책적 대응 방식이었다. 강제 공시 정책은 기업에게 표준 양식으로 명확한 언어를 사용해서 정확하게 소비자가 어떤 의무를 갖게 되는지, 무엇을 얻게 되는지, 질적보증과 물적보증이 무엇인지를 자세하게 알리도록 한다. 이것이 우리가 대출을 받거나, 여행권을 구매하거나, 병원 치료를 받거나, 건강보험에 가입하거나 심지어 웹사이트에 방문할 때 눈을 크게 뜨고 봐야만 확인할 수 있는 깨알 같은 글씨로 적힌 정보다.

공시는 주로 규제 완화와 짝을 이뤘다. 합리적인 결정을 내리는 데 필요한 정보를 소비자에게 제공하여, 규제기관은 기업을 제한적으로 규제에서 풀어줄 수 있다. 그리고 정부가 아닌, 소비자는 이 정보로 자신에게 가장 큰 이익을 안겨주는 것이 무엇

294

인지 결정할 수 있다. 사례를 살펴보자. 재무 공시는 대출 규제가 완화되는 동시에 도입됐다. 20세기 중반까지 미국 주들은 대부분 고리금지법을 사용했다. 고리금지법은 대출자를 보호하기 위해 부과할 수 있는 최대 이율의 상한선을 설정하고 기타 규제를 대출기관에 부과하는 법이다. 예를 들면 많은 모기지 대출상품은 상당한 액수의 계약금과 최저 소득 수준을 요구했다. 그리고 정해진 기간에는 고정 이율이 적용되어야 했다. 이 온정주의적 정책으로 인해서 자가 소유율이 떨어졌고, 부당한 위험이나 비싼 이자 비용을 감수하지 않고도 안전하게 대출을 받을 수 있는 적법한 사람들조차 대출받을 수 없었다.

　1968년 공정대부법으로 시작해서 공시법은 대출회사에 대출 이율과 전체 상환액에 대해서 명확하고 표준화된 정보를 제공하도록 요구했다.[29] 그리고 얼마 지나지 않아 이 연방법이 주의 고리금지법을 대체하기 시작했다. 모기지 대출회사는 이전보다 더 높은 대출 이율을 부과했고, 변동 이율 모기지 대출상품과 역상각 모기지 대출상품을 판매했고, 최저 소득 수준과 계약금에 관한 규정을 없앴다. 소비자 신용시장이 급속도로 성장함에 따라 자가 소유율도 높아졌다. 그 탓에 대출자는 급격하게 강화된 인지적 자격 요건을 만족해야만 했다. 하지만 많은 서브프라임 모기지 대출상품은 이 요건을 충족할 수 없었다. 결국 서브프라임 모기지

295

대출상품은 대출자의 채무불이행과 파산 위험도를 높였다.

  강제 공시도 강화될 수 있다. 캐스 선스타인Cass Sunstein과 리처드 탈러Richard Thaler는 공시 정책이 '넛지•'나 채무불이행으로 보완될 수 있다고 주장한다.³⁰ 예를 들면 노동자는 다른 퇴직연금상품에 대한 정보를 받고, 필요하다면 자유롭게 해지할 수 있는 상품에 자동으로 가입된다.

규제와 기술 복잡성

지난 반세기 동안에 규제는 공식적인 정보 소통에 갈수록 의존하고 있다. 이와 동시에 소프트웨어 시스템은 기술과 제품을 더 복잡하게 만들고 있다. 이 두 현상이 결합하면서, 규제를 전복시키거나 회피하려는 시도가 만연하게 나타난다. 몇몇 사례를 통해 지금부터 복잡성이 규제에 어떻게 도전하는지 살펴보자.

규제 포획
앞에서 규제기관 관계자가 업계 출신 전문가에게 의존하

──────── • 타인의 선택을 유도하는 부드러운 개입 - 옮긴이

뉴 골리앗

면 업계 쪽으로 편향된 시각을 갖출 수 있다고 언급했다. 규제 대상이 복잡할수록 업계 출신 전문가에 더욱 의존하고 그 결과 포획될 위험도 증가한다. 정치학자 놀란 맥카티Nolan McCarty는 복잡성 때문에 규제기관과 입법가는 업계 출신 전문가에게 점점 더 의존하며 결국 규제가 규제 대상이 되는 업계에 우호적으로 움직이게 된다고 주장한다.[31]

보잉 737 맥스의 운행 인가 과정을 살펴보면, 기술 복잡성이 규제 포획에 어떤 영향을 미치는지 명확히 알 수 있다. 미국 연방항공국은 현대 항공기의 복잡성을 쉽게 이해하지 못했다. 그래서 그들은 오랫동안 항공기 제조회사에 적을 뒀던 엔지니어 중에서 지명된 몇몇 전문가에게 의지했다. 그들은 새로운 항공기 개발 과정을 직접 살피고, 모든 기능을 세세하게 예의주시했다. 그리고 신형 항공기를 개발하면서 새로운 기능이 안전한지를 증명했다. 과거에 항공기 제조회사에서 일했던 사람들이 직접 미국 연방항공국에 새로운 항공기를 살피고 안전 보고서를 제출했다. 알렉스 맥길리스Alex MacGillis는 여기서 주요한 변화를 포착했다. "2005년 부시 행정부와 의회 공화당원들이 지지했던 규제 완화 안건을 수용하면서 미국 연방항공국은 이른바 '조직 지정 승인' 모델을 채택했다. 이제 제조업체가 안전 감독관을 선택하고 감독할 것이다. 안전 감독관이 뭔가 잘못됐다고 판단되면, 미국 연방

297

항공국이 아닌 자신들의 관리자에게 문제를 제기할 것이다. 항공기 제조업체가 미국 연방항공국의 판단을 기다릴 필요가 없어질 것이다. 이 변화를 옹호하는 쪽은 앞으로 10년 동안 항공 산업에서 약 34조 원이 절감될 것이라고 주장했다."[32]

　　보잉 737 맥스 사용 인가 과정에서 보잉 관리자들은 점점 많은 증명서를 발급할 권한을 얻게 되었다. 그러다가 결국에 보잉이 사실상 직접 개발한 항공기가 안전하다고 인정하고 증명서를 발급하는 지경에 이르렀다.[33] 하지만 이후에 조사 과정에서 공개된 이메일을 통해서, 보잉 직원은 와인드업 턴 안전 테스트를 통과하기 위해 엔지니어가 소프트웨어 조종장치를 만들었고 문제가 있다는 것을 알았으면서도 이를 미국 연방항공국에 경고하지 않았다는 사실이 밝혀졌다.[34] 하지만 보잉 경영진은 이 소프트웨어 조종장치를 기존 시스템을 조금 손본 것이라 설명했고, 조종사 매뉴얼에서 언급조차 하지 않았다. 그래서 미국 연방항공국은 이와 관련해서 조종사들에게 시뮬레이션 훈련을 받으라고 지시할 수 없었다. 그러므로 보잉 관리자들이 보잉 737 맥스 추락 사고에 대한 책임을 지고 비난을 받아야 마땅하다. 이 사례에서 얻을 수 있는 더 큰 교훈은 따로 있다. 항공기의 복잡성 때문에 미국 연방항공국이 신형 항공기의 안전에 관한 중요한 정보를 얻기 위해 제조사인 보잉에 의존했으며 결국 독립적으로 판단하기가 어려워졌다는 사실이다.

측정

제도 설계 이론에 따라서 관리되는 규제활동은 결과 측정값에 의존한다. 정부 기관이 직접 규제 대상이 허용치를 준수하는지 측정할 수 있는 경우가 있다. 예를 들면 거대한 공장에서 대기오염 물질을 얼마나 배출하는지 측정하는 것이다. 하지만 규제기관이 자동차 배기량처럼 표준화된 테스트나 기업이 제공하는 정보에 의존할 때도 있다. 소프트웨어 시스템이 점점 더 많은 측정값을 관리하게 되면서, 규제기관을 점점 더 혼란스럽게 만들고 있다. 조세 순응, 의료비 청구, 공정한 보수와 근로 기준, 공공요금, 주거와 고용의 차별, 초단타 매매, 항공권 초과 예매 등 많은 규제 영역에서 이런 가능성이 제기되고 있다. 예를 들어서 조세를 회피하고자 국외 이전가격 계획을 수립하고 실행하기 위해 소프트웨어 시스템이 사용된다.[35] 가격 책정, 사법 판결, 채용, 온라인 광고 등에서 사용되는 소프트웨어 시스템에서 편향과 차별이 어떤 역할을 하는지 살펴보기 위한 조사가 급속도로 진행되고 있다.[36] 규제가 비차별적일수록, 알고리즘 편향은 또 다른 규제 전복의 형태가 된다.

이와 비슷한 문제가 강제 고시에도 영향을 준다. 질소 산화물 배기량을 조작했던 것처럼, 폭스바겐은 소비자에게 공개하

299

는 연비 등급을 결정하는 테스트 결과도 조작했다.[37]

규제기관 관계자가 수많은 규제 영역에서 어느 정도까지 호도되는지 알기란 어렵다. 하지만 소프트웨어 시스템이 점점 더 복잡한 경제활동을 관리할수록, 테스트 결과는 조작되며 규제를 준수했는지 정확히 파악하는 일은 점점 더 어려워질 것이다.

위험 평가

위험 평가에서도 이와 유사하게 규제기관을 혼란스럽게 하려는 시도가 나타난다. 규제기관 관계자들은 은행, 증권거래소, 보험회사 등 금융기관의 위험도를 평가한다. 소비자는 금융수단과 소비자 상품의 안전도에 대한 위험도 공시에 의지한다. 질소산화물 배기량처럼 물리적으로 관찰되는 결과값과 비교해서, 금융 위험도는 규제기관 관계자가 직접 관찰하고 측정하기가 더 어렵다. 그래서 규제기관 관계자와 소비자는 금융기업이 제공하는 통계 수치에 점점 더 의지하게 된다.

게다가 복잡한 소프트웨어 시스템이 점점 더 많은 금융상품을 관리하면, 금융 위험도를 평가하는 일이 훨씬 더 어려워질 수 있다. 이런 이유로 대체로 복잡한 소프트웨어 시스템은 다른 위험 요소를 지닌다. 차량 안전을 생각해보자. 보험회사와 안전 규제기관 관계자는 오랫동안 많은 차량의 사고 데이터를 수집한

300

값을 바탕으로 특정 모델의 사고 가능성을 추산한다. 그들은 주행거리 1.6킬로미터 당 사고 건수를 계산한다. 몇몇 가정에서 이 추정값은 미래 사고율을 예측하는 데 유용하므로 차량 안전 지표로 사용된다. 주요 가정 중 하나는 사고 원인은 독립적이라는 것이다. 말하자면 운전자 시야가 나빠서 충돌 사고가 발생할 가능성은 제동장치가 오작동을 일으킬 가능성과 별개다. 그리고 제동장치가 오작동할 가능성은 차바퀴가 미끄러질 가능성과 별개다. 대수의 법칙•에 따르면, 독립적인 원인으로 발생한 대규모 표본 사고들을 바탕으로 산출한 추정값은 미래 위험을 정확하게 예측하는 지표가 될 수 있다. 독립적인 인과 관계는 단순한 기계적 시스템에 적용하기에 합리적인 가정이다.

하지만 이것이 반드시 머신러닝 소프트웨어 시스템이 통제하는 자율주행차와 같은 복잡한 시스템에 적합한 가정인 것은 아니다. 첫째, 복잡한 소프트웨어 시스템에서 오작동 원인을 판단하는 것은 끔찍할 정도로 어렵다. 예컨대 2016년 자동주행 모드로 주행하던 테슬라가 충돌 사고를 일으킨 바람에 운전자 조슈아 브라운Joshua Brown이 사망했다. 이 사고는 소프트웨어가 도로

• 경험적 확률과 수학적 확률과의 관계를 나타내는 정리
— 옮긴이

를 가로지르는 트레일러 트럭을 인식하지 못하고 속도를 줄이지 않아서 발생했을 것으로 추정됐다.[38] 하지만 이 애매한 원인조차도 독립적이지 않고 서로 상호작용했을 수도 있다. 이런 경우에는 대수의 법칙이 적용되지 않을 것이다. 복잡한 소프트웨어 시스템에서 여러 요인이 상호작용하여 희귀한 사건이 일어날 가능성이 커지고 있다. 미래 위험을 예측하기 위해 과거 경험을 활용하려면 아주 먼 거리를 주행하면서 사고가 일어날 가능성을 관찰해야 한다. 최악의 경우에 과거 경험이 미래 위험을 예측하는 정확한 지표가 아닐 수 있다. 그렇다면 차량 안전 규제기관, 보험회사, 소비자는 복잡한 소프트웨어 시스템의 위험도를 평가하기 위해 훨씬 더 방대한 데이터와 분석 자료가 필요하다.

공시

법학자 옴리 벤 샤하르Omri Ben-Shahar와 칼 슈나이더Carl Schneider는 강제 공시가 "미국 법에서 가장 흔하고 가장 성공적이지 않은 규제 수단"일 것이라고 주장한다. "강제 공시는 일반인이 전문가를 상대할 때 낯설고 복잡한 결정을 내리는 데 도움을 주고자 도입된 제도다. 강제 공시는 전문가에게 일반인에게 필요한 정보를 제공할 것을 강제한다. 이렇게 하면 정보를 받는 일반인은 합리적으로 선택하고 정보를 제공하는 전문가는 자신의 지위

302

를 남용하지 않는다."³⁹ 이 강제 공시 정책이 효과적이라는 증거는 거의 없다. 아주 제한적인 경우에만 효과 있는 규제 정책이라고 할 수 있다.⁴⁰

시스템 복잡성은 여러 방법으로 강제 공시 정책을 전복시킨다. 첫째, 대체로 소프트웨어로 이행되는 복잡한 공시에는 평범한 소비자가 이해할 수 없는 정보가 담겨있다. 예를 들어, 법학자 로렌 윌리스Lauren Willis는 모기지 대출상품과 관련된 공정대부 정책은 "가격과 위험이 대출 이율 한도와 신용 등급 제한으로 통제되는 꽤 단순하고 일괄적인 대출상품을 규제하는 데 대체로 효과적이었거나 최소한 방해하지 않았다."라고 주장했다. 그는 "하지만 세상이 변했다."고 덧붙였다.⁴¹ 변동 이율 모기지 대출자들은 지수, 예대금리차, 금리 상한과 상환액, 역상각, 상환 옵션 그리고 대출액 재산정 방식 등의 공시 정보를 이해해야 한다.⁴² 이런 정보의 공시가 영어를 단 한마디도 못 하지만 약 9억 9885만 원 주택대출을 받은 농장에서 딸기를 따서 생계를 꾸리는 멕시코인에게 유용할지 매우 의구심이 든다. 윌리스는 서브프라임 모기지 대출상품이 대안상품과 비교해서 지나치게 많은 이자를 내야 하고 지나치게 위험한 대출상품을 매입하고 있다는 증거를 제시했다.

게다가 누군가 약관을 이해하더라도, 그 조항의 법적 함의와 강제성을 이해하려면 전문가가 되어야 한다. 신용카드 약관에

303

대해서 엘리자베스 워렌Elizabeth Warren은 "나는 하버드에서 계약법을 가르치고 있지만, 나조차도 신용카드 약관에 적힌 내용 절반은 이해하지 못한다."라고 했다.[43]

하지만 이 문제를 넘어서 정교한 소프트웨어 시스템은 더 악의적인 방식으로 강제 공시 정책을 뒤엎는다. 강제 공시 정책은 대출의 기본 조건을 들은 사람이 자신의 필요를 위해서 감수해야 하는 위험도와 상환해야 하는 납입액에 대해 올바르고 합리적인 결정을 내릴 수 있으리라 가정한다. 하지만 행동 경제학자들은 대다수 사람은 인지적 편향을 갖고 있다고 단호하게 주장한다. 말하자면 사람들은 위험을 과소평가하고, 실제로 납입해야 하는 금액을 잘못 판단한다. 인지적 편향을 지닌 사람들이 소수에 불과하다면, 강제 공시 정책의 효용성이 제한되진 않을 것이다. 하지만 잘못된 선택을 하는 대출자들은 무작위로 추출된 소수가 아니다. 그리고 신용카드, 담보대출모기지론을 제외한 주택의 순가치를 담보로 다시 대출을 받는 '홈에쿼티론Home Equity Loan•' 등 여러 신용대출 상품을 마케팅하는 정교한 프로그램을 보유한 대출기관은 그들을 노린다. 대출기관은 광범위한 금융 거래 데이터

• 주택을 담보로 돈을 빌리는 대출 형태. 주택의 현재 시장 가치에서 남은 주택담보 대출 금액을 제외한 잔여 자산을 기반으로 한 대출 – 옮긴이

와 인공지능 소프트웨어를 이용하여, 엄청나게 많은 이에게 접근해 대출상품을 판매할 수 있다. 그러면 대출자들은 너무나 많은 돈을 상환하고 너무나 많은 위험을 감내하게 될 것이다. 강제 공시 정책은 정교하고 복잡한 도구에 상대가 안 된다.

규제 준수 비용

마지막으로 시스템이 복잡해지면서, 규제를 공표하고 유지하는 비용이 증가하고 있다. 그리고 민간영역이 규제를 준수하는 데 드는 비용도 증가하고 있다. 규제 복잡성은 전반적으로 증가해왔다. 예를 들어서 미국 연방기준집에 적힌 단어 수는 1970년 이후로 3배 증가했다.[44] 연방정부가 규제하는 기술 복잡성이 커졌기 때문이다. 하지만 이것이 유일한 이유는 아니다.[45] 어떤 경우든지 복잡성이 커진다는 것은 규제와 관련된 행정비용이 증가하고 있다는 뜻이다. 하지만 행정적 예산은 빠르게 증가하지 않고 있다. 그래서 규제기관이 인력을 충분히 채용하지 않아서 인력 부족에 시달리고, 규제책임을 적절하게 이행하지 못할 수 있다.

규제 복잡성은 또 다른 결과로 이어진다. 부당하게도 증가하는 규제비용을 중소기업이 부담하게 되면서 대기업의 산업 지배적 위치가 더욱 강화된다.[46] 예를 들어 보유 자산이 약 1390억 원 이하인 소형 은행은 이자 비용을 제외하고 규제 준수 비용이

305

전체 비용의 10퍼센트를 차지한다. 하지만 대형 은행의 경우 규제 준수 비용의 비중은 겨우 5퍼센트다.[47] 소형 은행이 대형 은행보다 더 많은 규제 준수 비용을 내는 셈이다. 이는 소형 은행의 고정비가 많이 들어서인데, 여기서 대형 은행이 규모의 경제를 지닌다는 것을 확인할 수 있다. 예를 들어 모기지 대출상품과 관련된 공정대부법이 규제 준수 비용을 두 번째로 많이 발생시키는 규제다. 공정대부법을 준수하는 데 모든 유형의 금융수단에서 준비 비용이 소요된다. 하지만 대형 은행은 이 비용을 많은 소비자에게 분산시킬 수 있다. 소프트웨어 시스템이 다양한 금융수단을 확산시킬 때, 고정비가 증가할 수 있다. 그리고 규제 준수 비용이 은행의 이자비용을 제외한 비용의 비중과 함께 증가해왔다는 증거가 있다.[48]

　결론적으로 규제가 강화될수록, 심지어 악의가 없어 보이는 공정대부법에서 규제가 강화될수록 대기업의 시장 지배력은 더 강화될 것이다. 실제로 은행권에서 대형 은행의 시장 지배력은 지난 수십 년 동안 강화되어 왔다.[49]

오픈소스 규제

요약하면 시스템 복잡성은 세 가지 방법으로 규제를 약화시킨다. 첫째, 폭스바겐 사례에서처럼 시스템 복잡성은 혼란이나 기만을 조장할 수 있다. 복잡한 소프트웨어 시스템은 규제기관을 기만하는 충분한 기회를 제공한다. 둘째, 미국 연방항공국이 보잉을 감독한 사례나 신용평가기관과 서브프라임 모기지 대출상품 사례에서처럼 시스템 복잡성은 규제기관이나 지정 중재자의 포획이나 부패를 조장할 수 있다. 이 경우 시스템 복잡성이 증가하면 업계 출신 전문가에 점점 더 의존하고, 결국에 규제 포획으로 이어질 수 있다는 것이 확인됐다. 셋째, 시스템 복잡성이 증가하면 지나치게 많은 정보가 쏟아지고 규제 비용 부담이 증가한다. 예를 들어, 공정대부법에 따라서 모기지 대출자들은 이해할 수 없는 공시 약관을 받게 되고, 소형 은행에 상대적으로 더 많은 규제 준수 비용을 부담시킨다.

시스템 복잡성으로 야기되는 이러한 규제 문제를 어떻게 해결해야 할까? 이를 해결할 방법을 찾는 것은 이 책과 내 능력의 범위에서 훨씬 벗어난다. 하지만 오픈소스 소프트웨어 운동을 경험한 사람으로서 소프트웨어 시스템을 규제하는 방법에 대해 일반적인 원칙 몇 가지는 제시할 수 있다. 복잡한 소프트웨어 시스템

307

을 대규모로 개발하는 데 핵심이 되는 개념이 복잡한 소프트웨어 시스템을 규제하는 방법을 고민하고 찾는 데 도움이 될 것이다.

컴퓨터가 등장한 뒤로 프로그래머들은 비공식적으로 소프트웨어 코드를 공유해왔다. 1970년대와 1980년대에 다양한 조직이 자유롭게 사용할 수 있는 소프트웨어 코드에 대한 권리를 라이선스하기 시작했다. 여기에는 소프트웨어 코드를 수정하고 배포하는 권리도 포함됐다. 오픈소스 소프트웨어로 알려진 이것은 오늘날 다양한 애플리케이션에 널리 사용되고 있다. 예를 들어서 인터넷에서 뭔가를 파헤치고 분석하는 활동은 대체로 오픈소스 소프트웨어를 중심으로 이뤄진다. 인공지능, 사물인터넷, 자율주행, 분산 원장•, 클라우드 컴퓨팅 인프라에서도 두드러진다.

오픈소스 소프트웨어는 무료기 때문에 오픈소스 소프트웨어는 상업적으로 쓸모가 없다고 생각할 수도 있다. 독점 소프트웨어 개발자는 소프트웨어 코드를 개선할 강력한 인센티브를 갖고 있기 때문에, 독점 소프트웨어가 오픈소스 소프트웨어보다 더 좋다는 주장이 있다. 하지만 실제로는 그렇지 않다는 것이 확인됐다. 대부분의 대형 소프트웨어 개발업체가 자신이 활용하는

———————— • 거래 정보를 기록한 원장을 특정 기관의 중앙화된 서버가 아닌 분산된 네트워크에서 참여자들이 공동으로 기록 및 관리하는 기술 – 옮긴이

오픈소스 소프트웨어 프로젝트를 지원하기 위해 막대한 투자를 한다. 여기에는 한때 오픈소스 소프트웨어를 강경하게 반대했던 마이크로소프트도 포함되어 있다. 오픈소스 코드는 무료지만, 개발업체는 오픈소스 코드와 함께 보완 하드웨어와 소프트웨어를 공급해서 돈을 번다. 예를 들어서 IBM은 오픈소스 운영 시스템인 리눅스Linux와 함께 하드웨어를 판매하여 수익을 창출한다.

그러면 리눅스를 사용하는 수많은 프로그래머가 버그를 수정하고 새로운 기능을 추가하여 리눅스 성능을 향상시킨다. 실제로 오픈소스 소프트웨어 프로젝트가 비슷한 독점 소프트웨어 프로젝트보다 더 우수하다는 증거가 존재한다.[50] 오류 감지와 품질 개선이 오픈소스 소프트웨어 프로젝트에서는 분산적으로 이뤄지기 때문이다. 초기 오픈소스 옹호자인 에릭 레이먼드Eric Raymond의 말을 빌리면, "보는 눈이 충분히 많으면, 모든 오류는 쉽게 찾아 수정할 수 있다."[51]

규제기관이 보기에 기만적이거나 혼란스러운 코드도 오류에 해당한다. 그리고 이러한 오류도 오픈소스 소프트웨어 프로젝트에서처럼 유사한 방식으로 찾고 수정될 수 있다. 오픈소스 소프트웨어와 같은 검증 체계는 규제기관뿐만 아니라 선정된 제3기관에게 복잡한 소프트웨어 시스템의 핵심에 접근할 기회를 제공할 것이다.

309

확실히 규제기관은 규제 대상이 되는 제품과 서비스를 생산하고 공급할 때 사용되는 소프트웨어 코드에 접근할 수 있어야 한다. 그러면 코드를 점검함으로써 규제를 피하려는 시도를 미리 찾아낼 수 있다. 코드에 접근하지 않고는 이런 기만 행위를 찾아내기가 어렵다. 규제기관이 복잡한 소프트웨어 시스템의 핵심 코드에 접근할 수 없고, 실제로 접근하는 것이 불법인 현실이 기막힐 노릇이다. 그런데 규제 대상의 독점 소프트웨어 핵심 코드에 접근할 수 있는 유일한 연방기관이 있다. 바로 소비자금융보호국이다.[52] 소비자금융보호국 감독관은 이 권한을 사용해 위법 행위를 찾아낸다. 하지만 그들이 권한을 발휘하는 일은 드물다.

물론 소프트웨어 코드 자체가 해석하기 어려울 수 있다. 폭스바겐의 사례에서 조사관들은 펌웨어 목적 코드를 비롯해 소프트웨어 관련 문건을 확보한 뒤에야 규제를 어긴 코드를 발견했다.

한편 규제기관이 소프트웨어 시스템 코드를 검증하고 테스트할 지식이나 인센티브가 없을 수 있다. 이것이 오픈소스 소프트웨어 프로젝트의 특징인 '보는 눈이 충분히 많은 것'이 중요한 이유다. 오늘날에는 제3기관이 규제기관을 보완하거나 때때로 대체하여 규제활동에서 중요한 역할을 한다. 예를 들자면 보험회사는 자동차의 안전 등급을 매기고 보험료를 책정할 때 안전 등급을 부분적으로 고려한다. 이것은 자동차 제조업체로 하여금 자동차 안전성을 높여야 하는 중요한 동기를 부여한다. 또는 앞서 봤듯이 금융규제기관은 채권의 위험 평가를 독립적인 신용평가기관에 위탁한다. 오픈소스 방식의 규제는 선정된 제3기관에 시스템 코드나 데이터에 접근할 권한을 부여한다. 여기서 제3기관에는 취미를 즐기는 개개인들과 직접적인 금전적 이해관계가 없는 자들이 포함된다. 실제로 취미로 자동차를 개조하는 사람들이 폭스바겐의 배기량 조작 스캔들을 밝혀내는 데 중요한 역할을 했다.

이런 역할을 담당할 집단을 선택하고 규제하는 것은 중요하다. 왜냐하면 오픈소스 소프트웨어를 둘러싸고 상당한 우려가 제기됐기 때문이다. 자동차 개조가 취미인 사람들에게 자동차 시스템 코드에 접근할 권한을 주면 더 심각한 문제를 낳을 수 있다. 배기량을 높여서 자동차 성능을 향상하는 데 해당 코드를 사용할 수도 있기 때문이다. 그러므로 이런 핵심적인 시스템 코드를 사용하는 행위를 규제할 제도가 마련되어야 하는 것은 분명하다. 그리고 경쟁자들과 핵심 코드를 공유하고 싶지 않을 수 있다. 그래서 오픈소스 소프트웨어가 혁신 동기를 헤칠 수 있다는 우려가 있었다. 하지만 오픈소스 프로젝트를 경험하면서, 잘 설계된 프로세스는 혁신을 해치지 않는다는 것이 확인했다. 특히 공개된 코드가 하드웨어나 독점 소프트웨어 시스템을 보완하는 역할을 한다면 더 그러했다. 실제로 오픈소스 접근방식은 오픈소스 프로젝

311

트에서처럼 코드를 개선할 아이디어를 제시하는 기회를 만들어 낸다. 또 다른 우려는 사이버 보안이다. 해커들이 소스 코드에 접근하게 되면, 시스템의 취약점을 찾아낼 수 있다. 이것은 많은 논란이 있고 활발하게 연구되는 영역이다. 하지만 소수의 알려진 오픈소스 보안 오류에도 불구하고, 일부 조사에 따르면 오픈소스 프로젝트의 보안성이 독점 소프트웨어 시스템의 보안성보다 더 나쁘지 않았다. 그리고 '보는 눈이 충분히 많아서' 보안 오류를 더 빨리 포착하고 수정할 수 있기 때문에, 오히려 오픈소스 소프트웨어의 보안성이 독점 소프트웨어의 보안성보다 더 강한 경우도 있었다.[53]

소프트웨어 코드에 접근하는 것만으로 충분하지 않은 때도 있다. 특히 머신러닝 애플리케이션의 경우에는 반드시 데이터에 접근할 수 있어야 한다. 예를 들어 자율주행 자동차는 자동차 센서와 카메라에서 얻은 방대한 데이터를 기반으로 구축된 인공지능 시스템에 의존한다. 이와 비슷한 데이터가 없으면, 규제기관이나 보험회사나 제3기관이 자동차의 안전을 평가하기 어렵다. 자율주행 자동차 제조업체에게 시스템 코드와 함께 데이터를 제공할 것을 요구할 수 있다. 미국 교통국은 자율주행 자동차 운영업체를 위해 자율 프로그램을 마련했지만 이것으로 충분치 않은 듯하다.[54] 제3기관이나 정부가 직접 데이터를 만들기도 한다. 이

312

렇게 생성된 데이터는 공공재가 되고, 정부는 이 데이터를 효과적으로 제공할 수 있을 것이다.

　마지막으로 코드와 데이터에 접근할 수 없다면, '충분히 많은 보는 눈'이 시뮬레이터를 통하여 일부 경우에 적용될 수 있을 것이다. 보잉 737 맥스의 문제들은 조종사들이 시뮬레이터를 사용해서 훈련했다면 쉽게 발견됐을 것이다.[55] 자동차 파워트레인에도 사용되는 시뮬레이터는 배기량 문제를 밝혀낼 수 있었을 것이다.[56] 물론 시뮬레이터 코드도 편법으로 조작될 수 있다.

　복잡한 소프트웨어 시스템은 분명히 규제를 어렵게 만든다. 그런데 문제는 소프트웨어 시스템의 복잡성뿐만이 아니다. 소프트웨어 시스템이 독점이라는 것도 문제다. 널리 공유되는 소프트웨어나 오픈소스 소프트웨어 시스템은 남용될 우려가 적다. 오픈소스 규제는 대법관 루이스 브랜다이스Louis Brandeis의 '햇빛이 최고의 살균제'라고 했던 진술을 새롭게 해석한다.[57] 코드와 데이터를 많은 사람이 볼 수 있게 하는 것이 대기업과 규제기관의 힘의 균형을 맞추는 방법일 수 있다.

313

9

플랫폼과
반독점

Platforms and Antitrust

그날 열린 청문회는 호기심을 자극할 만한 광경을 보여주었다. 2020년 7월 29일에 거의 6시간 동안에 4대 빅테크의 CEO들이 미국 하원 법사위원회의 반독점 소위원회 위원들의 심문을 받았다. 그 주인공들은 아마존의 제프 베조스Jeff Bezos, 애플의 팀 쿡Tim Cook, 페이스북의 마크 저커버그Mark Zuckerberg, 구글의 순다르 피차이Sundar Pichai였다.

〈뉴욕타임스〉 일면에 이날의 청문회에 관한 기사가 실렸다. 신문에는 이날이 빅테크의 '빅타바코 순간'이라고 묘사됐다. 빅타바코는 거대 담배제조업체를 지칭하는 용어다. 이것은 7대 빅타바코의 CEO들이 의회 앞에서 질문을 받던 1994년 청문회에 빗댄 것이다.[1] 그날의 청문회는 담배 규제의 전환점이 됐다. 빅타바코와 담배 재배 농가는 강력한 로비 조직을 만들어서 수십 년 동안 정치적으로 로비했다. 이 로비활동이 담배의 중독성이 널리 알려져 있음에도 불구하고 이를 실질적으로 규제하는 법이나 제도가 도입되는 것을 막았다. 1994년 청문회에서 빅타바코 CEO들은 담배가 중독성이 있는지, 중독성이 있다면 그에 따라서 규제를 받아야만 하는지에 대해서 질문을 받았다.[2] 빅타바코 CEO들은 담배에 중독성이 없다고 증언했다. 그리고 대다수가 담배의 니코틴 함량을 조작했다는 혐의를 구체적으로 부인했다. 그 청문회를 지켜본 모두가 그들이 거짓말을 하고 있다는 것을 알고 있

317

었다. 그리고 곧 그들이 거짓말을 했다는 사실을 뒷받침하는 증거가 제시됐다. 대중은 담배에 격분하기 시작했고, 빅타바코와 정계가 이어온 오랜 훈훈한 관계가 깨졌다. 담배회사는 규제 대상이 됐고, 그들을 상대로 소송이 제기됐다.

빅테크 청문회의 결과로 몇몇 규제가 도입됐다. 그리고 미국 법무부는 대담하게도 구글을 상대로 반독점 소송을 제기했다. 하지만 빅테크 청문회로 기술업계에 급격한 변화가 생겼으리라 기대하기는 어려울 것 같다. 다만 빅테크를 대상으로 청문회가 열렸다는 사실만으로 빅테크를 향한 정치인의 태도가 변한 것은 분명하다. 불과 몇 년 전만 해도 정계는 빅테크를 미국 성공의 대명사라고 추켜세웠다. 하지만 청문회에서 반독점 소위원회 위원들은 빅테크 CEO들에게 공격적으로 질문을 쏟아냈다. 준비를 충분히 한 덕분에 빅테크 청문회는 충실한 내용을 선보였다. 반독점 소위원회는 수백 시간에 달하는 인터뷰를 진행했고 문서 수만 건을 확보했다. 여기에는 빅테크 CEO들의 개인 이메일도 포함됐다.

하지만 빅타바코 청문회와 달리 빅테크 청문회는 대중의 격분을 일으킬만한 단일 목표나 정책 이슈를 공략하고 있는 것 같지 않았다. 빅테크 청문회에서 한 분석관이 28개의 개별 정책 이슈를 제기했다.[3] 반독점 소위원회 위원 중에서 일부는 빅테

318

크 CEO들에게 그들이 이끄는 조직이 부당 행위를 했다는 것을 보여주는 자세한 증거를 내밀었다. 아마존의 제프 베조스에게는 다이서프와의 경쟁 및 인수에 관한 질문이 쏟아졌다. 페이스북의 마크 저커버그는 인스타그램 인수와 관련해 엄청난 질문을 받았다. 하지만 이외의 질문은 이날 청문회가 개최된 목적에서 벗어난 것이었다. 공화당 위원들은 빅테크가 반보수적 편향을 갖고 있다고 주장했다. 어느 민주당 위원은 2016년 미국 대선 기간에 빅테크가 러시아의 정보조작을 어떻게 도왔는지를 집중적으로 질문했다. 구글과 페이스북은 신문업계의 광고 수익을 빼앗아서 출판업계의 몰락을 재촉했다는 비난을 받았다. 어느 위원은 페이스북의 마크 저커버그에게 코로나 치료제로 여겨지는 하이드록시클로로퀸Hydroxychloroquine 대한 도널드 트럼프 주니어의 트윗을 삭제한 이유를 물었다. 실제로 트위터는 해당 트윗을 삭제했다. 또 다른 위원은 구글의 순다르 피차이에게 아버지에게 보낸 선거 이메일이 왜 스팸 메일로 들어갔는지를 물었다.

실질적인 정책 이슈를 제기한 몇몇 질문도 보였다. 부당하고 비윤리적이고 불법적인 행위에 대한 언급도 일부 있었다. 하지만 대중이 격분하게 만들 질문이나 언급은 거의 없었다. 대중은 빅테크를 빅타바코와 동일시하지 않았고 적개심을 거의 드러내지도 않는다. 그런데 사람들은 빅테크, 특히 페이스북에 대해서는 우려를 표했다. 최근 조사에 따르면, 응답자 가운데 72퍼센트가 페이스북이 너무나 많은 힘을 지녔다고 느꼈다.[4] 하지만 응답자의 90~91퍼센트는 구글과 아마존에 대해 우호적이었다. 그리고 81퍼센트는 애플을, 71퍼센트는 페이스북을 우호적으로 평가했다. 그리고 겨우 4~5퍼센트만이 구글, 아마존, 애플이 사회에 부정적인 영향을 미친다고 생각했다. 페이스북이 사회에 부정적인 영향을 미친다고 응답한 사람은 25퍼센트였다. 빅타바코 청문회가 열렸던 시기에 미국인은 이미 담배가 건강에 나쁘고 중독성 있다는 것을 알고 있었다. 보건부장관이 담배에 대해 경고성 발언을 하고, 담뱃갑에 경고 문구가 의무적으로 삽입된 지 30년이 지났다. 빅타바코 청문회는 많은 사람에게 중요한, 분명하게 정의된 이슈에 집중했다. 하지만 빅테크 청문회 이후로 여론은 오히려 빅테크 쪽으로 기울어졌다. 18~34세 인구의 거의 절반이 이 청문회 이후에 빅테크를 이전보다 더 우호적으로 평가했다. 아마도 이것은 빅테크 CEO들에게 아주 공격적으로 질문을 쏟아냈던 반독점 소위원회 위원들에 대한 반발심이 반영된 결과인지 모른다.[5]

빅테크 청문회가 열렸지만 지배적 기업을 향한 우려가 사라진 것은 아니었다. 내가 주장했듯이, 우려스러운 점은 많았다. 빅테크 청문회는 국회의원과 대중 모두가 오늘날의 대기업에서 무엇이 잘못됐는지, 무슨 해결책이 필요한지를 정확하게 이해하

320

지 못하고 있음을 보여줬다. 청문회를 통해 빅테크가 잘못 행동한 사례가 많이 공개됐지만, 전반적으로 설득력 있는 논리를 이끌어나가지 못했다. 그리고 청문회에서 빅테크 CEO들에게 질문에 대답할 시간이 거의 주어지지 않았기 때문에, 그들이 정말 잘못했다고 확실하게 말할 수도 없다. 우선 빅테크 청문회는 청문 대상을 잘못 선택했다. 페이스북을 제외하고 대중이 대체로 우호적으로 바라보는 대기업을 청문회 증인석에 세웠던 것이었다. 대기업의 시장 지배는 모든 경제 영역에서 나타나고 문제를 초래한다. 여기에는 대중 분노를 조장하는 소수의 대기업도 포함된다. 실제로 많은 대기업이 '미국인이 가장 싫어하는 기업'의 순위에서 상위권에 자리했다. 일부 대기업은 산업 지배적인 위치에 있는 기업이었다.[6] 미국들이 가장 싫어하는 기업 순위에서 상위 3위권에 들어간 기업은 컴캐스트Comcast(1위), 뱅크 오브 아메리카 Bank of America(2위), 마일란Mylan(3위)이었다. 마일란은 응급 알레르기 처방약인 에피펜 독점권을 획득한 뒤 약값을 500퍼센트 인상시킨 제약회사다.[7]

왜 대기업의 산업 지배를 규제하는 반독점 소위원회는 대중이 좋아하는 빅테크를 조사했던 것일까? 그들이 빠르게 몸집과 힘을 키웠기 때문이다. 빅테크는 막대한 부를 빠르게 형성했다. 그래서 억만장자인 빅테크 CEO들은 반독점 소위원회의 군침이

321

도는 대상이었다. 그들은 많은 기존 산업을 와해했고, 적이 많다는 것은 그들을 공격할 총알이 많다는 뜻이었다. 하지만 반독점 소위원회가 빅테크에 주목한 가장 근본적인 이유는 기술이 새롭고 이전과 다른 방식으로 경쟁에 영향을 미치고, 그래서 이전과 다른 새로운 규제가 필요하다고 생각했기 때문일 것이다. 실제로 반독점 소위원회 위원장을 맡았던 하원의원 데이비드 시실리니David Cicilline는 법학자와 반독점 전문가인 리나 칸Lina Khan을 조언자로 임명했다. 현재 연방거래위원회 위원장을 맡고 있는 칸은 아마존에 관해서 글을 쓰면서, 아마존과 같은 디지털 플랫폼 기업들은 새롭고 강화된 반독점 규제의 대상이라고 주장했다. 플랫폼 기업은 기술을 사용해서 아마존처럼 판매자와 소비자를, 또는 구글처럼 소비자와 광고주를 한곳에 모은다. 칸과 관련 분야 학자들은 플랫폼 기술 때문에 약탈가격과 배타적 거래 행위를 조장하는 새로운 기회를 낳는다고 주장한다. 이런 이유로 빅테크 청문회는 그들의 부적절한 합병과 부당하게 경쟁자를 대한 사례를 자세하게 다뤘다. 학자들은 빅테크를 분해하거나 공공서비스로 분류하여 그들을 규제하고 관리할 것을 요구했다.

하지만 대중이 빅테크에 덜 분노한다는 전술적 결함이 드러났다. 빅테크는 경쟁을 파괴하여 가격을 높이고 품질을 하락시키며 혁신을 약화시켰다. 하지만 대중은 당시에 이 사실을 알지

322

못했다. 페이스북을 제외하고, 빅테크는 분노의 대상으로 삼기에는 많은 이들의 사랑을 받고 있었다. 많은 사람이 빅테크를 통해 얻는 가치를 이해하고 감사하게 생각하기 때문에, 빅테크는 많은 사랑을 받았다. 사람들은 빅테크가 제공하는 서비스와 제품을 좋아했다. 사람들은 빅테크가 책정한 가격대를 우호적으로 받아들였다. 사람들은 분명히 빅테크가 사회에 미치고 있는 영향에 대해서는 별로 걱정하지 않았다. 대부분이 디지털 플랫폼 기술이 경쟁을 저해하고 소비자와 사회에 손해를 입힐 수 있다는 것을 크게 걱정하지 않는 듯했다. 이런 이유로 빅테크 청문회는 담배 산업에 변화를 낳고 1세기 전 최초의 반독점법 제정의 불씨를 당긴 대중 분노를 이용하는 데 실패했다.

하지만 오늘날의 큰 인기를 누리는 기술은 새로운 문제를 초래한다. 기술이 경쟁에 영향을 미친다. 플랫폼 기업 간의 경쟁뿐만 아니라, 미국인이 가장 싫어하는 기업을 포함해서 거의 모든 경제 영역의 기업 간의 경쟁에 영향을 미친다. 그러므로 규제 대상으로 플랫폼 기업에만 집중하는 것은 방향을 잘못 잡은 것이었다. 의회 조사관들은 그물망을 너무 좁게 던진 것이다. 그들은 기술의 잘못된 양상에 집중했고, 그들이 제시한 해결책은 실제로 해로울 수 있었다.

오픈 디지털 플랫폼은 그리 문제가 되지 않는다. 오히려

323

해결책이 될 수 있다. 플랫폼 기업이 반독점 규제기관에 새로운 도전이 되는 것은 사실이다. 그리고 이런 이유로 반독점 제도의 집행을 개선하거나 강화할 필요가 있다. 하지만 더 큰 문제는 오픈 디지털 플랫폼을 제외한 나머지 영역이다. 독점 플랫폼 기술은 기업의 산업 지배력을 강화하고, 불평등을 심화시키고, 혁신을 약화시켰다. 반독점 정책은 이 산업 분야에서 경쟁을 개선하는 데 중요한 역할을 할 수 있다. 그런데 그 역할은 플랫폼 기업을 해체하거나 공공서비스로 전환하는 것이 아니다. 독점 플랫폼 기술을 지닌 더 많은 기업이 오픈 플랫폼 기업이 되도록 권장하거나 강제하는 것이다. 이 기업들은 자신들의 플랫폼을 개방해야 한다. 그렇게 해서 제휴업체와 경쟁업체가 해당 플랫폼 기술에 접근할 수 있도록 하여, 그 기술이 더 널리 공유될 수 있게 해야 한다. 잘 규제되는 플랫폼은 IT 슈퍼스타들이 지배하는 산업이 안고 있는 문제를 극복하고 해결할 수 있는 경쟁을 촉진한다.

기술과 반독점의 부상

반독점법은 혼란스럽다. 누군가는 반독점법 때문에 혼란스럽다고 말한다. 그래서 반독점의 역사와 핵심 원칙의 진화 과정을 살펴보는 것이 도움이 될 것이다. 처음부터 반독점은 새로운 기술과 긴밀하게 관련됐다. 특히 규모의 경제를 지니는 신기술과 반독점은 밀접한 관련이 있었다. 19세기 말에 새로운 기술이 대규모로 쏟아졌다. 3장에서 베서머 프로세스가 철강 생산 방식을 혁명적으로 바꿨고, 결과적으로 철도의 가격이 급감했던 것을 확인했다. 저렴한 철도와 새로운 철도 기술로 철도 산업에 투자 바람이 불었다. 갈수록 운송비용이 하락하면서 농산물 시장이 성장했고, 농부들은 상업적 농업에 눈을 돌렸다. 이와 유사하게 정유업, 설탕 제당업, 육류 생산업, 농기계 제조업 그리고 상당한 규모의 경제가 있는 산업이 새로운 기술로 큰 변화를 맞이했다.

소수의 대기업이 사용하는 새로운 기술이 제품과 서비스의 가격을 하락시켰고, 많은 산업에서 새로운 기술이 등장했다. 하지만 이와 함께 대기업은 독점적 지위를 갖게 되면서 사람들의 일상에 상당한 영향력을 행사하게 됐다. 철도는 농부들에게 상업적 농업으로 전환할 새로운 기회를 제공했지만, 농부들은 농산물을 수송하기 위해 철도에 의존해야 했다. 많은 농촌 지역에는 철도 하나만 개통됐고, 그 결과 지역 철도회사가 독점적 지위를 얻게 됐다. 철도 회사는 처음에 운송비를 낮췄지만, 가격을 인상할 힘도 갖고 있었다. 철도회사는 이 힘을 이용해서 농부들을 압박했다.

325

철도 회사의 힘과 부정함이 포퓰리즘 운동에 주요 문제로 대두됐다. 대중의 분노는 1887년 철도 요율을 규제하는 주간통상법과 1890년 셔먼 반독점법의 제정으로 이어졌다. 경쟁 관계를 규제하는 최초의 연방법이었다. 하지만 법원에서 어려움에 직면했다. 실제로 셔먼 반독점법이 제정되고 첫 10년 동안은 대기업을 성공적으로 기소한 사례가 없었다. 그 대신에 셔먼 반독점법은 노동조합을 탄압하는 데 사용됐다.

20세기의 첫 10년 동안 대중의 분노가 더욱 깊어졌다. 이른바 부정부패를 속속들이 캐내는 저널리스트들이 대중의 분노를 부채질했다. 그들은 정부의 부정부패, 대기업의 불공정 행위, 린칭*, 성추행과 정신이상자의 열악한 처우 등을 밝혀냈다. 그리고 아동 노동을 이용하고 노동조합을 탄압하는 대기업의 만행도 폭로했다. 업튼 싱클레어Upton Sinclair는 저서 《정글The Jungle》에서 정육업체와 기타 식품업체의 불건전 관행을 폭로했다. 그리고 브랜다이스 대법관은 은행이 소수 기업을 중심으로 산업이 통합되도록 어떻게 부추겼는지 밝혔고, 사무엘 홉킨스 애덤스Samuel Hopkins Adams는 제약회사의 거짓 주장을 폭로했다. 아이다 타벨Ida Tarbell

---

* 정의감에 찬 일반 시민들이 범죄와 악행을 자기 손으로 처단하는 일 - 옮긴이

은 스탠더드 오일이 타인을 착취해서 세계 최대 정유회사가 된 과정을 생생하게 설명했다.

시어도어 루스벨트Theodore Roosevelt 대통령은 미국 사회에 널리 퍼져있는 불만을 알아차리고 자신의 '공정 거래 정책'의 일환으로 '반독점'을 추진했다. 루스벨트 행정부는 셔먼 반독점법을 위반했다는 이유로 스탠더드 오일을 상대로 소송을 제기했고, 1911년 미국 정부가 이 소송에서 승소해 회사를 해체하는 결과를 이끌었다. 이것은 미국의 반독점법이 실제로 집행된 최초의 사례였다. 1914년 셔먼 반독점법의 한계를 인식한 의회는 클레이튼 반독점법을 통과시켜 반독점 집행 권한을 크게 강화하고 다양한 불법 행위의 형태를 구체적으로 규정했다.

큰 규모의 사회 비용과 혜택

반독점법은 대기업에만 적용되는 것은 아니다. 예를 들어서 반독점법은 규모에 상관없이 모든 기업의 결탁과 가격 담합을 금지한다. 그러나 '대'기업이라는 이름이 말해주듯이, 반독점 정책의 주요 대상은 대기업이다. 반독점 정책이 마련된 원동력이었던 대중의 분노는 평범한 사람들의 삶에 점점 큰 영향력을 행사하는 대

327

기업으로 향했다. 그리고 대기업이 결합하여 형성된 기업 합동인 트러스트는 제품 시장과 노동 시장에서 권력을 지녔고, 심지어 정치적 권력도 행사했다.

트러스트는 반독점법에 실질적으로 도전했다. 기업 규모는 양날의 검 같다. 대기업은 자신의 힘으로 부당하게 이윤을 추구할 수 있고, 그렇게 한다. 하지만 대기업은 상당한 사회 혜택을 제공하기도 한다.

가격

표준경제학은 지배적 기업이 시장 지배력을 지닐 수 있다고 주장한다. 시장 지배력은 가격 인상으로 이어질 수 있다. 이론과 경험적 연구가 이 주장을 뒷받침한다. 예를 들어서 유나이티드 스테이츠 스틸이 1901년에 탄생했고, 미국 철강 생산의 3분의 2를 도맡았다. 유나이티드 스테이츠 스틸은 철강 가격이 반 토막이 났음에도 대공황까지 철강 가격을 상대적으로 안정적으로 유지할 수 있었다.[8]

대기업도 효율적이기만 하면 제품과 서비스 가격을 하락시킬 수 있다. 예를 들어, 규모의 경제 덕분에 베서머법을 도입한 철강회사들이 철강 가격을 급격하게 하락시켰다. 1900년 평가절하된 달러로 환산한 철강 가격은 1868년 철강 가격의 3분의 1이

328

채 안 됐다. 기업이 생산적일수록 더 빨리 성장한다는 것도 사실이다. 말하자면 기업은 대체로 가격을 낮추거나 품질을 향상시켜서 몸집을 키운다. 여기서 대기업은 제품과 서비스를 저렴하게 제공하고, 중소기업보다 더 효율적으로 움직이고, 사회에 더 큰 혜택을 제공한다고 생각할 수 있다. 따라서 대기업이라는 것은 더 낮은 비용, 더 높은 효율성, 더 큰 사회적 이익을 나타내는 신호일 수 있으며, 반드시 경쟁사를 압박하는 행위를 했다는 것을 의미하지는 않는다.

임금과 노동

대기업이 노동시장을 지배하면, 임금 수준을 낮출 수 있다. 최근 조사에 따르면 임금 수준은 소수의 대기업이 지배하는 시장에서 다소 낮게 형성된다.[9] 반면에 7장에서 봤듯이, 대기업은 오랫동안 평균적으로 훨씬 더 높은 임금 수준을 유지해왔다. 조사에 따르면 대기업은 더 좋은 복지 혜택과 근로 환경을 제공하기도 한다.[10]

대기업에서 노동조합이 형성될 가능성도 더 크다. 이것은 아마도 대기업이 노동조합의 좋은 공략 대상이 되기 때문인지도 모른다. 하지만 대기업은 파업행위를 가장 폭력적으로 진압해왔다. 존 록펠러 주니어가 1914년 콜로라도에서 파업에 참여한 광

329

부들과 그들의 가족들이 집단적으로 사망했던 '러들로 학살'에서 했던 역할을 생각해보라.

혁신

독점이 혁신의 동기를 약화시킨다는 주장이 오랫동안 이어져왔다. 브랜다이스 대법관은 유나이티드 스테이츠 스틸에 대해서 다음같이 주장했다.

스틸 트러스트의 사례를 살펴보자. 스틸 트러스트는 세계 최고 조직이자 최고로 효율적인 철강회사였던 카네기 컴퍼니로부터 이어졌다. 스틸 트러스트는 조직된 이후로 지금까지 이례적으로 우수한 경영 능력을 보여줬다. 스틸 트러스트는 무궁무진한 자원을 갖고 있다. 그리고 대규모로 철강을 생산해서, 사실상 생산 공정을 최소한으로 개선해도 막대한 수익을 낼 수 있다. 스틸 트러스트가 형성되고 겨우 10년이 흐른 뒤에 〈엔지니어링 뉴스Engineering News〉에 다음 글이 실렸다.

"우리는 철강 기술에서 독일에 대략 5년 정도 뒤처져 있다. 그리고 우리의 철강회사들이 도입하고 있는 혁신은 대부분이 몇 년 전에 외국 기업들이 먼저 시도하고 이뤄낸 혁신의 뒤를 따르는 것이다.

330

미국 엔지니어들이 유럽 엔지니어들과 비교해서 천재성이나 독창성이 떨어지기 때문이라고 생각하지 않는다. 비록 그들이 독일 엔지니어와 비교해서 훈련과 과학 교육을 덜 받았더라도 말이다. 미국 산업에서 일어났던 대규모 산업 통합이 주된 원인이라고 생각한다. 거대한 조직은 너무 투박해서 독창적인 아이디어를 계속해서 발전시켜 나갈 수 없다. 미국에서는 산업 통합으로 소수의 기업이 시장을 치밀하게 통제하고 표준 방식으로 어느 정도 수익을 볼 수 있다. 그러므로 트러스트를 형성한 소수 기업이 귀찮게 새로운 무언가를 개발하려고 들지 않을 것이다."[11]

반면에 혁신 학자 조셉 슘페터는 독점이 연구개발을 추구하기 가장 좋은 구조라고 주장했다.[12] 6장에서 봤듯이 대기업이 중소기업에 비해서 혁신 활동에 더 서툴다고 할 순 없다. 시장에서 지배적 위치에 있는 기업이 크든 작든 경쟁업체와 활발하게 경쟁을 벌이는 시장에서 공격적으로 혁신을 추구할 수 있다.

정치적이고 사회적인 힘

거대한 재정력은 거대한 정치적 영향력을 동반한다. 대기업들은 정치와 규제 결과에 영향을 미치기 위해 자원을 투입한다. 예를 들어 스탠더드 오일은 오하이오 공화당 대표가 포퓰리

331

스트 대선 후보인 윌리엄 제닝스 브라이언William Jennings Bryan을 이기고 그에게 청탁하기 위해서 약 34억 4910만 원, 지금 달러 가치로 약 1103억 7120만 원을 정치 자금으로 기부했다.[13] 비록 역사적 분석이 도전을 받았지만, 법학자 티모시 우Timothy Wu는 대기업의 힘이 1930년대 파시즘이 부상하는 데 상당히 기여했다고 주장했다.[14]

반면에 대기업은 사회적 이슈에 대한 대중의 우려에 더 즉각적으로 반응한다. 대기업이 대중과의 관계를 우호적으로 유지하기 위해서 대중적인 사회 목표를 지지하는 것처럼 보일 수 있다. 하지만 그중에서 일부는 진심일 수 있다. 대기업은 노동력에서 다양성을 추구한다. 중소기업에 비해서 대기업은 평균적으로 흑인과 여성을 더 많이 채용하며,[15] 덜 차별적이다. 측정되거나 관찰되지 않는 노동력의 특징을 통제한 뒤 분석한 자료에 따르면, 대기업에서 여성 직원이 같은 직급의 남성 지원보다 13퍼센트 적게 임금을 받고, 흑인 직원은 같은 직급의 백인 직원보다 1.9퍼센트 적게 임금을 받는다. 하지만 직원 수가 1000명 이하인 기업에서 여성 직원은 직급이 같은 남성 직원보다 19.7퍼센트, 흑인 직원은 직급이 같은 백인 직원보다 6.7퍼센트 적게 임금을 받는다.[16]

'큰 것은 나쁜 것이고, 작은 것은 좋은 것'이라는 생각은 순진하고 단순한 생각이지만 많은 사람이 이렇게 생각한다. 다시 한번 말하지만 이는 너무 단순한 생각이다.[17] 대기업이 지니는 힘이 우려를 낳지만, 대기업이 반드시 나쁜 것은 아니다. 우리는 다른 것, 거대한 규모를 걱정해야 한다. 이것은 진보의 시대에 트러스트를 상대로 대중의 분노를 불러일으키는 데 주요 역할을 했다. 대기업은 거대한 규모를 지렛대 삼아 경쟁업체를 이용하여 시장 지배력을 훨씬 더 키울 수 있다. 이는 부정적인 결과를 초래할 수 있다. 작은 기업이 생산성을 개선하여 대기업으로 성장했더라도, 대기업이 된 그 기업은 자신의 힘을 이용해서 미래 경쟁을 제한하려고 들지도 모른다. '악행을 저지르지 않으려고' 노력하기 시작한 기업이 새로운 길을 개척해나갈 것이다.

규모를 지렛대로 삼다

3장에서 미국 철강 산업을 살펴보면서, 지렛대 효과를 확인했다. 규모의 경제는 철강 회사 십여 개가 1870년대 내수 시장에 파격적으로 낮은 가격에 철강을 공급할 수 있었다는 의미였다. 하지만 규모의 경제는 오직 소수 기업만 철강 시장에 진입할 수 있다는 뜻이기도 했다. 시장에서 겨우 철강 회사 십여 개가 존재하면,

333

그들은 수익을 높이고 안정성을 강화하기 위해서 반경쟁적으로 행동할 수 있었다. 첫째, 철강 회사는 1970년대에 철강 가격을 일정 수준으로 유지하기 위해 생산량을 제한하면서, 카르텔을 형성했다.[18] 앤드류 카네기가 엇박자를 내자, 카르텔은 해체됐다. 그 뒤에 금융공학이 철강 산업을 통합했다. J.P. 모건은 막강한 자원으로 인수합병을 단행했고, 유나이티드 스테이츠 스틸을 탄생시켰다. 유나이티드 스테이츠 스틸이 1901년 미국의 철강 시장의 3분의 2를 장악했고, 철강 가격은 안정화됐다.

대기업은 경쟁업체를 상대로 자신의 거대한 규모를 악의적으로 이용할 수도 있다. 스탠더드 오일이 거대한 규모를 남용한 대기업의 전형이었다. 타벨은 1872년 미국 정유 생산량의 대략 10퍼센트를 차지했던 스탠더드 오일이 어떻게 다양한 지렛대를 이용해서 1879년까지 미국 정유 시장의 90퍼센트 이상을 지배하게 됐는지 자세하게 설명했다.[19] 이 과정은 미국 정유 산업의 요충지였던 클리블랜드에서 시작됐다. 에드윈 드레이크Edwin Drake 대령이 1859년 타이터스빌에서 원유를 생산하는 데 성공하면서, 원유 생산이 펜실베이니아 서부에서 꽃을 피웠다. 여기서 생산된 원유는 클리블랜드로 운송됐고, 그곳에서 정제된 뒤에 최종 제품은 철도나 이리호를 통해서 운송됐다. 철강과 마찬가지로 정유 산업에서도 상당한 규모의 경제가 작용했고, 상대적으로 규모가 큰 정유회사만이 사업을 계속할 재정력을 지닐 수 있었다. 하지만 정유 시장이 성장하면서, 더 많은 기업이 수익성 있게 시장에 진출할 수 있었다. 1872년 미국에는 대략 정유회사 250개가 존재했고, 그중에서 26개가 클리블랜드에 있었다. 스탠더스 오일은 그중에서도 가장 큰 정유회사였다.

거대한 규모가 철도와 함께 정유 산업에서 주요한 지렛대 역할을 했다. 1872년 여러 정유회사가 모여서 '남부발전협회'를 설립했고, 펜실베이니아에서 사업 인가를 받았다. 남부발전협회는 스탠더드 오일의 최대 주주인 존 록펠러John D. Rockefeller가 통제했다. 남부발전협회가 석유 시장을 독점하진 않았지만, 규모가 컸기 때문에 철도회사는 남부발전협회와 거래하려고 했다. 남부발전협회에 소속된 정유회사는 원유와 정유를 수송하고 철도회사로부터 상당한 리베이트를 받았다. 리베이트율은 원유 수송에서는 40~50퍼센트, 정유 수송에서는 25~45퍼센트였다. 게다가 철도회사는 남부발전협회에 다른 정유회사에 부과하는 철도 요금의 1퍼센트를 철도 요금으로 받았다. 타벨은 이후에 어떤 일이 일어났는지를 자세히 설명했다. "록펠러는 협회에 참여하지 않은 정유회사의 소유주를 한 명씩 찾아가서 남부발전협회가 어떤 조직인지를 설명했다. '보다시피, 효과가 있을 수밖에 없는 조직이다. 우리가 석유 사업을 절대적으로 통제한다는 뜻이다. 외부인에

335

게는 기회가 없다. 하지만 우리는 모두에게 함께 할 기회를 주고자 한다. 당신의 정제 공장을 내 감정평가사에게 넘겨준다면, 당신이 원하는 대로 스탠더드 오일 주식이나 현금을 감정평가액에 따라서 지급하겠다. 현금보다는 스탠더드 오일의 주식을 받는 것이 당신에게 이익이 될 것이다.'"[20]

그리고 록펠러는 그의 제안을 받아들이지 않고 버티는 사람들에게 결국에는 짓밟힐 것이라고 장담했다. 겨우 석 달 만에 거의 모두가 그의 조언을 받아들였고, 스탠더드 오일의 미국 정유 산업 점유율이 10퍼센트에서 20퍼센트로 증가했다. 결국 분노가 폭발했고 펜실베이니아 주정부는 남부발전협회의 사업 인가를 철회했다. 하지만 이미 업계와 지역사회는 손상을 입을 만큼 입은 상태였다.

게다가 록펠러는 자신의 시장 지배력을 이용해 정유 산업과 수직적으로 연관된 산업에서 자산을 취득하기 시작했다. 찰스 모어하우스Charles L. Morehouse는 1860년대 클리블랜드에서 석유 정제 이후에 남은 타르로 윤활유를 만들기 시작했다. 모어하우스는 수많은 특허와 상표권을 등록했고, 다양한 기계류에 사용될 여러 가지 윤활유를 생산했다. 록펠러가 클리블랜드 정유 산업을 지배하게 되자, 모어하우는 록펠러를 찾았다. 스탠더드 오일은 윤활유를 생산하지 않았기 때문에, 록펠러는 모어하우스에게 사업

336

을 확장할 것을 제안했다. 록펠러는 하루에 85배럴의 타르를 공급하는 계약을 모어하우스와 체결했고, 모어하우스는 약 5600만 원을 투자해서 새로운 윤활유 공장을 세웠다. 하지만 1874년 록펠러는 타르 공급량을 일일 12배럴로 줄였고 가격을 올렸다. 일일 12배럴의 타르로 윤활유를 생산해서는 수지가 맞지 않았다. 타르가 턱없이 부족했다. 모어하우스는 록펠러에게 타르 공급량을 늘려줄 것을 간청했다. 타벨은 이 일화에 대해서 다음과 같이 말했다. "록펠러 씨는 단호했다. 그가 모어하우스에게 줄 수 있는 타르는 하루에 12배럴이 전부였다. '이게 무엇을 의미하는지 금세 알아차렸다.'라고 모어하우스 씨가 말했다. '시장에서 내쫓아서 사업체를 인수하겠다는 의미였다. 그들이 윤활유 사업을 인수했고 공장을 운영했다. 나에게 남은 것은 아무것도 없다. 그들은 내가 약 5600만 원을 투자해서 세운 공장을 약 2060만 원에 인수했다.'라고 모어하우스 씨가 말했다."[21]

대기업이 거대한 규모를 이용해서 시장 점유율을 높이는 또 다른 방법이 있었다. 브랜다이스 대법관은 다음처럼 평했다. "우리는 거대한 트러스트가 경쟁자를 없애기 위해서 구체적으로 어떤 방법이나 수단을 사용하는지를 경험을 통해서 배웠다. 대기업은 막강한 자원, 특히 유리한 위치를 활용한다. '먹고 먹히는' 경쟁을 벌이고, 독점적으로 기업 결합과 거래하지 않는 고객

337

을 차별한다. 경쟁업체가 필수 원자재를 확보하지 못하도록 막고, 스파이 행위를 서슴지 않는다. 가명으로 거래하고, '거짓 독립체'로 행동하고, 철도 리베이트를 얻어서 부당한 이익을 얻는다. 또는 경쟁업체를 인수하고, 업계를 지배하기 위해서 효율성을 개선하는 대신에 시장 지배력을 행사한다."[22]

기업 규모가 아닌, 기업 행동에 주목하라

시장 지배력을 남용하는 대기업을 상대로 분노가 일었고, 이것은 반독점법이 제정되는 동기가 됐다. 처음부터 반독점법은 '대기업이 되는 것'과 '대기업의 시장 지배력 남용하는 것'을 구분했다. 대기업이 되는 것은 불법이 아니다. 하지만 대기업이 시장 지배력을 남용하면, 경쟁이 저해된다. 셔먼 반독점법 제2절에 따르면, '독점하거나 독점을 시도하거나, 다른 사람이나 사람들과 결합하거나 공모하거나, 여러 주에서 사업이나 상업의 어떤 부분을 독점하거나, 외국과 결합하거나 공모하는 것'은 불법이다. 브랜다이스 대법관은 '자연스럽게 성장한 결과 산업을 독점하게 된 사례는 오늘날 단 한 건도 없다.'라고 주장했다. 그는 반독점법과 관련해서 단순히 기업 규모가 아니라, 기업 행동에 집중했다.[23]

338

하지만 어느 기업 행위가 불법적인 독점이고 순전히 효과적인 경쟁인지를 결정하는 일은 어려웠다. 이는 지금도 여전히 어려운 문제다. 가격 담합과 같은 일부 기업 행동은 셔먼 반독점법과 클레이튼 반독점법에 불법으로 분명히 명시되어 있다. 하지만 스탠더드 오일의 사례에서 대법원은 합리주의를 도입했다. 지배적 기업, 즉 스탠더드 오일의 행동이 불합리하게 거래를 제한했는지를 판단하기 위해 각각의 행동을 사실에 근거해 조사했다.[24] 브랜다이스 대법관은 '시카고 상품거래소 대 미국 사건'에서 1918년 다음 판결을 내렸다. "부과된 제약이 경쟁을 규제해서 그 결과로 경쟁을 촉진했는지 또는 경쟁을 억압하거나 심지어 없앴는지로 기업 행동의 적법성을 판단할 수 있다."[25] 여기서 핵심은 기업 행동이 경쟁자들에 피해를 줬느냐가 아니다. 효과적인 경쟁은 비효율적인 경쟁자들에게 당연히 손해를 입힌다. 기업 행동이 '경쟁' 그 자체에 피해를 줬느냐가 핵심이다.

법원이 합리주의를 해석하는 방식은 시간이 흐르면서 급선회했다.[26] 주요 변화는 1930년대와 1940년대에 발생했다. 이 변화는 미국 법무부에서 셔먼 아놀드Thurman Arnold의 노력에서 시작됐고, 조 베인Joe S. Bain의 경제 이론으로 강화됐다. 시장 점유율이 높은 대기업은 자생적이고 소비자에게 해로운 존재로 간주됐다.[27] 미국 법무부는 1928년 알루미늄 산업을 지배하는 알코아를

339

고소했다. 알루미늄 제조업체인 알코아는 불법적으로 경쟁업체의 시장 진입을 방해한 적이 없다고 주장했다. 하지만 1945년 해당 사건이 미국 항소법원에 넘겨졌을 때, 러니드 핸드Learned Hand 판사는 다음처럼 판결했다. "새로운 기회가 생길 때마다 차지하고, 경험, 거래 관계와 유능한 인재라는 이점을 보유한 거대한 조직에 맞춰진 새로운 역량으로 새로운 시장 진입자에 대응하는 것이 가장 효과적인 경쟁 배제 전략이라고 생각할 수 있다."[28] 이는 마치 효과적인 경쟁자인 것처럼 들린다.

1970년대와 1980년대에 무게추가 반작용에 의해서 반대 방향으로 획하고 움직였다. 새로운 세대의 경험적 경제학자들이 대기업 또는 트러스트의 존재가 반드시 경쟁의 부재를 의미하지 않는다는 것을 보여주며 베인 이론의 토대에 이의를 제기했다.[29] 로버트 보크Robert Bork와 자유방임주의를 지지하는 시카고학파는 반독점법의 적용 대상이 되느냐를 분석할 때 기업의 시장 점유율은 고려해선 안 된다고 주장했다. 그 대신에 기업 행동이 소비자에게 해를 끼치는지를 조사해야 한다고 주장했다. 그들은 기업의 시장 지배력이 노동자, 정치와 사회에 미치는 영향을 대체로 무시하고, 소비자에게 주는 영향에 집중했다. 그리고 합리주의는 원고에게 증거를 제시하는 부담을 안겨줬다. 그 부담이 너무 크자, 리처드 포스너Richard Posner 판사는 다음처럼 비아냥거렸다. "합리

340

주의가 무엇인지는 거의 알려진 바가 없다. 실질적으로 합리주의는 법적 책임이 없다는 것을 완곡하게 표현한 것에 불과하다."[30]

오늘날에는 반독점법의 집행 강도와 적절성을 두고 논쟁이 있다. 일부는 법 집행의 강도가 너무 약해서, 산업 집중도가 심화되는 결과를 낳았다고 주장한다. 하지만 나는 산업 집중도 심화는 주로 소프트웨어 투자 때문이라고 생각한다.[31] 의료업계, 건강보험업계, 맥주업계 등 여러 산업을 대상으로 진행된 사례 조사에 따르면, 합병은 시장 지배력을 낳고, 가격을 높인다.[32] 경제학자 존 쿼카John Kwoka는 연구 문헌을 검토하고 기업합병에 대한 반독점법 집행이 전반적으로 너무 약하다고 결론을 내렸지만, 연방거래위원회 조사관들은 그의 분석에 이의를 제기했다.[33]

기업합병이 규제 대상이냐 아니냐를 판단하는 일은 어렵다. 이 과정에 개입되는 경제적 분석이 복잡하고 어떻게 해석하느냐에 따라서 결론이 달라지기 때문이다. 하지만 적어도 한 영역에서는 미국과 유럽의 반독점 규제기관의 법 집행 실적을 이러한 복잡한 문제 없이 판단할 수 있고, 그들이 법을 충분히 엄격하게 집행하고 있지 않다는 것을 확인할 수 있다. 다름 아닌 상습적으로 가격 담합을 시도하는 기업에 대한 법 집행이다. 기업 집단은 때때로 서로 공모해서 가격을 정한다. 한 기업이 가격을 높게 정하고 나머지는 의도적으로 그 가격보다 낮은 가격에 제품

341

이나 서비스를 판매하지 않는 것이다. 이를 위해 그들은 비밀스럽게 만나거나 서로에게 신호를 보내기 위해 비밀코드를 만든다. 가격 담합 행위가 적발되어 소송이 제기되고, 가격 담합에 공모한 기업이 기소되어 처벌받는 경우가 가끔 있다. 그리고 화학, 전자, 자동차 부품, 금융 등과 같은 일부 산업에서는 대기업 수십여 개가 여러 영역에 걸쳐서 반복적으로 가격 담합을 시도하고 적발된다. 그들이 형성한 카르텔 중에서 일부는 15년 이상 지속되기도 한다.[34] 경영진은 가격 담합을 소위 부서 관리자의 독단적인 행동으로 몰아간다. 하지만 가격 담합이 반복적으로 이뤄지고 가격 담합으로 처벌받는 이가 소수에 불과한 것을 보면, 가격 담합은 최고 경영진의 반경쟁적인 행동이고 반독점 규제기관은 법을 제대로 집행하지 않는다는 것을 보여준다. 이것은 오래된 문제이지만, 새로운 디지털 기술이 최근에 와서 반독점법 집행에 더 큰 문제가 되고 있다.

디지털 플랫폼은 경쟁에 어떻게 영향을 미치는가?

디지털 기술이 어떤 식으로든 경쟁에 영향을 준다는 것은 널리 알려진 사실이다. 하지만 정확하게 어떤 디지털 기술이 경쟁에

342

어떻게 영향을 미치는가는 분명치 않다. 다양한 전문가 집단이 디지털 기술이 시장 경쟁에 영향을 미치는 현상을 '디지털 시장', '디지털 플랫폼' 또는 '다면 플랫폼'이라고 묘사했다.[35] 헷갈리는 용어가 너무 많기 때문에, 간단하게 용어를 분류해서 정리하는 것이 도움이 될 것 같다.

표 3. 플랫폼 분류

	단면	다면
폐쇄형	CAD 시스템 2006년 이전의 AWS	납품업체와 매장 관리자가 사용하는 월마트 시스템
개방형	아마존 직접 판매 2006년 이전의 AWS	아마존 마켓플레이스 구글 광고 2012년 이후의 AWS

'플랫폼'은 다양한 상위 요소나 애플리케이션과 결합되어 사용되는 기술의 모듈식 기본 요소다. 예를 들어서 자동차 제조업체는 다양한 모델에 공통된 차대와 구동렬을 사용한다. 1908년 이후로 제너럴 모터스는 쉐보레, 뷰익, 폰티악, 올즈모빌을 생산할 때 공통된 플랫폼을 사용해왔다. 정보 기술은 모듈 형태를 지닌다. 대체로 여러 층으로 이뤄지고, 각각의 층을 구성하고 연결하는 다양한 인터페이스는 플랫폼이나 애플리케이션 프로그래밍

343

인터페이스로 불린다. 예를 들어 인텔 호환 개인 컴퓨터는 윈도우 운영 시스템의 플랫폼이 되고, 윈도우 운영 시스템은 차례로 스프레드시트와 워드프로세서와 같은 다양한 애플리케이션의 플랫폼이 된다. 웹사이트도 일종의 플랫폼이다. 웹사이트는 표준화된 인터페이스를 사용해서 사용자의 웹브라우저와 소통해서 정보를 전달하고 검색 결과를 제공한다.

앞서 플랫폼의 일종으로 언급한 웹사이트를 통해 디지털 플랫폼이 사람과 사람 간 상호작용을 원활하게 만든다는 것을 명확하게 알 수 있다. 다르게 말하면 기술 인터페이스는 인적 상호작용을 지원한다. 웹사이트는 웨더닷컴처럼 많은 사람의 정보 검색 활동을 원활하게 하거나, 구글 검색처럼 디지털 서비스를 용이하게 만들거나, 아마존처럼 상업적 거래를 원활하게 만들 수 있다. 그리고 다양한 집단의 사람들 사이에 일어나는 상호작용을 처리하는 디지털 플랫폼도 있다. 예를 들자면 스캔 데이터를 사용하는 월마트 물류와 재고관리시스템 덕분에 납품업체와 매장 관리자 모두가 각자가 거래하고 관리하는 매장의 매출 내역을 자세하게 확인하고 새로운 주문을 넣고 처리할 수 있다. 이러한 플랫폼은 양면 또는 다면 플랫폼이라 불린다.

마지막으로 폐쇄형 플랫폼과 개방형 플랫폼 사이에는 중요한 경제적 차이가 있다. 개방형 플랫폼은 대중이 접근할 수 있

344

지만, 폐쇄형 플랫폼은 접근할 수 없다. 물론 폐쇄형 플랫폼과 개방형 플랫폼의 중간에 속하는 플랫폼도 있다. 제한된 집단만이 접근할 수 있는 디지털 플랫폼이다. 하지만 이 책에서는 플랫폼의 경제학이 개방 수준에 따라서 어떻게 달라지는지에 집중하기 위해 이런 종류의 플랫폼은 무시하도록 하겠다. 개방형 플랫폼의 핵심은 거래와 경쟁을 수월하게 만든다는 것이다. 간단한 방법으로 서로 다른 유형의 플랫폼을 구상할 수 있다. 표 3을 참고하길 바란다.

표 3의 오른쪽 위에서 시작해서 시계 반대 방향으로 움직여보자. 마지막 단락에 서술된 월마트 시스템은 사적인 양면 플랫폼이다. 컴퓨터 지원 설계, 즉 CAD는 엔지니어들이 제품을 설계할 때 사용하는 시스템이다. 엔지니어들은 CAD를 사용해서 복잡한 설계 작업을 진행하면서 협업한다. 그러므로 CAD는 엔지니어들 사이에 이견을 조율하고 협업을 이끌어내는 단면 플랫폼으로 볼 수 있다. 아마존 웹 서비스, 즉 AWS는 아마존이 다양한 IT 프로젝트를 진행할 때 내부 클라우드 시스템으로 데이터를 저장하고 연산 작업을 수행하기 위해서 사용된 내부 플랫폼으로 시작했다. 2006년 아마존은 이 플랫폼을 일반 대중에게 개방했고, 클라우드 컴퓨팅 서비스를 시작했다. 아마존이 자체적으로 보유한 제품과 재고품을 판매할 때, 아마존 웹사이트는 단면 개방형

345

플랫폼의 역할을 한다. 독립 판매자가 아마존 웹사이트에서 제품을 판매할 때, 아마존 웹사이트는 양면 개방형 플랫폼으로 기능한다. 마지막 범주는 디지털 마켓이라고도 불린다. 2012년 AWS는 제3의 개발자들이 AWS 고객들이 사용할 수 있는 애플리케이션을 개발할 수 있도록 도와주면서, 양면 플랫폼이 됐다.

이러한 분류 체계는 비상업적 거래와 암묵적 거래에도 적용된다. 예를 들어, 다수의 엔지니어와 관리자는 CAD에 접속해서 항공기를 설계한다. 여기서 CAD는 단면 폐쇄형 플랫폼이다. 구글 검색은 이용자가 검색어를 입력하면 다양한 광고와 함께 검색 결과를 제공하는 양면 개방형 플랫폼을 제공한다. 광고주와 이용자는 이 암묵적 플랫폼의 양면을 이룬다. 광고주는 비용을 지불하지만, 구글 이용자는 무료로 검색 서비스를 이용한다.

이러한 구분은 현실 세계에도 적용된다. 고대 바자회와 중세 무역박람회는 일종의 양면 플랫폼이었다. 박람회라는 플랫폼은 창고, 판매 공간, 신용 서비스 심지어 새롭게 마련된 상법을 집행할 민간 판사를 제공했다. 신문도 구독자와 광고주에게 서비스를 제공하는 양면 플랫폼이다.

여기서 드는 의문은 디지털화가 유형이 다른 플랫폼의 경제를 어떻게 변화시키는지, 경쟁에 무엇을 시사하는지다. 플랫폼의 유형이 플랫폼이 경쟁에 미치는 영향을 결정한다. 나는 표 3에서 윗줄에 해당하는 폐쇄형 플랫폼이 경쟁에 미치는 영향과, 오른쪽 아랫줄에 해당하는 다면 플랫폼이 경쟁에 미치는 영향을 찾아냈다. 폐쇄형 시스템에서 나타난 핵심적인 기술 변화는 크고 독점 IT 시스템이 차별화된 시장에서 핵심 경쟁 우위를 제공하면서 폐쇄형 플랫폼이 훨씬 더 큰 복잡성을 처리하도록 도왔다는 것이다. 이와 달리, 개방형 시스템은 독점 기술이 지니는 사회적으로 바람직하지 않은 특성을 막는다. 많은 기업과 노동자는 기술의 전부나 일부에 접근할 수 있을 것이다. 기업과 노동자는 기술 접근성 덕분에 그 기술을 사용하고 개선할 수도 있다. 아마존이 AWS를 대중에게 개방했던 것처럼 폐쇄형 시스템에서 개방형 시스템으로 전환하면 이와 같은 혜택이 생긴다.

하지만 전문가가 정밀하게 조사해온 것은 마지막 그룹인 다면 개방형 플랫폼이다. 그리고 의회 청문회에 증인으로 소환됐던 빅테크는 모두 이 부류에 속하는 다면 개방형 플랫폼을 운영한다. 다면 개방형 플랫폼의 경제학은 반독점 규제기관이 법을 집행할 때 고려해야 하는 이미 혼란스러운 요건을 복잡하게 만든다. 이와 관련된 주된 문제 두 가지가 있다.

첫째, 기업은 교차보조Cross-subsidization한다. 교차보조는 채산성이 낮은 사업을 다른 사업의 수익으로 유지하는 행위다. 양면 플랫폼 소유주는 한쪽에 보조금을 제공하고 다른 한쪽에 세금

347

을 부과할 수 있다. 예를 들어 신문사는 구독료를 낮추기 위해 신문 구독 서비스에 보조금을 지급하고, 이로써 발생하는 손실을 메우기 위해 광고주들에게 더 많은 요금을 부과한다. 이것은 여러 가지 이유에서 경제적으로 일리가 있다. 하지만 기업이 교차 보조하면, 그 기업의 약탈적 행동을 밝히는 일은 더 어려워진다. 말하자면 신문사는 구독자에게 신문을 발행하는 데 소요되는 비용보다 낮게 구독료를 책정한다. 이것을 신문사가 불법적으로 시장을 독점하려는 시도로 볼 수 있을까? 경제적으로 면밀히 분석하면, 신문 구독료를 보조하는 행동이 약탈적인지를 판단할 수 있으며, 그 판단의 증거를 제시하는 일은 어려운 데다 많은 비용이 들 것이다. 그래서 대법원은 '오하이오 대 아메리칸 익스프레스 사건'에서 판단의 증거를 제시하는 부담을 원고측에게 이전했고, 반독점법을 집행하려는 의욕을 꺾었다.[36]

둘째, 다면 플랫폼은 네트워크 효과를 갖는다. 네트워크 효과는 플랫폼을 사용하는 가치가 사용자들이 형성하는 네트워크의 크기와 함께 커지면 발생한다. 신문 구독자가 증가할수록, 광고주들이 생각하는 신문의 가치는 커진다.[37]

이런 종류의 네트워크 효과는 규모의 경제와 비슷하게 작용한다. 그리고 매우 공격적인 성장 원동력으로 이어질 수 있다. 예를 들어 신문사는 경쟁사로부터 구독자를 빼앗기 위해 구독료

348

를 손실이 발생할 정도로 최저로 책정한다. 구독자가 증가하면 신문사는 네트워크 효과를 누리게 된다. 이어서 신문사는 광고료를 인상한다. 신문사는 증가한 광고 수익으로 대폭 할인된 구독료로 구독자에게 서비스를 제공하면서 계속 성장한다. 이처럼 네트워크 효과는 하나의 신문사가 업계를 지배하는 거대한 신문사로 성장하는 데 강한 인센티브가 된다. 과거에 이러한 인센티브를 얻기 위해서 신문 전쟁이 발발한 적도 있었다. 판매 부수를 높이려는 치열한 경쟁이 황색 저널리즘을 낳았고, 미국-스페인 전쟁의 구실을 제공한 뉴스를 조작하는 지경까지 이르렀다. 그런데 예나 지금이나 어떤 것들은 결코 변하지 않는 것 같다. 네트워크 효과는 과거의 신문 전쟁보다는 평화로운 신문사 합병 바람을 일으켰다. 1920년 도시 500개에서 경쟁적으로 일간지가 마구 발행됐다. 하지만 1963년 그 수는 도시 50개로 줄어들었고, 2017년 겨우 도시 10개로 줄어들었다.[38] 안타깝게도 신문사가 통폐합되면서 정치적 관점의 다양성이 줄어들었다. 그리고 이를 두고 A. J. 리블링A. J. Liebling은 "오직 신문사를 소유한 사람들만이 언론의 자유를 보장받는다."라고 비아냥거렸다.

　네트워크 효과의 경제학은 수확의 경제학과는 어떤 점에서 다르다. 우선, 네트워크 효과를 갖는 지배적 기업의 경제적 우위는 역동적이다. 그것은 이용자의 수가 증가하면서 몇 년에 걸

349

쳐서 서서히 커진다. 가령 철강 회사의 규모의 경제는 제철소가 일단 건설되면 빠르게 증가한다. 시장 점유율을 확대하기 위해서 플랫폼 간의 경쟁은 오랫동안 지속될 수 있다. 하지만 네트워크 효과는 영구적이지 않다. 대형 철강 회사의 생산성이 빠르게 사라지지는 않겠지만, 이용자는 대안 플랫폼으로 빠르게 이동할지도 모른다. 지배적인 플랫폼에 단단히 매여 있지 않으면 이용자는 빠르게 대안 플랫폼으로 이동할 수 있다. 플랫폼 시장에도 감히 건드릴 수 없는 지배적 기업이 있다. 하지만 그들은 결국에는 시장 지배적 지위를 새로운 누군가에게 내줘야 했다. 인터넷 검색의 야후, 소셜미디어의 마이스페이스, 휴대전화의 노키아가 그런 기업이었다. 기성 기업은 대체로 새롭게 부상하는 시장에서 신생 기업에 와해된다. 하지만 위에 살펴본 사례는 네트워크 효과가 지속적인 시장 지배적 지위를 보장해주지 않는다는 것을 여실히 보여준다.

　　네트워크 효과가 품질 차별화와 결합하면, 기업은 시장을 더 완전하게 지배할 수 있다. 소비자가 최상의 제품을 선호한다면, 기업 간 품질 차이가 작더라도 최상의 제품이 거대한 네트워크 효과를 갖게 되어 지배적 기업은 상당한 시장 점유율을 확보할 수 있다. 이렇게 되면 승자가 시장의 대부분을 지배하는 상황이 나타난다. 규모의 경제도 시장이 지나치게 크지 않더라도,

350

승자가 대부분의 시장을 차지하는 상황을 낳을 수 있다. 하지만 3장에서 봤듯이 규모의 경제에는 한계가 있다. 수확량이 어떤 시점에서 줄어든다. 그래서 결국에는 아무리 큰 시장이라 하더라도 기업의 시장 지배적 지위는 더 이상 보장되지 않는다. 네트워크 효과도 줄어든다. 때때로 아주 큰 폭으로 네트워크 효과가 감소하기도 한다. 네트워크 효과가 감소하는 이유는 대규모 시장이 iOS와 안드로이드와 같은 스마트폰 운영 시스템이나 컴퓨터 플랫폼에서 다양한 플랫폼을 지원하기 때문이다.[39]

요약하자면 다면 플랫폼의 경제학은 사실상 규모의 경제가 있는 시장의 경제학과 성격이 상당히 유사하다. 물론 중요한 차이점이 존재하지만, 근본적인 차이점은 없다. 그럼에도 불구하고 다면 플랫폼은 반독점 규제기관에 어려운 도전이 된다. 왜냐하면 다면 플랫폼은 상당히 복잡하기 때문이다. 교차보조와 네트워크 효과 때문에 어떤 기업 행동이 경쟁에 어떻게 영향을 주는지 판단하는 것은 대체로 어렵고 비용이 많이 들 것이다. 이것이 규제를 더 어렵게 만들고, 규제기관, 정책 입안자, 법원과 대중에게 혼란을 줄 수 있다. 그런데 실제로 이런 행동이 경쟁에 미치는 효과는 간과한 채로, 다면 플랫폼에 대한 대중 논의에서는 대체로 교차보조와 네트워크 효과가 집중적으로 다뤄진다.

351

디지털 플랫폼과 반독점

디지털 플랫폼과 반독점법이 만나면 규제 영역에서 혼란이 야기 됐다. 이 혼란이 무엇이고 어떻게 해소할 것이냐에 대한 논의가 곳곳에서 이뤄졌고, 결국 의회 청문회까지 이어졌다. 의회 청문회에서 여러 주장이 제기됐고, 그 이후에 반독점 소위원회가 보고서를 발표했다.[40] 예를 들어서 리나 칸Lina Khan은 〈아마존의 반독점 역설Amazon's Antitrust Paradox〉에서 반독점과 관련하여 아마존처럼 네트워크 효과를 갖는 기업의 관점에서 약탈적 가격 책정을 다시 생각해볼 필요가 있다고 주장했다.[41] 그녀는 아마존이 최근에 수익성이 나아졌지만 몇 년간의 경제적 손실이나 최저 수익을 견뎌오고 있다는 점에 주목했다. 그리고 아마존이 경쟁자를 시장에서 몰아내기 위해서 비용보다 낮게 가격을 책정했다고 주장했다. 그녀는 사법적 원칙은 비용보다 낮게 서비스 가격을 책정하는 지배적 플랫폼은 불법적인 약탈 행동을 하고 있다고 가정하고 바뀌어야 한다고 주장했다.

칸은 자신의 주장을 뒷받침하기 위해서 아마존과 쿼드시의 경쟁관계를 사례로 들었다. 쿼드시는 유아용품을 전문적으로 판매하는 온라인쇼핑몰인 다이퍼스닷컴의 소유주였다. 두 기업의 사례는 의회 청문회에서도 디지털 플랫폼과 반독점 규제를 논할 때 하나의 사례로 거론됐다. 아마존은 쿼드시를 인수하고자 했다. 하지만 쿼드시는 빠르게 성장하고 있었고, 아마존과의 합병에는 전혀 관심이 없었다. 그러자 아마존은 공격적으로 기저귀 가격을 생산 단가보다 낮게 책정하기 시작했다. 그리고 쿼드시를 상대로 네트워크 효과를 사용하기 위해서, 이미 보유하고 있는 거대한 고객층에게 구독 프로그램을 제공했다. 이 외에도 아마존은 쿼드시를 시장에서 몰아내기 위해서 수많은 노력을 했다. 쿼드시는 버티다가 끝내 굴복했고, 2010년 아마존에 인수됐다. 인수가는 이렇게 굴욕적으로 인수되지 않았다면 받을 수 있는 인수가 보다 훨씬 낮았다. 이다 타벨이 들려준 스탠더드 오일 이야기와 비슷하게 들린다. 하지만 아마존과 쿼드시 사례가 반독점 규제 대상인지를 평가하는 것을 어렵게 만드는 큰 차이점이 하나 존재한다. 록펠러는 미국 정유 산업의 90퍼센트를 차지했고, 위협이 되는 경쟁자를 시장에서 몰아냈다. 그렇다면 아마존이 쿼드시를 인수하기 위해 했던 행동이 기저귀 시장에서 경쟁을 제거하거나 대거 없었을까? 아마존은 도덕적으로 비난 받을 만하게 행동했고 그 행동이 심지어 불법이었을지도 모른다. 하지만 기업 행동이 불법적인 시장 독점으로 이어지지 않았다면, 기업이 약탈적인 가격 책정을 진행했다고 할 수 없다. 설령 기업 행위로 경쟁자가 피해를 당했더라도, 중요한 것은 시장 경쟁 자체가 훼손됐

353

는가다.

기저귀 유통시장은 온라인과 오프라인 모두, 여전히 경쟁이 치열하다. 실제로 2017년 아마존과 월마트는 기저귀를 포함해 일상 용품을 두고 가격 전쟁을 전면적으로 시작했다.[42] 기저귀의 경우, 22퍼센트만이 전자상거래를 통해 판매된다. 그래서 대부분의 경쟁은 오프라인에서 이뤄졌다. 기저귀 시장에서 가격 경쟁이 어떻게 진행되고 있는지 보여주는 증거는 상당히 많다. 이 증거에 따르면 오프라인과 온라인 유통업체가 서로 경쟁하면, 기저귀 시장의 가격 경쟁은 더 치열해졌다.[43] 온라인 시장만 보더라도, 기저귀 매출 경쟁은 치열하다. 나는 온라인에서 기저귀 브랜드인 팸퍼스 한 봉지가 얼마에 팔리고 있는지를 확인했다.[44] 아마존은 약 6만 원에 팸퍼스 한 봉지를 팔았다. 하지만 아마존 웹사이트에서 팸퍼스를 판매하는 업체는 14개나 됐고, 어느 한 업체는 약 5만 9900원에 팸퍼스 한 봉지를 판매하면서 무료배송까지 해줬다. 게다가 다른 전자상거래 웹사이트와의 경쟁도 치열하다. 구글은 아마존과 검색 부문에서 경쟁한다. 제품 검색 활동의 절반가량이 구글에서 시작된다.[45] 사람들은 구글에서 제품을 검색하여 판매 웹사이트를 찾기도 한다. 구글에서 검색해보니, 팸퍼스를 판매하는 업체가 무수히 확인됐다. 월마트닷컴에서는 아마존과 같은 가격에 팸퍼스 한 봉지가 판매되고 있

354

었지만, 위시닷컴에서는 약 6만 3000원에 팸퍼스 한 봉지가 판매되고 있었다. 다면 플랫폼의 경제학을 감안하면, 그 누구도 공격적인 가격 책정으로 경쟁을 제거할 수 있다고 가정할 수 없다. 특히 플랫폼 자체가 제3의 경쟁에 개방되어 있다면 더욱 그렇다.[46]

칸은 논문에서 양면 플랫폼의 시장 지배력은 아마존과 같은 기업에 연관 시장에 영향력을 발휘할 기회를 제공한다고 주장하며 법원이 수직적 통합을 바라보는 시각에 의문을 제기했다. 예를 들어서 지방자립연구소는 아마존이 마켓플레이스 판매자에게 받은 수수료 수익으로 배송 서비스를 운영하고 있기 때문에, 곧 택배시장을 지배하게 될 것이라고 주장했다.[47] 그래서 지방자립연구소는 아마존이 수직적 통합을 통해서 택배시장에 진입하지 못하도록 막아야 한다고 주장했다. 그리고 엘리자베스 워런 Elizabeth Warren, 도널드 트럼프Donald Trump와 함께, 아마존을 분할해야 한다고 주장했다. 하지만 실제로 택배와 배달 서비스 시장에서 아마존의 점유율은 그리 높지 않다. 이 시장은 UPS와 페덱스가 지배하고 있다.[48] 그런데 아마존이 판매 수수료로 배송 서비스를 운영하는 것은 산업 집중도가 높은 이 시장에서 경쟁을 심화시킨다. 아마존은 자체 배송 서비스를 이용하라고 마켓플레이스 판매자에게 강요하지 않는다. 다음 장에서 아마존이 마켓플레

355

이스 판매자도 이용할 수 있는 다른 '풀필먼트 서비스'*를 어떻게 용이하게 만들었는지를 살펴볼 것이다.

아마존은 자사 웹사이트에서 제품과 서비스를 제공하는 유통업체와 경쟁하기 위해 자사상표 브랜드 제품을 출시했다는 비난을 받고 있다. 하지만 풀필먼트 서비스와 유사하게 여기서도 아마존의 행동이 실제로 경쟁을 증가시켰다. 다른 유통업체와 경쟁하는 것이 이해 충돌인 것 같을 수 있다. 하지만 옳든 그르든지 간에 유통업체는 시중에 유통되는 제품과 경쟁하기 위해서 자사 상표 브랜드 제품을 오랫동안 활용해왔다.[49] 아마존은 대량으로 판매되는 일상 용품을 대상으로 자사 상표 브랜드를 가장 많이 만들었다. 건전지가 대표적인 자사 상표 브랜드 제품이다. 아마존이 자사 상표 브랜드 건전지를 출시하면서, 상위 2위권 기업 2개가 시장의 75퍼센트를 차지하는 산업 집중도가 높은 건전지 시장에서 경쟁이 높아졌고 가격이 하락했다.[50]

자사 상표 브랜드 제품을 출시하고 교차보조하여 배송 서비스를 운영하는 것은 아마존에게 반경쟁적 관행에 개입할 기회를 분명히 제공한다. 가령 마켓플레이스 판매자에게 아마존 배송

———— • 주문한 상품이 물류창고를 거쳐 고객에게 배달 완료되기까지의 전 과정을 일괄 처리하는 것. - 옮긴이

356

서비스만을 사용하도록 제한하거나 자사 웹사이트에서 경쟁 유통업체가 불리하게 만들 수 있다. 이와 비슷하게 양면 플랫폼의 역학관계가 거래를 억제하는 약탈적 행동을 초래할 수 있다. 의회 청문회에서 빅테크의 나쁜 행동에 대한 불만이 쏟아졌고, 전파를 타고 방송됐다. 빅테크 기업은 반독점 조사를 받을 필요가 분명히 있다. 다면 플랫폼은 반경쟁적인 행위를 했는지 여부를 면밀히 조사받아야 한다. 면밀한 반독점 조사는 복잡한 경제적 환경 때문에 어려울 것이다. 하지만 여기서 핵심은 양면 개방형 플랫폼이 심지어 산업 집중도가 매우 높은 시장에서 경쟁을 높일 수도 있다는 것이다. 이런 이유 때문에 생산 단가보다 낮게 가격을 책정하는 정책은 불법적인 약탈적 가격 책정이라거나 양면 플랫폼은 수직적 시장에서 활동하지 못하도록 규제해야 되고 이미 수직적 시장에 진출했으면 해체해야 한다고 원칙적으로 주장하는 것은 실수다.

양면 플랫폼의 힘은 실제보다 더 커 보이기 때문에 양면 플랫폼을 운영하는 기업이 연관 시장에서 미칠 수 있는 영향력이 과장된다. 아마존은 온라인 서점과 같은 일부 시장에서 상당히 많은 시장을 점유하고 있지만, 비판가들은 아마존이 전반적인 전자상거래 시장을 독점한다고 주장한다. 그런데 꼼꼼하게 계산하면, 아마존의 미국 전자상거래 시장 점유율은 대략 35퍼센트고,

357

미국 유통 시장 점유율은 이제 전자상거래 시장에서 위협적인 경쟁자로 떠오른 월마트보다 훨씬 낮은 6퍼센트다.[51] 35퍼센트는 아마존 웹사이트의 시장 점유율이다. 하지만 아마존 웹사이트 매출의 대부분은 다른 유통업체의 것이다. 이것은 아마존 웹사이트의 시장 점유율이 다소 불안정하다는 뜻이다. 아마존 마켓플레이스 판매자 대부분은 다른 웹사이트에서도 제품을 판매하고, 아마존 마켓플레이스에서 다른 웹사이트로 쉽게 옮겨갈 수 있다.[52] 게다가 월마트닷컴과 쇼피파이와 같은 웹사이트가 빠르게 성장하고 있다. 아마존의 시장 지배력 유동성은 최근 코로나바이러스가 전 세계적으로 확산되며 빠르게 변하는 전자상거래 시장 점유율에서 확인됐다. 아마존이 수요를 충족시키기가 어려워지자, 아마존의 미국 전자상거래 시장 점유율이 2020년 1월 42퍼센트에서 같은 해 4월 34퍼센트로 하락했다.[53] 이것이 아마존의 시장 지배력이 장기적으로 하락할 것이라는 신호는 아니지만, 아마존의 시장 지배력이 미국 정유 생산의 90퍼센트를 차지했던 스탠더드 오일의 시장 지배력과 상당히 다르고 더 조건적이라는 것을 여실히 보여준다.

이러한 사례는 다면 플랫폼과 반독점법이 만나면 어떻게 혼란이 야기되는지를 넌지시 보여준다. 이와 동시에 다면 플랫폼

358

이 반경쟁적인 행위를 남용할 기회를 증가시킬 수도 있다. 큰 규모 자체는 불법이 아니라는 원칙을 지킨다는 가정 하에 우리가 무엇을 할 수 있을까?

한 가지는 연방거래위원회와 법무부 반독점부의 예산을 늘리는 것이다. 분석해야 할 사안이 복잡할수록 전문 분석가가 많이 필요하다. 빅테크는 더 면밀하게 반독점 조사를 받아야 한다. 빅테크를 세세하게 조사하려면 자원이 필요하다. 판사를 훈련시키는 것도 도움이 될 수 있다. 혹자는 디지털 플랫폼의 반독점 조사를 도맡을 전문 기관이나 법원을 마련해야 한다고 주장한다.[54] 좋은 생각이지만 규제 포획에 빠질 위험도 존재한다. 전문 기관이나 법원이 업계 출신 전문가에 의지하고 업계의 사고방식에 따라서 행동할 수 있기 때문이다. 실제로 의회가 특허항소법원을 만들었을 때, 이런 문제가 발생했다. 특허항소법원은 다른 혁신가에게 피해가 되더라도 특허권을 확대하는 데 도움이 되는 판결을 내리는 경향이 있었다.[55]

하지만 빅테크의 디지털 플랫폼에만 집중했을 때 나타나는 진짜 문제는 훨씬 더 심각한 문제에 집중하기가 어려워진다는 것이다. 이 문제는 개방형 플랫폼으로 해소될지도 모르는 어려움이다. 빅테크가 미국 경제에서 차지하는 부분은 그리 크지 않다. 아마존, 애플, 페이스북, 구글의 매출을 모두 합쳐도 미국 총생산

359

량의 2퍼센트가 채 안 된다. 하지만 현재 상위권 기업이 한 산업에서 시장 지배적 위치를 차지한 뒤에, 이어서 또 다른 산업에서 시장 지배적 위치를 차지하는 일이 벌어지고 있다. 이것은 혁신, 생산성 성장과 불평등에 심각한 영향을 미친다. 소수의 빅테크를 분해한다고 이 문제가 해결되지는 않을 것이다. 심지어 빅테크를 분해할 수 있는지도 확실치 않다. 기저귀 온라인 시장은 그렇게 크지 않고, 디지털 플랫폼을 지배하는 기업이 자사 상표 브랜드 기저귀를 내놓는 것도 아니다. 기업 합병이 반독점법에 위배되지 않는지 강력하게 조사되어야 한다. 하지만 이것 자체로 슈퍼스타 자본주의가 초래한 더 큰 문제를 해결할 가능성은 없다.

게다가 이 문제가 디지털 플랫폼 그 자체는 아니다. 디지털과 비디지털 플랫폼은 경제적 가치를 창출하는 강력한 수단이다. 그리고 디지털 플랫폼에서 활동하는 기업의 시장 지배력이 지나치게 강력해지진 않을 것이다. 그들은 소비자에게 커다란 혜택을 제공하고 임금 수준이 높은 일자리를 창출할 만큼의 시장 지배력을 지닐 정도로만 성장했다. 하지만 개방형 디지털 플랫폼이 반독점법을 집행하는 데 방해가 된다는 것은 사실이다. 경쟁을 저해하는지 판단하기 위해서 더 면밀히 조사해야 하다. 여기에 더 많은 자원이 소요될 것이다. 그런데 약탈적 가격 책정과 교차보조는 새로운 기업 행동이 아니다. 반독점법의 관점에서 봤을

360

때, 신문업계에서도 이러한 기업 행동이 확인된다. 플랫폼 접근성과 관련 지식이 현재 제한되어 있기 때문에, 플랫폼이 반독점법 집행에 진짜 방해가 되는 것이다. 다시 말해서 플랫폼과 관련해서 기술과 지식의 확산 행위가 제한되어 있다. 디지털 플랫폼 접근성이 확대되면, 경쟁이 치열해질 것이다. 그러면 스타트업은 강력한 역풍을 맞게 되지 않을 것이다. 그리고 인재확보전쟁은 완화되고 노동자 간 역량 격차는 줄어들 것이다. 그리고 규제기관은 자신들의 역할을 해낼 수 있을 것이다. 플랫폼이라는 기술 그 자체가 문제인 것은 아니다. 슈퍼스타 기업이 플랫폼을 사용하고 접근성을 제공하는 방법이 문제다.

이것은 개방형 플랫폼이 폐쇄형 플랫폼보다 더 낫다는 의미다. 불필요하게 성공적인 개방형 플랫폼을 처벌하기 위해 반독점 정책을 마련하고 이행하는 것은 실수일 것이다. 우리는 아마존 같은 플랫폼 기업이 더 많이 등장하길 바란다. 다음 장에서는 플랫폼을 개방할 수 있는 정책적 방법을 살펴보자.

361

10

언번들링

The Next Unbundling

대기업은 소프트웨어 시스템을 이용해서 다양한 요구를 충족시켜왔다. 그들은 다양한 제품과 기능, 개인 요구에 맞춘 서비스를 제공한다. 이러한 역량이 그들은 시장 지배적이고 강력하게 만들었다. 대기업이 크게 진보했지만, 소비자의 다양한 요구를 모두 충족시키는 그들의 능력은 완전하지 않다. 월마트 매장에는 12만 개의 제품이 판매된다.[1] 이것은 월마트의 경쟁업체들이 제공하는 제품의 수를 훨씬 웃돈다. 이 덕분에 월마트가 유통업계를 지배할 수 있었다. 하지만 전자상거래 웹사이트에서 판매되는 제품의 수와 비교하면, 이것은 새 발의 피다. 월마트 웹사이트에서는 3500만 개의 제품이 거래된다.

기술과 지식의 확산이 중요해지고 있다. 소프트웨어 시스템 덕분에 새로운 힘을 발견하고 얻게 됐더라도 슈퍼스타 기업은 여전히 모든 제품과 서비스를 관리할 수 없다. 그들은 혁신적인 아이디어를 독점하지 않고, 모든 제품 기능을 통합할 수도 없다. 다른 역량을 보유한 노동자를 고용하고 있는 다른 기업의 도움이 필요하다. 그리고 슈퍼스타 기업이 핵심적인 기술 지식에 접근할 수 없다면, 불평등은 심화되고 생산성 성장은 둔화하며 잠재력은 상실된다. 그러므로 정책적 도전은 기술적 지식의 확산을 촉진하는 방법을 찾는 것이다.

일부 선도적 기업은 자신들의 기술을 '언번들링'한다. 다

365

시 말해 인터페이스를 통해서 시스템 일부에 제삼자가 접할 수 있게 만들거나 소프트웨어 코드, 데이터, 노하우나 하드웨어 일부를 공유하거나 라이선스하여, 다른 기업이 핵심 기술을 사용하거나 접근할 수 있도록 한다. 언번들링은 '쪼개기'라고 할 수 있다. 이것은 상당히 중요한 결정이다. 언번들링이 산업을 혁신하고 기술과 지식의 확산을 가속화시킬 수 있다는 사실이 밝혀졌다. 언번들링은 생산성 성장을 저해하고 불평등을 심화시키는 슈퍼스타 자본주의의 부정적인 영향을 개선한다.

IBM의 언번들링

현대의 패키지 소프트웨어 산업은 1969년 6월 23일에 시작됐다고 할 수 있다. 바로 이날에 IBM은 언번들링했다. 이전까지 IBM은 소프트웨어와 하드웨어를 한데 묶어서 팔았다. IBM은 소프트웨어에 별도 가격을 붙이지 않았다. 고객은 IBM 컴퓨터와 관련 소프트웨어를 함께 구입했다. 여기에 IBM 엔지니어가 개발한 주문형 소프트웨어도 하나의 패키지 제품으로 포함됐다. 적어도 표면적으로 IBM 소프트웨어가 공짜였을 때, 독립적인 소프트웨어 회사는 IBM과 경쟁에서 고전했다. 이것이 다른 컴퓨터 제조업체

366

가 IBM과 경쟁하는 것을 어렵게 만들었다.

초기 상업용 컴퓨터 소프트웨어는 하드웨어 제조업체, 고객, 또는 고객이 계약한 업체가 맞춤형으로 프로그래밍했다.

1960년대 후반에 '소프트웨어 패키지'라는 용어가 등장했으며, 이는 고객의 기기에서 실행할 수 있는 소프트웨어 객체 코드와 문서, 그리고 종종 설치와 교육 서비스를 포함한 형태를 의미했다. 소프트웨어 패키지 목록은 1967년에 처음 출판되었으며, 약 100개의 프로그램 설명이 포함되었다.

하지만 이것은 까다롭고 분열된 사업이었고, 하나의 모델을 위해서 설계된 소프트웨어 시장은 대체로 아주 제한적이었다. 소프트웨어 회사가 상대적으로 저렴하게 한 고객을 위해서 작성한 코드를 복사할 수 있었지만, 그 코드가 작동하도록 프로그램된 하드웨어는 거의 표준화되지 않았다. 각각의 제조업체와 각각의 모델은 일반적으로 자체 운영 시스템을 갖고 있었다. 그리고 당시 컴퓨터는 전력이 충분하게 공급되지 않았기 때문에 소프트웨어는 각각 특정 모델의 구체적인 기능을 바탕으로 성능을 최적화하도록 설계해야 했다.

IBM이 1964년에 360시리즈를 출시하면서 상황이 바뀌었다.[5] IBM은 소프트웨어가 이 시리즈의 모든 모델과 호환될 수 있도록 '소프트웨어 호환성'을 도입했다. 초소형 모델에 구동되

367

도록 설계된 소프트웨어는 초대형 모델과 중간형 모델에서도 작동됐다. 고객은 하나의 모델을 위해 설계된 소프트웨어를 업그레이드만 하면 다른 모델에서 사용할 수 있다고 확신할 수 있었다. 그리고 하나의 모델을 위해서 설계한 소프트웨어 패키지도 다른 모델에서 사용할 수 있었다. 이 덕분에 컴퓨터 모델에 상관없이 사용할 수 있는 소프트웨어의 범위가 확대됐다. 이 이점 때문에, 360시리즈는 굉장히 성공적이었고 IBM은 소프트웨어 시장의 3분의 2를 차지하게 됐다. 그리고 이 덕분에 컴퓨터 응용 프로그램 시장이 탄탄해졌다. 하지만 두 개 이상의 다른 제품을 하나로 묶어서 단일 가격으로 판매하는 IBM의 '번들링' 정책 때문에, 독립적인 소프트웨어 회사가 이 기회를 이용하기는 어려웠다.

번들링 때문에 다른 컴퓨터 제조업체가 IBM과 경쟁하는 것이 더 어려워졌다. 그들은 IBM과 종류가 비슷한 소프트웨어를 제공하지 않았고, IBM이 갖고 있는 주문형 엔지니어링 역량이 부족했다. 컨트롤 데이터의 주도하에 컴퓨터 제조업체는 1967년에 IBM을 상대로 반독점 소송을 제기하기 위해 법무부를 압박하기 시작했다.[6] 이와 동시에 IBM의 데이터 프로세싱 사업부의 임원들은 언번들링이 과연 수익성이 있는지 검토하기 시작했다. 그들은 두 가지 조사를 진행했지만, 결과는 애매했다. 그래서 그들은 언번들링을 시도할 가치가 있다고 자신들의 사업부나 IBM 경

368

영진을 설득할 수 없었다.

그로부터 1년 뒤에 언번들링이 다시 이슈가 됐다. 법무부에서 반독점 소송을 감독했던 IBM 변호인인 버크 마샬Burke Marshall이 IBM CEO 토마스 왓슨 주니어Thomas Watson Jr.에게 번들링은 명확하게 반독점법에 위반되는 전형적인 묶음 판매 정책이라고 말했다.[7] 정부의 반독점 소송을 예방하고자 IBM은 1968년 12월에 언번들링을 선언했고, 그해 6월에 언번들링을 시행했다. 하지만 1969년 1월에 법무부는 이미 IBM을 상대로 반독점 소송을 제기한 상태였다.[8] 언번들링을 선언하면서 IBM은 응용 프로그램 17개에 고정적으로 임대 가격을 책정했고 시스템 엔지니어링 서비스, 주문형 코딩 서비스 그리고 연습 프로그램에 요금을 부과했다. IBM은 이전까지 무료로 제공했던 소프트웨어와 서비스를 유상으로 전환한 대신에, 하드웨어 가격을 3퍼센트 인하했다.

처음 반응은 부정적이었다. 많은 고객이 하드웨어 가격 인하가 부적절하다고 느꼈고, 이 행보는 '성난 고객 집단'을 만들었다.[9] 그리고 IBM이 언번들링을 이행하자, 처음에 다른 기업이 패키지 소프트웨어 시장에 헐레벌떡 진입했다. 하지만 1969년부터 1971년까지 지속된 경기 침체로 자본을 충분히 조달받지 못한 기업은 이 시장에서 사라졌다. 그럼에도 불구하고 패키지 소프트웨어 산업은 성장하기 시작했다. 성장세는 처음에는 느렸지만,

369

결국에는 컴퓨터 산업에 몸담는 대부분의 사람들 예상을 뛰어넘을 정도로 빠르게 성장했다. 미니컴퓨터와 개인 컴퓨터의 성장과 함께, 패키지 소프트웨어 시장은 성장했다. 1970년과 1980년 사이에 국내 소프트웨어 매출은 거의 6배 증가했고, 1980년과 1988년 사이에 다시 10배 증가했다.[10]

결국 언번들링이 근본적인 정보 문제를 해소했다는 사실이 드러났다. 일반적으로 컴퓨터 산업은 컴퓨터 가격이 빠르게 하락하면서 성장했고, 그 덕분에 소프트웨어 시장이 확대했다. 컴퓨터 하드웨어가 저렴해졌지만, 소프트웨어 시장에서 병목 현상이 발생했다. IBM 고객은 컴퓨터로 소수의 다른 기업만이 공유하는 다양한 문제를 처리할 수 있기를 원했다. 이것은 현지 정보와 관련된 문제였다. 그리고 이런 이유 때문에 일반적인 소프트웨어 패키지는 효과적으로 문제를 해결하지 못했다. IBM은 이 문제를 처리하는 데 관심이 없었다. 실제로 IBM은 겨우 17개의 소프트웨어 패키지만 언번들링의 대상으로 삼았다.

근본적으로 언번들링은 응용 프로그램의 경제학을 바꿔놓았다. 먼저 이것은 IBM 소프트웨어와 엔지니어링 서비스에 도전하는 경쟁자가 생긴다는 의미였다. 고객은 IBM의 주문형 프로그램이나 독립적인 개발자의 소프트웨어 패키지 중에서 어느 하나를 선택할 수 있었다. 하지만 독립적인 개발자들은 여러 고객

370

을 대상으로 매출을 상각할 수 있기 때문에, 그들은 훨씬 더 저렴하게 해당 서비스를 제공할 수 있었다. 그리고 IBM의 주문형 프로그램을 사용할 여유가 없는 고객도 독립적인 개발자들이 제공하는 소프트웨어 패키지를 사용할 수 있었고, 소프트웨어 시장을 더욱 확대시켰다. 물론, IBM은 자체 소프트웨어 패키지를 출시할 수 있었고, 실제로 그렇게 했다. 하지만 경쟁 때문에 IBM은 자체 소프트웨어 패키지의 가격을 인하해야만 했다.

게다가 특정 문제를 해결하려는 기업이 증가하면서, 새롭고 혁신적인 솔루션이 더 많이 등장했다. 주문형 프로그램에서 기대할 수 있는 것 이상의 기능을 제공하는 소프트웨어 패키지가 등장했다. 패키지 소프트웨어 프로그램이 고객의 구체적인 요구를 모두 해결하지 않겠지만, 대부분의 경우에 고객의 요구에 맞춰서 소프트웨어를 설계해서 소프트웨어 패키지를 개선할 수 있었다. 더욱이 오랜 시간에 걸쳐서 소프트웨어 패키지에 점점 더 많은 기능이 추가됐고, 고객의 다양한 요구를 충족시킬 수 있게 됐다. 2장에서 설명했던 소프트웨어 기능 전쟁 때문에, 역동적으로 소프트웨어 패키지에는 고객 개개인의 구체적인 요구를 점점 더 많이 충족시켜주기 위해 더 많은 기능이 추가됐다. 그렇다고 주문형 프로그래밍 서비스가 사라지지는 않았지만 패키지 소프트웨어는 훨씬 더 넓은 시장의 요구를 충족시킬 수 있게 됐다.

371

언번들링은 시간이 흐르면서 IBM에게 축복이 됐다. 언번들링 때문에 IBM의 내포적인 소프트웨어 시장 점유율은 하락했다. 하지만 비용을 낮추고 다양한 소프트웨어 패키지가 출시되면서, 소프트웨어 시장과 컴퓨터 하드웨어 시장이 모두 대단히 확대됐다. 소프트웨어 어플리케이션이 다양해지면서, 보완 하드웨어의 매출이 증가했다. 경쟁이 상당히 치열해졌지만, IBM은 여전히 소프트웨어와 엔지니어링 서비스를 공급하는 지배적 기업으로서의 지위를 유지했다. 전체 파이에서 IBM의 몫은 작아졌지만, 전체 파이의 크기가 커지면서 상쇄됐다.

독점 소프트웨어는 대기업의 시장 지배적 위치를 강화하고 영속적으로 만들었다. 아울러 새로운 기술의 확산을 늦춰서, 생산성 성장을 둔화시켰다. 독점 소프트웨어는 노동자들이 새로운 기술과 관련된 기술을 익힐 기회를 얻는 데 방해가 되고, 경제적 불평등을 심화시키는 데 기여한다. 독점 소프트웨어는 소비자와 정부 규제기관과 비교해서 대기업의 힘을 강화시켰다. 포괄적으로 말해서, IBM이 독점 소프트웨어를 사용하다가 소프트웨어와 하드웨어를 언번들링하면서, 기술적 지식이 수월하게 확산되었다. 다양한 혁신가가 소프트웨어를 계속해서 개선했고 소프트웨어 시장을 확대시켰다. 그리고 오늘날의 지배적 기업이 IBM의 뒤를 따라서 자신들의 소프트웨어를 언번들링할 수 있을지 의구심이 제기됐다. 그리고 경쟁과 생산성 성장을 회복시켰다. 아마도 언번들링이 독점 소프트웨어 시스템 때문에 초래된 문제 중에서 일부를 해소하는 역할을 했을지도 모른다.

정부 정책의 역할

여기서 핵심 요인은 정부 정책이다. 1969년에 IBM이 언번들링을 선언한 것은 크게 봤을 때 반독점 소송, 특히 정부 소송에 대한 대응이었다. 물론 이 시각에는 이론이 있다. 경제학자 프랭클린 피셔Franklin Fisher는 미국의 반독점 소송에서 전문가로 IBM 측 증인이었다. 그는 주문형 프로그래밍 서비스를 제공하는 독립적인 개발회사가 많기에 IBM이 자발적으로 언번들링을 이행할 것이라고 주장했다. "IBM은 컴퓨터 산업의 초기에 언번들링을 시도했다. 이것은 소비자 수요에 대한 대응이었고, 컴퓨터가 제대로 작동하고 이용자의 문제를 해소할 것이라고 보장했다. 이것은 컴퓨터가 거대하고, 낯설고 오싹한 괴물이었던 시기에 매우 바람직했다. 1968년부터 이용자 집단이 생겼을 때, IBM은 소프트웨어와 하드웨어를 한데 묶어서 팔 필요는 없어졌고, 번들링이 쇠퇴했다."[11]

373

이 주장도 일리는 있지만 오류도 존재한다. 버튼 그래드 Burton Grad, 와츠 험프리Watts Humphrey와 같은 IBM 임원들의 기억을 빌면, 1968년에 IBM 내에서 언번들링은 사업적으로 타당한 주장으로 여겨지지 않았다.[12] IBM 고객 집단의 부정적인 반응이 언번들링 제품에 대한 수요가 압도적이지 않다는 방증이었다. 그리고 비슷한 시기에 IBM의 최고 임원들은 언번들링에 대해 제기된 반독점 소송을 성공적으로 방어할 수 없을 것이라고 결론을 내렸다.[13] 반독점 소송의 압박이 없었다면 IBM이 언번들링을 단행했을지 결론 내리기 어렵다.

그러나 피셔는 '이용자 집단이 생겼을 때, IBM은 소프트웨어와 하드웨어를 한데 묶어서 팔 필요는 없어졌고, 번들링 정책이 쇠퇴했다.'고 한 것은 옳았다. IBM의 언번들링은 패키지 소프트웨어와 관련해서 이 집단의 발달을 지연시켰다. 하지만 장기적으로 IBM은 정부가 반독점 소송을 제기하지 않았더라도 언번들링을 시도했을 것이다. IBM이 소프트웨어 시장이 확장되면 성장의 기회가 더 많이 생긴다는 것을 잘 이해하고 있었다면 말이다.

이러한 역학관계는 지극히 평범하다. 실제로도 이와 관련하여 전형적인 패턴이 존재한다. 신기술은 독점 기술로 시작하고, 기업은 시장 확장의 기회가 뚜렷해지면 독점 기술의 언번들링을 시도한다. 초기의 자동 직조 기술이 여기에 해당한다. 처음에는

374

소수의 섬유업체만이 자동 직조 기술을 보유했다. 오직 이들 업체의 노동자들만이 현장에서 자동 직조 기술을 다루면서 필요한 역량을 익혔다. 그리고 자동 직조 기술의 요소 기술은 표준화되지 않았기 때문에, 자동 직조 기술은 더디게 확산됐다. 자동 직조 기술과 관련된 지식은 전문적이고 널리 보급되지 않았다. 그래서 방직공장은 자체적으로 직조기를 만들었다. 그러던 와중에 섬유 시장은 성장했고 자동 직조 기술과 기술 교육은 표준화됐다. 이런 상황에서 자동 직조기를 언번들링하면, 각자의 시장 점유율은 줄어들지 몰라도 훨씬 더 큰 섬유 시장이 형성될 수 있었다. 그리하여 주요 섬유업체는 자동 직조 기술을 언번들링했다. 구체적으로 말해서 그들은 자체적으로 보유하던 자동 직조기 제조공장을 독립적으로 섬유기계를 만드는 제조업체로 분사했다.

1968년에 기술을 언번들링한 사례는 애매모호했지만, 결국에 IBM은 시장 확대의 기회를 포착하고 정부가 촉구하지 않더라고 기술을 언번들링했을 것이다. 하지만 1968년에 기술을 언번들링하면 시장이 확장될 가능성을 인식한 사람은 거의 존재하지 않았다. IBM 임원인 그래드가 말했듯이, "확실히 1970년에 컴퓨터 산업이나 금융 산업에서 패키지 소프트웨어나 전문적인 프로그래밍 서비스 분야가 향후 30년 동안 어떻게 성장할지를 예측할 수 있는 사람은 극소수였다."[14] 이 시점에서 당시에 법무부의 역

375

할은 기술의 언번들링을 촉진하는 것이었던 것 같다. 그리고 경제사학자 스티븐 우셀만Steven Usselman의 결론처럼, 중요한 것은 '방향보다는 속도'였다.[15] 구체적으로 말해서 속도의 변화가 중요했다. 기술이 이보다 10년 뒤에 언번들링됐다면, 소프트웨어 산업과 주요한 미국의 소프트웨어 기업이 어떤 모습을 하고 있을지 상상하기 어렵다.

언번들링의 예술

오늘날에는 이미 언번들링하고 있는 선도적 기업이 일부 있다. 그들은 새로운 유형의 조직을 개발하고, 기술 접근성과 확산을 제한하지 않고도 거대한 소프트웨어 시스템의 혜택을 누리는 방식으로 경쟁한다. 이 노력은 앞으로 경제가 어느 방향으로 나아갈 수 있는지 보여주는 탄탄한 증거다. 하지만 경제가 이 길로 나아갈 것인지와 얼마나 빨리 나아갈 것인지는 정부 정책에 달려 있다. 안타깝게도 현재의 정부 정책은 부분적으로 지배적 기업의 과도한 정치적 영향력의 결과로 틀린 방향으로 움직이고 있다. 우선, 언번들링을 하고 있는 몇몇 개척자부터 만나보자.

그 어떤 기업보다 언번들링에 탁월한 기업은 다름 아닌 아

376

마존이다. 아마존은 1995년 온라인 서점으로 시작했다. 혜성처럼 등장한 아마존은 빠르게 성장했고, 2002년에는 약 4조 1400억 원이 넘는 매출을 기록했다. 그 이후로 아마존의 매출은 오랫동안 매년 25~30퍼센트씩 꾸준히 성장했다. 아마존의 창립자인 제프 베조스는 초기에 새로운 형태의 조직을 만들 의도가 없었다. 아마존이 새로운 형태의 조직을 만든 것은 거의 우연에 가까웠다. 어쨌든 아마존은 잇달아서 사업 쪼개기에 성공했고, 이 경험을 통해서 언번들링 기술을 완벽하게 만들었다.

잠재 고객이 아마존 웹사이트에 접속할 때마다, 복잡한 상호작용이 연이어 일어난다. 고객이 특정 제품을 선택하면, 브라우저는 데이터베이스에서 해당 제품에 대한 정보를 찾기 위해 아마존 데이터센터 중 어느 하나로 메시지를 전송하고, 해당 정보가 고객의 컴퓨터 화면에 표시된다. 그리고 고객이 그 제품을 구매한다면, 결제와 배송 작업을 처리하기 위해서 구매 결정 메시지가 전송된다. 이 작업이 소규모로 처리된다면 아주 단순한 작업으로 여겨질 것이다. 하지만 3억 5000만 개 아이템을 판매하고 1분당 거의 약 41억 4000만 원을 거래하는 기업에게 이것은 그리 단순한 작업이 아니고, 일종의 '넘어야 할 큰 산'이다.[16]

거래량은 매우 가변적일 수 있다. 판촉 행사가 진행되는 날에는 거래량이 절정에 달할 수 있다. 그래서 데이터 시스템이

377

거래량에 맞춰 조정되어야 한다. 웹사이트의 처리 속도가 느리면, 고객은 다른 웹사이트로 이동할 것이다. 시스템에 과부하가 걸리면, 거래 요청이 처리되지 않거나 잘못 기록될 수 있다. 게다가 아마존은 전 세계에 제품을 판매하는 대표적인 전자상거래 업체다. 아마존은 응답 시간을 짧게 유지하기 위해서 전 세계에 데이터센터를 분산시켜야 한다. 그리고 세계 곳곳에 분산된 데이터센터를 조직적으로 관리하여, 수요가 변할 때마다 데이터 처리 부담을 하나의 데이터센터에서 다른 데이터센터로 이동시켜야 한다. 그리고 부품이 제대로 작동하지 않아서 정전이 발생할 때를 대비하여, 시스템은 중복적으로 데이터를 처리하여 데이터베이스를 구축해야 한다. 데이터베이스는 2~3년 마다 규모가 2배씩 증가하기 때문에, 정기적으로 복잡한 시스템을 효과적으로 재구축해야 한다.

타깃, 서킷 시티, 토이저러스 등 유통업체는 자신들의 온라인 웹사이트를 지원하기 위해서 아마존 전자상거래 엔진을 이용하는 계약을 체결했다.[17] 그러자 시스템을 관리하는 문제가 훨씬 더 복잡해졌다. 이를 해결하기 위해서 아마존 개발자들은 플랫폼, 즉 애플리케이션 프로그래밍 인터페이스Applications Programming Interface, API를 만들었다. 계약을 체결하여 아마존 전자상거래 엔진을 이용하는 유통업체의 개발자들은 이것을 통해서 아마존의 전자상거래 인프라에 접속할 수 있다.[18] API는 애플리케이션과 매장을 이어주는 인터페이스를 제공하고 웹페이지를 불러들인다. 하지만 아마존 임원들은 이 접근 방식이 조직 내부의 개발 수요를 충족시키는 데도 유용하다는 것을 곧 깨달았다.

전자상거래 이외의 사업을 담당하는 사업부서의 개발자들도 이 방식을 그대로 모방했고, 각자가 개별적인 프로젝트를 위해서 데이터베이스, 데이터 저장소, 전산장치 등을 구축했다. 개발팀이 공식적인 API와 함께 표준화된 요소 기술을 사용하자, 더 빠르게 애플리케이션을 구축하고 변경할 수 있었다. 이와 동시에 시스템 인프라를 관리하는 개발팀은 애플리케이션을 간소화하고 개선할 수 있었다. 종합적으로 아마존이 효율적이고 손쉽게 자체 정보 기술의 크기를 조정하고 변경할 수 있다는 뜻이었다.

2003년에 베조스의 자택에서 열린 임원 회의에서 이런 역량이 아마존의 핵심 경쟁력이라는 결론이 내려졌다. 경쟁 전자상거래 업체가 보유한 정보 기술은 아마존의 독점 정보 기술에 필적할 수 없었다. 하지만 같은 회의에서 아마존 임원들은 회사의 밖에서 이러한 역량을 중요하게 사용할 분야가 있으리라 생각했다. 그들은 이것이 누구나 애플리케이션을 만들 수 있도록 돕는 일종의 인터넷 운영체제가 될 수 있으리라 생각했다. 이 프로젝트를 이끈 앤디 재시Andy Jassy는 다음과 같이 말했다. "우리는 이

379

인터넷 운영체제의 핵심 요소를 활용할 수 있다는 사실을 깨달았다. 그리고 이것으로 훨씬 더 광범위한 임무를 추구했다. 그 노력의 결과가 오늘날의 아마존 웹 서비스, 즉 AWS다. 실제로 모든 조직, 기업이나 개발자는 AWS로 아마존의 기술 인프라 플랫폼 위에서 자신들이 개발한 애플리케이션을 구동할 수 있다."[19]

아마존은 2006년 3월에 공식적으로 AWS를 공공 서비스로 쪼갰다. 이것은 아마존이 독점 기술을 보유한 덕분에 전자상거래 시장에서 경쟁업체보다 우위에 있었지만, AWS를 언번들링하여 그 우위를 포기했다는 의미였다. 다른 한편으로 이것은 아마존이 거대한 새로운 시장에 새로운 서비스를 제공할 수 있게 됐다는 의미이기도 했다. 넷플릭스와 드롭박스 등 아마존의 크고 작은 고객사는 2019년에 약 48조 원의 매출을 올렸다. 그리고 아마존의 보고에 따르면 중소기업 수만 개가 AWS를 사용하고 있다.[20]

IBM이 소프트웨어 언번들링을 통해서 새로운 패키지 소프트웨어 산업을 탄생시켰듯이, 아마존의 AWS 언번들링은 완전히 새로운 클라우드 컴퓨팅 산업을 탄생시키고 육성했다. 마이크로소프트, 구글 등 IT 기업이 뒤이어서 클라우드 컴퓨팅 서비스를 제공하며 이 산업에 뛰어들었다. 소규모 스타트업도 이들이 제공하는 클라우드 컴퓨팅 서비스를 통해 최고의 컴퓨터 프로세

380

싱, 데이터 저장소, 머신러닝 그리고 기타 IT 인프라에 접근할 수 있었다. 선구적인 빅데이터 애플리케이션을 구축하는데 필요한 이 인프라 기술은 이제 널리 확산됐고 쉽고 저렴하게 접근할 수 있다.

아마존의 AWS 언번들링은 전속적 소프트웨어 시스템이 발생시키는 효과 중에서 일부를 역전시켰다. 클라우드 컴퓨팅 서비스를 사용하는 스타트업은 생존할 가능성이 커지고, 더 빨리 성장하고, 더 생산적이다. 경제학자 왕진Wang Jin과 크리스티나 맥헤란Kristina McElheran은 미국 인구조사 데이터를 활용해 컴퓨팅 시스템이 어린 제조업체에게 상당한 이점을 제공한다는 것을 입증했다.[21]

IT 인프라가 아마존의 핵심 경쟁력이지만, 아마존의 핵심 사업은 아니다. 아마존의 핵심 사업은 전자상거래이지만 아마존은 핵심 전자상거래 기술도 언번들링했다. 이 결정이 얼마나 중요한 결정인지 생각해보자. 월마트의 경쟁 우위를 다시 떠올려보면 이해하는 데 도움이 될 것이다. 월마트는 독자적인 물류와 재고 관리 기술을 중심으로 조직을 구축했다. 이 덕분에 월마트 매장은 경쟁업체와 비교해서 훨씬 더 다양한 제품을 관리하고 취급할 수 있었다. 그들은 잘 팔리는 제품의 재고를 충분히 확보할 수 있었고, 각 매장으로 제품을 배송하는 비용을 줄여서 저렴한 가

381

격에 제품을 소비자에게 판매할 수 있었다. 이것이 월마트에게 강한 전속적 우위가 됐다. 시어스와 케이마트와 같은 대형 경쟁업체조차도 월마트와의 경쟁에서 패배했다. 그러니 수많은 소형 유통업체는 월마트와 경쟁할 엄두조차 낼 수 없었다. 월마트는 미국 전역에서 소형 유통업체를 전멸시키다시피 했다.

월마트와 유사하게, 아마존은 가장 성공적인 물류시스템을 개발했다. 월마트의 물류시스템과 다른 점이 있다면, 아마존의 물류시스템은 매장이 아닌 소비자에게 직접 제품을 배송한다는 것이었다. 하지만 월마트와 달리 아마존은 물류시스템의 요소 기술을 언번들링했고, 그 덕분에 심지어 초소형 판매자와 생산자도 아마존의 최첨단 물류시스템에 접속하고 이용할 수 있다. 자체 물류시스템을 보유한 풀필먼트 경쟁업체도 이를 통해서 아마존의 판매자에게 접근할 수 있다.

처음에 아마존은 이런 식으로 시스템을 개방하려고 계획하지 않았다. 여러 단계를 거치면서 우연하게 이런 구성이 만들어졌다. 아마존은 처음에 책만 팔았지만, 빠르게 전자제품, 소프트웨어, 비디오 게임, 의류, 가구, 장난감, 귀금속 등 다양한 제품을 판매하게 됐다. 처음에 아마존은 웹사이트에서 주문을 받으면, 해당 제품을 물류창고에 보관하고 수거한 뒤에 포장해서 소비자에게 배송하기까지의 풀필먼트 서비스를 제삼자에 의존했

382

다. 1997년 아마존이 시애틀과 델라웨어 뉴캐슬 물류창고 2개로 자체적으로 제품 배송 업무를 처리하기 시작했을 때는 선진적인 물류시스템을 갖추고 있지 않아서 배송 업무를 처리하는 데 애를 먹었다. 일반적인 물류 관리 원칙은 잘 알려져 있었지만, 월마트의 물류시스템과 같은 시스템을 구축할 정도로 깊은 기술적 지식을 갖춘 기업은 드물었다. 그래서 아마존은 실제로 월마트 IT 인력과 컨설턴트를 고용했다. 이 중에는 월마트의 정보 시스템 부사장이었던 리처드 달젤Richard Dalzell도 있었다.[22] 월마트는 아마존이 인력을 채용하는 것을 막기 위해 영업 비밀 유출로 소송을 제기했지만, 그 소송은 1993년 합의로 마무리되었다.[23]

아마존이 영입한 월마트 IT 인력과 컨설턴트로 구성된 팀은 아마존의 주문 처리 시간을 서서히 줄여나갔다. 이것은 아마존의 성장에 결정적인 역할을 했다. 나는 초기에 아마존의 풀필먼트 시스템 개발에 참여했던 소프트웨어 엔지니어이자 운영연구 과학자와 대화를 나눴다. 그는 내게 "우리가 배송 기간을 5일에서 3일 그리고 2일로 줄일 때마다, 소비자들은 더 많은 제품을 구입했다."라고 말했다.[24] 배송 시간이 짧아지면서, 매장을 직접 방문하는 것보다 온라인 쇼핑몰에서 쇼핑하는 것을 선호하는 소비자들이 점점 늘어났다.

판매 중인 제품의 수요를 각각 예측할 수 있느냐가 배송

383

속도를 높이는 핵심 열쇠다. 피츠버그에 사는 스미스가 베이비본 BabyBjörn 아기띠를 주문한다면, 피츠버그 물류 창고에 재고가 있는 경우 제품은 신속하게 스미스에게 배송될 수 있다. 하지만 물류 창고에 대규모로 재고를 보관하는 데는 많은 비용이 든다. 그래서 유통업체는 예상 수요에 따라서 물류 창고에 재고를 보관한다. 배송 평균 속도는 유통업체가 수요를 얼마나 잘 예측하느냐에 달려 있다. 유통업체의 수요 예측력은 그들이 사용하는 예측적 애널리틱스 소프트웨어의 성능에 의해서 결정되고, 예측적 애널리틱스 소프트웨어의 성능은 소프트웨어 엔지니어들의 지식과 그들이 활용하는 데이터의 양에 의해서 결정된다. 요약하면 유능한 소프트웨어 엔지니어들은 방대한 데이터에 접근할 수 있을 때 배송 소요 시간을 줄일 수 있다.

아마존은 웹사이트를 독립 판매자에게 개방하여 더 많은 데이터를 확보할 수 있다는 것을 깨달았다. 이 깨달음은 그저 우연의 결과였다. 1990년대 후반에는 이베이가 전자상거래업계를 지배했다. 독립 판매자는 이베이 웹사이트에서 정가에 경매로 물품을 판매한다. 베조스는 이 분야에서 진출해서 이베이와 경쟁해야 한다고 생각했다. 그리하여 아마존은 자체적으로 경매 웹사이트를 개설했다. 아마존의 경매 웹사이트는 두 번의 실패 끝에 '아마존 마켓플레이스'로 완전히 다시 태어났다. 아마존 마켓플레이스는 아마존 판매전용 웹사이트를 쪼갰고, 이 덕분에 소규모의 판매자가 전자상거래에 참여하는 것이 더 수월해졌다.

베조스는 2014년 주주서한에 다음과 같이 썼다. "아마존 마켓플레이스의 초기 여정은 녹록하지 않았다. 첫째, 우리는 아마존 옥션을 시작했다. 하지만 아마존 옥션의 방문자 수는 나의 부모와 형제자매를 포함해서 겨우 7명 정도였다. 아마존 옥션은 '지숍'으로 변신했다. 지숍은 판매가가 고정된 일종의 정찰제 아마존 옥션이었다. 역시나 아무도 지숍에 들어오지 않았다. 마침내 우리는 지숍을 '아마존 마켓플레이스'로 탈바꿈했다. … 아마존 마켓플레이스의 핵심 아이디어는 매출이 높은 제품 상세 페이지에서 제삼자 판매자들과 아마존 판매자들이 서로 경쟁하도록 만드는 것이었다. 아마존 마켓플레이스는 고객들에게 더 편리했고, 불과 1년 만에 매출의 5퍼센트를 차지했다."[25]

처음에 아마존 마켓플레이스 판매자는 직접 풀필먼트 업무를 처리했다. 그들은 아마존의 개선된 물류시스템의 혜택을 입지 못했다. 하지만 아마존이 풀필먼트 부문을 쪼갰던 2006년 9월에 상황이 변했다. 아마존 풀필먼트 프로그램에서 독립 마켓플레이스 판매자는 소정의 수수료를 아마존에 지불하고, 아마존 물류창고에 자신들의 제품을 보관하고, 주문이 들어오면 아마존 물류창고에서 제품을 가져다가 포장해서 고객에게 배송할 수 있다.

385

재고 요건이 충족되면, 그들의 제품은 아마존 프라임 회원에게 1~2일 이내에 배송된다. 프라임은 연회비를 내는 고객에게 무료로 구매 제품을 1~2일 이내 배송해주는 아마존의 유명한 회원 프로그램이다. 이제 소규모의 판매자도 월마트의 물류시스템에 버금가는 또는 더 우수한 아마존의 물류시스템을 이용할 수 있다. 아마존 웹사이트에서 제품을 판매하지 않는 업체도 아마존 프라임을 이용해서 고객에게 제품을 배송할 수 있다. 45만 개가 넘는 중소기업이 아마존 풀필먼트 시스템을 이용한다.[26]

아마존의 물류시스템은 널리 확산됐고, 그 덕분에 생산성 향상이 광범위하게 일어났다. 오늘날에 아마존 마켓플레이스 판매자는 수백만 명에 이른다. 2018년에는 아마존 전자상거래 매출의 58퍼센트 이상이 아마존이 자체적으로 판매하는 제품이 아닌, 제삼자 판매자에게서 나왔다.[27] 아마존은 그들에게서 수수료를 받고, 아마존의 예측 애널리틱스를 개선하는 데 사용할 데이터를 수집한다.

하지만 아마존의 풀필먼트 시스템은 선진 물류시스템을 구축하거나 개선하는 데 필요한 기술적 지식을 확산하는 데는 큰 도움이 안 됐다. 독립 판매자나 독립 풀필먼트 업체도 물류 분야의 소프트웨어 엔지니어들과 운영조사 전문가들을 채용할 수 있었지만, 그들은 대체로 대형 전자상거래 웹사이트가 보유한 방대

386

한 데이터를 확보할 수 없었다. 설상가상으로 아마존 웹사이트를 통해 제품을 판매하지만 아마존 풀필먼트 프로그램을 이용하지 않는 판매자는 프라임 무료 배송 서비스를 제공할 수 있는 판매자와의 경쟁에서 불리했다. 하지만 이 불리함은 2015년에 없어졌다. 아마존은 판매자가 자체 물류창고에서 아마존 프라임 회원에게 주문 제품을 배송하는 '셀러 풀필드 프라임' 프로그램을 도입했다. 이제 아마존 마켓플레이스의 독립 판매자도 자신들의 풀필먼트 프로그램이 특정한 기준에 적합하면 아마존 프라임 서비스를 통해 고객에서 제품을 배송할 수 있다. 그리고 여러 기업이 아마존의 높은 풀필먼트 서비스 기준에 부합하는 물류 운영 시스템을 개발했고, 그들도 아마존처럼 당일 배송이 가능하도록 노력하고 있다.

이토록 방대한 데이터를 보유한 아마존의 풀필먼트 서비스에 맞서 경쟁할 수 있을까? 나는 아마존 출신 지인에게 물었다. 그는 지금 자체적으로 풀필먼트 시스템을 구축하고 운영하는 기업에서 일하고 있다. 그는 자신들은 아마존과는 종류가 다른 데이터를 보유하고 있다고 대답했다. 예를 들어서 아마존은 제조업체는 다르지만 아마존 마켓플레이스에서 판매되는 모든 종류의 아기띠에 대한 데이터를 보유하고 있다. 하지만 대부분의 제조업체는 타켓, 월마트, 이베이, 쇼피파이와 자사 웹사이트에서도 아

387

기띠를 판매한다. 독립적으로 풀필먼트 시스템을 운영하는 베이비본은 다른 모든 웹사이트에서 판매되는 베이비본 제품 데이터를 볼 수 있다. 다시 말해서 베이비본의 풀필먼트 시스템이 베이비본 제품에 대한 현지 수요를 예측하는 데 아마존보다 더 유용한 데이터를 보유하고 있을 수 있다. 수요 예측이 정확할수록, 제품 배송이 더 빨라질 수 있다.

셀러 풀필드 프라임은 아마존의 풀필먼트 프로그램에서 아마존 마켓플레이스를 쪼갠다. 이것은 독립적으로 풀필먼트 시스템을 운영하는 기업이 동급 최고의 물류시스템을 개발하고 개선할 수 있도록 한다. 아마존 풀필먼트 프로그램의 핵심 기술이 지금 확산되고 있다. 아마존은 양면 플랫폼의 두 면 모두를 쪼갰다. 아마존은 판매자가 제품을 판매하는 판매용 웹사이트를 개방하여 독립 판매자가 아마존 풀필먼트 프로그램을 이용하던 이용하지 않던 똑같은 조건에서 아마존 마켓플레이스에서 제품을 판매할 수 있도록 했다. 그리고 아마존은 풀필먼트 프로그램을 개방하여 모든 판매자가 아마존의 선진 물류 서비스를 사용할 수 있도록 했다. 그 결과 크고 역동적인 판매자 집단이 형성되고 성장했고, 새로운 세대의 물류와 풀필먼트 서비스를 제공하는 기업이 등장하게 됐다.

AWS와 전자상거래 사업의 언번들링에는 중요한 차이점

388

이 존재한다. AWS는 처음에 단면 플랫폼이었지만, 아마존 마켓 플레이스는 양면 플랫폼을 탄생시켰다.[28] 하지만 두 플랫폼 모두에서 비슷한 거래 행위가 이뤄졌다. 두 경우 모두에서 아마존은 처음에 경쟁 우위를 제공하는 독점 플랫폼을 사용했다. 아마존은 우월한 IT 인프라로 구동되는 웹사이트를 보유하고 있었다. 이 웹사이트 덕분에 아마존은 실질적으로 성공적인 전자상거래업체가 됐다. 아마존은 AWS로 IT 인프라를 개방했고, 아마존 마켓플레이스로 판매용 웹사이트를 개방했다. 이 덕분에 일부 경쟁업체는 아마존의 독점 시스템 우위를 이용할 수 있었고, 아마존의 경쟁 우위는 줄어들었다. 하지만 두 경우 모두에서 언번들링은 시장을 확대했고, 아마존의 보완적 서비스를 성장시켜서 아마존이 입은 손해를 상쇄하고도 남을 정도의 수익을 창출했다.

아마존의 양면 플랫폼, 즉 아마존 마켓플레이스는 온라인 시장을 특히나 크게 확대시켰다. 이것은 경제학자들이 말하는 네트워크 효과와 베조스가 말하는 아마존 프리휠 효과 덕분이었다. "하이브리드 모델, 즉 아마존 마켓플레이스의 성공이 아마존 프리휠 효과를 가속화시켰다. 고객은 처음에 아마존 마켓플레이스에서 좋은 가격에 판매되는 제품 종류가 빠르게 증가하고 좋은 고객 경험을 제공하는 데 끌렸다. 그러다가 제삼자 판매자도 아마존 마켓플레이스에 자신들의 제품을 판매할 수 있도록 하면서,

389

아마존 마켓플레이스는 고객에게 더 매력적인 웹사이트가 됐다. 이것은 훨씬 더 많은 판매자를 아마존 마켓플레이스로 끌어들였다. 이는 아마존의 규모의 경제를 강화했고, 그 덕분에 우리는 가격을 인하하고 요건은 갖춘 고객에게 무료 배송 서비스를 제공할 수 있게 됐다."[29]

시장의 확대는 중요하다. 아마존이 기꺼이 아마존 마켓플레이스를 대등하게 독립적으로 물류시스템을 운영하는 업체에게 개방하여, 그들이 자신들의 수요를 예측하는 알고리즘을 개선할 기회를 제공했던 이유가 바로 시장의 확대였다. 아마존 출신의 과학자는 아마존이 셀러 풀필드 프라임 서비스를 제공해서 무엇을 얻게 되는지를 설명했다. "더 많은 판매자가 더 빠르게 제품을 배송할 수 있고 실시간으로 재고를 관리할 수 있다. … 아마존은 정시에 재고 관리 단위, 즉 SKU의 수량을 중요하게 생각한다. 수천 개의 소규모 판매자는 아마존 마켓플레이스에서 프라임 서비스를 고객에게 제공할 수 있기 때문에, 아마존은 그들에게 훌륭한 파트너다. 그들도 풀필먼트 프로그램을 보유하고 풀필먼트 서비스를 제공한다. 그래서 아마존이 자신들과 경쟁하고 있다고 생각할지도 모른다. 하지만 아마존은 그렇게 생각하지 않는다. 아마존은 경쟁 상대가 오프라인 시장이라고 생각한다."[30]

여기서 아마존이 사업을 쪼개면, 독립 풀필먼트 서비스 업체가 전자상거래 시장에서 아마존이 가져갈 파이 조각의 일부를 얻게 된다는 뜻이다. 하지만 이보다 중요한 것은 언번들링 행위가 더 많은 판매자가 더 빨리 제품을 고객에게 배달할 수 있게 만들고, 이것이 오프라인 시장에서 온라인 시장으로 고객을 끌어들이게 된다는 뜻이다.

플랫폼 개방

아마존의 전자상거래 서비스를 이용하는 집단과 아마존의 클라우드 컴퓨팅 서비스를 이용하는 고객층이 확대되면서, 수익이 증가했다. 나아가 아마존은 이 덕분에 전자상거래 시장과 클라우드 컴퓨팅 시장에서 지배적 기업이 됐다. 하지만 아마존이 시장 지배력을 얻는 과정에서 대규모의 독점 소프트웨어 시스템의 삐뚤어진 효과가 발생했다. 아마존 마켓플레이스 판매자, 독립 물류 서비스 제공업체, AWS를 이용하는 스타트업의 입장에서 경쟁이 치열해졌지만 성장세가 가속화됐다. 그리고 특히 AWS를 사용하는 스타트업의 경우에 생산성이 빠르게 증가했다는 것을 보여주는 명백한 증거가 있다. 그렇다고 아마존의 시장 지배력이 더 이상 문제가 되지 않는다는 뜻은 아니다. 아마존은 여전히 시장 지

391

배력을 이용해서 경쟁업체를 괴롭힐 수 있다. 그래서 반독점 규제기관은 경계를 늦춰선 안 된다. 하지만 아마존의 강력한 플랫폼은 선천적으로 반경쟁적이지는 않다. 오히려 아마존의 플랫폼은 개방됐기 때문에, 산업 역동성을 높이는 강력한 수단을 제공한다.

IBM과 아마존만이 유일하게 언번들링했던 것은 아니다. 마이크로소프트는 애저Azure를 개발하여 서버 사업을 언번들링했다. 애저는 마이크로소프트의 기존 서버 사업에 위협이 될 수 있는 오픈 클라우드 플랫폼이다. 애플은 아이폰 사업을 언번들링하여 독립 개발자가 애플리케이션을 개발할 수 있게 했다. 이것은 스마트폰 시장을 활성화하는 데 큰 도움이 됐다. 이와 유사하게 인튜이트는 회계 플랫폼인 퀵북QuickBooks을 제삼자 개발자에게 개방했다. 그리고 트래블로시티Travelocity는 언번들링된 아메리칸 항공의 항공권 예약 시스템인 사브르Sabre의 후손이라 할 수 있다.

비즈니스 컨설턴트들과 경영대학원 교수들은 기업이 갈수록 제품과 서비스를 개방형 플랫폼으로 전환시키는 것을 목격했다. 그리고 그들은 이것이 많은 기업이 선택하는 핵심적인 전략적 행보라고 생각한다.[31] 경영학 교수 안드레이 학주Andrei Hagiu와 엘리자베스 알트만Elizabeth Altman은 다음과 같이 썼다. "제품과 서비스를 개방형 플랫폼으로 변환하는 것은 기업의 경쟁 우위를 향상

392

시키고 네트워크 효과와 높은 전환 비용으로 진입 장벽을 높일지도 모른다. 모든 기업이 에어비앤비, 알리바바, 페이스북 또는 우버를 모방해야 한다고 제안하지는 않겠다. 하지만 많은 기업이 플랫폼 사업적 요소를 추가하여 이득을 얻을 수 있을 것이다."[32] 지금까지 살펴본 사례와는 종류가 다른 언번들링도 존재할 수 있다. 월마트는 소규모 상점에 물류와 재고 관리 서비스를 제공하는 사업에 진출할 수 있었다. 그리고 대형 은행은 신용카드 영업을 확대하여 다른 은행에 신용 서비스를 제공할 수 있었다.

모든 산업과 기업이 이런 종류의 언번들링에 맞춰 변신할 수 있는 것은 아닌 듯하다. 사례를 살펴보자. 자동차와 항공기 제조업체는 제품을 설계하기 위해서 대규모의 내부 플랫폼을 사용한다. 오늘날에는 이들이 독립 조립업체에게 설계 서비스를 제공하여 사업을 언번들링하는 것은 실효성이 없을 것 같다. 자동차와 항공기를 제작하는 과정에는 새로운 모델을 생산하는 데 중추적인 역할을 하는 부품 공급업자가 긴밀하게 개입한다. 그래서 자동차와 항공기 제조업체가 사업 일부를 쪼개는 언번들링을 이행하기가 어려워보인다. 플랫폼은 이와 같은 관계성을 제공하지 않는다. 하지만 특히나 3D컴퓨팅 기술이 새로운 가능성을 열고 있는 이 시점에 아마도 언번들링은 다른 제조품에는 유효할지도 모른다. 심지어 자동차 산업에서 전기차는 훨씬 더 단순한 제품

393

이기 때문에 개방형 플랫폼이 형성될 가능성을 어느 정도 제공할 수 있을지도 모른다.

개방형 플랫폼이 경제를 바꿀 조짐이 보인다. 독점 소프트웨어 시스템이 신기술의 확산을 둔화시키고 있다. 이 상황에서 언번들링으로 개방형 플랫폼이 형성되면 신기술이 좀 더 빠르게 확산될 수 있을 것이다. 이것은 새로운 산업 역동성과 혁신을 가져올 것이다. 그리고 생산성 성장, 소득 불균형과 지리적 분리에 대한 독점 소프트웨어 시스템의 부정적 효과를 반전시킬 것이다. 지금의 플랫폼이 개방되는 추세는 지난 20년의 생산성 성장의 둔화, 소득 불균형의 심화와 지리적 분리가 적어도 부분적으로 개선될 수 있다는 희망을 제공한다.

하지만 개방형 플랫폼이 바람직한 산업에서조차도 거대한 독점 시스템을 지닌 지배적 기업이 언번들링에 항상 관심을 갖는 것은 아니다. 그리고 규제기관이 그들이 언번들링을 채택하여 개방형 플랫폼을 형성하도록 권장하지도 않는다. 은행권이 그런 산업의 하나다. 자세한 고객 거래 데이터에 접근할 수 있는 은행은 그 데이터를 이용하여 완전히 다른 요구를 보유한 잠재 고객에 맞춘 금융 상품을 개발할 수 있다. 그리고 효과적으로 그 잠재 고객에 맞춰서 마케팅 전략을 수립하고 진행할 수 있다. 고객 데이터는 신용카드와 기타 금융 시장에서 소수의 대형 은행에게 핵심 경쟁 우위를 제공하는 것으로 드러났다. 은행권에서 채택되는 언번들링의 하나는 오픈 뱅킹이다. 오픈 뱅킹은 고객이나 그들의 대리자가 표준 API를 통해서 그들의 금융 데이터에 접속할 수 있도록 한다. 오픈 뱅킹은 경쟁을 높이고 신용 서비스에 예측 애널리틱스 이용을 확산한다. 이뿐만이 아니라 완전히 새로운 종류의 금융 서비스를 가능하게 한다. 이른바 핀테크 스타트업은 신용, 금융 관리, 금융 자문 등 다양한 금융 서비스를 제공하는 혁신적인 방법을 내놓는다. 지금은 인튜이트 민트가 된 민트닷컴과 너드월렛과 같은 핀테크 기업은 하나의 플랫폼에서 사람들이 자신의 금융 자산과 채무를 대략적으로 살펴볼 수 있는 금융 서비스를 제공하고, 나아가 이를 바탕으로 금융 자문을 제공한다. 이것은 개별 금융 기관이 직접 제공할 수 있는 서비스다.

　　하지만 이런 금융 서비스를 제공하려면 핀테크 기업은 다른 금융기관에 저장된 소비자 데이터에 접근할 수 있어야 한다. 하지만 금융기관은 고객들이 자신들의 거래 내역에서 이런 데이터를 추출하여 보유하는 것을 꺼려했다. 그래서 핀테크 기업은 비협조적인 금융기관을 우회할 방안을 찾아야만 했다. 그래서 핀테크 기업은 웹페이지에 게시된 데이터를 긁어모으는 '웹 스크래이핑'을 시작했다. 고객의 동의하에 핀테크 기업은 그들의 금융 계좌에 접속해서 브라우저에 게시된 데이터는 그게 무엇이든지

395

수집한다. 은행은 2015년에 최초로 핀테크 기업의 웹 스크래이핑을 막으려고 시도했다. 하지만 이 시도는 대중의 공분을 샀다. 은행은 방해를 그만뒀고, 심지어 일부 은행은 선택된 핀테크 기업에게 제한된 고객 데이터를 제공하는 API를 제공하게 됐다.[33]

결과는 그다지 이상적이지 않았다. 첫째, 이러한 거래 관계가 반드시 핀테크 기업에게 모든 소비자 데이터에 대한 접근성을 제공하진 않는다. 둘째, 핀테크 기업에게 제한된 고객 금융 데이터를 제공하기 위해서 개발된 API 중에서 일부는 오직 소수의 핀테크 기업에게만 부여된다. 셋째, 표준 오픈 API가 없다. 하지만 일부 산업에서는 표준 오픈 API를 개발하려는 시도가 이뤄지고 있다. 이것은 핀테크 기업이 다른 금융 기관에 접속하기 위해서 매번 막대한 투자를 해야 한다는 의미다.[34]

규제기관이 권한을 갖고 있으나, 미국 정부는 제삼자에게 고객 데이터에 접근할 수 있도록 금융기관을 강제하길 거부하고 있다. 2010년에 도드-프랭크 금융개혁법이 통과됐다. 이로써 소비자금융보호국이 설립됐고, 금융기관에게 소비자나 그들의 대변인에게 금융 데이터를 제공하고 데이터 표준 양식을 공포하도록 하는 권한이 소비자금융보호국에게 주어졌다.[35] 하지만 소비자금융보호국은 금융기관이 자발적으로 가이드라인을 공포하도록 권장하는 쪽을 선택했다. 도드-프랭크 금융개혁법이 통과되고 10년이 지난 2020년 7월이 되어서야 소비자금융보호국은 마침내 소비자가 승인한 제삼자에게 금융 데이터에 대한 접근 권한을 부여하는 규칙 제정을 사전 공지할 계획을 발표했다. 이것은 이 부분과 관련된 도드-프랭크 금융개혁법의 효력을 실제로 발효하는 과정의 초기 단계였다.[36] 유럽과 일부 아시아 국가에서 규제기관은 더 공격적인 역할을 하고 있다. 눈에 띄는 사례를 꼽자면, 2018년 1월에 유럽연합이 금융기관에게 비차별적으로 API를 제공하도록 요구하는 명령을 발효했다.

개방형 플랫폼을 권장하다

유럽의 사례를 살펴보면, 규제기관이 언번들링 트렌드와 관련해서 주요한 차이를 만들어낼 수 있다는 것이 확인된다. 1969년 마이크로소프트가 언번들링을 추진했을 때가 여기에 해당한다. 오늘날에 경제와 사회는 지배적 기업이 대형 독점 소프트웨어 시스템을 개발하고 성장시켜서 생긴 결과로 고통을 받는다. 하지만 이러한 현상은 옳은 정책이 실행되면 영속적으로 유지되지 않을 것이다.

안타깝게도 규제기관은 이 일에 번번이 실패한다. 금융 산

397

업의 경우에, 금융규제기관은 대기업의 금융시장 지배와 개방에 대한 저항을 관리한다. 하지만 특히 지적재산권 보호와 관련해서 많은 산업에 영향을 주는 폭넓은 정책 기반도 존재한다. 지적재산권을 과격할 정도로 옹호하는 사람들은 지적재산 소유자들에게 자신들의 기술이 사용되는 모든 경우에 대한 통제권이 주어져야 한다고 생각한다. 그리고 이것이 혁신의 최대 인센티브가 될 것이라고 믿는다. 하지만 IBM과 아마존의 사례는 꼼꼼하게 설계된 언번들링이 이용자에게는 신기술이 낳는 혜택과 그 기술을 더 개선할 기회를 제공하고, 기술 개발자들에게는 충분한 이윤을 남길 기회를 제공한다는 것을 보여준다. 분산된 정보는 혁신 활동에 도전이 된다. 지적재산 소유자들이 자신들의 기술이 유용하게 활용될 수 있는 사례를 모두 알고 있지는 않다. 실제로 IBM 사례는 사기업이 언번들링을 통해서 얻을 수 있는 수익을 잘 예측하지 못한다는 것을 보여준다. 위험을 혐오하는 기업은 언번들링을 통해서 불확실하지만 훨씬 더 클지도 모르는 수익을 추구하기보다는, 독점 소프트웨어 시스템을 계속 통제해서 얻을 수 있는 더 확실한 수익을 추구하는 쪽을 선택할 것이다. 전통적인 시장에서는 기술 라이선싱이 이 도전을 극복할 수 있다. 하지만 기술이 차별화를 위해서 사용되는 슈퍼스타 시장에서는 지적재산 소유자들에게 기술을 라이선스하거나 언번들링할 인센티브는 부족하

398

다. 이것이 기술 언번들링을 촉진하기 위해서 정책적 접근이 필요한 이유다.

반독점 규제기관이 50년 전에 IBM이 언번들링을 시도하도록 부추겼듯이, 다양한 정책이 언번들링으로의 전환 속도를 높일 수 있을지도 모른다. 하지만 최근 몇 년 동안 정책은 잘못된 방향으로 변해왔다. 그리하여 기업은 자신들의 소프트웨어 독점을 유지하려고 한다. 이 트렌드를 역전시킬 수 있는 몇 가지 정책적 변화를 고려해보자.

강제 개방이 필요하다. 반독점 규제기관과 법원은 오랫동안 반경쟁적 행위에 대한 조치로 특허의 강제 라이선싱과 박탈을 이용해왔다. 여기에는 합병이나 인수가 전제되거나, 필요한 백신의 공급 부족처럼 이런 조치를 시급하게 취해야 할 공적 필요성이 있어야 했다.[37] 목적은 이런 기술을 확산시켜서 소수 기업의 시장 지배력에 대응하는 것이었다. 1950년대와 1960년대에 특허의 라이선싱이나 박탈 명령이 내려진 사례가 있지만, 최근에는 그 사례를 찾기가 쉽지 않다.[38] 하지만 독점 소프트웨어 시스템에 대하여 이런 정책적 접근이 가능할 것이다. 가능하다면 오픈소스 라이선스에 따라서 시스템 코드와 관련 지적 재산을 라이선싱하도록 하는 것이다. 게다가 명령과 합의이행이 공적 영역에 핵심 데이터를 제공할 수 있을 것이다. 법원이나 반독점 규제기

399

관이 언번들링과 오픈 API의 개발을 명령할 수 있는 경우도 있을 것이다.

개방형 표준이 마련되어야 한다. 정책 입안자는 산업 집단이나 개별 기업이 만든 개방형 표준을 보존할 규칙을 마련해야 한다. 최근에 진행된 일련의 소송을 보면, 민간은 의도적으로 라이선싱 요금을 낮고 비차별적으로 책정하는 표준을 사용하는 비용을 대폭 올릴 수 있었다. 표준의 개방성을 보장하고 터무니없는 요금을 부과하려는 부당한 시도로부터 보호하기 위해서 적절한 법률이 제정되어야 한다.

노동자 이동성도 보장되어야 한다. 노동자들은 현장에서 신기술과 관련된 새로운 지식과 역량을 습득한다. 그러므로 그들이 새로운 직장으로 옮겨가면, 신기술은 확산된다. '노동자 이동성'은 노동자들이 직업이나 직종을 바꾸거나 다른 지역으로 이동하는 빈도를 뜻한다. 하지만 노동자 이동성은 최근 몇 십 년 동안에 상당히 하락했다.[39] 새로운 법률의 제정과 경쟁금지계약의 체결 때문에 노동자 이동성이 하락했는지도 모른다. 고용인은 노동자들이 경쟁업체로 이직하는 것을 막기 위해서 경쟁금지계약을 체결한다. 그러므로 노동자 이동성을 권장하는 정책이 마련될 필요가 있다.

정책이 어떻게 개방형 플랫폼으로의 전환을 억제하고, 왜 이런 일이 일어나는지를 이해해야 한다. 이를 위해서 미국의 긴 지적재산권 보호 역사 속에서 정책들이 어떻게 마련되고 실행됐는지 살펴보도록 하자.

사고를 소유하다

미국 헌법은 지적재산권의 역할을 다음과 같이 정리한다. "과학과 유용한 기술의 발전을 촉진하기 위해, 제한된 시간 동안에 저작자와 발명자에게 자신들의 저작물과 발명품에 대한 독점권을 부여한다." 저작자와 발명자에게 인센티브를 부여하면서 그들의 권한을 제한하고 있다. 이것은 신기술의 확산과 개선을 극대화하기 위해서다. 지적재산권은 개인에게 주어지는 인센티브와 신기술 확산 간의 균형을 잡는다.

지적재산을 보호해온 긴 역사를 살펴보면, 이 무게 중심이 신기술 확산을 저해하고 개인에게 인센티브를 제공하는 방향으로 이동했음을 확인할 수 있다. 그리고 지적재산의 소유권이 발명자 개인에게서 기업으로 이동했다는 것도 확인된다. 대기업이 기술의 확산을 늦추는 시기에 개인에게 제공되는 인센티브와 신기술 확산의 균형이 눈에 띌 정도로 무너졌다. 이 무너진 균형을 회

401

복하려면, 기업이 자신들의 플랫폼을 개방하도록 만들어야 한다.

특허법, 저작권, 영업비밀보호법에서 변화가 일어났다. 19세기 초반에 개인은 자신들의 발명품에 대해 권리를 갖고 있었다. 심지어 업무 중에 개발한 발명품에 대해서도 권리를 가졌다.[40] 고용인은 그 발명품을 사용하려면, 다시 말해서 이른바 '무상 통상실시권'을 얻으려면 그들과 협상을 벌여야 했다. 오랜 시간에 걸쳐서 법원은 고용인이 기본적으로 이런 발명품을 사용할 권리를 가지도록 법을 개정했다. 그러다가 20세기에 법원은 고용인에게 발명품 사용권을 넘어서, 소유권까지 부여하도록 관련법을 개정했다.

4장에서 살펴봤듯이 이런 변화는 기업 연구소의 탄생에 중요한 역할을 했다. 오늘날 법원은 한술 더 떠서, 고용인에게 피고용인이 개인 시간에 업무와 관련 없는 분야에서 만들어낸 발명품에 대한 권리를 부여하는 고용계약이 타당하다고 인정했다. DSC 알카텔 USA의 소프트웨어 개발자인 에반 브라운Evan Brown의 사례를 살펴보자. 그는 휴가 중에 자신의 직무와 관련 없는 번뜩이는 아이디어를 생각해냈다.[41] 브라운이 회사와 그 아이디어를 공유하길 거부하자, 회사는 그를 해고하고 고소했다. 패소한 뒤에 브라운은 무급으로 3개월 동안 전 고용인을 위해 그 아이디어를 발전시켜야 했다. 이것은 극단적이고 이례적인 사례다. 하지

402

만 이 사례는 개인과 고용인 또는 기업의 중심추가 지난 2세기 동안 고용인에게 유리하게 움직였는지를 보여준다. 피고용인의 권리가 제한되면, 이직이나 분업은 신기술의 확산에 그다지 도움이 되지 않을 것이다.

특허법의 범위도 소프트웨어의 확산을 제한하는 쪽으로 조정됐다. 1972년 IBM이 시스템360을 언번들링하고 곧장, 대법원은 벤슨 특허 분쟁에 대해 판결을 내렸다. 그 결과 소프트웨어 특허 대상이 제한됐다. 그로부터 20년 동안 소프트웨어 업계는 거의 특허 없이도 극적으로 성장했다. 이러한 역동적인 성장의 대부분은 순차적으로 일어난 혁신이 이끌었다. 새로운 프로그램이 앞선 버전을 바탕으로 개선됐고, 소프트웨어 품질을 높이고 시장 규모를 확대했다. 그러다가 1995년부터 미국 연방순회항소법원은 다소 추상적인 콘셉트를 포함해서 소프트웨어 아이디어와 사업 방식에 대하여 특허를 부여하도록 권장하는 판결을 내렸다.

애석하게도 물리적인 발명품과 추상적인 콘셉트에 특허를 부여하는 것은 근본적으로 차이가 있다. 대체로 소프트웨어 특허의 재산권 경계를 확인하는 것이 훨씬 더 어렵다. 개인이 재산권을 행사할 수 있는 범위가 제대로 정의되지 않으면, 이해관계자들이 소송할 가능성이 더 커진다. 소프트웨어에 특허를 부여할 수 있게 되자, 특허 소송이 폭발적으로 증가했다. 대부분이 특

403

허괴물이 제기한 소송들이다. '특허 괴물'은 신기술을 도입하기 위해서가 아니라 특허 소송을 하겠다고 위협하여 금전적 이득을 갈취할 목적으로 특허 기술이나 아이디어를 구입하거나 개발하는 조직이다.[42] 특허 소송이 신기술의 확산을 저해하고, 중소기업이 R&D에 투자할 인센티브를 감소시키는 것으로 확인됐다.[43] 일반적으로 말하면, 소프트웨어와 관련 분야에서 특허가 연속적인 혁신을 저해하는 것으로 확인됐다. 법원이 특허를 무효화하면 어떤 일이 이어나는지를 조사한 연구가 있다. 특허 경제학자 알베르토 갈라스소Alberto Galasso와 마크 샹커만Mark Schankerman은 소프트웨어와 연관된 분야에서 특허가 후속 인용을, 특히 중소기업의 특허 인용을 저해한다는 것을 확인했다.[44] 인용이 줄어든다는 것은 초기의 발명품을 개선해서 새로운 무언가를 만들어내는 기업이 줄어든다는 의미다.

저작권도 마찬가지다. 저작권 대상이 확대됐고, 저작권 보호기간이 급격하게 연장됐다. 미국 저작권법은 1790년에 최초로 마련됐다. 당시에는 과학과 '유용한 기술'을 발전시킨다는 헌법의 목적에 따라서 지도, 차트, 책에 대해서만 저작권법이 적용됐다. 저작권은 14년 동안 보호됐고, 한 번 갱신됐다. 법률은 잇따라서 저작권 보호기간을 연장했다. 오늘날에는 대부분의 저작물에 대해서 저작자가 살아있는 동안, 사후 70년 동안 저작권이 보호되고

404

있다. 저작권 대상도 대폭 확대됐다. 음악, 예술, 공연, 피아노 롤, DVD, 라디오와 TV 방송이 저작권 대상으로 포함됐다. 그러다가 케이블과 위성TV 방송, 1976년부터 소프트웨어가 저작권 대상이 됐다. 법학자 제시카 리트만Jessica Litman은 다음처럼 이 과정을 묘사했다. "약 100년 전에 의회는 버릇처럼 저작권법의 영향을 받는 업계 대표들이 스스로 저작권법을 어떻게 개정해야 하는지 끝가지 논의하고 논의의 결과를 적절한 법률안으로 의회에 제출토록 했다."[45] 여기서 중요한 이야기를 하면, 일반 대중의 이익은 거의 대변되지 않았다. 그 결과 불균형한 법이 탄생했다. 그래서 우리가 지금 제조업체가 배기량이나 연비 테스트에서 결과를 조작했는지를 확인하기 위해서 자신의 자동차에 입력된 소프트웨어 코드에 접속하는 것이 불법인 세상에서 살고 있는 것이다.

영업비밀보호법도 대상 범위가 확대됐고, 기업에게 유리하고 직원에게 불리하게 개정됐다. 본래 영업비밀보호법은 비밀 사항임이 확인되고 비밀이라는 꼬리표가 붙은 잘 정의된 영업비밀을 보호했다. 비밀 정보를 실제로 부정 유용하면 법을 위반하는 것이었다. 그저 비밀 정보를 소유하고 있다고 생각된다고 소송을 하거나 처벌할 수 없었다. 이것은 중요했다. 영업비밀보호법이 제삼자가 비밀에 포함된 지식을 독립적으로 얻으려는 의욕을 꺾어서는 안 됐기 때문이었다. 하지만 미국 영업비밀보호법

405

은 통합영업비밀법을 통해서 직원의 이동성을 제한하는 방향으로 그 범위가 확대됐다. 그리고 대부분의 주가 이 법을 채택했고, 2016년에 연방 영업비밀보호법이 수립됐다. 먼저 비밀의 범위는 그저 이름표가 붙은 문서만이 아니라 노하우와 같은 것을 포함하도록 확대됐다. 그리고 많은 주법원이 불가피한 공개 원칙*에 따라서 영업비밀보호법을 해석했다. 이런 주에서 회사를 옮기는 피고용인은 실제로 영업비밀을 부정유용하지 않아도 영업비밀보호법 위반으로 처벌을 받을 수 있었다. 오히려 회사를 옮긴 피고용인이 불가피하게 영업비밀을 공개하게 될 것이라고 가정한다. 이렇게 해서 피고용인은 경쟁사로 이직하거나 때때로 관련이 거의 없는 업계로 회사를 옮기지 않는다. 실증 조사에 따르면 이런 법들은 피고용인의 이동성뿐만 아니라 혁신도 감소시킨다.[46]

　　퇴사 이후의 행보를 통제하는 계약에 서명할 것을 피고용인에게 요구하는 고용인이 갈수록 증가하고 있다. 피고용인이 같은 업계의 다른 회사로 이직하여 고객이나 동료를 빼앗아가지 못하도록 막기 위함이다. 이러한 정책이 신기술의 확산에 미치는

----

* 종업원이 새로운 사용자를 위해 이전 사용자의 영업비밀을 공개하거나 사용하는 것이 불가피할 것이라고 판단될 경우 그 종업원의 전직 자체를 금지할 수 있다는 해석상의 원칙 - 옮긴이

영향을 평가하는 실증 조사가 최근에 빈번하게 진행됐고, 그 결과 관련 문헌이 많이 생성됐다. 최근에 진행된 한 조사는 '퇴사후 제한 조약은 경제적 역동성을 저해할 가능성이 있다.'고 결론지었다.[47] 하와이 정부가 2015년에 경쟁금지계약을 금지한 뒤에 어떤 일이 일어났는지를 조사한 연구진은 피고용인의 이동성이 11퍼센트 증가했고 신규 채용자의 급여 수준이 4퍼센트 인상됐다는 것을 확인했다.[48] 플로리다 주정부는 경쟁금지계약의 체결과 집행을 쉽게 만들었다. 이 변화의 영향을 살핀 조사에서 새로운 기업의 시장 진입이 감소했다는 것이 확인됐다.[49]

기술이 소프트웨어와 다른 무형물을 사용하게 되자, 기업은 '사고思考'를 소유하기 위해서 피고용인이 보유한 지식에 소유권을 행사할 수 있는 방법을 찾으려고 한다. 신기술이 추진력을 제공했지만, 로비 활동과 선거 기부활동이 영업비밀보호법을 개정하는 데 기여해온 것으로 보인다. 로렌스 레식Lawrence Lessig은 2011년 저서에서 1995년 이후로 의회가 32개의 개별 법규를 제정하여 저작권보호법을 재정의하고 강화했다고 말했다.[50] 이와 동시에 저작권 대상을 확대하는 것을 옹호하는 사람들은 로비활동과 선거 기부활동에 약 1조 7900억 원을 썼다. 저작권 대상을 확대하는 것을 반대하는 사람들은 겨우 약 13억 7400만 원을 썼다.[51] 돈이 효과가 있었던 없었던 간에, 법원, 규제기관 의회는 기

407

업의 입장과 시각에서 이 문제에 접근하는 경향이 있다. 말하자면, 문화적으로나 이념적으로 포획된 것이다. 그래서 정책 입안자는 이 법의 영향을 가장 많이 받는 대기업의 관점과 우려를 공유하게 된다.

정책 입안자와 법원에겐 사회의 포괄적 요구보다 지식재산 소유자를 중히 여기고 특혜를 제공하는 경향이 있다. 정책적 접근을 통해서 기업이 사회의 이익을 위해서 자신의 플랫폼을 개발하도록 권장할 수 있는 영역에서는 지식재산권을 과도하게 우호적으로 평가하고 대우하는 경향이 있다. 오직 업계 대변인만이 저작권법을 논의하는 자리에 초대되면, 사회의 포괄적인 요구는 별다른 관심을 받지 못한다. 주요 특허법원에서 판사들이 하루종일 특허권자와 대화를 한다면, 후속 혁신의 필요성은 간과될지도 모른다.[52] 그래서 정책 방향이 기술 확산의 사회적 필요성 보다 기술을 개발한 소유자의 권리에 유리한 쪽으로 기울어진다.

지난 20년 동안 이어진 기술 확산 둔화는 생산성 성장의 둔화, 불평등의 심화 그리고 수많은 문제로 이어졌다. 이 변화는 전적으로 정책 변화의 결과는 아니었지만 기업이 언번들링하도록 기술 확산을 지원하는 정책이 이제 매우 중요하다. 하지만 권리 소유자를 우호적으로 바라보는 법원과 규제기관이 플랫폼의 개방을 장려할 수 있는 각 정책에서 기술 확산을 더욱 약화시키

408

는 것으로 보인다.

그래서 강제 개방이 필요하다. 최근 몇 년 동안 법원이 특허 기술의 강제 라이선싱을 지시하는 사례가 점점 줄어들고 있다. 법원이 특허 소유자의 권리를 약화시키는 것이 혁신을 줄일 것이라는 주장에 공감하는 듯하다. 예를 들어서, 미국 제약 회사는 브라질, 인도, 태국이 에이즈 치료제를 강제로 라이선싱하면 신약을 개발하는 인센티브가 줄어들 것이라고 주장한다. 하지만 증거에 따르면 상당한 경우에 강제 라이선싱은 사실 기술 확산을 증가시켜서 혁신을 촉진하는 역할을 해왔다. 미국 정부는 벨전화를 상대로 반트러스트 소송을 제기했다. 이 소송은 벨 전화Bell Telephone에 대한 미국 정부의 반독점 소송은 벨이 트랜지스터 특허를 포함한 모든 특허를 로열티 없이 라이선스하도록 요구하는 합의로 해결되었다.

이 조치는 반도체 산업의 발전을 촉진했다. 경제 연구에 따르면, 이러한 강제 라이선스는 통신 외 분야의 혁신을 증가시켰다.[53] 경제사학자 페트라 모서Petra Moser는 공동 저자들과 함께, 미국이 제1차 세계대전 동안 적국이 소유한 특허 기술을 사용료 없이 라이선싱하는 조치를 단행했을 때 어떤 일이 일어났는지 살폈다.[54] 연구에 따르면, 이 조치는 미국 내 혁신을 증가시켰을 뿐만 아니라 전쟁 이후에는 이러한 특허를 사용했던 독일 기업들의

409

혁신도 증가시켰다. 이러한 특허 기술의 확산이 장기적으로 혁신 활동을 촉진한 것은 분명했다. 선택적으로 독점 플랫폼을 개방하라고 기업을 독려하는 정책이 혁신 활동에 부정적인 영향을 미칠 이유는 거의 없지만 여전히 이러한 관점에 반기를 드는 저항 세력이 있는 것 같다.

개방형 표준이 필요하다. 개방형 플랫폼은 독립적인 이해관계자들로 구성된 거대한 집단이 기술에 접근하고 개선하기 위해서 공통 표준을 사용할 때 가장 효과적이다. 개방형 표준을 사용하는 플랫폼은 저비용의 인터페이스를 제공한다는 약속으로 독립적인 이용자들을 유인하기 때문에 성공적이다. 하지만 기술 기업은 때때로 인터페이스 비용을 낮게 유지하겠다는 노골적이거나 암묵적인 약속을 어긴다. 이 문제는 표준화 기구와 함께 발생한다. 표준화 기구는 인터넷, 와이파이와 휴대전화 등을 포함한 많은 디지털 기술을 조정하기 위해서 사용되는 공통 표준을 함께 만드는 서로 다른 기업에 소속된 엔지니어들의 집단이다. 때때로 이 작업에 참여하는 기업은 새롭게 만들어진 표준과 관련된 특허를 보유한다. 표준화 기구에 참여하기 위해서 이들은 자신들의 특허 기술을 라이선싱할 때 기술 사용료를 지나치게 높게 책정하지 않을 것이라고 장담한다. 다시 말해서 그들은 공정하고 합리적이고 비차별적으로 특허 기술을 라이선싱하겠다고 장담한

410

다. 하지만 많은 독립적인 이해관계자들이 새로운 표준을 채택하기 위해서 투자를 시작하면, 기업은 자신들의 특허권을 행사하여 특허 기술을 사용하는 사용자들에게 돈을 갈취하는 일이 아주 빈번하게 일어난다. 경제학자 체자레 리기Cesare Righi와 티모시 심코Timothy Simcoe는 표준화 기구가 새로운 표준을 만들어내면 기업이 특허를 신청하고, 표준이 발표된 뒤에 특허 소송이 엄청나게 증가한다는 사실을 찾아냈다.[55] 안타깝게도 최근에 내려진 법원 판결 몇몇에서, 특히 '퀄컴 대 FTS' 특허 분쟁과 '오라클 대 구글' 특허 분쟁에서 법원은 사용자들의 요구를 고려하기보다 지적재산 소유자들의 편에 섰다. 그러면서 기술을 확산시켜야 할 필요보다 혁신 활동에 인센티브를 제공하는 것이 최우선이라고 주장했다. 하지만 다행히도 대법원은 최근에 '오라클 대 구글' 특허 분쟁에서 하위 법원의 판결을 뒤집었다.

노동자 이동성을 보장해야 한다. 퇴사하는 직원들을 상대로 기업이 취하는 법적 조치는 대체로 영업비밀을 보호하고 경쟁업체로 가는 것을 막기 위함이다. 영업비밀보호법이나 경쟁금지계약과 관련된 소송 건수가 2000년 이후로 거의 4배 증가했다. 연간 1162건에서 4187건으로 증가했다.[56] 기업은 갈수록 직원들의 이동성을 제한하려고 애쓰고, 법원은 대체로 이 노력을 지지한다. 여기에는 기술 확산과 기본적인 노동자 자유보다 고용주의

411

투자를 우선시하기 위해 '불가피한 공개inevitable disclosure 같은 새
로운 법리를 발전시키는 것도 포함한다.

슈퍼스타 자본주의의 악영향이 무기한으로 지속되지 않
을지 모른다. 하지만 혁신 활동을 촉진하는 인센티브와 혁신 기
술의 확산을 유도하는 인센티브의 무너진 균형을 회복하는 것만
이 슈퍼스타 자본주의의 악영향을 빨리 치유할 수 있을 것이다.
보다 일반적으로 말하면 반독점, 지적재산과 고용과 관련된 정책
들이 변하면, 기업이 자신들이 개발한 독점 기술을 언번들링하여
기술의 확산을 촉진하게 될 것이다.

412

11

새로운 정보경제의
등장

A New Information
Economy

프리츠 매클럽Fritz Machlup이 '지식경제'에 대해서 글을 쓴 지도 거의 60년이 지났다.[1] 그와 피터 드러커Peter Drucker, 다니엘 벨Daniel Bell처럼 그의 뒤를 이은 학자들의 업적에 이어서, '정보사회'나 '산업 후기 사회'로의 전환에 대해 이야기하는 것은 다반사가 됐다. 매클럽은 경제에서 지식과 정보의 생산과 확산이 중요해지고 있는 현상에 주목했다. 포괄적으로 새로운 지식과 정보의 생산과 확산을 서비스와 전문 영역의 부상과 연결 짓는 경제학자들도 있었다. 하지만 그들은 정보 노동자에만 집중한 탓에 정보 기술이 초래할 사회적 문제를 예측해내지 못했다.

처음에 사람들은 정보사회를 낙관했다. 그리고 정보사회에서 전문직 종사자, 관리자, 교육 수준이 높은 노동자의 역할이 커질 것이라고 생각했다. 정보사회에서는 흥분한 정치인이나 독재적인 악덕 자본가가 아니라 계몽된 개개인이 데이터 분석과 전문성을 바탕으로 의사결정을 내릴 것으로 기대됐다. 정보사회도 보잘것없는 집안에서 태어난 개개인들이 열심히 일하고 교육을 받고 영향력 있는 의사결정자가 될 수 있는 뼛속 깊이 능력 중심주의 사회였다. 1990년대 저렴한 컴퓨터와 소프트웨어를 바탕으로 등장한 '신경제' 개념은 이 낙관주의를 강화했을 뿐이었다. 이제 재능 있고 근면한 개개인들은 정보 기술 덕분에 직접 회사를 세울 수 있고, 산업을 지배하는 기성 기업에게 도전이 되고 그들

415

을 와해시킬 수 있을 정도로 성장할 수 있다.

정보경제에 대한 낙관적인 시각은 대개 개개인이 보유한 정보의 가치를 소중하게 여기는 자유민주주의적인 정책 체계에 기반했다. 프리드리히 하이에크는 합리적인 질서를 구축하는 데 경제 활동에 필수적인 지식의 확산이 장애가 된다고 주장했다.[2] 경제학자들은 그 이후로 정보를 경제 활동의 중추로 보기 시작했다. 개개인들은 자신들이 소중히 여기는 것이 무엇이고 가용할 수 있는 자원이 무엇인지 안다. 그리고 그들은 자신들의 행동 수준과 그 행동에 대안이 될 행동이 무엇인지도 안다. 사회주의 중앙 계획자들은 분산된 정보를 갖고 있지 않기 때문에 효과적으로 경제를 운용할 수 없었다. 하지만 민간 기업은 개별적 필요에 대응하고, 시장 가격을 통해 경제적 가치를 전달할 수 있다. 이러한 체계의 근본적인 가정은 민간 기업이 사적인 정보를 활용해 이윤을 극대화하고 그렇게 함으로써 산출량을 극대화해 사회적 목표를 진전시킬 것이라는 점이다. 사적인 인센티브는 공적인 인센티브와 연계된다고 여겨졌다. 사적 이익의 증가가 사회적으로 바람직하지 않은 불평등을 초래할 경우 세금이나 보조금을 통해 부를 재분배할 수 있다는 가정이 포함되어 있다.

사적 정보에 대한 이러한 논리는 지식의 생성과 분배까지 확장됐다. 민간인들은 발명품이나 예술 작품을 만드는 데 필요한

416

지식을 갖고 있다고 간주됐다. 재산권은 발명자들에게 사회에 이로운 새로운 기술을 개발하도록 강력한 인센티브를 제공했다. 신기술에 관한 지식은 그 어느 때보다 경제적으로 중요해졌다. 그러자 기술적 지식은 재산처럼 여겨졌고 소유권이 개인 발명가에서 기업으로 양도됐다. 특허 대상은 소프트웨어, 추상적인 콘셉트, 포괄적인 정보까지 확대됐다. 저작권 대상은 새로운 매체까지 포함하는 것으로 확대됐고, 그 덕분에 저작권 소유자들은 더 오랫동안 다양한 조건에서 자신들의 저작권을 유지할 수 있었다. 이와 동시에 일상적으로 피고용인-발명가들에게 부여됐던 권리가 고용인에게 양도됐고 고용계약이 변경됐다. 그리고 영업비밀보호법 덕분에 기업은 일을 하면서 귀중한 기술적 지식이나 노하우를 습득했을지도 모르는 직원들의 이동성을 제한할 수 있게 됐다.

정책 체제가 성공적이었다는 것에 의심의 여지가 없다. 하지만 그것은 신기술이 사회를 통해서 널리 빠르게 확산됐기 때문에 효과적이었다. 혁신, 능력 중심주의적 보상, 전문적인 판단의 활용은 모두 정보 접근성에 의존한다. 정보 접근이 제한되면, 내가 이 책에서 주장했듯이 생산성 성장이 둔화하고 불평등이 심화되고, 규제는 효과가 없다. 차세대의 소프트웨어 기반 시스템은 슈퍼스타 자본주의를 탄생시켰다. 여기서 정보사회의 두 가지 중요한 모순점이 드러난다. 첫째, 대기업도 분산된 정보를 처리하는

417

문제를 해결해야 한다. 둘째, 대기업의 인센티브는 특히 기업이 경쟁업체와의 차별화에 집중할 때 사회의 목적과 반드시 일치하는 것은 아니다. 이 모든 것이 기술 확산을 둔화시키는 데 주요한 역할을 한다.

사회주의적 경제계획자들뿐만 아니라 대기업도 중앙집권 방식으로 계획을 수립한다. 특히 19세기 후반 강력한 규모의 경제를 구현하는 기술들이 도입되면서, 정도의 차이는 있지만 중앙집권식 계획을 도입하는 대형 기업들이 등장했다. 많은 경우 이들 기업은 정보 부담을 줄이고, 소비자 수요를 파악하거나 품질을 소비자에게 전달하는 비용을 절감하며, 다양한 수요를 충족시키는 데 드는 비용을 줄이기 위해 제품과 서비스를 표준화했다. A&P와 같은 유통업체는 매장에서 판매되는 제품의 종류를 표준화했다. 그리고 섬유 회사부터 철강 회사까지 대형 제조업체도 자신들의 생산품을 표준화했다. 대량 생산이 '검은색이기만 하다면 어떤 색이든 괜찮다.'라는 의미는 아니었지만 매우 제한된 다양성을 암시했다. 표준화는 정보 비용을 줄이고 생산 효율을 높였지만 현지의 분산된 정보는 대체로 무시됐다.

오늘날에는 신기술과 조직 형태 덕분에 선도적 기업은 이질적인 소비자 요구를 더 잘 만족시킬 수 있게 됐다. 이 덕분에 그들의 시장 지배력이 더 강화된다. 하지만 이러한 시스템이 분산된

418

지식 때문에 초래된 모든 문제를 해결하지 않는다. 그것은 분산된 지식 때문에 혁신 활동을 하면 마주하는 낙관을 해소하지 않다는 것이 중요하다. 기술을 중앙집권 방식으로 통제하는 것은 특히 혁신 활동에 문제가 된다. 왜냐하면 새로운 아이디어에 독점권을 지니는 대기업은 없기 때문이다. 혁신 활동은 개인이나 기업이 서로 다른 아이디어를 발전시켜 라이선싱하거나 그것을 바탕으로 와해적인 기업을 설립할 수 있을 때 가장 활발하다. 그리고 그 과정은 기술적 지식의 적극적인 확산에 대단히 의존한다. 하지만 대기업의 시장 지배력이 더 커지면, 대기업은 기술이 확산되는 것을 제한할 수도 있다. 이 선택이 혁신 활동과 생산성 성장을 둔화시키게 된다.

이것은 기업이 경쟁업체와 자사 제품을 차별화하기 위해 독점 기술을 사용함으로써 이익을 얻을 때, 그 이익이 사회적 이익과 반드시 일치하는 것이 아니기 때문이다. 기업은 굳이 전체 경제적 파이를 키우지 않고도 자신이 갖는 파이 조각을 키우기 위해서 독점 기술을 사용할 수 있다. 그리고 독점 기술을 라이선스하지 않고 다른 방식으로 기술 확산을 방해할 강력한 인센티브가 있다. 그러므로 슈퍼스타 자본주의가 부상하면서 기술 확산율이 둔화되는 것을 보여주는 증거가 전혀 놀랍지 않다.

여러 산업에 걸쳐서 선도적 기업의 시장 지배력이 커지고

419

걱정스러운 트렌드가 생겨나는 주된 이유가 바로 기술 확산의 감소로 인한 혁신과 생산성 성장의 둔화다. 기술 확산이 둔화되면, 생산적인 소기업의 성장이 더 침체되고, 종합적인 생산성 성장을 둔화시키게 된다. 그리고 오직 선택된 소수의 기업만이 최첨단 시스템을 갖게 되면, 오직 몇몇의 노동자들만이 그 기술에 접근하고 연관된 역량을 익힐 수 있다. 그로 인하여 임금 격차가 다른 노동자 집단, 다른 기업의 노동자, 다른 직업 종사자, 선택된 대도시 거주자와 기타 지역 거주자 사이에서 발생한다. 소득 불평등은 노동자의 개인적인 노력과 교육 수준과는 관련 없는 이유로 심해지기도 한다. 이것은 소득 불평등이 개인의 능력의 차이로 인해서 발생한다는 능력 중심주의 합리화 이론의 기반을 약화시키고, 엘리트층에 대한 대중의 분노를 조장한다. 사회 분열은 능력 중심주의적 이상이 오염되면서 심화된다. 사실상 정부의 힘은 차세대 슈퍼스타 기업의 힘에 대응할 수 없다. 폭스바겐의 배기량 조작 사건부터 서브프라임 모기지 대출상품으로 인한 금융권 붕괴에 이르기까지, 규제기관은 슈퍼스타 기업의 힘을 통제하지 못했다. 이것은 사회에 극단적인 형벌이었다. 실제로 기술의 복잡성이 기업이 규제기관을 포획하거나, 그들을 혼란스럽게 만들거나 노골적으로 기만하도록 원조한다. 그리하여 공익이 훼손된다.

대기업은 기술을 활용하여 소비자 수요를 잘 만족시켰기

420

때문에 광범위한 경제적 힘을 얻게 됐다. 대기업의 광범위한 경제적 힘은 쉽지는 않겠지만 길들여질 수 있다. 경쟁을 활성화하고, 기술 확산을 촉진하고, 규제의 균형을 회복하면서 대기업이 사회에 제공하는 혜택을 보존하는 방법을 찾는 것이 정책적으로 해결해야 할 문제다.

대중과 정계는 사회에서 대기업의 역할에 대하여 갈수록 깊은 우려를 나타내왔다. 하지만 이 우려의 본질은 굉장히 다양하다. 일부는 디지털 플랫폼이 초래하는 문제 때문에 빅테크가 자유주의적 편향을 갖고 있다고 판단하고 우려한다. 일부는 빅테크를 해체해야 한다고 주장한다. 하지만 이런 시각은 이미 바뀐 것의 진정한 본질을 제대로 이해하지 못했기 때문에 나타나는 것이다. 그 본질을 더 잘 이해하지 못하면, 대중과 정계는 부적절하거나 방향이 틀렸거나 해로운 정책을 내놓을 수 있다.

이 책에서 살펴본 문제는 소수 빅테크만의 문제는 아니다. 이 문제는 모든 주요한 경제 영역에서 발견된다. 그리고 플랫폼 기술 자체에 내재된 것도 아니다. 플랫폼 기술 자체로 문제가 결정되지 않는다. 그보다 지배적 기업이 플랫폼 기술을 어떻게 사용하고 있느냐로 문제가 결정된다. 구체적으로 말해서 지배적 기업이 새로운 지식의 독점을 유지하고 어느 정도로 확산을 막느냐로 문제가 결정된다.

421

플랫폼 기술은 경제 전반적으로 사용된다. 하지만 대다수 또는 대부분의 플랫폼 기술이 기업 안에서도 사용된다. 월마트는 매우 효과적인 물류와 재고 관리 플랫폼을 지니고 있다. 하지만 아마존의 개방형 플랫폼과는 다른 조직 내부적으로 사용되는 폐쇄형 플랫폼이다. 개방형 플랫폼과 폐쇄형 플랫폼 모두 상당한 경제적 이익을 제공하기 때문에 매우 강력하다. 그것은 개인적인 소비자 요구를 충족시키고, 일자리를 창출하고, 생산성을 높인다. 덧붙여서 플랫폼이 만들 일자리의 대다수가 임금 수준이 높은 일자리다. 하지만 플랫폼 기업이 자신들의 기술과 지식에 대한 접근성을 제한하면, 제한하는 만큼 기술 확산을 둔화시키는 셈이 된다.

이런 맥락에서 개방형 플랫폼이 폐쇄형 플랫폼보다 더 바람직하다. 개방형 플랫폼은 적어도 기술 접근을 어느 정도 허락한다. 이것은 산업 역동성을 회복시키는 데 도움이 된다. 개방형 플랫폼이 반독점 규제 활동에 문제를 초래할 수 있다. 그러므로 개방형 플랫폼을 대상으로 반독점 조사가 더 면밀히 진행되어야 한다. 하지만 개방형 플랫폼이 잠재적으로 사회적 이익을 제공한다는 것을 보여주는 강력한 증거가 존재한다. 예를 들어서 개방형 클라우드 플랫폼 덕분에 혁신적인 스타트업과 기타 기업이 많이 등장했고 성장하고 있다. 이런 이유로 대기업이 자신의 독점

422

기술을 개방하는 것은 대기업을 해체하는 것보다 훨씬 더 선호되는 방식이다. 기업 해체는 대형 플랫폼이 제공하는 이익을 없앨 위험이 있다. 플랫폼 기술에는 강력한 규모의 경제가 수반되므로 기업의 큰 규모는 전제 조건이다. 그리고 기업 해체로 무엇을 얻을 수 있는지가 명확하지 않다. 대기업의 독점 기술을 개방하면, 그 대형 시스템이 갖는 혜택은 유지된다. 그래서 다른 기업이 곧 벌어진 틈새를 파고들고 지배적 기업을 대체할 새로운 존재로 떠오르게 될 것이다. 이것은 새로울 것 없는 사실이다. AT&T의 해체는 베이비 벨과 같은 통신 회사를 탄생시켰다. 그들이 서로 합병되면서 대기업이 지배하고 그 어느 때보다 더 역동적인 통신 산업이 만들어졌다.

그에 반해서 기업에게 플랫폼, 데이터 또는 소프트웨어 코드의 일부를 다른 기업에게 공개할 것을 권장하거나, 어떤 경우에 강제하는 정책은 기술 확산의 둔화로 인한 사회적 비용을 경감시키면서 그 기술의 혜택을 보존할 것이라고 약속한다. 언번들링은 과거에 경제적 역동성의 효과적인 원천으로 증명됐고, 이는 오늘날에도 유효하다. 반도체 산업은 벨랩스가 특허 기술을 라이선싱하면서 탄생했다. 현대의 소프트웨어 패키지 산업은 IBM이 자신의 하드웨어와 소프트웨어를 언번들링하면서 성장했다. 클라우드 컴퓨팅 산업은 아마존이 자신의 IT 인프라를 언번들링하

423

면서 탄생했다. 그리고 판매업체 수십만 개가 아마존이 마켓플레이스를 개방하면서 성장했다. 이렇게 기술과 지식을 개방하여 제삼자와 공유하는 관행이 다른 산업으로 확산된다면, 슈퍼스타 자본주의의 해로운 사회적 영향을 되돌릴 수 있을 것이다.

물론 언번들링은 신기술을 개발하고 이용해서 사적으로 얻게 되는 보상을 감소시킬 것이다. 그래서 처음부터 기술을 개발하는 데 막대한 투자를 할 인센티브가 줄어들 수 있다. 하지만 두 가지 이유에서 그렇게 심각하게 걱정할 필요는 없다. 첫째, 언번들링은 기술이나 사업을 쪼개는 기업에게 대단한 이익을 제공할 수 있다. IBM 임원들은 소프트웨어 언번들링이 회사에 이익이 되지 않으리라 생각했다. 하지만 반독점 소송을 제기하겠다는 정부의 위협으로 IBM은 울며 겨자 먹기 식으로 소프트웨어와 하드웨어의 언번들링을 단행했고, 결과적으로 IBM에게 이득이 되는 결정이었다. 둘째, 지난 몇 십 년 동안 정책이 기술 확산이 둔화되더라도 혁신 인센티브를 우선시하는 방향으로 편향됐다. 혁신 정책은 기업이 새로운 아이디어를 개발하는 데 투자하도록 인센티브를 제공하는 것과 그들이 그 아이디어를 바탕으로 이뤄낸 혁신과 관련 지식을 확산하도록 권장하는 것의 균형을 맞춰야 한다. 기술 확산이 둔화되고 있다는 증거는 정책 체계의 균형이 망가졌다는 사실을 넌지시 보여준다. 기술 확산을 권장하는 정책은

424

가능한 분야에서는 혁신의 인센티브를 보존하기 위해서 신중하게 적용되어야 한다. 이것이 하면 망가진 균형을 회복하는 데 도움이 될 것이다.

슈퍼스타 자본주의가 옛 자본주의를 지탱하는 일부 기반에 도전하고 있다. 이 와중에 세계는 새로운 정보경제로 나아가고 있다. 정보경제가 지속되려면 정보를 다루는 집단 이외에도 많은 것이 필요하다. 정보경제는 새로운 지식이 적극적으로 개발되고 널리 공유되는 경제다. 그리고 대량 생산과 데이터의 이점을 제공하고, 개인의 요구를 만족시키는 경제다. 정보경제는 최신 기술 접근성을 널리 제공하여 경쟁, 혁신, 경제적 기회, 공평한 사회를 권장하는 경제다. 정보경제에서 우리는 대기업과 소기업, 대형 플랫폼 기업과 혁신적인 소기업으로 가득한 경제적 질서를 상상할 수 있다. 이러한 정보경제를 이룩하기 위해서, 독점 기술의 이점을 일부 훼손하더라도 기업이 기술접근성을 제삼자에게 제공하도록 권장하는 정책이 필요하다.

425

감사의 글

_____

나는 오랫동안 경제적 복잡성과 정보 기술의 상호작용에 관심이 있었다. 마지막으로 발표한 저서《실행에 의한 학습》에서 경제적 복잡성을 다뤘다. 기술의 복잡성에는 신기술을 사용하기 위해 핵심적인 기술을 경험함으로써 배워야 했고, 이것은 신기술이 채택되고 노동자가 기술을 익히는 방법에 영향을 미친다는 뜻이 내포되어 있었다. 하지만 나는 복잡성, 소프트웨어 그리고 최근에 발생한 거대한 경제적 변화의 관계성을 이해하지는 못했다. 이 모든 것이 대략 5년 전부터 일어나기 시작한 변화였다. 미국에서 산업 집중도가 증가했고, 이와 관련하여 새로운 연구 문헌이 발표됐다. 그 연구 문헌을 읽은 뒤에, 나는 소프트웨어가 이런 변화가 발생하는 데 영향을 주고 있는지도 모른다고 생각했다. 그래서 나는 조사를 시작했고, 이것이 사실임을 뒷받침하는 결과를 얻어냈다.

내가 이 책을 쓰면서 많은 빚을 진 다른 연구자들의 견해는 차세대 소프트웨어와 폭넓은 경제적 변화 사이에 있는 점들을 잇는 데 도움이 됐다. 조나단 하스켈Jonathan Haskel과 스티언 웨스트레이크Stian Westlake는 무형 자본의 사용 증가가 지니는 함의를 찾아냈다. 키아라 크리스쿠올로Chiara Criscuolo와 그의 경제협력개발기구 동료들은 다른 선진국에서 산업 집중도가 증가하고 있음을 알아냈고, 이것이 디지털 기술과 연관된다는 것도 알아냈다. 이 연구자들은 2000년 이후로 일류기업과 나머지의 생산성 격차

427

가 벌어지고 있다는 것도 발견했다. 데이비드 아우터David Autor, 데이비드 돈David Dorn, 래리 카츠Larry Katz, 크리스티나 패터슨Christina Patterson 그리고 존 반 리넨John van Reenen은 미국에서 산업 집중도가 증가했고, 이것이 슈퍼스타 기업의 부상과 관련이 있다고 발표했다. 로버트 프랭크Robert Frank와 필립 쿡Philip Cook은 승자독식 사회를 강조했고, 에릭 브리뇰프슨Erik Brynjolfsson과 앤디 맥아피Andy McAfee는 이것을 IT와 연결했다. 그러나 나는 기술을 기업 지배에 연결하는 정확한 메커니즘을 명확히 이해하지는 못했다. 게오르그 폰 그라에베니츠Georg von Graevenitz가 태생적인 과점기업에 대한 존 서튼John Sutton과 아브너 샤케드Avner Shaked의 연구를 상기시켜 줄 때까지는 그랬다. 내게 영향을 준 또 다른 인물은 과거의 정보와 기술의 연결성을 논했던 제임스 베니거James Beniger였다.

물론 이 책에 담긴 생각을 성숙하게 만들기 위해서 조사하고 피드백을 제공하고 논의하는 실질적인 업무를 도맡았던 사람들은 기술 및 정책 연구 이니셔티브의 동료들이었다. 이 자리를 빌려 보스턴 로스쿨, 투자자들 그리고 에리히 덴크Erich Denk, 마틴 구스Maarten Goos, 스티븐 마이클 임핑크Stephen Michael Impink, 시나 코쇼칸Sina Khoshsokhan, 김주원, 제임스 코슈트James Kossuth, 첸 멩Chen Meng, 마이크 뮤러Mike Meurer, 리디아 라이헨슈페르거Lydia Reichensperger, 체사레 리기Cesare Righi, 안나 살로몬스Anna Salomons, 팀

428

심코Tim Simcoe 그리고 빅토리아 스미스Victoria Smith에게 고마운 마음을 전한다.

많은 공저자, 논평가, 데이터 제공자 그리고 기타 도움을 준 사람들에게도 고맙다고 말하고 싶다. 그들은 다론 아제모을루Daron Acemoglu, 필립 아기온Philippe Aghion, 데이비드 아우터, 스테판 베치톨드Stefan Bechtold, 빅토르 베넷Victor Bennett, 세스 벤젤Seth Benzell, 피에르토 비롤리Pietro Biroli, 피터 블레어Peter Blair, 데니스 칼튼Dennis Carlton, 마르쿠스 케이시Marcus Casey, 호르헤 콘트레라스Jorge Contreras, 클로드 디볼트Claude Diebolt, 조쉬 펭Josh Feng, 마틴 플레밍Martin Fleming, 리차드 프리만Richard Freeman, 월트 프릭Walt Frick, 마틴 구스, 디트마르 하르호프Dietmar Harhoff, 필립 하트만Philipp Hartmann, 리카르도 하우스만Ricardo Hausmann, 요아힘 헨켈Joachim Hen-kel, 후앙 케웨이Ke-Wei Huang, 안드레아 이키노Andrea Ichino, 스티븐 마이클 임핑크, 에그버트 용건Egbert Jongen, 브라이언 카힌Brian Kahin, 시나 코쇼칸, 매건 맥가르비Megan MacGarvie, 마이클 만델Michael Mandel, 조셉 마주르Joe Mazur, 크리스티나 멕엘레란Kristina McElheran, 마이크 뮤러, 필리포 페자노티Filippo Mezzanotti, 가이 마이클스Guy Michaels, 조엘 모키어Joel Mokyr, 팀 오라일리Tim O'Reilly, 에밀리 라데메이커스Emilie Rademakers, 파스쿠알 레스트레포Pascual Restrepo, 다니엘 록Daniel Rock, 낸시 로즈Nancy Rose, 론자 로

429

트거Ronja Röttger, 로버트 로손Robert Rowthorn, 안나 살로몬스, 마이클 슈어러Michael Scherer, 딕 스말렌시Dick Schmalensee, 로버트 샤만스Rob Seamans, 카를 샤피로Carl Shapiro, 팀 심코Tim Simcoe, 켄 시몬스Ken Simons, 존 터너John Turner, 헬레네 튜론Helene Turon, 가브리엘 융거Gabriel Unger, 빌랸 반 덴 베르게Wiljan van den Berge, 제로엔 반 덴 보쉬Jeroen van den Bosch, 바스 반 데르 클라우Bas van der Klaauw, 로리 반 루Rory van Loo, 존 반 리넨, 할 바리안Hal Varian 그리고 게오르그 폰 그라에베니츠이다.

인터뷰에서 귀중한 통찰력을 제공했던 사람들도 있었다. 폴 블라하Paul Blaha, 이아인 콕크번Iain Cockburn, 다니엘 다인스Daniel Dines, 댄 포크너Dan Faulkner, 이안 해서웨이Ian Hathaway, 수잔 헬퍼Sue Helper, 밥 헌트Bob Hunt, 윌리엄 제인웨이William Janeway 그리고 프랭크 넥Frank Wnek이다. 엘리사 울프버그Elias Wolfberg와 헬레 고든Halle Gordon은 질문에 답해주고 아마존 임원들과 만날 수 있도록 도와줬다.

마지막으로 책 제안서를 작성하는 데 도움을 줬던 나의 에이전트 리사 애덤스Lisa Adams, 유능한 보조 연구원 역할을 맡아 준 에리히 뎅크Erich Denk, 나의 생각을 제일 처음 듣고 피드백을 해준 마이크 뮤러 그리고 나의 멘토인 에릭 매스킨Eric Maskin과, 글을 쓰는 동안 내 짜증을 다 받아준 나의 아내와 가족에게 고맙다고 말하고 싶다.

430

노트

1 —— 서문

1. Wildman, "First Barcode Scan in History"; Stokel-Walker, "Beep Beep."
2. Christensen, Innovator's Dilemma.
3. Ellickson, "Evolution of the Supermarket Industry"; Tedlow and Jones, Rise and Fall of Mass Marketing; Beniger, Control Revolution: Technological and Economic Origins of the Information Society.
4. Beniger, Control Revolution.
5. Brown, Revolution at the Checkout Counter.
6. Basker, Klimek, and Hoang Van, "Supersize It"; Basker, "Change at the Checkout."
7. Levin, Levin, and Meisel, "Dynamic Analysis of the Adoption of a New Technology"; Basker, Klimek, and Hoang Van, "Supersize It." Basker, "Change at the Checkout," 대체로 대형 체인점이 실험했다. 처음에는 몇몇 매장에 스캐너를 설치했고, 이후 점진적으로 스캐너 설치 매장을 늘려 나갔다.
8. Knee, "Dick's Supermarkets Expand in Wisconsin."
9. Basker, "Change at the Checkout."
10. Basker, Klimek, and Hoang Van, "Supersize It."
11. Tanner, "Modern Day General Store."

431

12. Tanner.

13. Schafer, "How Information Technology Is Leveling the Playing Field."

14. The term "desktop publishing" was coined by Paul Brainerd a couple of years later.

15. Liebling, "Wayward Press," 109; Bove and Rhodes, "Editorial."

16. Hicks, "Annual Survey of Economic Theory," 8.

17. Stalk, Evans, and Shulman, "Competing on Capabilities," 57.

18. Basker, "Job Creation or Destruction?"

19. Jia, "What Happens When Wal-Mart Comes to Town."

20. 케이마트도 스캐너를 일찍이 도입한 얼리어댑터였다. 하지만 스캐너와 관련된 컴퓨터 기술, 여러 요소와 납품 업체를 통합하여 효과적인 시스템을 구축하는 데 뒤처졌다. Baselinemag, "How Kmart Fell Behind."

21. Basker, "Change at the Checkout."

22. "Walmart History."

23. Wal-Mart Stores, Annual Report (1991), 3.

24. Wal-Mart Stores, Annual Report (1994), 7.

25. Pew Research Center poll conducted in 2005 and cited in Basker, "Change at the Checkout."

26 Chiou, "Empirical Analysis of Retail Competition," cited in Basker, "Causes and Consequences of Wal-Mart's Growth."

27. Stalk, Evans, and Shulman, "Competing on Capabilities."

28. Basker and Noel, "Evolving Food Chain."

29. Mises, "Die Wirtschaftsrechnung im Sozialistischen Gemeinwesen"; Hayek, Collectivist Economic Planning; Hayek, "Use of Knowledge in Society."

30. Hayek, "Use of Knowledge in Society," 519-20.

31. Hayek, 527.

32. 가장 직접적으로 인용된 곳은 Leonid Hurwicz, "On Informationally Decentralized Systems."다. 경제학자들은 후르비치의 수학 도구를 사용하여 중앙집권화된 사회주의적 계획경제에 대한 하이에크의 초기 비판을 다시 검토했다. Myerson, "Fundamental Theory of Institutions." 참고.

33. 제조업체가 제품의 품질을 상세히 설명하고 완전히 보증한다면 문제가 되지 않을 것이다. 하지만 이런 일은 대체로 불가능하며, 보증 계약을 체결할 때 정보 문제가 존재한다. 보증서가 함께 제공되는 제품은 대부분 보증 범위가 제한적이고, 제품의 품질에 대한 의심이 남는다.

34. Baldwin and Clark, Design Rules.

35. Sutton, Sunk Costs and Market Structure.

2 —— 와해의 소멸

1. "Clayton Christensen's Insights Will Outlive Him."

2. Lepore, "What the Gospel of Innovation Gets Wrong."

3. Schumpeter, Capitalism, Socialism and Democracy, 82-83.

4. NAICS가 여섯 자리 숫자로 된 산업에서 매출을 기준으로 순위를 매긴 세계적인 상장 기업을 사용한다. See Bessen et al., "Declining Industrial Disruption," for more details and other measures 참고.

5. Wiggins and Ruefl i, "Schumpeter's Ghost"; Gschwandtner, "Evolution of Profit Persistence in the USA"; Brynjolfsson et al., "Scale without Mass." Brynjolfsson et al. 지속성의 감퇴가 IT와 관련되어 있다는 것을 확인할 수 있다. 다른 방법을 사용하는 연구진은 수익의 지속성이 하락한 증거를 찾지 못했다. McNamara, Vaaler, and Devers, "Same as It Ever Was." 참고.

6. 수익의 지속성에서 비슷한 변화가 발견됐다. Autor et al., "Fall of the Labor Share," fi g. A24. Philippon, Great Reversal; Bennett, "Changes in Persistence of Performance over Time."

7. Bresnahan and Trajtenberg, "General Purpose Technologies 'Engines of Growth'?"

8. Devine, "From Shafts to Wires"; David, "The Dynamo and the Computer."

9. 1979년, 벤 로젠은 다음과 같이 말했다. "비지캘크는 언젠가 개인 PC를 좌지우지하는 소프트웨어가 될 수 있다." 이 발언은 다음에 근거한다. Liebowitz, Margolis, and Hirshleifer, Winners, Losers and Microsoft, chap. 8, and on Dan Bricklin's web history at

www.bricklin.com/visicalc.htm 참고.

10. PC Magazine, October 27, 1987, 94.

11. Baldwin and Clark, Design Rules.

12. 한계비용은 제로(0)가 아니다. 예를 들어, 지원비용은 고객의 수와 함께 증가한다.

13. Bessen and Maskin, "Sequential Innovation, Patents, and Imitation."

14. Cusumano and Selby, Microsoft Secrets, 218.

15. 경제학자들은 마이크로소프트가 시장 지배력을 공고히 할 수 있었던 이유로 '네트워크 효과'의 역할을 강조한다. 최대 고객층을 보유한 제품을 구매하면 다른 사용자와 문서를 교환할 수도 있고, 더 많은 교육 자료를 제공받을 수도 있다. 다른 프로그램에서도 마이크로소프트 엑셀 파일을 읽을 수 있었고, 로터스의 시장 지배력이 마이크로소프트의 시장 진입을 막을 정도로 높지도 않았다.

16. 소프트웨어는 규모의 경제를 이용해 다양한 제품을 효율적으로 생산하는 것 이상의 역할을 한다.

17. Charette, "This Car Runs on Code"; Shea, "Why Does It Cost So Much?"

18. "Car Company in Front."

19. Womack, "Why Toyota Won."

20. Iyengar의 "Fiat Chrysler Proposes Merger with Renault"를 참고했다

21. Stock, "Explaining the Differing U.S. and EU Positions."

22. Varian, "Beyond Big Data."

23. U.S. Bureau of Economic Analysis, "National Income and Product Accounts," table 9.4U. Software investment and prices, July 31, 2020, revision.

24. Bartel, Ichniowski, and Shaw, "How Does Information Technology Affect Productivity?"; Bloom, Sadun, and Van Reenen, "Americans Do IT Better"; Bloom et al., "Distinct Effects of Information Technology"; Greenstein and Bresnahan, "Technical Progress and Coinvention in Computing"; Bresnahan, Brynjolfsson, and Hitt, "Information Technology, Workplace Organization"; and Crespi, Criscuolo, and Haskel, "Information Technology, Organisational Change and Productivity."

25. 이 부분은 Bessen et al., "Declining Industrial Disruption."을 바탕으로 작성됐다.

26. 매년 각각의 기업이 진행한 인수 건수와 대차대조표의 무형 자산을 기준으로 기업 인수

를 평가했다. 대차대조표의 무형 자산에는 인수 대상 기업의 장부가보다 저렴하게 해당 기업을 인수했을 때의 인수가도 포함된다. 링크드인 데이터에서 추출한 소프트웨어 개발자의 고용 규모로 소프트웨어 개발 수준을 평가했고, 비영리 연구 기관인 책임정책센터의 데이터를 이용하여 로비 활동을 평가했다. 이 그림에는 과거 투자의 효과를 평가하기 위해서 투자 흐름보다 오랜 시간에 걸쳐서 축적됐지만 평가절하된 주식을 평가한 결과가 포함되어 있다. 소프트웨어 수치에는 소프트웨어가 제품의 주요 부분인 산업들은 제외됐다. 독점 소프트웨어는 기업이 자체적으로 개발한 소프트웨어와 외주를 통해서 개발한 소프트웨어를 포괄한다. 하지만 오직 자체적으로 개발한 소프트웨어만 고려하여 평가가 진행됐다. 자체적으로 개발한 소프트웨어는 외주를 통하여 개발된 소프트웨어와 밀접한 상관관계가 있기 때문에 여기서는 전체적인 전속적 소프트웨어가 합리적으로 평가됐다. Bessen, "Information Technology and Industry Concentration," sec. 4.2 참고.

27. Haskel and Westlake, Capitalism without Capital; Corrado, Hulten, and Sichel,"Intangible Capital and U.S. Economic Growth"; Corrado et al., "Intangible Investment in the EU and US."

28. Bessen et al., "Declining Industrial Disruption." 참고. 이 연구는 구체적으로 매출을 기준으로 5위부터 8위에 자리한 기업이 기존 선도 기업을 대체하고 상위 4위권에 진입하는 가능성을 살핀다. 한 회귀 분석에서는 기업이 보유하는 특허가 통계적으로 유의미한 영향을 미치는 것으로 나타났다.

29. From Bessen, "Information Technology and Industry Concentration."

30. Calligaris, Criscuolo, and Marcolin, "Mark-Ups in the Digital Era"; Crouzet and Eberly, "Intangibles, Investment, and Effi ciency"; Hsieh and Rossi-Hansberg, "Industrial Revolution in Services."

31. Bessen et al., "Declining Industrial Disruption,"은 도약에 대한 인과적 영향을 평가하기 위해서 두 가지 도구 변수를 사용한다. 첫째, 기업 무형 투자에 5년의 시차를 두고 진행된 무형 투자를 추가한다. 계수는 그대로 두고 장기적인 요소를 제외한다. 둘째, 미국 산업 소프트웨어 투자에 유럽 국가들의 소프트웨어 투자 데이터를 추가한다. 효과는 지속되고, 미국에만 국한된 정책이나 다른 요소를 제외한다. Bessen, "Information Technology and Industry Concentration,"은 산업 집중도에 대한 인과적 영향을 평가

435

하기 위해 서로 다른 세 가지 도구 변수를 사용한다. 1980년에 산업에서 컴퓨터를 채택할 가능성이 큰 2차 직종의 비중, 산업 노동력에서 소프트웨어 개발자의 비중, 18개 유럽 국가 총 투자에서 소프트웨어 투자의 비중이다.

32. Grullon, Larkin, and Michaely, "Are US Industries Becoming More Concentrated?"; and Khan, "Amazon's Antitrust Paradox."

33. De Loecker, Eeckhout, and Unger, "Rise of Market Power"; Barkai, "Declining Labor and Capital Shares"; Hall, "New Evidence on the Markup of Prices." These estimates are contested by some: see Basu, "Are Price-Cost Markups Rising?"; and Syverson, "Macroeconomics and Market Power."

34. Bajgar et al., "Industry Concentration in Europe and North America"; Grullon, Larkin, and Michaely, "Are US Industries Becoming More Concentrated?"; Autor et al., "Fall of the Labor Share"; Gutierrez and Philippon, "Declining Competition and Investment"; Philippon, "Economics and Politics of Market Concentration"; Bessen, "Information Technology and Industry Concentration." 참고. 국가적인 차원에서 산업 집중도가 증가하고 있지만, 지역적인 수준으로 측정하면 감소하고 있다. Rinz, "Labor Market Concentration, Earnings Inequality, and Earnings Mobility"; Rossi-Hansberg, Sarte, and Trachter, "Diverging Trends in National and Local Concentration"; and Berry, Gaynor, and Morton, "Do Increasing Markups Matter?" 참고.

35. Bessen et al., "Declining Industrial Disruption," fig. 4. 참고. 각자의 산업에서 매출 상위 4위권에 속하는 기업은 1990년대 후반에 연평균 1~1.5개의 기업을 인수했고, 이 수치는 연평균 0.8개로 하락했다.

36. Bajgar et al., "Industry Concentration in Europe and North America"; Philippon, Great Reversal.

37. 평균적으로 가격 인상률이 높은 산업에서 선도 기업의 와해율이 높다. 가격 인상이 기술 우위가 기업에 제공하는 이익을 반영하기 때문일 수 있다. Bessen et al., "Declining Industrial Disruption."

38. See, e.g., Kades, "State of U.S. Federal Antitrust Enforcement"; Kwoka, Mergers, Merger Control, and Remedies; Wollmann, "Stealth Consolidation."

39. Liu, Mian, and Sufi , "Low Interest Rates, Market Power, and Productivity Growth."

40. Hopenhayn, Neira, and Singhania, "From Population Growth to Firm Demographics."

3 —— 슈퍼스타 경제 체제

1. Chen, "Cold War Competition and Food Production in China."
2. Chen, 64.
3. Chandler, Scale and Scope.
4. 철강을 재활용하여 첫 번째 단계를 생략할 수 있다.
5. This section draws on Temin, Iron and Steel Industry.
6. Chandler, Visible Hand.
7. 큰 용기는 용량에 비해서 표면적이 작기 때문에 작은 용기보다 효율적으로 가열할 수 있다. 예를 들어, 둥근 용기의 경우 용량은 지름의 세제곱으로 증가하지만, 표면적은 지름의 제곱에 비례하여 증가한다. 열은 표면에서 방산되고 열 방산율은 표면적에 비례하므로, 용기에 담아서 데울 수 있는 내용물의 용량 당 비용은 용량이 증가할수록 하락한다.
8. Karlson, "Modeling Location and Production."
9. Christensen and Greene, "Economies of Scale in U.S. Electric Power Generation."
10. Bain, Barriers to New Competition.
11. 1970년대, 최소효율규모에 도달한 제철소의 철강 생산량이 600만 톤으로 추산됐던 시기의 철강 총생산량은 대략 1억 2000만 톤이었다. 재생 철강으로 철강 제품을 생산하는 소형 제철소의 등장으로 시장 규모에 비해 제철소의 크기는 더 작아졌다.
12. Sutton, Sunk Costs and Market Structure, 4.
13. 미국의 철강 생산량과 철도의 순 수출량. U.S. Bureau of the Census, Historical Statistics of the United States; Temin, Iron and Steel Industry, 282 참고.
14. Chandler, Scale and Scope, 128-32.
15. Nash, "Amazon, Alphabet and Walmart,"는 IDC의 IT 지출에서 추산한 추정치를 보여

437

노트

주며, 인력, 하드웨어, 소프트웨어, IT 서비스, 통신 서비스, 내부 IT 지출을 포함한다. 자본지출 데이터는 컴퓨스탯에서 제공받았다. IT 지출은 기업이 운영 시스템에서 발생시키는 현금 흐름과 비교해 상대적으로 적다. 규모의 경제를 발휘하는 기업은 추가적인 자본 투자를 통해 더 이상 수익을 얻을 수 없을 때까지 새로운 산업에 진출한다. 이런 이유로 정유나 전력처럼 규모의 경제가 두드러지게 나타나는 산업에서는 '법인세, 이자, 감가상각비를 차감하기 전 영업이익(EBITDA)'에 비해 자본 지출이 크다. 2014년부터 2019년까지 상위 기업의 자본 지출은 평균적으로 EBITDA의 89퍼센트에 달했다. 2018년 IT 지출이 많았던 상위 10개 기업의 경우, IT 지출은 EBITDA의 24퍼센트에 불과했다.

16. Bessen et al., "Declining Industrial Disruption," app. A2.

17. 2002년부터 2007년까지 NAICS가 네 자리 숫자로 된 산업에서 상위 4위권 기업의 시장 점유율 변화와 산업 생산량의 성장 사이의 상관계수는 0.325이다.

18. Rosen, "Economics of Superstars," 845.

19. Rosen, 846.

20. Frank and Cook, Winner-Take-All Society. 사회의 많은 영역에서 이와 같은 변화를 관측하며, 승자 독식의 사회가 됐다고 주장한다.

21. Flint, "Netfl ix's Reed Hastings Deems Remote Work 'a Pure Negative.'"

22. Sutton, Sunk Costs and Market Structure. 아브너 샤케드를 포함해 일련의 논문들이 수직적 차별화 모델을 다루고 발전시켰다. Shaked and Sutton, "Relaxing Price Competition through Product Differentiation"; Shaked and Sutton, "Natural Oligopolies"; and Shaked and Sutton, "Product Differentiation and Industrial Structure." 참고.

23. 기업은 수평적으로도 차별화할 수 있다. 즉, 품질에 대한 민감도가 다른 소비자들에게 어필하고 품질 수준이 다른 제품과 서비스를 다른 가격으로 제공할 수 있다. 수평적 차별화는 분석을 복잡하게 만들지만, 기업은 수직적 차별화와 수평적 차별화에서 동일한 결과를 얻을 수 있다. Ellickson, "Quality Competition in Retailing." 참고.

24. Shaked and Sutton, "Product Differentiation and Industrial Structure."

25. Ellickson, "Does Sutton Apply to Supermarkets?"; Latcovich and Smith, "Pricing, Sunk Costs, and Market Structure Online"; Berry and Waldfogel, "Product Quality and Market Size."

26. 기업이 독점 IT 시스템에 대규모 투자를 하는 유일한 이유가 아니며, 이를 통해 얻을 수 있는 유일한 이점도 아니다. 그러나 기업이 독점 IT 시스템을 개발하고자 대규모로 투자할 때 나타나는 주된 양상이다.

27. Ellickson, "Does Sutton Apply to Supermarkets?"; Ellickson, "Quality Competition in Retailing."

28. Neiman and Vavra, "Rise of Niche Consumption."

29. Brand, "Differences in Differentiation."

30. Norman, "Economies of Scale in the Cement Industry"; Syverson, "Market Structure and Productivity"; Ellickson, "Does Sutton Apply to Supermarkets?"

31. 252개 산업이 포함됐다. 대부분이 네 자리 숫자로 된 NAICS로 표현되는 산업이었다. 제외된 산업에는 NAICS 5112, 소프트웨어 퍼블리셔; 5181, 인터넷 서비스업과 웹 서비스 포탈; 5182, 데이터 프로세싱, 호스팅, 관련 서비스업; 5191, 기타 정보 서비스업; 5415, 컴퓨터 시스템 설계 및 관련 서비스업; 3341, 컴퓨터 및 주변 기기 제조업; 3342, 통신 장비 제조업; 3344, 반도체 및 기타 전자부품 제조업; 3345, 네비게이션, 측정, 전자의료 및 통제 장치 제조업이다. 일부 산업은 소프트웨어 집약적이지만 수직적으로 차별화되지 않은 자연발생적인 과점일 수 있다.

32. Mueller, "Persistence of Profits above the Norm"; Syverson, "What Determines Productivity?"

33. Syverson, "What Determines Productivity?"

34. Decker et al., "Declining Business Dynamism: What We Know"; Decker et al., "Declining Business Dynamism: Implications for Productivity."

35. Coad and Rao, "Innovation and Firm Growth in High-Tech Sectors"; Autor et al., "Fall of the Labor Share."

439

4 ―― 개방형 자본주의에서 폐쇄형 자본주의로의 전환

1. Severson, "Hydra-Matic History"; Wikipedia contributors, "Automatic Transmission."
2. SAE International, "About SAE International."
3. Laws, "Fairchild, Fairchildren, and the Family Tree of Silicon Valley."
4. Cohen et al., "Industry and the Academy."
5. Andrews, Criscuolo, and Gal, "The Best versus the Rest"; Calligaris, Criscuolo, and Marcolin, "Mark-Ups in the Digital Era."
6. Akcigit and Ates, "What Happened to U.S. Business Dynamism?"
7. 상위 4개 기업과 5개년 경제 조사의 종합 데이터를 사용하는 나머지 기업을 비교하면 비슷한 격차가 나타난다.
8. 상위 4개 기업은 여섯 자리의 NAICS 산업 기준으로 정의되고, 상위 5퍼센트와 하위 5퍼센트는 제거한다.
9. Bessen, "Information Technology and Industry Concentration," 19.
10. Bessen, Learning by Doing을 바탕으로 작성됐다.
11. Bessen, chap. 11; Bessen and Nuvolari, "Knowledge Sharing among Inventors"; Bessen and Nuvolari, "Diffusing New Technology without Dissipating Rents."
12. Thomson, Structures of Change in the Mechanical Age; Meyer, Networked Machinists.
13. Porter, editorial. See also Bessen, Learning by Doing, chap. 12.
14. U.S. Bureau of the Census, Historical Statistics of the United States, 2:810.
15. 1885년, 거주자 100만 명 당 411건의 특허가 부여됐다. 이 중 384건은 국내 발명가들에게 부여됐다.
16. Lamoreaux and Sokoloff, "Long-Term Change in the Organization of Inventive Activity"; Lamoreaux and Sokoloff, "Inventors, Firms, and the Market for Technology."
17. Lamoreaux and Sokoloff, "Long-Term Change in the Organization of Inventive Activity"; Lamoreaux and Sokoloff, "Market Trade in Patents." 참고. 특허 판매가 법

적 구속력을 지니려면, 특허권의 재지정을 기록한 계약서 사본을 워싱턴의 특허 사무소에 맡겨야 했다. 대다수의 특허가 발행된 이후에도 재지정됐다. 일부는 여러 번 재지정됐고, 다수의 특허권이 특정 지역에 한정적으로 이전됐다. 이 문제 때문에 연구자들은 특허 발행 시 지정된 비율을 특허 거래의 기본 척도로 사용하지만, 이는 실제로 거래된 모든 특허 비율의 하한선에 불과하다.

18. Lamoreaux and Sokoloff, "Long-Term Change in the Organization of Inventive Activity"; Lamoreaux and Sokoloff, "Inventors, Firms, and the Market for Technology"; Lamoreaux and Sokoloff, "Market Trade in Patents"; Khan and Sokoloff, "Early Development of Intellectual Property Institutions"; Khan and Sokoloff, "Institutions and Democratic Invention in 19th-Century America"; Khan, Democratization of Invention.

19. Arora and Gambardella, "Market for Technology"; Winder, "Before the Corporation and Mass Production"; Lamoreaux and Sokoloff, "Inventors, Firms, and the Market for Technology."

20. Lamoreaux and Sokoloff, "Inventors, Firms, and the Market for Technology," 40.

21. Lamoreaux and Sokoloff, 53.

22. Fisk, Working Knowledge.

23. Lamoreaux and Sokoloff, "Inventors, Firms, and the Market for Technology," 50.

24. Mass, "Mechanical and Organizational Innovation"; Bessen, Learning by Doing.

25. Draper, "Present Development of the Northrop Loom," 88.

26. Draper, 88.

27. 이 특허들이 모두 사용된 것은 아니다. 일부는 경쟁 업체가 시도할 수 있는 대안 기술 설계를 막기 위한 목적으로 등록됐다.

28. Arora, "Contracting for Tacit Knowledge,". 특허가 암묵적인 지식의 라이선싱을 수월하게 만든다고 주장하지만, 이는 특허 시장이 복잡한 기술에도 효과적이라는 의미는 아니다.

29. Mass, "Mechanical and Organizational Innovation."

30. 특허 거래가 활발한 시장도 있지만, 대체로 실제 기술 거래와는 뚜렷하게 구분된다. 특허는 타인이 발명 활동에 참여하거나 발명품을 사용하지 못하도록 할 수 있지만 유용

441

한 지식의 실질적인 확산을 의미하지는 않는다. 많은 특허가 경쟁 업체의 혁신을 방해하기 위한 전략적 도구로 사용되거나, 특허 괴물이 기술을 사용하는 기업으로부터 금전을 요구하기 위한 수단으로 사용된다. Lemley and Feldman, "Patent Licensing, Technology Transfer, and Innovation." 참고.

31. Arora and Gambardella, "Changing Technology of Technological Change"; Arora, Fosfuri, and Gambardella, Markets for Technology; Arora and Gambardella, "Ideas for Rent."

32. M Mowery et al., Ivory Tower and Industrial Innovation; and Corredoira et al., "Impact of Intellectual Property Rights."

33. Thursby, Jensen, and Thursby, "Objectives, Characteristics and Outcomes of University Licensing"; Valdivia, "University Start-Ups."

34. Agrawal, Cockburn, and Zhang, "Deals Not Done."

35. Zucker, Darby, and Armstrong, "Commercializing Knowledge"; Zucker and Darby, "Defacto and Deeded Intellectual Property."

36. Arora et al., "Changing Structure of American Innovation," 39.

37. 제품 차별화의 이론 모델은 일반적으로 이런 종류의 경쟁이 사회적으로 최적화된 수준보다 더 큰 제품 다양성을 초래한다는 결론을 내린다. Salop, "Monopolistic Competition with Outside Goods."

5 —— 자동화의 역설

1. "Geoff Hinton: On Radiology."

2. Winick, "Every Study We Could Find."

3. Bessen et al., "Automation: A Guide for Policymakers," provide an overview of the issue.

4. Wood, "8 Trends Affecting Radiologist Jobs in 2019."

5. Topol, "High-Performance Medicine."

6. Roberts et al., "Common Pitfalls and Recommendations," 199.

7. Marcus and Little, "Advancing AI in Health Care."

8. Ruggles et al., "IPUMS USA: Version 8.0 [Dataset]." 참고. IPUMS는 1990년 인구조사와 2010년 인구조사에서 이러한 직종들이 어디에 분포하고 있는지 지도를 그렸다. 직종 분포도가 줄어들면, 다른 직종과 통합되기 때문에 1950년 직종 중에서 이름이 바뀌거나 더 넓은 분류로 통합된 모든 사례를 살펴봤다.

9. Arntz, Gregory, and Zierahn, "Revisiting the Risk of Automation."

10. 인구조사 데이터를 활용해 분석한 결과, 정규직에 해당하는 계산대 점원 수는 1980년 노동력의 1.4퍼센트에서 2000년 1.6퍼센트, 그리고 2016년 1.7퍼센트로 증가했다. 절대적 수치도 증가했다.

11. 지점 당 은행 창구 직원의 수는 감소했지만, 은행 지점의 수는 증가하여 감소치를 상쇄했다. Bessen, Learning by Doing, 107-9. See also Bessen, "Automation and Jobs"; and Bessen, "AI and Jobs." 참고.

12. Bessen, "Automation and Jobs."

13. Bessen et al., "Firm-Level Automation"; Bessen et al., "Automatic Reaction."

14. 소득 효과가 크지 않은 숙박업과 식품서비스업은 예외다.

15. 기업 차원에서 자동화 전반 또는 IT 시스템이나 로봇을 다룬 연구에는 다음이 있다. Acemoglu, Lelarge, and Restrepo, "Competing with Robots"; Aghion et al., "What Are the Labor and Product Market Effects of Automation?"; Akerman, Gaarder, and Mogstad, "Skill Complementarity of Broadband Internet"; Bessen and Righi, "Information Technology and Firm Employment"; Cirera and Sabetti, "Effects of Innovation on Employment in Developing Countries"; Dixon, Hong, and Wu, "Robot Revolution"; Domini et al., "Threats and Opportunities in the Digital Era"; Gaggl and Wright, "Short-Run View of What Computers Do"; Humlum, "Robot Adoption and Labor Market Dynamics"; Koch, Manuylov, and Smolka, "Robots and Firms"; and Mann and Püttmann, "Benign Effects of Automation."

16. Acemoglu, Lelarge, and Restrepo, "Competing with Robots"; and Aghion et al., "What Are the Labor and Product Market Effects of Automation?"

17. Autor and Salomons, "Is Automation Labor-Displacing?"; Dauth et al., "German

443

Robots"; Graetz and Michaels, "Robots at Work." Acemoglu and Restrepo, "Robots and Jobs,"에서 확인.

18. Hardoy and Schøne, "Displacement and Household Adaptation." 참고. 부분적으로 법률에 의해 규정된 것이다. 네덜란드의 실업 수당은 실직 후 첫 2달 동안 급여의 75퍼센트를 제공하며, 그 이후 70퍼센트로 하락한다. 또한 최대 한도가 있어 높은 임금을 받던 노동자의 실업 수당의 소득 대체율은 70퍼센트 또는 75퍼센트보다 낮다.

19. Abbring et al., "Displaced Workers."

20. Crevier, AI, 108-9.

21. Agrawal, Gans, and Goldfarb, Economics of Artifi cial Intelligence.

22. U.S. Census Bureau, "Capital Expenditures for Robotic Equipment."

23. U.S. Bureau of Economic Analysis, "National Income and Product Accounts," table 5.3.5, September 30, 2020, revision.

24. 다수의 자동화 작업에는 정보 기술에 대한 상당한 투자가 수반된다. 말하자면 IT가 자동화 작업에 사용되고 컴퓨터 시스템에 대한 투자와 자동화 시스템에 대한 투자가 동시에 이뤄진다. 컴퓨터의 영향만 살펴보기 위해 자동화 투자 없이 컴퓨터 시스템 투자가 진행되는 사례만 조사했다.

25. Bessen and Righi, "Information Technology and Firm Employment." 참고. 같은 시기에 소프트웨어에 투자하지 않는 비슷한 규모의 기업과 비교해서, 소프트웨어에 막대한 투자를 한 기업에서 어떤 변화가 일어나는지 조사했다. 고용 인력 중에서 소프트웨어 개발자 비중이 증가하는 시기에 조사를 실시했다. 소프트웨어 개발자 비중 변화를 확인하기 위해 링크드인에 등록된 이력서 데이터를 이용했다. 조사 결과는 기업 생산성을 통제하여 투자 결정의 영향을 반영했다. 자세한 내용을 알고 싶다면 논문을 참고하라. 앞에서 언급한 대로 소프트웨어에 투자하는 기업은 소프트웨어 개발자의 채용을 늘릴 수 있지만, 전체적인 고용 규모는 줄어들 수 있다. 하지만 실제로 이런 일이 일어난다는 증거는 없다.

26. Bessen et al., "Business of AI Startups."

27. Keynes, "Economic Possibilities for Our Grandchildren."

28. 또한 새로운 제품들 덕분에 빨래나 설거지와 같은 가사 노동이 자동화돼 여가 시간이 늘어났다.

444

1. ScanSoft, "ScanSoft and Nuance to Merge."

2. 빌 제인웨이는 "살 수 있으면 사고, 만들어야 한다면 만들어라."라고 말했다.

3. Nuance, "Nuance Dragon Dictation App 2.0."

4. MacMillan, "Amazon Says It Has over 10,000 Employees."

5. Kinsella, "Amazon Alexa Has 100k Skills."

6. Amadeo, "New Android OEM Licensing Terms Leak."

7. Faulkner, "Data Panel Presentation."

8. Merced, Metz, and Weise, "Microsoft to Buy Nuance."

9. Bureau of Labor Statistics, "Productivity Growth by Major Sector." 참고. 제조업의 경우에 연간 노동 생산성 성장세가 4.4퍼센트에서 0.5퍼센트로 하락했다.

10. 또는 노동 시간 당 생산성이다. 다요인 생산성은 노동을 포함한 여러 입력 요소의 조합에 대한 산출물의 비율이다.

11. Gordon, Rise and Fall of American Growth.

12. Sellars, "Twenty Years of Web Scraping."

13. Faulkner, "Data Panel Presentation."

14. Bessen et al., "GDPR and the Importance of Data to AI Startups."

15. 스타트업의 절대적 수치도 상당히 증가했다. 하지만 크런치베이스에는 신생 기업이 늦게 등록되기 때문에 모든 소프트웨어 스타트업의 수에 대한 이 분야의 스타트업 수의 비율을 사용해다.

16. Panzarino, "Samsung Acquires Viv."

17. Schwartz, "Apple Acquires Voice AI Startup Voysis."

18. Ku, "Microsoft Acquires Semantic Machines."

19. Gartner, "Gartner Says Worldwide Robotic Process"; Gartner, "Market Share Analysis."

20. Lamanna, "Robotic Process Automation"; Taulli, "Microsoft Races Ahead on RPA"; SAPInsider, "Intelligent Robotic Process Automation (RPA) Capabilities"; Oracle Corporation, "Oracle Integration Cloud's Process Automation with RPA."

445

21. 대형 공급업체는 잘 갖춰진 영업망과 고객 관계를 보유한다는 이점이 있다. 하지만 유아이패스는 이러한 관계를 제공하는 대형 파트너를 보유하고 있다.

22. Bill Janeway's lectures at www.econ.cam.ac.uk/graduate/mphil/modules/ F530. pdf 참고.

23. PitchBook, "Q2 2020 PitchBook."

24. Hathaway, "Time to Exit."

25. Ewens, Nanda, and Rhodes-Kropf, "Cost of Experimentation."

26. Guzman and Stern, "State of American Entrepreneurship."

27. 혁신의 개수는 셀 수 있어도 서로 다른 혁신의 품질을 비교하는 것은 어렵다. 일부 연구자들은 특허나 인용 횟수에 가중치를 준 특허를 사용해 혁신을 평가했지만 이러한 접근법에는 잘 알려진 문제들이 있다. 예를 들어, 일부 산업과 기업은 다른 곳과 비교해 혁신에 대해서 특허를 획득할 가능성이 훨씬 더 크다.

28. Bessen and Denk, "From Productivity to Firm Growth."

29. 산업과 연도를 통제한 후 기업의 연간 성장률을 고정 달러 수익으로 표현한 산포도다.

30. Bessen and Denk, "From Productivity to Firm Growth."

31. Innovation Enterprise, "Why Small Companies Can Out Innovate Big Corporations."

32. Schumpeter, Capitalism, Socialism and Democracy, chap. 8. See also Atkinson and Lind, Big Is Beautiful.

33. Cohen, "Fifty Years of Empirical Studies."

34. Cohen, 137.

35. Cohen and Klepper, "Reprise of Size and R & D," provide a rationale for this division.

36. Cunningham, Ederer, and Ma, "Killer Acquisitions."

37. 혁신을 보호하는 특허가 없다면, 그 기술을 발명한 스타트업이 시장에서 사라지더라도 다른 기업과 연구자들은 해당 분야의 혁신을 추구할 수 있다. 특히 소프트웨어와 관련된 분야에서 주로 나타나는 현상이다. 반면 명확하게 정의된 특허가 있다면, 특허 획득이 해당 분야에서의 추가적인 연구를 방해할 수 있다.

38. Hicks, "Annual Survey of Economic Theory.

39. Shapiro, "Competition and Innovation," 376. See also Gilbert, "Looking for Mr. Schumpeter." 참고. Aghion et al., "Competition and Innovation,"에 따르면 혁신과 경쟁의 관계는 역 U자형이다. 그들의 관점에서 혁신은 경쟁 수준이 지나치게 높아지고, 그 이후에 경쟁의 증가가 혁신을 저해할 때까지 경쟁과 함께 증가한다. 저자들은 샤피로가 넌지시 언급한 역동적인 경합성보다는 고정된 가격 경쟁을 평가했다.

40. Syverson, "Market Structure and Productivity."

41. Bain, Barriers to New Competition.

42. Bresnahan, "Empirical Studies of Industries with Market Power"; Schmalensee, "Inter-Industry Studies of Structure and Performance."

43. Demsetz, "Industry Structure, Market Rivalry, and Public Policy."

44. Baumol, Panzar, and Willig, Contestable Markets and the Theory of Industry Structure.

45. Nelson and Winter, Evolutionary Theory of Economic Change; Gort and Klepper, "Time Paths in the Diffusion of Product Innovations."

46. Haltiwanger, Hathaway, and Miranda, "Declining Business Dynamism in the U.S. High-Technology Sector"; Decker et al., "Declining Business Dynamism: What We Know"; Decker et al., "Declining Business Dynamism: Implications for Productivity"; Decker et al., "Where Has All the Skewness Gone?"; Decker et al., "Declining Dynamism, Allocative Effi ciency, and the Productivity Slowdown"; Decker et al., "Changing Business Dynamism and Productivity."

47. Cicilline, "Investigation of Competition in Digital Markets," 46-47.

48. U.S. Census Bureau, "BDS Data Tables."

49. This figure is an update of fig. 3 in Haltiwanger, Hathaway, and Miranda, "Declining Business Dynamism in the U.S. High-Technology Sector." Following them, I define high-tech firms as those in NAICS 4-digit industries 3341, 3342, 3344, 3345, 5112, 5161, 5179, 5181, 5182, 5415, 3254, 3364, 5413, and 5417.

50. PitchBook, "Q2 2020 PitchBook"; CB Insights Research, "Venture Capital Funding Report Q2 2020."

51. 피치북에서 초기 단계 투자의 건수가 2006년 이후로 거의 4배 증가했다. CB인사이트

447

에서 초기 단계 거래 건수는 1995년 이후로 거의 4배 증가했으며, 평균 거래 규모도 증가했다.

52. Kamepalli, Rajan, and Zingales, "Kill Zone." See also Wen and Zhu, "Threat of Platform-Owner Entry and Complementor Responses," 참고. 여기서 빅테크가 시장의 한 영역에 진입하면, 소규모 기업은 다른 시장 영역으로 혁신의 방향을 바꾼다는 것을 확인할 수 있다.

53. Phillips and Zhdanov, "R&D and the Incentives from Merger and Acquisition Activity."

54. Guzman and Stern, "State of American Entrepreneurship."

55. Krugman, Age of Diminished Expectations, 11.

56. Coyle, GDP.

57. Coyle, 130.

58. Court, "Hedonic Price Indexes with Automotive Examples"; Goodman, "Andrew Court and the Invention of Hedonic Price Analysis."

59. Griliches, "Hedonic Price Indexes for Automobiles."

60. Coyle, GDP, chap. 6; Cox and Alm, "Right Stuff"; Bils and Klenow, "Acceleration of Variety Growth."

61. Coyle, GDP, 128.

62. Syverson, "Challenges to Mismeasurement Explanations." 참고. 사이버슨은 잘못된 평가가 생산성 둔화의 이유를 설명할 수 있는지를 집중적으로 살폈다. 이것은 조금 다른 문제이다. 나는 실질적인 생산성 둔화가 없다고 주장하는 것이 아니라 기업의 독점 소프트웨어에 많이 투자할수록 평가 문제가 심각해지고 있다는 점을 말하고 있다.

7 —— 분열된 사회

1. Katz and Murphy, "Changes in Relative Wages, 1963-1987." 참고.

2. Acemoglu, "Technical Change, Inequality, and the Labor Market." 참고.

3. Goldin and Katz, The Race between Education and Technology; Tinbergen, "Substitution of Graduate by Other Labour."

4. Card, Heining, and Kline, "Workplace Heterogeneity"; Song et al., "Firming up Inequality." See also Lachowska et al., "Do Firm Effects Drift?"

5. 여기서 초점은 폭넓은 소득 불균형에 맞춰져 있다. 상위 1퍼센트와 나머지의 불균형이나 부의 불평등을 우려하는 것은 아니다.

6. 최근 상황을 대략적으로 파악하고자 한다면 Boushey, Unbound를 참고하라. 기술 조사와 검토 결과를 살펴보고자 한다면 Aiyar and Ebeke, "Inequality of Opportunity, Inequality of Income and Economic Growth."를 참고하라.

7. Sandel, Tyranny of Merit, 34. See also Markovits, Meritocracy Trap.

8. Chetty et al., "Opportunity Atlas."

9. Sandel, Tyranny of Merit, 25.

10. Sandel, 71-72.

11. Bessen, Learning by Doing.

12. 2019년 조사는 44개국의 6개의 산업 영역에 걸쳐서 분포하는 2만 4419명의 고용인을 살폈다. ManpowerGroup, "What Workers Want." 참고.

13. Cappelli, Why Good People Can't Get Jobs. This section draws from my article "Employers Aren't Just Whining."

14. Krugman, "Jobs and Skills and Zombies."

15. Yglesias, "'Skills Gap' Was a Lie."

16. Editorial Board, "Don't Blame the Work Force."

17. Kocherlakota, "Inside the FOMC." 참고. 이 시각과 대조적으로 실업률은 하락했지만 인재가 부족하다고 보고하는 고용주는 증가했다.

18. Sigelman et al., "Hybrid Job Economy."

19. 이 문단은 버닝글래스가 실시한 다른 조사 결과를 이해하기 쉽게 풀어서 설명한 것이다. Markow et al., Quant Crunch. 참고.

20. Harvey Nash/KPMG, "CIO Survey 2018."

21. Markow et al., Quant Crunch, 21.

22. Restuccia, Taska, and Bittle, "Different Skills, Different Gaps."

449

23. Deming and Noray, "STEM Careers and the Changing Skill Requirements of Work."

24. Deming, "Growing Importance of Social Skills in the Labor Market."

25. 버닝글래스(BGT)는 거의 전 세계의 온라인 채용 공고 데이터를 수집해 중복을 제거하고 정리한다. 이렇게 구축한 데이터 세트를 분석한 결과, BGT가 모든 채용 공고의 60~70퍼센트를 차지하고, 학사 이상의 학위를 요구하는 채용공고의 80~90퍼센트를 차지한다. Carnevale, Jayasundera, and Repnikov, "Understanding Online Job Ads Data." 참고. 기술 역량을 분석하기 위해 2010년부터 2019년까지의 버닝글래스 데이터에서 샘플을 추출했다. 이 데이터에는 200만 건의 채용 공고가 포함됐고 IT 일자리, 공공 일자리, 인턴십, 시간제 일자리에서 일할 사람을 찾는 채용공고는 제외했다. 그리고 채용 공고가 100건 미만인 기업과 급여, 경력이나 교육 수준에 관한 정보를 공개하지 않은 기업이 게시한 채용 공고도 제외했다.

26. 가장 자주 요구되는 상위 세 가지 기술은 소통, 고객 서비스, 팀워크/협업이었다. 가장 자주 요구되는 IT 기술은 SQL, 자바, 소프트웨어 개발이었다. 최고의 AI 기술은 머신러닝, 인공지능 이미지 프로세싱이었고, 가장 자주 요구되는 소프트 스킬은 소통, 팀워크/협업, 문제 해결 능력이었다.

27. 나는 IT 집약도를 기업이 올린 전체 채용 공고 중 소프트웨어 개발자 채용 공고의 비중으로 측정했다. 공정한 비교를 위해 요구되는 기술의 차이는 직종, 산업, 국가, 연도, 노동시장 경직도를 고려해 회귀적으로 추산했다. 노동시장 경직도는 구인 및 이직보고서가 발표한 국가적 차원의 비농업 부문의 구인 활동과 국가적 실업률의 비율이다. 요구되는 기술은 경기 순환에 따라 변하기 때문에 노동시장 경직도는 중요한 통제변수다. Modestino, Shoag, and Ballance, "Downskilling"; Modestino, Shoag, and Ballance, "Upskilling." 참고.

28. Tambe, Ye, and Cappelli, "Paying to Program?"

29. 기성 기업 간의 차이는 기업 간의 차이와 일치할 수 있다. Dunne et al., "Wage and Productivity Dispersion." 참고.

30. 임금 분석에 사용된 전체 샘플은 2010년부터 2019년까지 게시된 1000만 건 이상의 구인 광고로 구성된다. 여기서 공공 일자리, 인턴십, 시간제 일자리, 기업명을 밝히지 않은 일자리는 제외됐다. 사용된 임금 변수는 기재된 급여 수준이며, 급여가 범위로 적

450

혀 있다면 평균값을 사용했다. 오직 소수의 구인 공고만이 급여 정보를 공개했으며 이는 선택 편향의 문제를 야기할 수 있었다. 하지만 고용인의 급여 기록 사용을 금지하는 법과 같이 급여 공시에 대한 경제적 변화를 통해 얻은 증거는 선별 효과가 급여 수준에 대한 편견을 만들지 않는다는 증거다. Bessen, Meng, and Denk, "Perpetuating Inequality."

31. IT 일자리를 제외하고 구인 공고에 공개된 급여 내역의 평균치에서 나타난 차이다. IT 일자리의 급여 수준이 높고 구조적으로 상위 25퍼센트 그룹에 속하는 기업이 IT 직원을 구하는 구인 공고를 자주 올리기 때문에 여기서 IT 일자리는 제외됐다.

32. Slichter, "Notes on the Structure of Wages." 참고.

33. 이 수치는 1989년부터 2019년까지의 3월 현재 인구조사 보충자료를 사용한 회귀 분석에서 추출했다. 여기서 산업, 학력, 경력, 국가, 연도, 노동조합 가입 여부, 정규직 여부 등은 통제됐다. 노동자 고정 효과는 연속적인 연간 조사에서 구인 공고를 추적하여 확인됐다. 이런 변수를 통제하지 않으면 대기업 프리미엄이 훨씬 더 크게 작용한다. 비서직은 17퍼센트, 경비원은 20퍼센트, 트럭 운전자는 25퍼센트의 대기업 프리미엄이 존재한다.

34. 여기서 가능한 설명은 임대 수익 공유다. 기업이 임대 수익을 얻으면, 즉 완벽하게 경쟁적인 제품 시장에 속하지 않아서 여분의 수익을 얻으면 노동자들은 임대 수익에서 자신들의 몫을 요구하며 임금을 협상할 수 있다. 예를 들어, Rose의 Rose, "Labor Rent Sharing and Regulation,"에 따르면 트럭 운송 산업이 규제 완화되자 노조의 협상력이 줄어들면서 임금이 하락했다. 기업에 따라 임대 수익과 노동자의 협상력이 다르게 때문에 회사에 따라 비슷한 조건의 노동자들이 받는 급여가 달라질 수 있다.

기업이 급여를 책정할 때 수요 독점력을 갖고 있기 때문에 임금 격차가 나타난다고 생각할 수 있다. Manning, Monopsony in Motion; Card et al., "Firms and Labor Market Inequality." 참고. 기업이 시장에서 자연스럽게 형성된 급여를 그저 받아들이지 않고, 더 많은 노동자를 고용하고자 한다면 급여 수준을 높여야 한다는 의미다. 예를 들어, 노동자들이 어느 기업에서 일할지 선택하는 조건이 다양할 때, 더 많은 이들이 급여 수준이 높은 기업에서 일하는 것을 선택할 것이다. 이 경우 수익성이 더 높은 기업이 비슷한 조건의 노동자들에게 더 많은 급여를 지급할 것이다.

세 번째 그룹 모델들은 효율임금론을 제시한다. Katz, "Effi ciency Wage Theories,"에

451

개괄적인 설명이 담겨 있다. 예를 들어, 기업이 노동자들의 업무 성과를 추적하고 관찰할 수 있다면, 노동자들에게서 최대한의 노력을 이끌어내고자 더 많은 급여를 지급할 수 있고, 수익이 높은 기업이 더 높은 효율임금을 지급할 수 있다.

Burdett and Mortensen, "Wage Differentials, Employer Size, and Unemployment,"의 탐색 모델은 새로운 직업을 찾는 노동자들이 여러 기업을 철저하게 조사해야 한다면 어떤 일이 일어날지 분석한다. 일부 노동자들은 다른 노동자들보다 더 빨리 채용 제안을 수락할 것이다. 하지만 더 생산적인 노동자들은 계속해서 기업을 조사할 것이다. 그들은 자신들이 새로운 기업에서 더 많은 급여를 받을 수 있다는 것을 알고 있기 때문이다. 그러면 더 생산적인 노동자들을 고용한 기업은 더 생산적이 될 것이고, 그들에게 더 높은 급여를 지급할 것이다.

35. Card et al., "Firms and Labor Market Inequality,"

36. 구체적으로 급여 정보, 경험, 요구하는 교육 수준을 공개한 구인광고 319만 3877건에 대해서 고정효과 패널 회귀분석을 진행했다. 기업 고정효과가 추산됐고, 이때 교육, 경력, 노동시장 경직도, 국가, 연도, 직종, 산업이 통제됐다. 회귀선 결정계수는 0.689였다. 이 접근법은 AKM방식을 사용하여 도출된 것들과는 개념적으로 살짝 차이가 있는 기업 고정효과로 이어졌다. Abowd, Kramarz, and Margolis, "High Wage Workers and High Wage Firms." 참고. 구인 광고가 사용됐기 때문에, 각각의 기업이 지니는 고정효과는 AKM 고정효과와 관찰되지 않은 노동자 특징들과 연관된 평균적인 기업 급여 프리미엄을 보여준다.

37. 기업 고정효과와 기업 IT 집약도의 상관계수는 0.351이다. 이것은 IT 비중에서 고정효과와 가장 적절한 이차 형식의 간단한 상관계수이며, 단순한 선형 상관계수는 0.303이다.

38. Song et al., "Firming Up Inequality.". 여기서 '분류'라는 용어는 '분류'와 '분리' 모두를 의미한다.

39. 상세한 업종(여섯 자리)과 노동시장 경직도를 통제한 뒤에 편상관을 계산했다. 모든 상관성이 매우 상당했다. 편상관계수는 요구 기술 역량의 개수에서 0.038, IT 역량에서 0.059, 모든 역량에서 0.020이다. 구체적으로 소프트웨어 역량에서 0.002, 경험에서 0.067, 교육에서 0.034이다.

40. Bessen, Denk, and Meng, "Firm Differences."

41. 이 표에서 IT 업종과 외주업종은 제외됐다. 외주업종은 행정과 지원 서비스업, 일반 화물 산업에서의 운송업, 식품 서비스 산업에서의 식품 서비스업으로 정의된다.

42. Weil, Fissured Workplace에서 트럭운송업은 컴퓨터로 인해서 외주가 빠르게 확산되는 사례로 인용된다. 조지 베이커와 토마스 허바드에 이어 그는 내장형 컴퓨터가 트럭 운전기사들에게 두 가지의 영향을 미쳤다고 주장한다. 내장형 컴퓨터가 실시간으로 트럭의 위치를 추적하고 보고하기 때문에, 트럭운송업체는 운전기사들을 관찰하고 관리하는 모니터링 비용을 줄일 수 있다. 고용주가 모니터링하지 않으면 운전기사가 성실히 일하고 있는지, 파업을 하고 있는지, 또는 회사에 불이익을 주는 다른 행위를 하고 있는지 관찰하기 어렵기 때문에 모니터링은 중요하다. 운전기사들이 열심히 일하도록 더 많은 급여를 지급할 수 있는데 이를 효율임금이라 한다. 그런데 내장형 컴퓨터 때문에 트럭 운전기사들의 급여 수준이 하락하는 경향이 있지만 고객들이 부분 선적을 할 때, 다른 화물운송업체가 컴퓨터로 화물 수거와 배송을 더 효율적으로 조정할 수 있다. 이것은 외주를 더 매력적인 사업모델로 만든다. 특히 급여를 많이 받는 사내 트럭 운전기사들을 고용하고 있는 기업에게 외주는 더욱 매력적이다. 이 두 가지 영향을 결합하면, 왜 IT 집약적인 기업이 화물운송 업무를 외부 업체에 맡기고(1행) 사내 트럭 운전자들에게 급여를 적게 주는지(2행과 3행) 이해할 수 있다. Baker and Hubbard, "Make versus Buy in Trucking." 참고.

43. Kremer and Maskin, "Wage Inequality and Segregation by Skill."

44. 소프트웨어 개발자의 경우에 추정값은 13퍼센트다. 2012~2013년 신규 채용된 샘플로 링크드인에 등록된 이력서 데이터를 이용해서 180만 명의 이직자에 관한 데이터를 모았다. 회귀분석 추정값을 계산할 때, 경험, 근속연수, 추천, 인맥, 교육, 직종, 민족성을 통제했다.

45. 연도, 산업, 근속연수, 미국 기업, R&D 집약도를 통제했다.

46. 상위 10위권에 속하는 대도시 통계지구는 뉴욕, 로스앤젤레스, 시카고, 댈러스, 휴스턴, 워싱턴DC, 마이애미, 필라델피아, 애틀랜타, 피닉스다.

47. 뉴욕, 워싱턴DC, 샌프란시스코, 시카고, 로스앤젤레스, 댈러스-포스워스, 시애틀-타코마, 보스턴-캠브리지, 애틀랜타, 산호세다.

48. Eckert, Ganapati, and Walsh, "Skilled Tradable Services."

453

8 —— 규제 복잡성

1. Bigelow, "West Virginia Researcher Describes How Volkswagen Got Caught"; wing, "Researchers Who Exposed VW Gain Little Reward."
2. Grescoe, "Dirty Truth about 'Clean Diesel.' "
3. U.S. Environmental Protection Agency, "Notice of Violation," September 18, 2015.
4. Geuss, "Year of Digging through Code."
5. Geuss.
6. Release, "EFF Wins Petition to Inspect and Modify Car Software."
7. King, "Fewer Than 10 VW Engineers."
8. Wikipedia contributors, "Diesel Emissions Scandal."
9. Moore, "Volkswagen CEO Quits amid Emissions-Cheating Scandal."
10. Wikipedia contributors, "Volkswagen Emissions Scandal."
11. Corporate Europe Observatory, "Dieselgate Report Slams Commission and National Governments."
12. MacLellan, "Electric Dream."
13. Taleb, Antifragile; Clearfi eld and Tilcsik, Meltdown.
14. MacGillis, "Case against Boeing"; Langewiesche, "What Really Brought Down the Boeing 737 Max?"; Hamby, "How Boeing's Responsibility in a Deadly Crash 'Got Buried.' "
15. Kaplan, Austen, and Gebrekidan, "Boeing Planes Are Grounded in U.S."
16. Lewis, Big Short, chap. 4.
17. Lewis, 31.
18. Fishback, Government and the American Economy.
19. Olmstead and Rhode, "Origins of Economic Regulation in the United States." 20. Pigou, Economics of Welfare.
21. Gilligan, Marshall, and Weingast, "Regulation and the Theory of Legislative Choice"; Friedman, Free to Choose.
22. Friedman, Free to Choose, 196.

454

23. Carpenter and Moss, Preventing Regulatory Capture.

24. Friedman, Free to Choose, 196.

25. 이 전개는 하이에크가 지식에 관한 논문을 발표한 뒤에 이어졌다. Hurwicz, "Informationally Decentralized Systems." 참고.

26. Laffont and Tirole, Theory of Incentives in Procurement and Regulation.

27. McAfee and McMillan, "Analyzing the Airwaves Auction."

28. Goulder, "Markets for Pollution Allowances."

29. 공정대부법은 20세기 초반부터 도입됐지만, 처음에는 고리금지법의 대체제로 간주되지 않았다. Fleming, "Long History of 'Truth in Lending.'" 참고.

30. Thaler and Sunstein, Nudge.

31. McCarty, "Regulation and Self-Regulation."

32. MacGillis, "Case against Boeing."

33. Gates, "Inspector General Report."

34. Laris, "Messages Show Boeing Employees Knew."

35. Alm et al., "New Technologies and the Evolution of Tax Compliance."

36. Barton, Turner-Lee, and Resnick, "Algorithmic Bias Detection and Mitigation."

37. Plungis, "Volkswagen Used Special Software."

38. Boudette, "Tesla Faults Brakes."

39. Ben-Shahar and Schneider, More Than You Wanted to Know, 3.

40. Winston, "Effi cacy of Information Policy."

41. Willis, "Decisionmaking and the Limits of Disclosure," 712.

42. Citing the Federal Reserve; see Ben-Shahar and Schneider, More Than You Wanted to Know, 7.

43. Warren quoted in Ben-Shahar and Schneider, 8.

44. Al-Ubaydli and McLaughlin, "RegData."

45. 예를 들어, 맨커 올슨은 로비활동이 예외와 허점을 만들어 규제의 복잡성을 높이는 경향이 있다고 주장한다. Olson, Rise and Decline of Nations. 참고.

46. Elliehausen and Kurtz, "Scale Economies in Compliance Costs for Federal Consumer Credit Regulations"; Elliehausen, "Cost of Bank Regulation"; Dahl,

455

Meyer, and Neely, "Bank Size, Compliance Costs"; Dahl et al., "Compliance Costs, Economies of Scale and Compliance Performance"; Hughes and Mester, "Who Said Large Banks Don't Experience Scale Economies?"

47. Dahl et al., "Compliance Costs, Economies of Scale and Compliance Performance."

48. Dahl et al. Some of that rise may also be due to the implementation of new regulations related to Dodd-Frank.

49. 상대적인 우위 때문에 대기업은 규제 비용이 높다고 불평하지만, 때때로 엄격한 규제에 수반되는 우위를 환영한다. 예를 들어, 필립 모리스는 부분적으로 이런 이유 때문에 담배에 대한 FDA 규제를 환영했다. Flanigan, "Philip Morris' Tactic." 참고.

50. Llaguno, "2017 Coverity Scan Report."

51. Raymond, Cathedral and the Bazaar, chap. 2.

52. Van Loo, "Technology Regulation by Default," 542-43.

53. Clarke, Dorwin, and Nash, "Is Open Source Software More Secure?"

54. Hawkins, "We're Never Going to Get Meaningful Data."

55. MacGillis, "Case against Boeing."

56. Hettinga, "Open Source Framework for Powertrain Simulation."

57. Brandeis, "What Publicity Can Do," 10.

9 —— 플랫폼과 반독점

1. Kang, Nicas, and McCabe, "Amazon, Apple, Facebook and Google Prepare."

2. Hilts, "Tobacco Chiefs Say Cigarettes Aren't Addictive."

3. Tracy, "After Big Tech Hearing, Congress Takes Aim."

4. Newton, "This Is How Much Americans Trust Facebook."

5. Cohen, "Surprise!"

7. 밀란 CEO가 2016년에 하원 정부개혁감시 위원회의 청문회에 소환됐다.

8. 노동 시간 당 철강 생산량(톤)은 1900년 0.0205에서 1930년 0.0482로 증가했다.

즉, 135퍼센트 증가한 셈이었다. 할인 가격은 23퍼센트 하락하여 1987년 총톤수 당 약 47만원에서 약 36만원이 됐다.

9. Azar, Marinescu, and Steinbaum, "Labor Market Concentration"; Azar et al., "Concentration in US Labor Markets"; Benmelech, Bergman, and Kim, "StrongEmployers and Weak Employees."

10. Brown and Medoff, "Employer Size-Wage Effect."

11. Brandeis, Curse of Bigness, 118.

12. Schumpeter, Capitalism, Socialism and Democracy.

13. Lamoreaux, "Problem of Bigness."

14. Wu, "Be Afraid of Economic 'Bigness'"; Wu, "Curse of Bigness"; Stapp, "Tim Wu's Bad History."

15. 1988~2019년의 현재 인구조사에서 추출한 데이터를 이용하여 직원 수가 1000명 이상인 기업에서 여성 직원 비율은 평균 48.8퍼센트, 흑인 직원 비율은 평균 11.9퍼센트였다. 이보다 규모가 작은 기업의 경우에는 여성 직원 비율은 47.4퍼센트이고 흑인 직원 비율은 8.8퍼센트였다.

16. 이 분석에도 동일한 현재 인구조사 데이터가 사용됐다. 1년 간격으로 140만 건의 관찰 결과에 대해서 종단적 패널을 구축하기 위해서 순차적으로 진행된 조사에서의 노동자들과 일치시켰다. 이 덕분에 시급 로그에 대하여 회귀분석을 하고 관찰되지 않은 노동자 특징을 찾아내기 위해서 개인 고정효과를 통제할 수 있었다. 게다가 회귀분석에서는 혼인 여부, 정규직 여부, 경험, 직종, 교육, 산업, 국가, 연도가 통제됐다.

17. Atkinson and Lind, Big Is Beautiful.

18. Temin, Iron and Steel Industry in Nineteenth-Century America.

19. Tarbell, History of the Standard Oil Company.

20. Tarbell, 63.

21. Tarbell, 164.

22. Brandeis, Curse of Bigness, 131.

23. 브랜다이스는 대기업을 굳이 불법으로 간주하지 않았다. 그는 당시의 대기업이 자연스러운 성장을 통해서 거대해졌다고 믿지 않았다. 그는 "산업 세계에는 자연스러운 독점은 없다. 석유 트러스트와 철강 트러스트는 때때로 '자연스러운 독점'이라 불렸다. 하

457

지만 그들은 모두 가장 부자연스러운 독점이다. 석유 트러스트는 사회에 대한 죄악일 뿐만 아니라 대부분 노골적인 범법 행위였던 무자비한 행위로 시장을 통제할 수 있게 됐다. 범죄인 리베이트를 제공하지 않았다면 스탠더드 오일은 가격 인하로 소규모 경쟁업체들을 파괴할 수 있었던 막대한 부와 힘을 얻지 못했을 것이다. 담배 트러스트가 걸어온 길도 이와 비슷했다. 철강 트러스트는 거칠게 경쟁을 억압하진 않았던 것처럼 보이지만, 효율성 증대를 통해서 시장을 통제하는 위치에 올랐던 것이 아니었다. 그들은 엄청나게 좋은 가격에 기존의 공장, 특히 철광석을 확보하고 전략적인 운송 시스템을 통제해서 시장 지배적 위치에 올랐다."(Curse of Bigness, 115) 내가 3장에서 주장했던 것만큼, 그는 철강 산업은 최소효율규모를 훨씬 초과했고, 유나이티드 스테이츠 스틸의 규모는 순수하게 효율적이라고 판단할 수 없는 수준에 이르렀다.

24. Also in Addyston Pipe & Steel Co. v. United States, 175 U.S. 211 (1899).

25. Chicago Board of Trade v. United States, 246 U.S. 231 (1918).

26. Lamoreaux, "Problem of Bigness."

27. Bain, Barriers to New Competition.

28. United States v. Aluminum Co. of America, 148 F.2d 416 (2d Cir. 1945).

29. Demsetz, "Industry Structure, Market Rivalry, and Public Policy"; Schmalensee, "Inter-Industry Studies of Structure and Performance"; Bresnahan, "Empirical Studies of Industries with Market Power."

30. Posner, "Rule of Reason and the Economic Approach," 14.

31. Grullon, Larkin, and Michaely, "Are US Industries Becoming More Concentrated?"; Gutierrez and Philippon, "Declining Competition and Investment in the U.S."; Philippon, Great Reversal; Bessen, "Information Technology and Industry Concentration."

32. Cooper et al., "The Price Ain't Right?"; Dafny, Duggan, and Ramanarayanan, "Paying a Premium on Your Premium?"; Miller and Weinberg, "Understanding the Price Effects of the MillerCoors Joint Venture."

33. Kwoka, Mergers, Merger Control, and Remedies; Vita and Osinski, "John Kwoka's Mergers, Merger Control, and Remedies."

34. Kovacic, Marshall, and Meurer, "Serial Collusion by Multi-Product Firms."

35. Digital markets: Furman et al., "Unlocking Digital Competition"; digital platforms: Scott Morton et al., "Committee for the Study of Digital Platforms"; multi-sided platforms: OECD, Rethinking Antitrust Tools for Multi-Sided Platforms.

36. Ohio v. American Express Co., 585 U.S. 2274 (2018). See Hovenkamp, "Antitrust Policy for Two-Sided Markets"; and Hovenkamp, "Platforms and the Rule of Reason."

37. 간접적인 네트워크 효과로 양면 플랫폼에서 반대쪽에 형성된 네트워크 규모가 중요하다.

38. Dirks, Van Essen, & April, "History of Ownership Consolidation."

39. 데스크톱 컴퓨터에서 마이크로소프트가 개발한 윈도우는 미국 시장의 67퍼센트를, 애플이 개발한 OS X는 27퍼센트를 차지한다. 반면 모든 컴퓨팅 플랫폼에서 애플의 iOS와 OS X는 43퍼센트, 윈도우는 33퍼센트, 안드로이드는 20퍼센트를 차지한다. StatCounter Global Stats, "Desktop Operating System Market Share." 참고.

40. Cicilline, "Investigation of Competition in Digital Markets."

41. Khan, "Amazon's Antitrust Paradox."

42. Rey, "Amazon and Walmart Are in an All-Out Price War."

43. Cavallo, "More Amazon Effects."

44. 2020년 8월 19일, 신생아/사이즈 1(3.6-6.3킬로그램)을 확인했고, 팸퍼스 스와들러 일회용 기저귀는 198개였다.

45. Collins, "Google + Amazon."

46. 쿼드시는 아마도 다른 의미에서 위협적인 경쟁업체였다. 쿼드시는 다른 제품군으로 확장될 수 있는 일종의 플랫폼이었다. 하지만 두 시장을 구분해서 생각할 수 있다면, 아마존은 기저귀 시장이, 심지어 온라인 기저귀 매출을 독점하지 않았다.

47. Mitchell, Freed, and Knox, "Report: Amazon's Monopoly Tollbooth." 참고. ILSR 보고서에 따르면 "아마존은 거의 포로나 다름없는 판매자층을 이용하여 지배적인 물류 사업을 형성했다. 아마존은 자사 웹사이트에서 주문된 물품의 절반을 직접 배송한다. 그리고 다른 웹사이트에서 주문된 물품도 배송하기 시작했고, 그 비중이 점점 커지고 있다. 아마존은 이미 대형 전자상거래 택배시장에서 미국 우체국을 앞질렀고, 2022년에는 UPS와 페덱스를 추월할 것으로 예상된다." 하지만 이 추정이 인용된 문헌은 아

459

마존이 취급하는 택배에서만 UPS와 페덱스를 앞지를 것이라고 추정한다. Cosgrove, "Amazon Logistics Parcel Volume Will Surpass UPS and FedEx by 2022." 참고. 사실 UPS와 페덱스의 대부분 매출은 다른 화물업체에서 나온다. 아마존은 UPS 매출의 대략 5~8퍼센트, 페덱스 매출의 1.3퍼센트를 차지한다. Solomon, "Despite Talk of Budding Rivalry." 참고.

48. UPS는 57퍼센트의 시장 점유율을, 페덱스는 25퍼센트의 시장 점유율을 보유했다. Gasparini and Cotton, "Report: United Parcel Service." 참고.

49. 알렉 스탭은 아마존 매출의 약 1퍼센트만이 자사 브랜드 제품에서 나오지만, 주요 오프라인 유통업체 매출의 15~46퍼센트가 자사 브랜드 제품에서 나온다. Stapp, "Amazon, Antitrust, and Private Label Goods." 참고. 유럽연합 집행위원회는 아마존을 상대로 반독점 조치를 취하기 시작했다. "온라인 마켓플레이스를 제공하는 업체로서 아마존은 제품의 주문량과 배송량, 온라인 마켓플레이스에서 판매자의 매출, 판매자 상품 페이지의 방문자 수, 배송 데이터, 판매자의 과거 실적, 보증 실행을 포함해 제품에 대한 소비자 요청사항 등 다른 판매자들의 사적인 사업 데이터에 접근했다." European Commission, "Antitrust." 참고. 이 데이터의 대부분은 오프라인 유통업체도 이용할 수 있다. 게다가 닐슨과 같은 기업이 온라인 판매자는 이용할 수 없는 다양한 오프라인 유통업체에게서 스캐너에 입력된 데이터를 수집하고 제공할 수 있다. 이 데이터가 근본적인 차이를 만들어낸다고 보기는 어렵다.

50. 미국에서 가장 큰 건전지 판매업체는 시장 점유율이 46.4퍼센트인 듀라셀과 시장 점유율이 28.5퍼센트인 에너자이저다. European Commission, "Antitrust." 51. Evans, "What's Amazon's Market Share?" 참고.

52. 56퍼센트가 이베이에서, 47퍼센트가 개인 웹사이트에서 판매되고, 35퍼센트가 월마트닷컴에서, 23퍼센트가 오프라인 매장에서, 19퍼센트가 쇼피파이에서 판매된다.

53. Greene and Bhattarai, "Amazon's Virus Stumbles."

54. Furman et al., "Unlocking Digital Competition"; Scott Morton et al., "Committee for the Study of Digital Platforms."

55. Jaffe and Lerner, Innovation and Its Discontents.

1. Boyle, "Wal-Mart to Discount 1 Million Online Items."

2. Johnson, "Creating the Software Industry."

3. 목적 코드는 컴퓨터에 로드되어 직접 운영할 수 있는 기계어 코드다. 소프트웨어 패키지를 구입하면 목적 코드가 제공된다. 소스 코드는 개발자들이 프로그램을 설계하기 위해서 사용하는 고급 프로그래밍 명령어로 구성된다. 소스 코드는 변경성이 크고 쉽게 복제될 수 있다. 이런 이유로 일반적으로 오픈소스 소프트웨어인 경우를 제외하고 고객들에게 소스 코드는 공개되지 않는다.

4. Welke, "Founding the ICP Directories."

5. Steinmueller, "U.S. Software Industry."

6. Grad, "Personal Recollection."

7. Grad; Usselman, "Unbundling IBM."

8. 12월 컨트롤 데이터 코퍼레이션은 사적인 반독점 소송을 제기했다.

9. Grad, "Personal Recollection," 70.

10. Steinmueller, "U.S. Software Industry," 28.

11. Fisher, "IBM and Microsoft Cases," 180.

12. Grad, "Personal Recollection," 65; Humphrey, "Software Unbundling."

13. Grad, "Personal Recollection"; Usselman, "Unbundling IBM."

14. Grad, "Personal Recollection," 70.

15. Usselman, "Unbundling IBM," 267.

16. Dunne, "15 Amazon Statistics."

17. Murphy, "Amazon Suddenly Became a Massive Threat."

18. Miller, "How AWS Came to Be"; Furrier, "Story of AWS"; Clark, "How Amazon Exposed Its Guts."

19. Miller, "How AWS Came to Be."

20. Wilke, "2020 Amazon SMB Impact Report."

21. Jin and McElheran, "Economies before Scale."

22. "Wal-Mart Agrees to Settle Lawsuit against Amazon."

461

23. 아마존 직원 한 명의 재배정과 다른 이들이 연구할 수 있는 프로젝트에 대한 제한사항이 합의에 포함됐다. 이로써 월마트에서 근무하는 동안에 그들이 획득한 지식은 아마존에서 사용될 수 없을 것이다.

24. 2020년 10월 13일 전직 아마존 엔지니어 겸 과학자의 인터뷰.

25. Bezos, "Amazon 2014 Letter to Shareholders."

26. Wilke, "2020 Amazon SMB Impact Report."

27. Evans, "What's Amazon's Market Share?"

28. 2012년 아마존은 AWS 마켓플레이스를 개발했다. 이곳에서 다른 개발자들은 AWS 플랫폼에서 개발한 애플리케이션을 판매할 수 있었고, 결과적으로 AWS 마켓플레이스는 양면 플랫폼으로 변했다.

29. Bezos, "Amazon 2014 Letter to Shareholders."

30. 2020년 10월 13일 전직 아마존 엔지니어 겸 과학자와의 인터뷰.

31. Zhu and Furr, "Products to Platforms"; Hagiu and Altman, "Finding the Platform in Your Product"; Hagiu and Wright, "Multi-Sided Platforms."

32. Hagiu and Altman, "Finding the Platform in Your Product," 94.

33. Van Loo, "Rise of the Digital Regulator"; Rudegeair and Huang, "Bank of America Cut Off Finance Sites."

34. Pandy, "Developments in Open Banking and APIs."

35. 12 US Code, Section 5533 (a), (d).

36. Eversheds Sutherland, "CFPB Data Access Rule." 참고. 법학자 로리 반 루는 이 형편없는 대응이 규제적 분열의 결과라고 주장한다. 다양한 기관이 개별적으로 산업의 각기 다른 양상을 규제한다. CFPB는 금융 안전성을 보장하는 규제기관이지만, 데이터 공유가 가장 밀접하게 관련된 정책 영역인 경쟁 정책은 법무부가 다룬다. Van Loo, "Technology Regulation by Default"; Van Loo, "Making Innovation More Competitive." 참고.

37. Contreras, "Brief History of FRAND," 45.

38. Contreras.

39. Council of Economic Advisers, "2015 Economic Report of the President," 136ff.

40. Fisk, Working Knowledge.

41. Lobel, "New Cognitive Property."

42. Bessen and Meurer, Patent Failure; Bessen and Meurer, "Patent Litigation Explosion"; Bessen, Ford, and Meurer, "Private and Social Costs of Patent Trolls"; Bessen and Meurer, "Direct Costs from NPE Disputes."

43. Tucker, "Patent Trolls and Technology Diffusion"; Cohen, Gurun, and Kominers, "Patent Trolls."

44. Galasso and Schankerman, "Patents and Cumulative Innovation."

45. Litman, Digital Copyright, 23.

46. Contigiani, Hsu, and Barankay, "Trade Secrets and Innovation"; Png and Samila, "Trade Secrets Law and Mobility."

47. Starr, "Dynamism and the Fine Print."

48. Balasubramanian et al., "Locked in?"

49. Kang and Fleming, "Non-Competes, Business Dynamism, and Concentration."

50. Lessig, Republic, Lost, 56.

51. Lessig, 59.

52. Jaffe and Lerner, Innovation and Its Discontents.

53. Watzinger et al., "How Antitrust Enforcement Can Spur Innovation."

54. Moser and Voena, "Compulsory Licensing"; Baten, Bianchi, and Moser, "Compulsory Licensing and Innovation."

55. Righi and Simcoe, "Patenting Inventions or Inventing Patents?"

56. Beck, "New Trade Secret and Noncompete Case Growth Graph."

11 —— 새로운 정보경제의 등장

1 Machlup, Production and Distribution of Knowledge in the United States.

2. Hayek, "Use of Knowledge in Society."

3. Chandler, Scale and Scope; Beniger, Control Revolution.

463

참고문헌

Abbring, Jaap, Gerard van den Berg, Pieter Gautier, A. G. C. van Lomwel, Jan van Ours, and Christopher Ruhm. "Displaced Workers in the United States and the Netherlands." In Losing Work, Moving On: International Perspectives on Worker Displacement, ed. Peter Joseph Kuhn, 105-94. Kalamazoo, Mich.: W. E. Upjohn Institute, 2002.

Abowd, John M., Francis Kramarz, and David N. Margolis. "High Wage Workers and High Wage Firms." Econometrica 67, no. 2 (1999): 251-333.

Acemoglu, Daron. "Technical Change, Inequality, and the Labor Market." Journal of Economic Literature 40, no. 1 (2002): 7-72.

Acemoglu, Daron, Claire Lelarge, and Pascual Restrepo. "Competing with Robots: Firm-Level Evidence from France." AEA Papers and Proceedings 110 (2020): 383-88.

Acemoglu, Daron, and Pascual Restrepo. "Robots and Jobs: Evidence from US Labor Markets." Journal of Political Economy 128, no. 6 (2020): 2188-244.

Aghion, Philippe, Céline Antonin, Simon Bunel, and Xavier Jaravel. "What Are the Labor and Product Market Effects of Automation? New Evidence from France." Cato Institute, Research Briefs in Economic Policy 225, 2020.

Aghion, Philippe, Nick Bloom, Richard Blundell, Rachel Griffi th, and Peter Howitt. Competition and Innovation: An Inverted-U Relationship." Quarterly Journal of Economics 120, no. 2 (2005): 701-28.

Agrawal, Ajay, Iain Cockburn, and Laurina Zhang. "Deals Not Done: Sources of Failure in the Market for Ideas." Strategic Management Journal 36, no. 7 (2015): 976-86.

Agrawal, Ajay, Joshua Gans, and Avi Goldfarb. The Economics of Artifi cial Intelligence: An Agenda. Chicago: University of Chicago Press, 2019.

Aiyar, Shekhar, and Christian Ebeke. "Inequality of Opportunity, Inequality of Income and Economic Growth." World Development 136 (2020): 105115.

Akcigit, Ufuk, and Sina T. Ates. "What Happened to U.S. Business Dynamism?" National Bureau of Economic Research, Working Paper 25756, 2019.

Akerman, Anders, Ingvil Gaarder, and Magne Mogstad. "The Skill Complementarity of Broadband Internet." Quarterly Journal of Economics 130, no. 4 (2015): 1781-824.

Alm, James, Joyce Beebe, Michael S. Kirsch, Omri Marian, and Jay A. Soled. "New Technologies and the Evolution of Tax Compliance." Virginia Tax Review 39, no. 3 (2019): 287.

Al-Ubaydli, Omar, and Patrick A. McLaughlin. "RegData: A Numerical Database on Industry-Specifi c Regulations for All United States Industries and Federal Regulations, 1997-2012." Regulation and Governance 11, no. 1 (2017): 109-23.

Amadeo, Ron. "New Android OEM Licensing Terms Leak; 'Open' Comes with a Lot of Restrictions." Ars Technica, February 13, 2014. https://arstechnica.com/gadgets/2014/02/new-android-oem-licensing-terms-leak-open-comes-with-restrictions/.

Andrews, Dan, Chiara Criscuolo, and Peter N. Gal. "The Best versus the Rest: The Global Productivity Slowdown, Divergence across Firms and the Role of Public Policy." OECD Productivity Working Papers 5, 2016.

Arntz, Melanie, Terry Gregory, and Ulrich Zierahn. "Revisiting the Risk of Automation."

465

Economics Letters 159 (2017): 157-60.

Arora, Ashish. "Contracting for Tacit Knowledge: The Provision of Technical Services in Technology Licensing Contracts." Journal of Development Economics 50, no. 2 (1996): 233-56.

Arora, Ashish, Sharon Belenzon, Andrea Patacconi, and Jungkyu Suh. "The Changing Structure of American Innovation: Some Cautionary Remarks for Economic Growth." Innovation Policy and the Economy 20, no. 1 (2020): 39-93.

Arora, Ashish, Andrea Fosfuri, and Alfonso Gambardella. Markets for Technology: The Economics of Innovation and Corporate Strategy. Cambridge, Mass.: MIT Press, 2004.

Arora, Ashish, and Alfonso Gambardella. "The Changing Technology of Technological Change: General and Abstract Knowledge and the Division of Innovative Labour." Research Policy 23, no. 5 (1994): 523-32.

———. "Ideas for Rent: An Overview of Markets for Technology." Industrial and Corporate Change 19, no. 3 (2010): 775-803.

———. "The Market for Technology." In Handbook of the Economics of Innovation, ed. Bronwyn H. Hall and Nathan Rosenberg, 1:641-78. Amsterdam: Elsevier, 2010.

Atkinson, Robert D., and Michael Lind. Big Is Beautiful: Debunking the Myth of Small Business. Cambridge, Mass.: MIT Press, 2018.

Autor, David, David Dorn, Lawrence F. Katz, Christina Patterson, and John Van Reenen. "The Fall of the Labor Share and the Rise of Superstar Firms." Quarterly Journal of Economics 135, no. 2 (2020): 645-709.

Autor, David, and Anna Salomons. "Is Automation Labor-Displacing? Productivity Growth, Employment, and the Labor Share." Brookings Papers on Economic Activity, Spring 2018.

Azar, José, Ioana Marinescu, and Marshall Steinbaum. "Labor Market Concentration." Journal of Human Resources (2020): 1218-9914R1.

Azar, José, Ioana Marinescu, Marshall Steinbaum, and Bledi Taska. "Concentration in

US Labor Markets: Evidence from Online Vacancy Data." Labour Economics
66, no. 1 (2020): 101886.

Bain, Joe Staten. Barriers to New Competition: The Character and Consequences in
Manufacturing Industries. Cambridge, Mass.: Harvard University Press, 1956.

Bajgar, Matej, Giuseppe Berlingieri, Sara Calligaris, Chiara Criscuolo, and Jonathan Tim-
mis. "Industry Concentration in Europe and North America." OECD Productivity
Working Papers 18, 2019.

Baker, George P., and Thomas N. Hubbard. "Make versus Buy in Trucking: Asset Own-
ership, Job Design, and Information." American Economic Review 93, no. 3
(2003): 551-72.

Balasubramanian, Natarajan, Jin Woo Chang, Mariko Sakakibara, Jagadeesh Sivadasan,
and Evan Starr. "Locked in? The Enforceability of Covenants Not to Compete
and the Careers of High-Tech Workers." Journal of Human Resources (2020):
1218-9931R1.

Baldwin, Carliss Young, and Kim B. Clark. Design Rules: The Power of Modularity. Vol. 1.
Cambridge, Mass.: MIT Press, 2000.

Barkai, Simcha. "Declining Labor and Capital Shares." Journal of Finance 75, no. 5
(2020): 2421-63.

Barker, Jacob. "Energizer Buying Rayovac Batteries for $2 Billion." STLtoday.com, Janu-
ary 16, 2018. www.stltoday.com/business/local/energizer-buying-rayovacbat-
teries-for-2-billion/article_ac1d41d3-ab0d-5407-8f14-8a57dd594ee3.html.

Bartel, Ann, Casey Ichniowski, and Kathryn Shaw. "How Does Information Technology
Affect Productivity? Plant-Level Comparisons of Product Innovation, Process
Improvement, and Worker Skills." Quarterly Journal of Economics 122, no. 4
(2007): 1721-58.

Barton, Genie, Nicol Turner-Lee, and Paul Resnick. "Algorithmic Bias Detection and Mit-
igation: Best Practices and Policies to Reduce Consumer Harms." Brookings
(blog), May 22, 2019. www.brookings.edu/research/algorithmic-bias-detec-
tionand-mitigation-best-practices-and-policies-to-reduce-consumer-harms/.

467

Baselinemag. "How Kmart Fell Behind." Baseline, December 10, 2001. www.baseline-mag.com/c/a/Projects-Supply-Chain/How-Kmart-Fell-Behind.

Basker, Emek. "The Causes and Consequences of Wal-Mart's Growth." Journal of Economic Perspectives 21, no. 3 (2007): 177-98.

———. "Change at the Checkout: Tracing the Impact of a Process Innovation." Journal of Industrial Economics 63, no. 2 (2015): 339-70.

———. "Job Creation or Destruction? Labor Market Effects of Wal-Mart Expansion." Review of Economics and Statistics 87, no. 1 (2005): 174-83.

Basker, Emek, Shawn Klimek, and Pham Hoang Van. "Supersize It: The Growth of Retail Chains and the Rise of the 'Big-Box' Store." Journal of Economics and Management Strategy 21, no. 3 (2012): 541-82.

Basker, Emek, and Michael Noel. "The Evolving Food Chain: Competitive Effects of Wal-Mart's Entry into the Supermarket Industry." Journal of Economics and Management Strategy 18, no. 4 (2009): 977-1009.

Basu, Susanto. "Are Price-Cost Markups Rising in the United States? A Discussion of the Evidence." Journal of Economic Perspectives 33, no. 3 (2019): 3-22.

Baten, Joerg, Nicola Bianchi, and Petra Moser. "Compulsory Licensing and Innovation—Historical Evidence from German Patents after WWI." Journal of Development Economics 126 (2017): 231-42.

Baumol, William, John Panzar, and Robert Willig. Contestable Markets and the Theory of Industry Structure. New York: Harcourt Brace Jovanovich, 1982.

Beck, Russell. "New Trade Secret and Noncompete Case Growth Graph (Updated June 7, 2020)." Fair Competition Law (blog), June 7, 2020. www.faircompetitionlaw.com/2020/06/07/new-trade-secret-and-noncompete-case-growthgraph-updated-june-7-2020/.

Beniger, James R. The Control Revolution: Technological and Economic Origins of the Information Society. Cambridge, Mass.: Harvard University Press, 1986.

Benmelech, Efraim, Nittai Bergman, and Hyunseob Kim. "Strong Employers and Weak Employees: How Does Employer Concentration Affect Wages?" National Bureau of Economic Research, Working Paper 24307, 2018.

Bennett, Victor Manuel. "Changes in Persistence of Performance over Time(February 12, 2020)." Strategic Management Journal 41, no. 10 (2020): 1745-69.

Ben-Shahar, Omri, and Carl E. Schneider. More Than You Wanted to Know: The Failure of Mandated Disclosure. Princeton, N.J.: Princeton University Press, 2014.

Berry, Steven, Martin Gaynor, and Fiona Scott Morton. "Do Increasing Markups Matter? Lessons from Empirical Industrial Organization." Journal of Economic Perspectives 33, no. 3 (2019): 44-68.

Berry, Steven, and Joel Waldfogel. "Product Quality and Market Size." Journal of Industrial Economics 58, no. 1 (2010): 1-31.

Bessen, James. "AI and Jobs: The Role of Demand." In The Economics of Artificial Intelligence: An Agenda, ed. Ajay Agarwal, Joshua Gans, and Avi Goldfarb, 291-307. Chicago: University of Chicago Press, 2019.

———. "Automation and Jobs: When Technology Boosts Employment." Economic Policy 34, no. 100 (2019): 589-626.

———. "Employers Aren't Just Whining—the 'Skills Gap' Is Real." Harvard Business Review, June 2014.

———. "Information Technology and Industry Concentration." Journal of Law and Economics 63, no. 3 (2020): 531-55.

———. Learning by Doing: The Real Connection between Innovation, Wages, and Wealth. New Haven: Yale University Press, 2015.

Bessen, James, and Erich Denk. "From Productivity to Firm Growth." Working paper, 2021. Available at SSRN: https://ssrn.com/abstract=3862796.

Bessen, James, Erich Denk, Joowon Kim, and Cesare Righi. "Declining Industrial Disruption." Boston University School of Law, Law and Economics Research Paper 20-28, 2020. Available at SSRN: https://ssrn.com/abstract=3682745.

Bessen, James, Erich Denk, and Chen Meng. "Firm Differences: Skill Sorting and Software." Working paper, 2021. Available at SSRN: https://ssrn.com/abstract=3862782.

469

Bessen, James, Jennifer Ford, and Michael J. Meurer. "The Private and Social Costs of Patent Trolls." Regulation 34 (Winter 2011-12): 26-35.

Bessen, James E., Maarten Goos, Anna Salomons, and Wiljan van den Berge. "Automatic Reaction: What Happens to Workers at Firms That Automate?"

Boston University School of Law, Law and Economics Research Paper, 2019. Available at SSRN: https://ssrn.com/abstract=3328877.

———. Automation: A Guide for Policymakers. Washington, D.C.: Brookings Institution Press, 2020.

———. "Firm-Level Automation: Evidence from the Netherlands." AEA Papers and Proceedings 110 (2020): 389-93.

Bessen, James E., Stephen Michael Impink, Lydia Reichensperger, and Robert Seamans. "The Business of AI Startups." Boston University School of Law, Law and Economics Research Paper 18-28, 2018. Available at SSRN: https://ssrn.com/abstract=3293275.

———. "GDPR and the Importance of Data to AI Startups." Working paper, 2020. Available at SSRN: https://ssrn.com/abstract=3576714.

Bessen, James, and Eric Maskin. "Sequential Innovation, Patents, and Imitation." RAND Journal of Economics 40, no. 4 (2009): 611-35.

Bessen, James, Chen Meng, and Erich Denk. "Perpetuating Inequality: What Salary History Bans Reveal about Wages." Working paper, 2020. Available at SSRN: https://ssrn.com/abstract=3628729.

Bessen, James, and Michael J. Meurer. "The Direct Costs from NPE Disputes." Cornell Law Review 99 (2013): 387.

———. "The Patent Litigation Explosion." Loyola University of Chicago Law Journal 45, no. 2 (2013): 401-40.

———. Patent Failure: How Judges, Bureaucrats, and Lawyers Put Innovators at Risk. Princeton, N.J.: Princeton University Press, 2008.

Bessen, James, and Alessandro Nuvolari. "Diffusing New Technology without Dissipating Rents: Some Historical Case Studies of Knowledge Sharing." Industrial and

Corporate Change 28, no. 2 (2019): 365-88.

———. "Knowledge Sharing among Inventors: Some Historical Perspectives." Revolutionizing

Innovation: Users, Communities and Open Innovation. Cambridge, Mass.: MIT Press, 2016.

Bessen, James E., and Cesare Righi. "Information Technology and Firm Employment." Boston Univ. School of Law, Law and Economics Research Paper 19-6 (2019). Available at SSRN: https://ssrn.com/abstract=3371016.

Bezos, Jeffrey. "Amazon 2014 Letter to Shareholders." Amazon.com, 2014. https://s2.q4cdn.com/299287126/fi   les/doc_fi   nancials/annual/AMAZON-2014-Shareholder-Letter.pdf.

Bigelow, Pete. "West Virginia Researcher Describes How Volkswagen Got Caught." Autoblog, September 15, 2015. www.autoblog.com/2015/09/23/researcher-how-vw-got-caught/.

Bils, Mark, and Peter J. Klenow. "The Acceleration of Variety Growth." American Economic Review 91, no. 2 (2001): 274-80.

Bloom, Nicholas, Luis Garicano, Raffaella Sadun, and John Van Reenen. "The Distinct Effects of Information Technology and Communication Technology on Firm Organization." Management Science 60, no. 12 (2014): 2859-85.

Bloom, Nicholas, Raffaella Sadun, and John Van Reenen. "Americans Do IT Better: US Multinationals and the Productivity Miracle." American Economic Review 102, no. 1 (2012): 167-201.

Boudette, Neal E. "Tesla Faults Brakes, but Not Autopilot, in Fatal Crash." New York Times, July 29, 2016.

Boushey, Heather. Unbound: How Inequality Constricts Our Economy and What We Can Do about It. Cambridge, Mass.: Harvard University Press, 2019.

Bove, Tony, and Cheryl Rhodes. "Editorial." Desktop Publishing, October 1985.

Boyle, Matthew. "Wal-Mart to Discount 1 Million Online Items Picked Up in Stores." Bloomberg, April 12, 2017. www.bloomberg.com/news/articles/2017-04-12/

471

wal-mart-to-discount-1-million-online-items-picked-up-instores.

Brand, James. "Differences in Differentiation: Rising Variety and Markups in Retail Food Stores." Working paper, 2021. Available at SSRN: https://ssrn.com/abstract=3712513.

Brandeis, Louis D. The Curse of Bigness: Miscellaneous Papers of Louis D. Brandeis. New York: Viking Press, 1934.

———. "What Publicity Can Do." Harper's Weekly, December 20, 1913, 92.

Bresnahan, Timothy F. "Empirical Studies of Industries with Market Power." In Handbook of Industrial Organization, ed. R. Schmalensee and R. D. Willig, 2:1011-57. Amsterdam: Elsevier, 1989.

Bresnahan, Timothy F., Erik Brynjolfsson, and Lorin M. Hitt. "Information Technology, Workplace Organization, and the Demand for Skilled Labor: Firm-Level Evidence." Quarterly Journal of Economics 117, no. 1 (2002): 339-76.

Bresnahan, Timothy F., and Manuel Trajtenberg. "General Purpose Technologies 'Engines of Growth'?" Journal of Econometrics 65, no. 1 (1995): 83-108.

Brown, Charles, and James Medoff. "The Employer Size-Wage Effect." Journal of Political Economy 97, no. 5 (1989): 1027-59.

Brown, Stephen Allen. Revolution at the Checkout Counter. Cambridge, Mass.: Harvard University Press, 1997.

Brynjolfsson, Erik, Andrew McAfee, Michael Sorell, and Feng Zhu. "Scale without Mass: Business Process Replication and Industry Dynamics." Harvard Business School Technology and Operations Management Unit Research Paper 07-016, 2008.

Burdett, Kenneth, and Dale T. Mortensen. "Wage Differentials, Employer Size, and Unemployment." International Economic Review 39, no. 2 (1998): 257-73.

Calligaris, Sara, Chiara Criscuolo, and Luca Marcolin. "Mark-Ups in the Digital Era." OECD Science, Technology and Industry Working Papers, 2018.

Cappelli, Peter. Why Good People Can't Get Jobs: The Skills Gap and What Companies Can Do about It. Philadelphia: Wharton Digital Press, 2012.

"The Car Company in Front." Economist, January 27, 2005. https://www.economist.

com/special-report/2005/01/27/the-car-company-in-front.

Card, David, Ana Rute Cardoso, Joerg Heining, and Patrick Kline. "Firms and Labor Market Inequality: Evidence and Some Theory." Journal of Labor Economics 36, no. S1 (2018): S13-70.

Card, David, Jörg Heining, and Patrick Kline. "Workplace Heterogeneity and the Rise of West German Wage Inequality." Quarterly Journal of Economics 128, no. 3 (2013): 967-1015.

Carnevale, Anthony P., Tamara Jayasundera, and Dmitri Repnikov. "Understanding Online Job Ads Data." Georgetown University, Center on Education and the Workforce, Technical Report (April), 2014.

Carpenter, Daniel, and David A. Moss. Preventing Regulatory Capture: Special Interest Influence and How to Limit It. Cambridge: Cambridge University Press, 2013.

Cavallo, Alberto. "More Amazon Effects: Online Competition and Pricing Behaviors." National Bureau of Economic Research, Working Paper 25138, 2018.

CB Insights Research. "Venture Capital Funding Report Q2 2020 with PwC Mon-eyTree." Accessed October 9, 2020. www.cbinsights.com/research/report/venture-capital-q2-2020/.

Chandler, Alfred, Jr. Scale and Scope: The Dynamics of Industrial Capitalism. Cam-bridge, Mass: Belknap Press of Harvard University Press, 1990.

———. The Visible Hand. Cambridge, Mass.: Harvard University Press, 1993.

Charette, Robert N. "This Car Runs on Code." IEEE Spectrum 46, no. 3 (2009): 3.

Chen, Yixin. "Cold War Competition and Food Production in China, 1957-1962." Agri-cultural History 83, no. 1 (2009): 51-78.

Chetty, Raj, John N. Friedman, Nathaniel Hendren, Maggie R. Jones, and Sonya R. Por-ter. "The Opportunity Atlas: Mapping the Childhood Roots of Social Mobility." National Bureau of Economic Research, Working Paper 25147, 2018.

Chiou, Lesley. 2005. "Empirical Analysis of Retail Competition: Spatial Differentiation at Wal-Mart, Amazon.com, and Their Competitors." Working paper.

Christensen, Clayton. The Innovator's Dilemma: When New Technologies Cause Great

473

Firms to Fail. Boston, Mass.: Harvard Business School Press, 1997.

Christensen, Laurits R., and William H. Greene. "Economies of Scale in U.S. Electric Power er Generation." Journal of Political Economy 84, no. 4, part 1 (1976): 655-76.

Cicilline, David N. "Investigation of Competition in Digital Markets." Subcommittee on Antitrust Commercial and Administrative Law of the Committee on the Judiciary, October 2020. https://int.nyt.com/data/documenttools/house-antitrust-report-on-big-tech/b2ec22cf340e1af1/full.pdf.

Cirera, Xavier, and Leonard Sabetti. "The Effects of Innovation on Employment in Developing Countries: Evidence from Enterprise Surveys." Industrial and Corporate Change 28, no. 1 (2019): 161-76.

Clark, Jack. "How Amazon Exposed Its Guts: The History of AWS's EC2." ZDNet, June 7, 2012. www.zdnet.com/article/how-amazon-exposed-its-gutsthe-history-of-awss-ec2/.

Clarke, Russell, David Dorwin, and Rob Nash. Is Open Source Software More Secure? Homeland Security/Cyber Security, 2009.

"Clayton Christensen's Insights Will Outlive Him." Economist, January 30, 2020. www.economist.com/business/2020/01/30/clayton-christensens-insights-willout-live-him.

Clearfi eld, Chris, and András Tilcsik. Meltdown: Why Our Systems Fail and What We Can Do about It. London: Penguin, 2018.

Coad, Alex, and Rekha Rao. "Innovation and Firm Growth in High-Tech Sectors: A Quantile Regression Approach." Research Policy 37, no. 4 (2008): 633-48.

Cohen, Arianne. "Surprise! The Big Tech Antitrust Hearing Was a PR Boost for Amazon, Facebook, Google, and Apple." Fast Company, August 5, 2020. www.fastcompany.com/90536550/surprise-the-big-tech-antitrust-hearing-was-apr-boost-for-amazon-facebook-google-and-apple.

Cohen, Lauren, Umit G. Gurun, and Scott Duke Kominers. "Patent Trolls: Evidence from Targeted Firms." Management Science 65, no. 12 (2019): 5461-86.

Cohen, Wesley M. "Fifty Years of Empirical Studies of Innovative Activity and Performance." In Handbook of the Economics of Innovation, ed. Bronwyn H. Hall and Nathan Rosenberg, 1:129-213. Amsterdam: Elsevier, 2010.

Cohen, Wesley M., Richard Florida, Lucien Randazzese, and John Walsh. "Industry and the Academy: Uneasy Partners in the Cause of Technological Advance." Challenges to Research Universities 171, no. 200 (1998): 59.

Cohen, Wesley M., and Steven Klepper. "A Reprise of Size and R & D." Economic Journal 106, no. 437 (1996): 925-51.

Collins, Kimberly. "Google + Amazon: Data on Market Share, Trends, Searches from Jumpshot." Search Engine Watch, August 1, 2019. www.searchenginewatch. com/2019/08/01/amazon-google-market-share/.

Contigiani, Andrea, David H. Hsu, and Iwan Barankay. "Trade Secrets and Innovation: Evidence from the 'Inevitable Disclosure' Doctrine." Strategic Management Journal 39, no. 11 (2018): 2921-42.

Contreras, Jorge L. "A Brief History of FRAND: Analyzing Current Debates in Standard Setting and Antitrust through a Historical Lens." Antitrust Law Journal 80, no. 1 (2015): 39-120.

Cooper, Zack, Stuart V. Craig, Martin Gaynor, and John Van Reenen. "The Price Ain't Right? Hospital Prices and Health Spending on the Privately Insured." Quarterly Journal of Economics 134, no. 1 (2019): 51-107.

Corporate Europe Observatory. "Dieselgate Report Slams Commission and National Governments for Maladministration." December 20, 2016. https://corporateeurope.org/en/power-lobbies/2016/12/dieselgate-report-slamscommission-and-national-governments-maladministration.

Corrado, Carol, Jonathan Haskel, Cecilia Jona-Lasinio, and Massimiliano Iommi. "Intangible Investment in the EU and US before and since the Great Recession and Its Contribution to Productivity Growth." EIB Working Papers, 2016.

Corrado, Carol, Charles Hulten, and Daniel Sichel. "Intangible Capital and U.S. Economic Growth." Review of Income and Wealth 55, no. 3 (2009): 661-85.

Corredoira, Rafael A., Brent D. Goldfarb, Seojin Kim, and Anne Marie Knott. "The Impact

참고문헌

of Intellectual Property Rights on Commercialization of University Research."
2020. Available at SSRN: https://ssrn.com/abstract=3399626.

Cosgrove, Emma. "Amazon Logistics Parcel Volume Will Surpass UPS and FedEx
by 2022, Morgan Stanley Says." Supply Chain Dive, December 13, 2019.
www.supplychaindive.com/news/amazon-logistics-volume-surpass-ups-fe-
dex-2022-morgan-stanley/569044/.

Council of Economic Advisers. "2015 Economic Report of the President." The White
House. https://obamawhitehouse.archives.gov/administration/eop/cea/eco-
nomic-report-of-the-President/2015.

Court, A. T. "Hedonic Price Indexes with Automotive Examples." In The Dynamics of
Automobile Demand, 99-118. New York: General Motors, 1939.

Cox, W. Michael, and Richard Alm. "The Right Stuff: America's Move to Mass Customi-
zation." Economic Review, Federal Reserve Bank of Dallas, 1998.

Coyle, Diane. GDP: A Brief but Affectionate History. Rev. and expanded ed. Princeton,
N.J.: Princeton University Press, 2015.

Crespi, Gustavo, Chiara Criscuolo, and Jonathan Haskel. "Information Technology, Or-
ganisational Change and Productivity." CEPR Discussion Paper DP6105, 2007.

Crevier, Daniel. AI: The Tumultuous History of the Search for Artifi cial Intelligence. New
York: Basic Books, 1993.

Crouzet, Nicolas, and Janice Eberly. "Intangibles, Investment, and Effi ciency." AEA Pa-
pers and Proceedings 108 (2018): 426-31.

Cunningham, Colleen, Florian Ederer, and Song Ma. "Killer Acquisitions." Journal of Po-
litical Economy 129, no. 3 (2021): 649-702.

Cusumano, Michael A., and Richard W. Selby. Microsoft Secrets: How the World's Most
Powerful Software Company Creates Technology, Shapes Markets, and Man-
ages People. New York: Simon and Schuster, 1998.

Dafny, Leemore, Mark Duggan, and Subramaniam Ramanarayanan. "Paying a Premium
on Your Premium? Consolidation in the US Health Insurance Industry." Ameri-
can Economic Review 102, no. 2 (2012): 1161-85.

Dahl, Drew, J. Fuchs, A. P. Meyer, and M. C. Neely. Compliance Costs, Economies of Scale and Compliance Performance: Evidence from a Survey of Community Banks. Federal Reserve Bank of St. Louis, April 2018.

Dahl, Drew, Andrew Meyer, and Michelle Neely. "Bank Size, Compliance Costs and Compliance Performance in Community Banking." In Federal Reserve Bank of St. Louis Manuscript, www.communitybanking.org/~/media/fi les/communitybanking/2016/session2_paper2_neely.pdf, 2016.

Dauth, Wolfgang, Sebastian Findeisen, Jens Südekum, and Nicole Wößner. "German Robots—The Impact of Industrial Robots on Workers." Institute for Employment Research, IAB-Discussion Paper 30/2017, 2017.

David, Paul A. "The Dynamo and the Computer: An Historical Perspective on the Modern Productivity Paradox." American Economic Review 80, no. 2 (1990): 355-61.

Decker, Ryan A., John C. Haltiwanger, Ron S. Jarmin, and Javier Miranda. "Changing Business Dynamism and Productivity: Shocks vs. Responsiveness." American Economic Review 110, no. 12 (2020): 3952-990.

———. "Declining Business Dynamism: Implications for Productivity." Brookings Institution, Hutchins Center Working Paper, 2016.

———. "Declining Business Dynamism: What We Know and the Way Forward." American Economic Review 106, no. 5 (2016): 203-7.

———. "Declining Dynamism, Allocative Effi ciency, and the Productivity Slowdown." American Economic Review 107, no. 5 (2017): 322-26.

———. "Where Has All the Skewness Gone? The Decline in High-Growth (Young) Firms in the U.S." European Economic Review 86, no. C (2016): 4-23.

De Loecker, Jan, Jan Eeckhout, and Gabriel Unger. "The Rise of Market Power and the Macroeconomic Implications." Quarterly Journal of Economics 135, no. 2 (2020): 561-644.

Deming, David J. "The Growing Importance of Social Skills in the Labor Market." Quarterly Journal of Economics 132, no. 4 (2017): 1593-640.

Deming, David J., and Kadeem L. Noray. "STEM Careers and the Changing Skill Re-

477

quirements of Work." National Bureau of Economic Research, Working Paper 25065, 2018.

Demsetz, Harold. "Industry Structure, Market Rivalry, and Public Policy." Journal of Law and Economics 16, no. 1 (1973): 1-9.

Devine, Warren D., Jr. "From Shafts to Wires: Historical Perspective on Electrifi cation." Journal of Economic History 43, no. 2 (1983): 347-72.

Dirks, Van Essen, & April. "History of Ownership Consolidation." March 31, 2017. http:// dirksvanessen.com/articles/view/223/history-of-ownership-consolidation-.

Dixon, Jay, Bryan Hong, and Lynn Wu. "The Robot Revolution: Managerial and Employment Consequences for Firms." NYU Stern School of Business, 2020.

Domini, Giacomo, Marco Grazzi, Daniele Moschella, and Tania Treibich. "Threats and Opportunities in the Digital Era: Automation Spikes and Employment Dynamics." LEM Working Paper Series, Scuola Superiore Sant'Anna, 2019.

Draper, George Otis. "The Present Development of the Northrop Loom." Transactions of the National Association of Cotton Manufacturers 59 (1895): 88-104.

Droesch, Blake. "Amazon's Marketplace Is Growing, but Most of Its Sellers Are Active on eBay, Too." eMarketer, June 25, 2019. www.emarketer.com/content/amazon-s-marketplace-is-growing-but-most-of-its-sellers-are-active-on-ebay-too.

Dunne, Chris. "15 Amazon Statistics You Need to Know in 2020 (September 2020)." RepricerExpress (blog), March 27, 2019. www.repricerexpress.com/ama-zon-statistics/.

Dunne, Timothy, Lucia Foster, John Haltiwanger, and Kenneth R. Troske. "Wage and Productivity Dispersion in United States Manufacturing: The Role of Computer Investment." Journal of Labor Economics 22, no. 2 (2004): 397-429.

Eckert, Fabian, Sharat Ganapati, and Conor Walsh. "Skilled Tradable Services: The Transformation of US High-Skill Labor Markets." Federal Reserve Bank of Minneapolis, Opportunity and Inclusive Growth Institute Working Papers 25, 2019.

Editorial Board. "Don't Blame the Work Force." New York Times, June 15, 2013.

Electronic Frontier Foundation. "EFF Wins Petition to Inspect and Modify Car Software."

Press release, October 27, 2015. www.eff.org/press/releases/effwins-peti-tion-inspect-and-modify-car-software.

Ellickson, Paul B. "Does Sutton Apply to Supermarkets?" RAND Journal of Economics 38, no. 1 (2007): 43-59.

———. "The Evolution of the Supermarket Industry: From A&P to Walmart." In Handbook on the Economics of Retailing and Distribution, Emek Basker, 368-91. Cheltenham, UK: Edward Elgar, 2016.

———. "Quality Competition in Retailing: A Structural Analysis." International Journal of Industrial Organization 24, no. 3 (2006): 521-40.

Elliehausen, Gregory E. "The Cost of Bank Regulation: A Review of the Evidence." Federal Reserve Bulletin 84 (1998): 252.

Elliehausen, Gregory E., and Robert D. Kurtz. "Scale Economies in Compliance Costs for Federal Consumer Credit Regulations." Journal of Financial Services Research 1, no. 2 (1988): 147-59.

European Commission. "Antitrust: Commission Sends Statement of Objections to Amazon for the Use of Non-Public Independent Seller Data and Opens Second Investigation into Its E-Commerce Business Practices." Press release, November 10, 2020. https://ec.europa.eu/commission/presscorner/detail/en/ip_20_2077.

Evans, Benedict. "What's Amazon's Market Share?" Benedict Evans, December 19, 2019. www.ben-evans.com/benedictevans/2019/12/amazons-market-share19.

Eversheds Sutherland. "A CFPB Data Access Rule Could Be a Win for Open Banking in the US." September 8, 2020. https://us.eversheds-sutherland.com/NewsCommentary/Legal-Alerts/235010/A-CFPB-data-access-rule-could-be-awin-for-open-banking-in-the-US.

Ewens, Michael, Ramana Nanda, and Matthew Rhodes-Kropf. "Cost of Experimentation and the Evolution of Venture Capital." Journal of Financial Economics 128, no. 3 (2018): 422-42.

479

Ewing, Jack. "Researchers Who Exposed VW Gain Little Reward from Success." New York Times, July 24, 2016.

Faulkner, Dan. "Data Panel Presentation." Paper presented at the Technology and Declining Economic Dynamism Conference, TPRI, Boston University Law School, September 12, 2020. http://sites.bu.edu/tpri/fi les/2020/10/Faulkner-Data_Panel-Dan-Faulkner_Plannuh.pptx.

Fishback, Price V. Government and the American Economy: A New History. Chicago: University of Chicago Press, 2008.

Fisher, Franklin M. "The IBM and Microsoft Cases: What's the Difference?" American Economic Review 90, no. 2 (2000): 180-83.

Fisk, Catherine L. Working Knowledge: Employee Innovation and the Rise of Corporate Intellectual Property, 1800-1930. Chapel Hill: University of North Carolina Press, 2009.

Flanigan, James. "Philip Morris' Tactic: FDA Regulation," April 22, 2001. www.latimes.com/archives/la-xpm-2001-apr-22-fi -54048-story.html.

Fleming, Anne. "The Long History of 'Truth in Lending.' " Journal of Policy History 30, no. 2 (2018): 236-71.

Flint, Joe. "Netfl ix's Reed Hastings Deems Remote Work 'a Pure Negative.' " Wall Street Journal, September 7, 2020.

Frank, Robert H. The Winner-Take-All Society: Why the Few at the Top Get So Much More Than the Rest of Us. New York: Penguin, 1996.

Friedman, Milton. Free to Choose: A Personal Statement. New York: Harcourt Brace Jovanovich, 1980.

Furman, Jason, Diane Coyle, Amelia Fletcher, Derek McAuley, and Philip Marsden. Unlocking Digital Competition: Report of the Digital Competition Expert Panel. London: HM Treasury, 2019.

Furrier, John. "The Story of AWS and Andy Jassy's Trillion Dollar Baby." Medium, January 30, 2015. https://medium.com/@furrier/original-content-the-story-ofaws-and-andy-jassys-trillion-dollar-baby-4e8a35fd7ed.

Gaggl, Paul, and Greg C. Wright. "A Short-Run View of What Computers Do: Evidence from a UK Tax Incentive." American Economic Journal: Applied Economics 9, no. 3 (2017): 262-94.

Galasso, Alberto, and Mark Schankerman. "Patents and Cumulative Innovation: Causal Evidence from the Courts." Quarterly Journal of Economics 130, no. 1 (2015): 317-69.

Gartner. "Gartner Says Worldwide Robotic Process Automation Software Market Grew 63% in 2018." June 24, 2019. www.gartner.com/en/newsroom/pressreleases/2019-06-24-gartner-says-worldwide-robotic-process-automation-sof.

———. "Market Share Analysis: Robotic Process Automation, Worldwide, 2019." May 6, 2020. www.gartner.com/en/documents/3985614/market-shareanalysis-robotic-process-automation-worldwi.

Gasparini, Steven, and Joseph Cotton. Report: United Parcel Service. November 18, 2016. https://smf.business.uconn.edu/wp-content/uploads/sites/818/2016/12/UPS-1-Page-Report.pdf.

Gates, Dominic. "Inspector General Report Details How Boeing Played Down MCAS in Original 737 MAX Certifi cation—and FAA Missed It." Seattle Times, June 30, 2020.

"Geoff Hinton: On Radiology." Creative Destruction Lab, November 24, 2016. https://www.youtube.com/watch?v=2HMPRXstSvQ&t=29s.

Geuss, Megan. "A Year of Digging through Code Yields 'Smoking Gun' on VW, Fiat Diesel Cheats." Ars Technica, May 28, 2017. https://arstechnica.com/cars/2017/05/volkswagen-bosch-fi at-diesel-emissions-cheats-cracked-open-innew-research/.

Gilbert, Richard. "Looking for Mr. Schumpeter: Where Are We in the Competition—Innovation Debate?" In Innovation Policy and the Economy, ed. Adam B. Jaffe, Josh Lerner, and Scott Stern, 6:159-215. Cambridge, Mass.: MIT Press, 2006.

Gilligan, Thomas W., William J. Marshall, and Barry R. Weingast. "Regulation and the Theory of Legislative Choice: The Interstate Commerce Act of 1887." Journal

481

of Law and Economics 32, no. 1 (1989): 35-61.

Goldin, Claudia Dale, and Lawrence F. Katz. The Race between Education and Technology. Cambridge, Mass.: Harvard University Press, 2009.

Goodman, Allen C. "Andrew Court and the Invention of Hedonic Price Analysis." Journal of Urban Economics 44, no. 2 (1998): 291-98.

Gordon, Robert J. The Rise and Fall of American Growth: The U.S. Standard of Living since the Civil War. Princeton, N.J.: Princeton University Press, 2017.

Gort, Michael, and Steven Klepper. "Time Paths in the Diffusion of Product Innovations." Economic Journal 92, no. 367 (1982): 630-53.

Goulder, Lawrence H. "Markets for Pollution Allowances: What Are the (New) Lessons?" Journal of Economic Perspectives 27, no. 1 (2013): 87-102.

Grad, Burton. "A Personal Recollection: IBM's Unbundling of Software and Services." IEEE Annals of the History of Computing 24, no. 1 (2002): 64-71.

Graetz, Georg, and Guy Michaels. "Robots at Work." Review of Economics and Statistics 100, no. 5 (2018): 753-68.

Greene, Jay, and Abha Bhattarai. "Amazon's Virus Stumbles Have Been a Boon for Walmart and Target." Washington Post, July 30, 2020.

Greenstein, Shane, and Timothy F. Bresnahan. "Technical Progress and Co-Invention in Computing and in the Uses of Computers." Brookings Papers on Economic Activity, 1996.

Grescoe, Taras. "The Dirty Truth About 'Clean Diesel.' " New York Times, January 2, 2016.

Griliches, Zvi. "Hedonic Price Indexes for Automobiles: An Econometric of Quality Change." In Price Statistics Review Committee, The Price Statistics of the Federal Government, 173-96. Cambridge, Mass.: National Bureau of Economic Research, 1961.

Grullon, Gustavo, Yelena Larkin, and Roni Michaely. "Are US Industries Becoming More Concentrated?" Review of Finance 23, no. 4 (2019): 697-743.

Gschwandtner, Adelina. "Evolution of Profi t Persistence in the USA: Evidence from

Three Periods." Manchester School 80, no. 2 (2012): 172-209.

Gutierrez, German, and Thomas Philippon. "Declining Competition and Investment in the U.S." National Bureau of Economic Research, Working Paper 23583, 2017.

Guzman, Jorge, and Scott Stern. "The State of American Entrepreneurship: New Estimates of the Quantity and Quality of Entrepreneurship for 32 US States, 1988-2014." American Economic Journal: Economic Policy 12, no. 4 (2020): 212-43.

Hagiu, Andrei, and Elizabeth J. Altman. "Finding the Platform in Your Product." Harvard Business Review 95, no. 4 (2017): 94-100.

Hagiu, Andrei, and Julian Wright. "Multi-Sided Platforms." International Journal of Industrial Organization 43 (November 2015): 162-74.

Hall, Robert E. "New Evidence on the Markup of Prices over Marginal Costs and the Role of Mega-Firms in the US Economy." National Bureau of Economic Research, Working Paper 24574, 2018.

Haltiwanger, John, Ian Hathaway, and Javier Miranda. "Declining Business Dynamism in the U.S. High-Technology Sector." 2014. Available at SSRN: https://ssrn.com/abstract=2397310.

Hamby, Chris. "How Boeing's Responsibility in a Deadly Crash 'Got Buried.' "New York Times, June 15, 2020.

Hardoy, Inés, and Paal Schøne. "Displacement and Household Adaptation: Insured by the Spouse or the State?" Journal of Population Economics 27, no. 3 (2014): 683-703.

Harvey Nash/KPMG. CIO Survey 2018. 2018. https://assets.kpmg/content/dam/kpmg/dk/pdf/DK-2018/07/harvey-nash-kpmg-cio-survey-2018.pdf.

Haskel, Jonathan, and Stian Westlake. Capitalism without Capital: The Rise of the Intangible Economy. Princeton, N.J.: Princeton University Press, 2018.

Hathaway, Ian. "Time to Exit." Ian Hathaway (blog), January 9, 2019. www.ianhathaway.org/blog/2019/1/9/time-to-exit.

Hawkins, Andrew J. "We're Never Going to Get Meaningful Data on Self-Driving Car Test-

ing." The Verge, June 15, 2020. www.theverge.com/2020/6/15/21292014/
dot-nhtsa-self-driving-car-test-data-voluntary.

Hayek, Friedrich August. "The Use of Knowledge in Society." American Economic Re-
view 35, no. 4 (1945): 519-30.

———, ed. Collectivist Economic Planning: Critical Studies on the Possibilities of So-
cialism by N. G. Pierson, Ludwig von Mises, Georg Halm, and Enrico Barone.
London: Routledge and Kegan Paul, 1935.

Hettinga, Wissa. "Open Source Framework for Powertrain Simulation." eeNews Au-
tomotive, May 18, 2019. www.eenewsautomotive.com/news/open-source-
framework-powertrain-simulation.

Hicks, John R. "Annual Survey of Economic Theory: The Theory of Monopoly." Econo-
metrica: Journal of the Econometric Society 3, no. 1 (1935): 1-20.

Hilts, Philip J. "Tobacco Chiefs Say Cigarettes Aren't Addictive." New York Times, April
15, 1994.

Hopenhayn, Hugo, Julian Neira, and Rish Singhania. "From Population Growth to Firm
Demographics: Implications for Concentration, Entrepreneurship and the Labor
Share." National Bureau of Economic Research, Working Paper 25382, 2018.

Hovenkamp, Erik. "Antitrust Policy for Two-Sided Markets." 2018. Available at SSRN:
https://ssrn.com/abstract=3121481.

Hovenkamp, Herbert. "Platforms and the Rule of Reason: The American Express Case."
Columbia Business Law Review, 2019, no. 1 (2019): 35-92.

Hsieh, Chang-Tai, and Esteban Rossi-Hansberg. "The Industrial Revolution in Services."
National Bureau of Economic Research, Working Paper 25968, 2019.

Hughes, Joseph P., and Loretta J. Mester. "Who Said Large Banks Don't Experience
Scale Economies? Evidence from a Risk-Return-Driven Cost Function." Journal
of Financial Intermediation 22, no. 4 (2013): 559-85.

Humlum, Anders. "Robot Adoption and Labor Market Dynamics." Working Paper, 2019.

Humphrey, Watts S. "Software Unbundling: A Personal Perspective." IEEE Annals of the
History of Computing 24, no. 1 (2002): 59-63.

Hurwicz, Leonid. "On Informationally Decentralized Systems." In Decision and Organization: A Volume in Honor of J. Marschak, ed. C. B. McGuire and Roy Radner, 297-336. Amsterdam: North-Holland, 1972.

Innovation Enterprise. "Why Small Companies Can Out Innovate Big Corporations." Accessed October 12, 2020. https://channels.theinnovationenterprise.com/articles/why-small-companies-can-out-innovate-big-corporations.

Iyengar, Rishi. "Fiat Chrysler Proposes Merger with Renault to Create Carmaking Powerhouse." CNN Business, May 28, 2019. www.cnn.com/2019/05/27/business/fiat-chrysler-renault-merger/index.html.

Jaffe, Adam B., and Josh Lerner. Innovation and Its Discontents: How Our Broken Patent System Is Endangering Innovation and Progress, and What to Do about It. Princeton, N.J.: Princeton University Press, 2004.

Jia, Panle. "What Happens When Wal-Mart Comes to Town: An Empirical Analysis of the Discount Retailing Industry." Econometrica 76, no. 6 (2008): 1263-316.

Jin, Wang, and Kristina McElheran. "Economies before Scale: Survival and Performance of Young Plants in the Age of Cloud Computing." Rotman School of Management Working Paper 3112901, 2017.

Johnson, Luanne. "Creating the Software Industry—Recollections of Software Company Founders of the 1960s." IEEE Annals of the History of Computing 24, no. 1 (2002): 14-42.

Kades, Michael. "The State of U.S. Federal Antitrust Enforcement." Equitable Growth (blog), September 17, 2019. www.equitablegrowth.org/research-paper/the-state-of-u-s-federal-antitrust-enforcement/.

Kamepalli, Sai Krishna, Raghuram G. Rajan, and Luigi Zingales. "Kill Zone." University of Chicago, Becker Friedman Institute for Economics Working Paper 2020-19. Available at SSRN: https://ssrn.com/abstract=3555915.

Kang, Cecilia, Jack Nicas, and David McCabe. "Amazon, Apple, Facebook and Google Prepare for Their 'Big Tobacco Moment.' " New York Times, July 29, 2020.

Kang, Hyo, and Lee Fleming. "Non-Competes, Business Dynamism, and Concentration:

485

Evidence from a Florida Case Study." Journal of Economics and Management Strategy 29, no. 3 (2020): 663-85.

Kaplan, Thomas, Ian Austen, and Selam Gebrekidan. "Boeing Planes Are Grounded in U.S. after Days of Pressure." New York Times, March 13, 2019.

Karlson, Stephen H. "Modeling Location and Production: An Application to U.S. Fully-Integrated Steel Plants." Review of Economics and Statistics 65, no. 1 (1983): 41-50.

Katz, Lawrence F. "Effi ciency Wage Theories: A Partial Evaluation." NBER Macroeconomics Annual 1 (1986): 235-76.

Katz, Lawrence F., and Kevin M. Murphy. "Changes in Relative Wages, 1963-1987: Supply and Demand Factors." Quarterly Journal of Economics 107, no. 1 (1992): 35-78.

Keynes, John Maynard. "Economic Possibilities for Our Grandchildren." In Essays in Persuasion, 321-32. London: Palgrave Macmillan, 2010.

Khan, B. Zorina. The Democratization of Invention: Patents and Copyrights in American Economic Development, 1790-1920. New York: Cambridge University Press, 2005.

Khan, B. Zorina, and Kenneth L. Sokoloff. "The Early Development of Intellectual Property Institutions in the United States." Journal of Economic Perspectives 15, no. 3 (2001): 233-46.

———. "Institutions and Democratic Invention in 19th-Century America: Evidence from 'Great Inventors,' 1790-1930." American Economic Review 94, no. 2 (2004): 395-401.

Khan, Lina M. "Amazon's Antitrust Paradox." Yale Law Journal 126, no. 3 (2016): 710-805.

King, Danny. "Fewer than 10 VW Engineers May Have Worked to Defeat Diesel Tests." Autoblog, October 23, 2015. www.autoblog.com/2015/10/23/fewerthan-10-vw-engineers-may-have-been-involved-in-diesel-defe/.

Kinsella, Bret. "Amazon Alexa Has 100k Skills but Momentum Slows Globally; Here

Is the Breakdown by Country." Voicebot.ai, October 1, 2019. https://voicebot.ai/2019/10/01/amazon-alexa-has-100k-skills-but-momentum-slowsglobally-here-is-the-breakdown-by-country/.

Knee, Bill. "Dick's Supermarkets Expand in Wisconsin; Someday Dubuque?" Telegraph-Herald (Dubuque, Iowa), December 17, 1978.

Koch, Michael, Ilya Manuylov, and Marcel Smolka. "Robots and Firms." CESifo Working Paper, 2019.

Kocherlakota, Narayana. "Inside the FOMC." Federal Reserve Bank of Minneapolis, 2010. www.minneapolisfed.org:443/speeches/2010/inside-the-fomc.

Kovacic, William E., Robert C. Marshall, and Michael J. Meurer. "Serial Collusion by Multi-Product Firms." Journal of Antitrust Enforcement 6, no. 3 (2018): 296-354.

Kremer, Michael, and Eric Maskin. "Wage Inequality and Segregation by Skill." National Bureau of Economic Research, Working Paper 5718, 1996.

Krugman, Paul. "Jobs and Skills and Zombies." New York Times, March 30, 2014.

———. The Age of Diminished Expectations: U.S. Economic Policy in the 1990s. Cambridge, Mass.: MIT Press, 1997.

Ku, David. "Microsoft Acquires Semantic Machines, Advancing the State of Conversational AI." Offi cial Microsoft Blog, May 21, 2018. https://blogs.microsoft.com/blog/2018/05/20/microsoft-acquires-semantic-machines-advancingthe-state-of-conversational-ai/.

Kwoka, John. Mergers, Merger Control, and Remedies: A Retrospective Analysis of U.S. Policy. Cambridge, Mass.: MIT Press, 2014.

Lachowska, Marta, Alexandre Mas, Raffaele D. Saggio, and Stephen A. Woodbury. "Do Firm Effects Drift? Evidence from Washington Administrative Data." National Bureau of Economic Research, Working Paper 26653, 2020.

Laffont, Jean-Jacques, and Jean Tirole. A Theory of Incentives in Procurement and Regulation. Cambridge, Mass.: MIT Press, 1993.

Lamanna, Charles. "Robotic Process Automation Now in Preview in Microsoft Power Automate." November 4, 2019. https://fl ow.microsoft.com/en-us/blog/robot-

487

ic-process-automation-now-in-preview-in-microsoft-power-automate/.

Lamoreaux, Naomi R. "The Problem of Bigness: From Standard Oil to Google." Journal of Economic Perspectives 33, no. 3 (2019): 94-117.

Lamoreaux, Naomi R., and Kenneth L. Sokoloff. "Inventors, Firms, and the Market for Technology in the Late Nineteenth and Early Twentieth Centuries." In Learning by Doing in Markets, Firms, and Countries, ed. Naomi R. Lamoreaux, Daniel M. G. Raff, and Peter Temin, 19-60. Chicago: University of Chicago Press, 1999.

———. "Long-Term Change in the Organization of Inventive Activity." Proceedings of the National Academy of Sciences 93, no. 23 (1996): 12686-92.

———. "Market Trade in Patents and the Rise of a Class of Specialized Inventors in the 19th-Century United States." American Economic Review 91, no. 2 (2001): 39-44.

Langewiesche, William. "What Really Brought Down the Boeing 737 Max?" New York Times, September 16, 2020.

Laris, Michael. "Messages Show Boeing Employees Knew in 2016 of Problems That Turned Deadly on the 737 Max." Washington Post, October 18, 2019.

Latcovich, Simon, and Howard Smith. "Pricing, Sunk Costs, and Market Structure Online: Evidence from Book Retailing." Oxford Review of Economic Policy 17, no. 2 (2001): 217-34.

Laws, David. "Fairchild, Fairchildren, and the Family Tree of Silicon Valley." Computer History Museum, December 20, 2016. https://computerhistory.org/blog/fairchild-and-the-fairchildren/.

Lemley, Mark A., and Robin Feldman. "Patent Licensing, Technology Transfer, and Innovation." American Economic Review 106, no. 5 (2016): 188-92.

Lepore, Jill. "What the Gospel of Innovation Gets Wrong." New Yorker, June 16, 2014.

Lessig, Lawrence. Republic, Lost: How Money Corrupts Congress—and a Plan to Stop It. London: Hachette UK, 2011.

Levin, Sharon G., Stanford L. Levin, and John B. Meisel. "A Dynamic Analysis of the Adoption of a New Technology: The Case of Optical Scanners." Review of Economics and Statistics 69, no. 1 (1987): 12-17.

Lewis, Michael. The Big Short: Inside the Doomsday Machine. New York: W. W. Norton, 2010.

Liebling, A. J. "The Wayward Press: Do You Belong in Journalism?" New Yorker, May 16, 1960.

Liebowitz, Stanley J., Stephen Margolis, and Jack Hirshleifer. Winners, Losers and Microsoft: Competition and Antitrust in High Technology. Oakland, Calif.: Independent Institute, 1999.

Litman, Jessica. Digital Copyright. Amherst, N.Y.: Prometheus Books, 2001. Liu, Ernest, Atif Mian, and Amir Sufi . "Low Interest Rates, Market Power, and Productivity Growth." National Bureau of Economic Research, Working Paper 25505, 2019.

Llaguno, Mel. "2017 Coverity Scan Report. Open Source Software—The Road Ahead." Synopsys, undated. www.synopsys.com/content/dam/synopsys/sigassets/reports/SCAN-Report-2017.pdf.

Lobel, Orly. "The New Cognitive Property: Human Capital Law and the Reach of Intellectual Property." Texas Law Review 93 (2014): 789.

MacGillis, Alex. "The Case against Boeing." New Yorker, November 11, 2019.

Machlup, Fritz. The Production and Distribution of Knowledge in the United States. Princeton, N.J.: Princeton University Press, 1962.

MacLellan, Kylie. "Electric Dream: Britain to Ban New Petrol and Hybrid Cars from 2035." Reuters, February 4, 2020.

MacMillan, Douglas. "Amazon Says It Has Over 10,000 Employees Working on Alexa, Echo." Wall Street Journal, November 13, 2018.

Mann, Katja, and Lukas Püttmann. "Benign Effects of Automation: New Evidence from Patent Texts." 2018. Available at SSRN: https://ssrn.com/abstract=2959584.

Manning, Alan. Monopsony in Motion: Imperfect Competition in Labor Markets. Princeton, N.J.: Princeton University Press, 2003.

ManpowerGroup. "What Workers Want 2019 Talent Shortage Study." 2020. https://go.manpowergroup.com/talent-shortage.

489

Marcus, Gary, and Max Little. "Advancing AI in Health Care: It's All about Trust." STAT (blog), October 23, 2019. www.statnews.com/2019/10/23/advancing-ai-health-care-trust/.

Markovits, Daniel. The Meritocracy Trap: How America's Foundational Myth Feeds Inequality, Dismantles the Middle Class, and Devours the Elite. New York: Penguin, 2019.

Markow, Will, Souyma Braganza, Bledi Taska, Steven M. Miller, and Debbie Hughes. The Quant Crunch: How the Demand for Data Science Skills Is Disrupting the Job Market. Burning Glass Technologies, 2017. www.burning-glass.com/wp-content/uploads/The_Quant_Crunch.pdf.

Mass, William. "Mechanical and Organizational Innovation: The Drapers and the Automatic Loom." Business History Review 63, no. 4 (1989): 876-929.

McAfee, R. Preston, and John McMillan. "Analyzing the Airwaves Auction." Journal of Economic Perspectives 10, no. 1 (1996): 159-75.

McCarty, Nolan. "The Regulation and Self-Regulation of a Complex Industry." Journal of Politics 79, no. 4 (2017): 1220-36.

McNamara, Gerry, Paul M. Vaaler, and Cynthia Devers. "Same as It Ever Was: The Search for Evidence of Increasing Hypercompetition." Strategic Management Journal 24, no. 3 (2003): 261-78.

Merced, Michael J. de la, Cade Metz, and Karen Weise. "Microsoft to Buy Nuance for $16 Billion to Focus on Health Care Tech." New York Times, April 12, 2021.

Meyer, David R. Networked Machinists: High-Technology Industries in Antebellum America. Baltimore: Johns Hopkins University Press, 2006.

Miller, Nathan H., and Matthew C. Weinberg. "Understanding the Price Effects of the MillerCoors Joint Venture." Econometrica 85, no. 6 (2017): 1763-91.

Miller, Ron. "How AWS Came to Be." TechCrunch (blog), July 2, 2016. https://social.techcrunch.com/2016/07/02/andy-jassys-brief-history-of-the-genesisof-aws/.

Mises, Ludwig von. "Die Wirtschaftsrechnung im Sozialistischen Gemeinwesen." Archiv für Sozialwissenschaft und Sozialpolitik 47, no. 1 (1920): 86-121.

Mitchell, Stacy, Zach Freed, and Ron Knox. "Report: Amazon's Monopoly Tollbooth." Institute for Local Self-Reliance, July 28, 2020. https://ilsr.org/amazons_tollbooth/.

Modestino, Alicia Sasser, Daniel Shoag, and Joshua Ballance. "Downskilling: Changes in Employer Skill Requirements over the Business Cycle." Labour Economics 41 (2016): 333-47.

———. "Upskilling: Do Employers Demand Greater Skill When Workers Are Plentiful?" Review of Economics and Statistics 102, no. 4 (2020): 793-805.

Moore, Thad. "Volkswagen CEO Quits amid Emissions-Cheating Scandal." Washington Post, September 23, 2015.

ManpowerGroup. "What Workers Want 2019 Talent Shortage Study." 2020. https://go.manpowergroup.com/talent-shortage.

Marcus, Gary, and Max Little. "Advancing AI in Health Care: It's All about Trust." STAT (blog), October 23, 2019. www.statnews.com/2019/10/23/advancingai-health-care-trust/.

Markovits, Daniel. The Meritocracy Trap: How America's Foundational Myth Feeds Inequality, Dismantles the Middle Class, and Devours the Elite. New York: Penguin, 2019.

Markow, Will, Souyma Braganza, Bledi Taska, Steven M. Miller, and Debbie Hughes. The Quant Crunch: How the Demand for Data Science Skills Is Disrupting the Job Market. Burning Glass Technologies, 2017. www.burning-glass.com/wp-content/uploads/The_Quant_Crunch.pdf.

Mass, William. "Mechanical and Organizational Innovation: The Drapers and the Automatic Loom." Business History Review 63, no. 4 (1989): 876-929.

McAfee, R. Preston, and John McMillan. "Analyzing the Airwaves Auction." Journal of Economic Perspectives 10, no. 1 (1996): 159-75.

McCarty, Nolan. "The Regulation and Self-Regulation of a Complex Industry." Journal of Politics 79, no. 4 (2017): 1220-36.

491

McNamara, Gerry, Paul M. Vaaler, and Cynthia Devers. "Same as It Ever Was: The Search for Evidence of Increasing Hypercompetition." Strategic Management Journal 24, no. 3 (2003): 261-78.

Merced, Michael J. de la, Cade Metz, and Karen Weise. "Microsoft to Buy Nuance for $16 Billion to Focus on Health Care Tech." New York Times, April 12, 2021.

Meyer, David R. Networked Machinists: High-Technology Industries in Antebellum America. Baltimore: Johns Hopkins University Press, 2006.

Miller, Nathan H., and Matthew C. Weinberg. "Understanding the Price Effects of the MillerCoors Joint Venture." Econometrica 85, no. 6 (2017): 1763-91.

Miller, Ron. "How AWS Came to Be." TechCrunch (blog), July 2, 2016. https://social.techcrunch.com/2016/07/02/andy-jassys-brief-history-of-the-genesisof-aws/.

Mises, Ludwig von. "Die Wirtschaftsrechnung im Sozialistischen Gemeinwesen." Archiv für Sozialwissenschaft und Sozialpolitik 47, no. 1 (1920): 86-121.

Mitchell, Stacy, Zach Freed, and Ron Knox. "Report: Amazon's Monopoly Tollbooth." Institute for Local Self-Reliance, July 28, 2020. https://ilsr.org/amazons_tollbooth/.

Modestino, Alicia Sasser, Daniel Shoag, and Joshua Ballance. "Downskilling: Changes in Employer Skill Requirements over the Business Cycle." Labour Economics 41 (2016): 333-47.

———. "Upskilling: Do Employers Demand Greater Skill When Workers Are Plentiful?" Review of Economics and Statistics 102, no. 4 (2020): 793-805.

Moore, Thad. "Volkswagen CEO Quits amid Emissions-Cheating Scandal." Washington Post, September 23, 2015.

Moser, Petra, and Alessandra Voena. "Compulsory Licensing: Evidence from the Trading with the Enemy Act." American Economic Review 102, no. 1 (2012): 396-427.

Mowery, David C., Richard R. Nelson, Bhaven N. Sampat, and Arvids A. Ziedonis. Ivory Tower and Industrial Innovation: University-Industry Technology Transfer before and after the Bayh-Dole Act. Stanford, Calif.: Stanford University Press, 2015.

Mueller, Dennis C. "The Persistence of Profi ts above the Norm." Economica 44, no. 176 (1977): 369-80.

Murphy, Bill. "Amazon Suddenly Became a Massive Threat to Target; Then Target Did Something Brilliant." Inc.com, September 7, 2019. www.inc.com/bill-murphy-jr/amazon-suddenly-became-a-massive-threat-to-target-then-target-did-something-brilliant.html.

Myerson, Roger B. "Fundamental Theory of Institutions: A Lecture in Honor of Leo Hurwicz." Review of Economic Design 13, no. 1-2 (2009): 59-75.

Nash, Kim S. "Amazon, Alphabet and Walmart Were Top IT Spenders in 2018." Wall Street Journal, January 17, 2019.

Neiman, Brent, and Joseph Vavra. "The Rise of Niche Consumption." National Bureau of Economic Research, Working Paper 26134, 2020.

Nelson, Richard R., and Sidney G. Winter. An Evolutionary Theory of Economic Change. Cambridge, Mass.: Harvard University Press, 1982.

Newton, Casey. "This Is How Much Americans Trust Facebook, Google, Apple, and Other Big Tech Companies." The Verge, March 2, 2020. www.theverge.com/2020/3/2/21144680/verge-tech-survey-2020-trust-privacy-security-facebook-amazon-google-apple.

Norman, George. "Economies of Scale in the Cement Industry." Journal of Industrial Economics 27, no. 4 (1979): 317-37.

Nuance. "Nuance Dragon Dictation App 2.0 Now Live in iTunes App Store." Press release, July 23, 2010. https://web.archive.org/web/20110927093234/http://www.nuance.com/company/news-room/press-releases/ND_003871.

OECD. Rethinking Antitrust Tools for Multi-Sided Platforms. Paris: OECD, 2018. www.oecd.org/competition/rethinking-antitrust-tools-for-multi-sidedplatforms.htm.

Olmstead, Alan L., and Paul W. Rhode. "The Origins of Economic Regulation in the United States: The Interstate Commerce and Bureau of Animal Industry Acts." Working paper, 2017.

493

Olson, Mancur. The Rise and Decline of Nations: Economic Growth, Stagfl ation, and Social Rigidities. New Haven: Yale University Press, 2008.

Oracle Corporation. "Oracle Integration Cloud's Process Automation with RPA." 2017. www.oracle.com/a/ocom/docs/oracle-process-automation-with-rpa.pdf.

Pandy, Susan M. "Developments in Open Banking and APIs: Where Does the U.S. Stand?" Federal Reserve Bank of Boston, March 17, 2020. www.bostonfed.org/publications/payment-strategies/developments-in-open-banking-andapis-where-does-the-us-stand.aspx.

Panzarino, Matthew. "Samsung Acquires Viv, a Next-Gen AI Assistant Built by the Creators of Apple's Siri." TechCrunch (blog), October 5, 2016. https://social.techcrunch.com/2016/10/05/samsung-acquires-viv-a-next-gen-ai-assistant-built-by-creators-of-apples-siri/.

Philippon, Thomas. "The Economics and Politics of Market Concentration." NBER Reporter, no. 4 (2019): 10-12.

———. The Great Reversal: How America Gave Up on Free Markets. Cambridge, Mass.: Harvard University Press, 2019.

Phillips, Gordon M., and Alexei Zhdanov. "R&D and the Incentives from Merger and Acquisition Activity." Review of Financial Studies 26, no. 1 (2013): 34-78.

Pigou, A. C. The Economics of Welfare. London: Macmillan, 1920.

PitchBook. "Q2 2020 PitchBook-NVCA Venture Monitor." July 13, 2020. https://pitchbook.com/news/reports/q2-2020-pitchbook-nvca-venture-monitor.

Plungis, Jeff. "Volkswagen Used Special Software to Exaggerate Fuel-Economy Claims, EPA Says." Consumer Reports, August 30, 2019.

Png, Ivan P. L., and Sampsa Samila. "Trade Secrets Law and Mobility: Evidence from 'Inevitable Disclosure.' " 2015. Available at SSRN: https://ssrn.com/abstract=1986775.

Porter, Rufus. Editorial. Scientifi c American, August 28, 1845, 1. Available at http://en.wikisource.org/wiki/Scientifi c_American/Series_1/Volume_1/Issue_1/Front_page.

494

Posner, Richard A. "The Rule of Reason and the Economic Approach: Refl ections on the Sylvania Decision." University of Chicago Law Review 45, no. 1 (1977): 1-20.

Raymond, Eric S. The Cathedral and the Bazaar: Musings on Linux and Open Source by an Accidental Revolutionary. Boston: O'Reilly Media, 1999.

Restuccia, Dan, Bledi Taska, and Scott Bittle. Different Skills, Different Gaps: Measuring and Closing the Skills Gap. Burning Glass Technologies, 2018. www.burning-glass.com/wp-content/uploads/Skills_Gap_Different_Skills_Different_Gaps_FINAL.pdf.

Rey, Jason Del. "Amazon and Walmart Are in an All-Out Price War That Is Terrifying America's Biggest Brands." Vox, March 30, 2017. www.vox.com/2017/3/30/14831602/amazon-walmart-cpg-grocery-price-war.

Righi, Cesare, and Timothy Simcoe. "Patenting Inventions or Inventing Patents? Strategic Use of Continuations at the USPTO." National Bureau of Economic Research, Working Paper 27686, 2020.

Rinz, Kevin. "Labor Market Concentration, Earnings Inequality, and Earnings Mobility." Center for Administrative Records Research and Applications Working Paper 10, 2018.

Roberts, Michael, Derek Driggs, Matthew Thorpe, Julian Gilbey, Michael Yeung, Stephan Ursprung, Angelica I. Aviles-Rivero, et al. "Common Pitfalls and Recommendations for Using Machine Learning to Detect and Prognosticate for COVID-19 Using Chest Radiographs and CT Scans." Nature Machine Intelligence 3, no. 3 (2021): 199-217.

Rose, Nancy L. "Labor Rent Sharing and Regulation: Evidence from the Trucking Industry." Journal of Political Economy 95, no. 6 (1987): 1146-78.

Rosen, Sherwin. "The Economics of Superstars." American Economic Review 71, no. 5 (1981): 845-58.

Rossi-Hansberg, Esteban, Pierre-Daniel Sarte, and Nicholas Trachter. "Diverging Trends in National and Local Concentration." National Bureau of Economic Research,

495

Working Paper 25066, 2018.

Rudegeair, Peter, and Daniel Huang. "Bank of America Cut Off Finance Sites from Its Data." Wall Street Journal, November 10, 2015.

Ruggles, Steven, Sarah Flood, Ronald Goeken, Josiah Grover, Erin Meyer, Jose Pacas, and Matthew Sobek. "IPUMS USA: Version 8.0 [Dataset]." Minneapolis: University of Minnesota, 2018. https://www.ipums.org/projects/ipums-usa/d010. v8.0.

SAE International. "About SAE International." https://www.sae.org/about/history.

Salop, Steven C. "Monopolistic Competition with Outside Goods." Bell Journal of Economics (1979): 141-56.

Sandel, Michael. The Tyranny of Merit: What's Become of the Common Good? New York: Farrar, Straus and Giroux, 2020.

SAPInsider. "What Intelligent Robotic Process Automation (RPA) Capabilities Are on the Horizon for SAP Customers." January 28, 2019. www.sapinsideronline. com/blogs/what-intelligent-robotic-process-automation-rpa-capabilities-are-on-the-horizon-for-sap-customers/.

Sauter, Michael, and Samuel Stebbins. "America's Most Hated Companies." 24/7 Wall St. (blog), January 12, 2020. https://247wallst.com/special-report/2019/01/10/americas-most-hated-companies-6/.

ScanSoft. "ScanSoft and Nuance to Merge, Creating Comprehensive Portfolio of Enterprise Speech Solutions and Expertise; Combined Company Poised to Accelerate Technology Innovation for Customers and Partners around the World." May 9, 2005. https://sec.report/Document/0000950135-05-002726/.

Schafer, Sarah. "How Information Technology Is Leveling the Playing Field." Inc. com, December 15, 1995. www.inc.com/magazine/19951215/2660.html.

Schmalensee, Richard. "Inter-Industry Studies of Structure and Performance." In Handbook of Industrial Organization, ed. Richard Schmalensee and Robert Willig, 2:951-1009. Amsterdam: North-Holland, 1989.

Schumpeter, Joseph A. Capitalism, Socialism and Democracy. New York: Harper and

Brothers, 1942.

Schwartz, Eric Hal. "Apple Acquires Voice AI Startup Voysis." Voicebot.ai, April 6, 2020. https://voicebot.ai/2020/04/06/apple-acquires-voice-ai-startupvoysis/.

Scott Morton, Fiona, Pascal Bouvier, Ariel Ezrachi, Bruno Jullien, Roberta Katz, Gene Kimmelman, A. Douglas Melamed, and Jamie Morgenstern. Committee for the Study of Digital Platforms: Market Structure and Antitrust Subcommittee Report. Chicago: Stigler Center for the Study of the Economy and the State, University of Chicago Booth School of Business, 2019.

Sellars, Andrew. "Twenty Years of Web Scraping and the Computer Fraud and Abuse Act." Boston University Journal of Science and Technology Law 24 (2018): 372-415.

Severson, Aaron. "Hydra-Matic History: GM's First Automatic Transmission." Ate Up with Motor, May 29, 2010. https://ateupwithmotor.com/terms-technologydefinitions/hydramatic-history-part-1/view-all.

Shaked, Avner, and John Sutton. "Natural Oligopolies." Econometrica: Journal of the Econometric Society (1983): 1469-83.

———. "Product Differentiation and Industrial Structure." Journal of Industrial Economics (1987): 131-46.

———. "Relaxing Price Competition through Product Differentiation." Review of Economic Studies 49, no. 1 (1982): 3-13.

Shapiro, Carl. "Competition and Innovation: Did Arrow Hit the Bull's Eye?" In The Rate and Direction of Inventive Activity Revisited, 361-404. Chicago: University of Chicago Press, 2011.

Shea, Terry. "Why Does It Cost So Much for Automakers to Develop New Models?" Autoblog, July 27, 2010. www.autoblog.com/2010/07/27/why-does-it-costsomuch-for-automakers-to-develop-new-models/.

Sigelman, Matthew, Scott Bittle, Will Markow, and Benjamin Francis. The Hybrid Job Economy: How New Skills Are Rewriting the DNA of the Job Market. Burning Glass Technologies, 2019. www.burning-glass.com/wp-content/uploads/hy-

497

brid_jobs_2019_fi nal.pdf.

Slichter, Sumner H. "Notes on the Structure of Wages." Review of Economics and Sta-
tistics 32, no. 1 (1950): 80-91.

Solomon, Mark. "Despite Talk of Budding Rivalry, Amazon and UPS May Find They're
Stuck with Each Other." FreightWaves, June 20, 2019. www.freightwaves.com/
news/despite-talk-of-budding-rivalry-amazon-and-ups-may-fi   ndtheyre-
stuck-with-each-other.

Song, Jae, David J. Price, Fatih Guvenen, Nicholas Bloom, and Till Von Wachter. "Firm-
ing Up Inequality." Quarterly Journal of Economics 134, no. 1 (2019): 1-50.

Stalk, George, Philip Evans, and Lawrence E. Shulman. "Competing on Capabilities: The
New Rules of Corporate Strategy." Harvard Business Review 70, no. 2 (1992):
57-69.

Stapp, Alec. "Amazon, Antitrust, and Private Label Goods." Medium, April 27, 2020.
https://medium.com/@progressivepolicyinstitute/amazon-antitrust-andpri-
vate-label-goods-bf8b8cc00e99.

———. "Tim Wu's Bad History: Big Business and the Rise of Fascism." Niskanen Center,
March 11, 2019. www.niskanencenter.org/big-business-rise-fascismbad-his-
tory-tim-wu/.

Starr, Evan. "Dynamism and the Fine Print." Paper presented at the Technology and De-
clining Economic Dynamism, Boston University School of Law, September 11,
2020. http://sites.bu.edu/tpri/fi les/2020/09/Starr_BU_Dynamism_9_11_2020.
pdf.

StatCounter Global Stats. "Desktop Operating System Market Share United States of
America." Accessed August 21, 2020. https://gs.statcounter.com/os-market-
share/desktop/united-states-of-america.

Steinmueller, William Edward. "The U.S. Software Industry: An Analysis and Interpre-
tive History." In The International Computer Software Industry: A Comparative
Study of Industry Evolution and Structure, ed. David C. Mowery, 15-52. New
York: Oxford University Press, 1996.

Stock, Eric J. "Explaining the Differing U.S. and EU Positions on the Boeing/McDonnell-Douglas Merger: Avoiding Another Near-Miss." University of Pennsylvania Journal of International Law 20, no. 4 (1999): 825-909.

Stokel-Walker, Chris. "Beep Beep: The History of George Laurer and the Barcode." Medium, December 20, 2019. https://onezero.medium.com/beep-beep-thehistory-of-george-laurer-and-the-barcode-3522a15405ea.

Sutton, John. Sunk Costs and Market Structure: Price Competition, Advertising, and the Evolution of Concentration. Cambridge, Mass.: MIT Press, 1991.

Syverson, Chad. "Challenges to Mismeasurement Explanations for the U.S. Productivity Slowdown." Journal of Economic Perspectives 31, no. 2 (2017): 165-86.

———. "Macroeconomics and Market Power: Context, Implications, and Open Questions." Journal of Economic Perspectives 33, no. 3 (2019): 23-43.

———. "Market Structure and Productivity: A Concrete Example." Journal of Political Economy 112, no. 6 (2004): 1181-222.

———. "What Determines Productivity?" Journal of Economic Literature 49, no. 2 (2011): 326-65.

Taleb, Nassim Nicholas. Antifragile: Things That Gain from Disorder. New York: Random House, 2012.

Tambe, Prasanna, Xuan Ye, and Peter Cappelli. "Paying to Program? Engineering Brand and High-Tech Wages." Management Science 66, no. 7 (2020): 3010-28.

Tanner, Ronald. "The Modern Day General Store." Progressive Grocer, February 1, 1987.

Tarbell, Ida M. The History of the Standard Oil Company. New York: McClure, Phillips, 1904.

Taulli, Tom. "Microsoft Races Ahead on RPA (Robotic Process Automation)." Forbes, September 22, 2020. www.forbes.com/sites/tomtaulli/2020/09/22/microsoft-races-ahead-on-rpa-robotic-process-automation/.

Tedlow, Richard S., and Geoffrey G. Jones. The Rise and Fall of Mass Marketing. London: Routledge, 2014.

499

Temin, Peter. Iron and Steel Industry in Nineteenth-Century America: An Economic Inquiry. Cambridge, Mass: MIT Press, 1964.

Thaler, Richard H., and Cass R. Sunstein. Nudge: Improving Decisions about Health, Wealth, and Happiness. New York: Penguin, 2009.

Thomson, Ross. Structures of Change in the Mechanical Age: Technological Innovation in the United States, 1790-1865. Baltimore: Johns Hopkins University Press, 2009.

Thursby, Jerry G., Richard Jensen, and Marie C. Thursby. "Objectives, Characteristics and Outcomes of University Licensing: A Survey of Major U.S. Universities." Journal of Technology Transfer 26, no. 1-2 (2001): 59-72.

Tinbergen, Jan. "Substitution of Graduate by Other Labour." Kyklos: International Review for Social Sciences 27, no. 2 (1974): 217-26.

Topol, Eric J. "High-Performance Medicine: The Convergence of Human and Artificial Intelligence." Nature Medicine 25, no. 1 (2019): 44-56.

Tracy, Ryan. "After Big Tech Hearing, Congress Takes Aim but from Different Directions." Wall Street Journal, July 30, 2020.

Transactions of the New England Cotton Manufacturers' Association. Vol. 59. Waltham, Mass.: E. L. Berry, 1895.

Tucker, Catherine E. "Patent Trolls and Technology Diffusion: The Case of Medical Imaging." 2014. Available at SSRN: https://ssrn.com/abstract=1976593.

U.S. Bureau of the Census. Historical Statistics of the United States: Colonial Times to 1970. Washington, D.C.: U.S. Department of Commerce, 1975.

U.S. Bureau of Economic Analysis. "National Income and Product Accounts." Accessed October 3, 2020. https://apps.bea.gov/iTable/index_nipa.cfm.

U.S. Bureau of Labor Statistics. "Productivity Growth by Major Sector, 1947-2017. Bar Chart." Accessed October 12, 2020. www.bls.gov/lpc/prodybar.htm.

U.S. Census Bureau. "BDS Data Tables." Accessed October 14, 2020. www.census.gov/data/tables/time-series/econ/bds/bds-tables.html.

———. "Capital Expenditures for Robotic Equipment: 2018." Accessed October 6,

2020. www.census.gov/library/publications/2019/econ/2018-robotic-equip-ment.html.

U.S. Environmental Protection Agency. "Notice of Violation." September 18, 2015. www.epa.gov/sites/production/fi les/2015-10/documents/vw-nov-caa-09-18-15.pdf.

Usselman, Steven W. "Unbundling IBM: Antitrust and the Incentives to Innovation in American Computing." In The Challenge of Remaining Innovative: Insights from Twentieth-Century American Business, ed. Sally H. Clarke, Naomi R. Lamoreaux, and Steven W. Usselman, 249-79. Stanford, Calif.: Stanford University Press, 2009.

Valdivia, Walter D. University Start-Ups: Critical for Improving Technology Transfer. Washington, DC: Brookings Institution, 2013.

Van Loo, Rory. "Making Innovation More Competitive: The Case of Fintech." UCLA Law Review 65 (2018): 232.

———. "Rise of the Digital Regulator." Duke Law Journal 66, no. 6 (2016): 1267-329.

———. "Technology Regulation by Default: Platforms, Privacy, and the CFPB." Georgetown Law Technology Review 2, no. 2 (2018): 531.

Varian, Hal R. "Beyond Big Data." Business Economics 49, no. 1 (2014): 27-31.

Vita, Michael, and F. David Osinski. "John Kwoka's Mergers, Merger Control, and Remedies: A Critical Review." 2016. Available at SSRN: https://ssrn.com/abstract=2888485.

"Wal-Mart Agrees to Settle Lawsuit against Amazon." New York Times, April 6, 1999.

"Walmart History." http://www.wal-martchina.com/english/walmart/history.htm.

Wal-Mart Stores, Inc. Annual Report. 1991.

———. Annual Report. 1994.

Watzinger, Martin, Thomas A. Fackler, Markus Nagler, and Monika Schnitzer. "How Antitrust Enforcement Can Spur Innovation: Bell Labs and the 1956 Consent Decree." American Economic Journal: Economic Policy 12, no. 4 (2020): 328-59.

Weil, David. The Fissured Workplace. Cambridge, Mass.: Harvard University Press,

501

2014.

Welke, Lawrence. "Founding the ICP Directories." IEEE Annals of the History of Computing 24, no. 1 (2002): 85-89.

Wen, Wen, and Feng Zhu. "Threat of Platform-Owner Entry and Complementor Responses: Evidence from the Mobile App Market." Strategic Management Journal 40, no. 9 (2019): 1336-67.

Wiggins, Robert R., and Timothy W. Ruefl i. "Schumpeter's Ghost: Is Hypercompetition Making the Best of Times Shorter?" Strategic Management Journal 26, no. 10 (2005): 887-911.

Wikipedia contributors. "Automatic Transmission." Wikipedia, August 2, 2021. https://en.wikipedia.org/wiki/Automatic_transmission.

———. "Diesel Emissions Scandal." Wikipedia, July 25, 2020. https://en.wikipedia.org/w/index.php?title=Diesel_emissions_scandal&oldid=969432451.

———. "Volkswagen Emissions Scandal." Wikipedia, September 22, 2020. https://en.wikipedia.org/w/index.php?title=Volkswagen_emissions_scandal&oldid=979657167.

Wildman, Jim. "The First Barcode Scan in History and What It Tells Us about How Some Stories Make Us Care." Medium, November 12, 2017. https://medium.com/sharon-and-clyde/the-fi rst-barcode-scan-in-history-and-what-it-tells-usabout-how-some-stories-make-us-care-90a8123875ab.

Wilke, Jeff. "2020 Amazon SMB Impact Report." Amazon.com, 2020. https://d39w-7f4ix9f5s9.cloudfront.net/4d/8a/3831c73e4cf484def7a5a8e0d684/amazon-2020-smb-report.pdf.

Willis, Lauren E. "Decisionmaking and the Limits of Disclosure: The Problem of Predatory Lending: Price." Maryland Law Review 65, no. 3 (2006): 707-840.

Winder, Gordon M. "Before the Corporation and Mass Production: The Licensing Regime in the Manufacture of North American Harvesting Machinery, 1830-1910." Annals of the Association of American Geographers 85, no. 3 (1995): 521-52.

Winick, Erin. "Every Study We Could Find on What Automation Will Do to Jobs, in One

Chart." Technology Review, January 25, 2018. https://www.technologyreview. com/2018/01/25/146020/every-study-we-could-fi   nd-on-what-automa-tion-will-do-to-jobs-in-one-chart/.

Winston, Clifford. "The Effi cacy of Information Policy: A Review of Archon Fung, Mary Graham, and David Weil's Full Disclosure: The Perils and Promise of Transpar-ency." Journal of Economic Literature 46, no. 3 (2008): 704-17.

Wollmann, Thomas G. "Stealth Consolidation: Evidence from an Amendment to the Hart-Scott-Rodino Act." American Economic Review: Insights 1, no. 1 (2019): 77-94.

Womack, James P. "Why Toyota Won." Wall Street Journal, February 13, 2006.

Wood, Debra. "8 Trends Affecting Radiologist Jobs in 2019." Staff Care, July 29, 2019.

Wu, Tim. "Be Afraid of Economic 'Bigness'; Be Very Afraid." New York Times, November 10, 2018.

———. The Curse of Bigness: Antitrust in the New Gilded Age. New York: Columbia Global Reports, 2018.

Yglesias, Matthew. "The 'Skills Gap' Was a Lie." Vox, January 7, 2019. www.vox. com/2019/1/7/18166951/skills-gap-modestino-shoag-ballance.

Zhu, Feng, and Nathan Furr. "Products to Platforms: Making the Leap." Harvard Busi-ness Review 94, no. 4 (2016): 72-78.

Zucker, Lynne G., and Michael R. Darby. "Defacto and Deeded Intellectual Property: Knowledge-Driven Co-Evolution of Firm Collaboration Boundaries and IPR Strategy." National Bureau of Economic Research, Working Paper 20249, 2014.

Zucker, Lynne G., Michael R. Darby, and Jeff S. Armstrong. "Commercializing Knowl-edge: University Science, Knowledge Capture, and Firm Performance in Bio-technology." Management Science 48, no. 1 (2002): 138-53.

503

찾아보기

505

507

509

뉴 골리앗

초판 1쇄 인쇄 2024년 11월 20일
초판 1쇄 발행 2024년 12월 4일

지은이 제임스 베센
옮긴이 장진영
펴낸이 고영성

책임편집 이지은   **디자인** 이화연   **저작권** 주민숙

펴낸곳 주식회사 상상스퀘어
출판등록 2021년 4월 29일 제2021-000079호
주소 경기 성남시 분당구 성남대로43번길 10, 하나EZ타워 307호
팩스 02-6499-3031
이메일 publication@sangsangsquare.com
홈페이지 www.sangsangsquare-books.com

ISBN 979-11-988543-5-3 03320